扬州大学汉语言文学专业　国家一流专业建设点阶段性成果

涵泳经典丛书

周易

文本的生成及其意义建构

傅荣贤 著

东方出版中心

图书在版编目（CIP）数据

《周易》文本的生成及其意义建构 / 傅荣贤著. 一
上海：东方出版中心, 2021.7
ISBN 978-7-5473-1865-2

Ⅰ. ①周… Ⅱ. ①傅… Ⅲ. ①《周易》- 研究 Ⅳ.
①B221.5

中国版本图书馆CIP数据核字（2021）第132799号

《周易》文本的生成及其意义建构

著　　者　傅荣贤
责任编辑　王　婷
装帧设计　钟　颖

出版发行　东方出版中心
地　　址　上海市仙霞路345号
邮政编码　200336
电　　话　021-62417400
印 刷 者　昆山市亭林印刷责任有限公司

开　　本　710mm × 1000mm　1/16
印　　张　22.75
字　　数　278千字
版　　次　2021年10月第1版
印　　次　2021年10月第1次印刷
定　　价　78.00元

总序

面对人类命运共同体的宏大构思和伟大实践，中国高等教育如何响应、调整、改革、创新，汉语言文学专业建设如何适应时代发展需求？如何打造一流专业服务国家发展战略？

毋庸置疑，在传统视域下，汉语言文学专业在培育人文情怀、提升国民素质、塑造民族精神方面发挥了重大作用。今天，这样的作用依然重要，但时代赋予了本专业更迫切、更艰巨的使命。讲好中国故事，如何讲？讲什么？谁来讲？如何让“一带一路”沿线国家认同我们，接纳我们，“两情相悦”地合作共赢？需要理念、文化推介而培植民间基础，这一“以文化人”的工程谁来承担？构建人类命运共同体的核心理念无疑是和而不同、文明互鉴、多元包容，这些蕴藏在中国传统文化中的精髓，谁来挖掘、传播？汉语言文学专业具有得天独厚的优势和义不容辞的责任，汉语言文学专业人才无疑是实现中国梦、构建人类命运共同体的主力军。

古今中外，思考、设计民族前进的方向，不外乎在传统和域外之间，结合现实整合调融，进而谱写民族发展蓝图。春秋时期的孔子是这样，清朝后期的康有为也是这样；日本的明治维新如此，欧洲的启蒙运动亦是如此。这种状况启发我们尝试在域外和传统之间探寻汉语言文学专业的教学内容和教学方法，在人类命运共同体视域下思考和设计汉语言文学专业的建设路径和改革举措。

1961 年，大卫·丹比毕业于哥伦比亚大学。30 年后的 1991 年，他成为一个《纽约》杂志的影评人，两个孩子的父亲，过着中产阶级舒适的生活。但在岁月流逝、世事喧嚣中，他似乎感到自己的人生迷失了方向。他在“摇晃”和“厌恶”中不断加深怀旧、遗憾、愤怒，甚至绝望的情绪。万般无奈下，他以自我救赎的方式，重回哥大，用整整一年的时间重修当初的文学人文、当代文明课程，研读荷马、柏拉图、亚里士多德、但丁、薄伽丘、康德、莎士比亚、黑格尔、尼采、康拉德、伍尔夫等西方经典名著。这些作品最直接地触及“人是什么，又应该是什么?”以及人“应该如何在文明社会中生活”这些最重大的主题。大卫·丹比将这一年的教学情景和自己重读的乐趣及发现写成了《伟大的书》。这本书成为《纽约时报书评》1996 年令人瞩目的书，列为中西方高校必读书目。大卫·丹比在与这些经典“历险”时，他那失落的自我一点一点地苏醒过来，在扩大自我、伸展自己时，启发人们从庸俗中解放出来去感受美好和高贵，去倾听那些静谧的、永恒的声音，去孕育一种人所必需的性格的稳固性和明澈性。

2017 年春，《扬州大学文学院史料汇编》面世。通览此书，文学院汉语言文学专业的发展历程与“三教”密切关联。建校伊始，中文系即以“三教”制定规章，组织教学，逐步形成了“教学实践中坚持夯实基础”“教材建设中坚持自己动手”“教师培养中坚持思想引导、能力提升”的以“三教”为主轴的具有独创性的教学体系。“三教”教学体系的建立，使得中文系教学质量不断提高，一大批杰出校友茁壮成长，蜚声海外。如长江学者，国家名师，诗词学专家，楚辞学专家，戏曲学专家，国家重大招标项目、教育部重大攻关项目主持人，全国统编语文教材的主编等。如当代著名作家、著名批评家，鲁迅文学奖、茅盾文学奖获得者，卢卡·帕西奥利奖获得者（与德国著名哲学家哈贝马斯齐名获奖）。如世界美学学会主席、中国现代文学研究会会长、中华美学学会会长、中外文论研究会会长等。所有这一切，都无法割断与“三教”的紧密关联。重视“三教”，是历史提供给未来的最成功的教学经验。

综上，两个案例生动昭示了“经典”在人性伸展、人生成长中的价值和意义，“三教”在人才培养、专业建设中的地位和作用。

21 世纪以来，汉语言文学专业求新求变的呼声越来越高，保守滞后的质疑越来越大，紧跟时代步伐、适应社会需求的期待越来越强。伴随着中国发展的“块头”越来越大，“一带一路”朋友圈越来越多，中国文化的影响必将日益扩大，地位必将不断提高。由此，汉语言文学专业人才培养目标、素质能力必将作出新的呼应和调整。

未来，汉语言文学专业建设路径何在？抓手在哪？人才培养离不开课程，课程内容必须由教材承载，课程、教材必须通过教师开发、讲授、活化、创新。教师、教材、教学，三位一体，相辅相成，相得益彰。毋庸置疑，汉语言文学专业建设必须以教师、教材、教学之“三教”为抓手。

未来，“三教”落在何处？指向何方？古今中外教育实践证明：经典对人的价值观、世界观、人生观有着不可替代的巨大作用；当前，“国学热”“读经热”方兴未艾，经典诵读、经典节目如火如荼，生动诠释了社会、学校、公民前所未有的经典需求、经典呼唤；近几十年的专业教学改革没有找到一个能够将人才培养方案、课程结构体系有效统合建构的支点，唯有经典文本不仅可以将此啮合在一起，还能将教师、教材、教学之“三教”聚焦对接。毫无疑问，未来汉语言文学专业建设需要以经典为中心。

未来，培养模式更加多元开放。在人类命运共同体视野下，“经典”与“三教”的激荡聚合，催生经典文本导读和开放式的问题引导，注意吸取海外汉学研究的先进成果，如《剑桥中国文学史》的叙述方式，《哥伦比亚中国文学史》的一些议题，有助于启发学生在跨文化语境中关注不同文明史、文学史的发展概况，激发学生自主思考世界文学、文化中有关生态、疾病、爱情、战争、死亡等作品的叙事风格，有助于拓展专业人才知识结构的深度和广度，建构多元包容的人文情怀。

由此，我们在江苏省品牌专业和国家一流专业建设过程中，确立“以经典为中心，以三教为抓手”的专业建设路径，动员教学一线骨干教师围绕经典文本申报教材建设项目，组织专家对申报项目认真论证评审，陆续出版“以经典为中心，以三教为抓手”的“涵泳经典丛书”。

涵泳，即多读、细读，精思、深思。《辞源》云“深入体会”，《辞海》曰“沉浸”。即在经典的咀嚼、磋磨、追问中，体会作品的气势神韵、旨趣精髓。“涵泳”一词，早在左思《吴都赋》中已有“涵泳乎其中”的应用，陆九渊《读书》诗中有“读书切戒在荒忙，涵泳工夫兴味长”，程颐《论学篇》中有：“入德必自敬始，故容貌必恭也，言语必谨也。虽然，优游涵泳而养之可也，拘迫则不能入也”。在漫长的历史长河中，“涵泳”一词，或为文论术语，即指文学艺术鉴赏的一种态度或方法，对文学艺术作品的鉴赏应该沉潜其中，反复玩味，以获言外之意，象外之旨。或为读书方法，强调读书的状态和心境。朱熹云：“学者读书，须要致身正坐，缓视微吟，虚心涵泳，切己省察。”曾国藩《谕纪泽》说得更加形象：“涵泳者如春雨之润花，如清渠之溉稻……泳者，如鱼之游水，如人之濯足……善读书者，须视书，而视此心如花、如稻、如鱼、如濯足，庶可得之于意之表。”其将读书时的心境状态比喻为春雨润花，清水溉稻，鱼游水中，溪流濯足，即在一种自然本真的状态下，虚静澄澈地沉浸在浩瀚墨海里涵泳兴味，澄怀味象，方能知其意、得其趣、悟其神。借此，我们将此套丛书命名为“涵泳经典丛书”。期待广大师生在涵泳经典过程中，圆照体悟，宁静致远，拓展情怀，净化心灵，提升境界。

丛书的出版，凝聚了广大师生积极探索中西经典文本资源向优质教育资源转化与开发的热切期待，激荡着社会发展呼唤经典文本价值与人格养成、人性伸展共振嬗变、互动绵延的时代强音，蕴含了对出版社领导及编辑付出辛勤劳动的真挚谢忱。

柳　宏　王定勇

2020 年 3 月于瘦西湖畔

目录

第一章 《周易》概述

第二章 《周易》的卦爻象

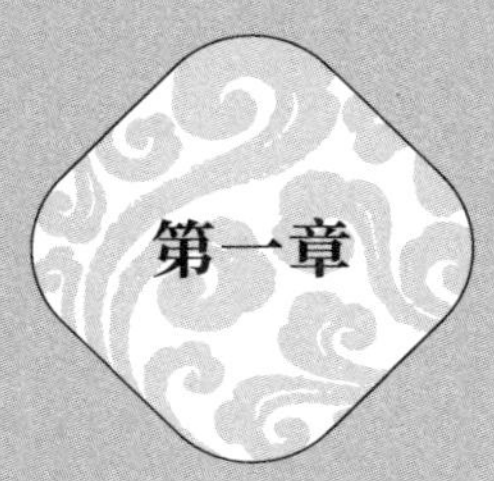

第一章 《周易》概述

《周易》由卦爻象和卦爻辞组成。唐人孔颖达《周易正义》（以下简称《正义》）疏释《乾》初九曰：“先儒云：后代圣人以《易》占事之时，先用蓍以求数，得数以定爻，累爻而成卦，因卦以生辞，则蓍为爻卦之本，爻卦为蓍之末。”《周易》运蓍成数，因数而生卦爻象、由卦爻象而生卦爻辞，是一个从抽象到具象的演绎过程，具有推导合理性，但不具推导唯一性，从数到卦爻象、从卦爻象到卦爻辞都存在其他可能。例如，若以大衍筮法的“四象数”为基本项六度组合，可以得到 $4^6=1\,296$ 个六画卦；而如果秉持甲骨卜辞“吉凶天定”的原则，卦爻辞中就不会出现诸如“悔吝”等与主体修为有关的断语。就此而言，《周易》不仅是存在论上“是什么”的问题，也是文本生成论上“应该是什么”的问题。基于“应该是什么”的生成论导向，辞、象、数三者都作为“有意味的形式”，不断突破各自的前提必然性，并形成了数、象、辞相反可逆的互文关系。本书旨在揭示卦爻象和卦爻辞（《周易》文本）的生成及其在生成过程中所建构的特定意义；进一步揭示，易学研究史上基于对辞、象、数三者关系的不同理解，又建构了怎样的“新意”。

一、“周易”名义

（一）“三易”语境下的“周易”

《周礼·春官·大卜》曰：“大卜掌三兆之法：一曰玉兆，二曰瓦兆，三曰原兆。其经兆之体，皆百有二十，其颂皆千有二百。掌三易之法：一曰《连山》，二曰《归藏》，三曰《周易》。其经卦皆八，其别皆六十有四。掌三梦之法：一曰《致梦》，二曰《觭梦》，三曰《咸陟》。其经运十，其别九十。”作为卜筮官僚之长的大卜，职掌“三兆之法”“三梦之法”和“三易之法”，“兆”“梦”“易”，其“法”皆有“三”，似有比附之嫌。其中，“三兆”有玉、瓦（石）、原（田地）三种不同的兆纹类型。郑玄注《周礼》引杜子春曰：“玉兆，帝颛顼之兆；瓦兆，帝尧之兆；原兆，有周之兆。”“三梦之法”，郑玄注曰：“致梦，言梦之所至，夏后氏作焉。咸，皆也；陟之言得也，言梦之皆得，周人作焉……［觭梦］亦言梦之所得，殷人作焉。”“三兆”“三梦”皆强调时代归属上的分别。同样，“三易”亦各属不同的时代。《隋书·经籍志》（以下简称《隋志》）经部易类小序云：“昔宓羲氏始画八卦，以通神明之德，以类万物之情，盖因而重之，为六十四卦。及乎三代，实为三《易》，夏曰《连山》；殷曰《归藏》；周文王作卦辞，谓之《周易》。”《系辞下》“《易》之兴也，其于中古乎”下，《正义》认为：“《连山》起于神农，《归藏》起于黄帝，《周易》起于文王及周公也。”《四库全书总目提要》（以下简称《四库总目》）经部易类所附《古三坟》一卷，则以《连山》为伏羲之《易》，《归藏》为神农之《易》，《乾坤》为黄帝之《易》。

尽管，对“三易”具体时代的分属有不同认识，但从时代上强调三者的差异，并认为“周易”是周代之“易”，则是古今学者的共识。《汉书·艺文志》（以下简称《汉志》）中著录《易经》十二篇，而没有著录《连山》《归藏》，余嘉锡认为：“至于《连山》《归藏》，或以为在《易》家《古杂》八十篇中；或以为《连山》即《数术略》之《夏龟》，《归藏》即《南龟书》，‘南’即‘商’之讹。”[1] 余先生正是以“三易”分属不同的时代为主要推测依据的。

1　余嘉锡：《古书通例》，上海：上海古籍出版社，1985年版，第6页。

1.“周易”之“周”

《周易》之“周”指“周代”,《易纬》所谓“因代以名周”。《正义》、北宋程颐《程氏易传》(以下简称《程传》)、南宋朱熹《周易本义》(以下简称《本义》)等皆主此说。历史上,周代之名来自岐周,即岐山下的周代旧邑,在今陕西省岐山县,武王灭商后,立国为“周”。《淮南子·要略》曰:“文王四世累善,修德行义,处岐周之间,地方不过百里。”《周易》之以“周”命名,正如《周官》(后称《周礼》)、《周语》之以朝代(国号)命名一样。

另一方面,“三兆之法”“其经兆之体,皆百有二十,其颂皆千有二百”,“三梦之法”“其经运十,其别九十”,具有内在的系统关联性。同样,“三易”也具有超越历时性变化的共同性:“其经卦皆八,其别皆六十有四。”并且,“三易之法”与“三兆之法”“三梦之法”一样,都是“春官”中“大卜”的下属官员“筮人”所掌。《周礼·春官·筮人》云:“筮人掌三《易》,以辨九筮之名:一曰《连山》,二曰《归藏》,三曰《周易》。”因此,“三易之法”(包括“三兆之法”“三梦之法”)虽然存在时间上的传承、演进,但都是春官“大卜”属僚“筮人”的职分,表象时间差异的背后具有共时性的关联。

2.“周易”之“易”

“周易”之“易”历来有多种解释,主要包括:① 从甲骨字形来看,“易”是将一个器皿中的液体(水、酒之类)倒入另一器皿之中,以示变换、交易;② 许慎《说文解字》解释为蜥蜴,即变色龙,能随十二时变色,取其变化之义;③《说文解字》引“秘书”曰:“日月为易,象阴阳也。”东汉魏伯阳《周易参同契》、明戴廷槐《学易举隅》等承之。

但实际上,《周礼·春官·大卜》将《连山》《归藏》《周易》三部占筮之书称为“三易”,且与“三兆”“三梦”并列,说明“易”是占筮之书的专有名词,其义应指占筮的算命方法,《史记》的《大宛列传》“天子发书易”、武帝《轮台诏》“易之,卦得大过”中的“易”

皆训为占筮。

综上，《周礼》“三易”语境下的“周易”，是指周代的占筮之书。

（二）“周易”名义的引申

《周易》是卦爻象和卦爻辞的组合，既包括“其别皆六十有四”的六十四卦卦爻象，也包括64条卦辞、386条爻辞（384条爻辞加上《乾》卦的“用九”和《坤》卦的“用六”）。对比于甲骨卜辞可知，卦爻象大致对应于龟兆裂纹，但卦爻象是一套体系完备、逻辑周延的符号系统；与卜辞大致对应的卦爻辞也不是具体贞卜之事的记录，而是对卦爻象的解释，即将卦爻象的符号意义“翻译”为文字表述。但“翻译”的过程并不是文字系统与符号系统之间的平面交换，而是叠加了新的内容，由此也重构了天人关系，成为占筮相较于龟卜而言的精进所在。相应地，“周易”二字也从“周代的占筮之书”，引申出更具人文意味的内涵。

1.“周”字的引申

郑玄认为《周易》“广大悉备”“周行不殆”，“周”意为“周普”，既指范围上的无所不包，也指时间上的古往今来。唐人陆德明《经典释文》训“周”为“至”“备”，也具有时间上范围古今、空间上广罗万有的意思。张舜徽指出：“古之以周名书者，本有二义：一指朝代；一谓周备。故凡包罗甚广而寓周备、周普、周遍之义，如后世丛钞、杂纂之属，皆可以周名之。在《六艺略》中，若官制汇编之名《周官》，其尤显著者也。远古文献，散在四方。自官制汇编之外，遗言逸制未经收录者犹多。儒生各取所见，分类辑比以存之。儒家之《周政》《周法》，盖所载乃布政立法之余论。以其同出儒生之手，故列之儒家。若道家之《周训》，小说家之《周考》《周纪》《周说》，犹后世杂钞、丛考、说林之类耳。学者当推此意以求之，不必拘泥为专言姬周一代之书也。”[1]

1　张舜徽：《广校雠略　汉书艺文志通释》，《张舜徽集》，武汉：华中师范大学出版社，2004年版，第264页。

《周易》以其广延性而“与天地准”“能弥纶天地之道”“以言乎天地之间，则备矣”（《系辞上》）。以其深刻性而“极深而研几”，既穷极幽深，从而通达天下之理则；又研核几微，从而告成天下之事务，其“周”字宜有“周普”之义。

2.“易”字的引申

明代学者喻国人《周易生生真传》认为，《系辞》“生生之谓易”是“易”最为真切的内涵，故其书名之为“生生真传”。清人毛奇龄《仲氏易》提出“易一名而含五义”的观点，《四库总目》提要云：“大旨谓《易》兼五义：一曰变易，一曰交易，是为伏羲之《易》，犹前人之所知。一曰反易，谓相其顺逆，审其向背，而反见之。如《屯》转为《蒙》，《咸》转为《恒》之类。一曰对易，谓比其阴阳，絜其刚柔，而对观之。如上经《需》《讼》与下经《晋》《明夷》对，上经《同人》《大有》与下经《夬》《姤》对之类。一曰移易，谓审其分聚，计其往来，而推移上下之。如《泰》为阴阳类聚之卦，移三爻为上爻，三阳往而上阴来则为《损》，《否》为阴阳类聚之卦，移四爻为初爻，四阳来而初阴往则为《益》之类。是为文王、周公之《易》，实汉、晋以来所未知。故以《序卦》为用反易，以分篇为用对易，以演《易》系辞为用移易。”毛氏“五义”大体是对“易一名而含三义”之“变易”的发挥，旨在揭示“变易”的各种规律性，并非流于空洞。故四库馆臣评价指出：“虽不免牵合附会、以词求胜之失，而大致引据古人，终不同于冥心臆测者也。”

而所谓“易一名而含三义”，即易简一也、变易二也、不易三也。三义之说，最早由《易纬·乾凿度》提出，并为郑玄所接受，几成古今学者的共识。

第一，变易。

相较于殷商时期的龟卜，周代的“易”（意为占筮）首先是算命方法的变易，即将相对烦琐的灼龟成兆以求卜，简化为通过蓍草运数成卦以求占。前者以观察为主，后者以推算为主。其次，也指筮法中根据蓍草数目的变化形成卦象，再根据卦象的变化追问人事吉凶的变化。但正如《正义》指出："变通之道，遍满天地之内。"变易，主要是指宇宙万物运动变化的普遍性。变中有"通"，故有连续性，《系辞上》："往来不穷谓之通。""通则久"，故有永恒性。因此，张湛《列子·天瑞》曰："易者，不穷滞之称。"

第二，易简。

《系辞上》："《乾》以易知，《坤》以简能。易则易知，简则易从。易知则有亲，易从则有功……易简而天下之理得矣。"又曰："广大配天地，变通配四时，阴阳之义配日月，易简之善配至德。"《周易》首列《乾》《坤》二卦代表阴阳二气任运自然，不刻意营为，具有"易知""简能"的性质，也体现了旨在"道阴阳"的《周易》的法则，故《系辞》谓《乾》《坤》"其易之门邪""其易之蕴邪"，通过《乾》《坤》二卦可管窥《周易》所包含的"天下之理"与"至德"。反过来，"天下之理"与"至德"也顺乎自然，其理平易而明晓。因此，张湛《列子·天瑞》曰："易，亦希简之别称也。"

第三，不易。

一切变化都是"刚柔相摩"的必然结果，也是"一阴一阳"的对立与统一，阳动、阴静而得变化之常。因此，"不易"首先是指变易本身恒常不变，万物莫不处于变动之中。其次，变易本身具有"无往不复""往者屈也，来者信（伸）也，屈信相感而利生焉"的规律性，这是不变的。"无往不复"是从变易（运动）引申而来的发展观，也是"利生""盛德"的源泉。所以，《周易》重视"复反于初"，在一卦之中表现为由初到上（亢）的过程；在《序卦》中，反映为"物不可终通""不可以盈"的观点。由此，又引申出重视"未央"的思想，《夬·象传》"中行无咎"，强调留有发展空间，故上爻多不吉。再次，"不易"还表明一切变化都不能改变其最基本的结构和势位。《系辞上》：“天尊地卑，乾坤定矣。卑高以陈，贵贱位矣。动静有常，刚柔断矣。”正像天尊地卑为恒常之理，万物贵贱亦有不变之势。

综合“周”“易”上述诸义，其概念引申的核心是从“周代卜筮之书”转向哲学：“周”字在范围和时间上“广大悉备”“周行不殆”，“易”字备具“易简”“变易”“不易”之理。两者义指的扩大，固非《周易》命名上的语源本义，但在存在论上实为《周易》所具有。

二、《周易》文本

《系辞》云：“圣人立象以尽意，设卦以尽情伪，系辞焉以尽其言。”狭义的《周易》由“立象设卦”的六十四卦卦象和“系辞焉”的卦爻辞两个部分组成，不包括《易传》。

（一）狭义的《周易》

卦爻辞后起于卦爻象，是对卦爻象的解释与说明。《周礼》中的“三易”甚至只提及“其经卦皆八，其别皆六十有四”而不及卦爻辞。王化平将《左传》《国语》筮例与楚简中的数字卦进行比较后认为，战国楚简数字卦筮例中也没有发现卦名和卦爻辞[1]。因此，卦爻象既是卦爻辞的前提和基础，也是《周易》区别于其他文献的独特符号体系。

1. 卦爻象

上引《周礼·春官·大卜》“其经卦皆八，其别皆六十有四”，但今本《周易》只有“其别皆六十有四”的六十四个别卦，别卦由六画构成；而不见八个经卦，经卦由三画构成。当然，六画的别卦可以认为是由三画的经卦“引而伸之”“重之”而来；每一个别卦也可以分析为上下两个三画的经卦。《周礼》强调“其经卦皆八，其别皆六十有四”

---

1 王化平：《〈左传〉和〈国语〉之筮例与战国楚简数字卦画的比较》，《考古》2011 年第 10 期。

之“同”，而“三易”之“异”主要体现在卦爻辞上。“其别皆六十有四”的顺序不同，不是区别“三易”的根本。

2. 卦爻辞

《系辞上》“圣人设卦观象，系辞焉而明吉凶”下，《正义》曰：“卦象爻象，有吉有凶。若不系辞，其理未显。故系属吉凶之文辞于卦爻之下，而显明此卦爻吉凶也。”卦爻象是卦爻辞的前提和基础，但如果没有卦爻辞的转译，卦爻象“其理未显”。

卦爻辞包括64条卦辞和386条爻辞。王弼《周易略例》中的《论彖》云：“夫彖者何也？统论一卦之体，明其所由之主者也。夫众不能治众，治众者，至寡者也。论卦体皆以一为主，是卦之大略也。”《论爻》云：“爻者何也？言乎其变者也。变者何也？情伪之所为也。夫情伪之动，非数之所求也。故合散屈伸，与体相乖。形躁好静，质柔爱刚。体与情反，质与愿违。是故情伪相感，远近相追，爱恶相攻，屈伸相推。见情者获，直往则违。此是爻之大略也。”卦辞（即所谓“彖者”）综论一卦，爻辞分述诸爻，两者是整体与部分的关系。

卦爻辞首先具有卜筮性质，形成了独特的话语体系，这也是卦爻辞颇显古奥且用语神秘的主要原因。总体上，卦爻辞概分为象辞和断辞两类，断辞是对吉凶的直接判断，大致相当于把卦爻象所隐含的“神意”翻译为吉凶悔吝的结果；象辞包括取象之辞、记事之辞、说事之辞三种，三者皆旨在解释或说明卦爻象何以有此吉凶悔吝结果的原因。由于卦爻象的前提性，古奥与神秘的卦爻辞不是自足的。例如，一卦是一个整体，其卦辞和六条爻辞必须考虑该卦的总体特点及其六爻结构的内部关联。

另一方面，卦爻辞作为文字符号，具有相对确定的内涵，所谓其“称名也小”。而卦爻象作为图像符号，具有相对模糊的边界，所谓其“取类也大”。借用老子的话说，前者“常有，欲观其徼”，是一个具有边界确定性的能指；后者“常无，欲观其妙”，是一个没有边界确定性的能指。卦爻辞与卦爻象的结合，形成抽象与具象的辩证统一。图像符号的抽象性因结合具象的文字符号而获得指向确定性；具象的文字符号因围绕抽象的图像符号而扩大了所指的外延，由此形成《周易》虚实相间、动静互依的表达方式。因此，《周易》是具象的“唯实”表达和抽象的“写意”表达的完美结合。不唯“唯实”，故不受形式框架的制约，从而超越了精致、繁复的规则；不唯“写意”，故任何主体性的发挥，都必须以卦爻象为基础与前提。这是一种基于适度客观性的“心营意造”，借用清人沈德潜的话说，既强调“以意运法”的“活法”，也重视“以意从法”的“死法”，需要“因宜适变”，不拘成见，具体语境具体分析。

3.《易》分上下二篇

《系辞》云“二篇之策，万有一千五百二十，当万物之数”，《周易》六十四卦分上下“二篇”，但并不取其均数以三十二为界，而是从《乾》至《离》计三十卦为上篇，称上经，从《咸》到《未济》计三十四卦为下篇，称下经。正如《正义》所云：“先儒以《易》之旧题，分自此（此，指《咸》卦）以上三十卦为《上经》，以下三十四卦为《下经》。”旨在序六十四卦相次之义的《序卦》曰：“有天地，然后万物生焉。盈天地之间者唯万物，故受之以《屯》，屯者……”又曰：“有天地然后有万物，有万物然后有男女，有男女然后有夫妇，有夫妇然后有父子，有父子然后有君臣，有君臣然后有上下，有上下然后礼义有所错。夫妇之道不可以不久也，故受之以《恒》……”明显有以《咸》卦（即所谓“夫妇之道”）另起端首的用意。说明《十翼》成书的先秦之际已经形成经分上下二篇，上经三十卦、下经三十四卦的体制。

易分上下“二篇”，朱熹《周易本义》认为：“以其简帙重大，故分为上、下二篇。”但正如明人蔡清《易经蒙引》质疑：“六十四卦何以不三十二卦为《上经》，三十二卦为《下经》，而乃《上经》三十卦，

《下经》三十四卦也?”总体上，其原因有二。

第一，从上下二篇的卦体数量来看。上经三十卦中，《乾》《坤》、《颐》《大过》、《坎》《离》为反对之卦（孔颖达称覆、来知德称综），即两者对应之爻的阴阳性质刚好相反，故各有两卦之体，孔颖达所谓“反覆唯成一卦，则变以对之”；其余二十四卦为不反对之卦（孔颖达称变、来知德称错），如《屯》与《蒙》，只是一卦六爻翻转 180 度而来，因而只有一个卦体，孔颖达所谓“表里视之，遂成两卦”。所以，上经三十卦共有十八个卦体（6 个反对之卦加上 12 个不反对之卦）。而下经只有《中孚》《小过》为反对之卦，构成 2 个卦体；其余 32 卦为不反对之卦，只有 16 个卦体，合计也是 18 个卦体。宋末元初俞琰《读易举要》、明陆振奇《易芥》、明来知德《周易集注》皆主此说。北宋邵雍三十六宫说，对此也有解释。邵雍认为，《乾》为第 1 宫，《坤》为第 2 宫；《屯》《蒙》只是卦象颠倒，皆二阳四阴之卦，为第 3 宫；《需》《讼》只是卦象颠倒，皆二阴四阳之卦，为第 4 宫……邵雍以错者一卦自为一宫，综者两卦合为一宫，故成三十六宫，由此亦可得《上经》三十卦与《下经》三十四卦各有十八宫之数。明来知德《周易集注》专取《系辞》“错综其数”论《易》象，而以《杂卦》治之。错者阴阳对错，如《乾》错《坤》、《坎》错《离》，综者一上一下，如《屯》《蒙》之类本是一卦。清吴隆元《易宫》取来知德错综之说，错者一卦自为一宫，综者两卦合为一宫。《上经》三十卦错者有六，《下经》三十四卦错者有二，各为十八卦，适符邵雍三十六宫之义，故其书名为“易宫”。

明张纳陛《易学饮河》以《咸》《恒》二卦移附《坎》《离》二卦之末，以成上下“二篇”各三十二卦的均数，是没有认识到错、综所得卦体有异而致。

第二，从上下二篇的内容来看。《序卦·正义》曰：“先儒皆以《上经》明天道，《下经》明人事，然韩康伯注《序卦》破此义，云：

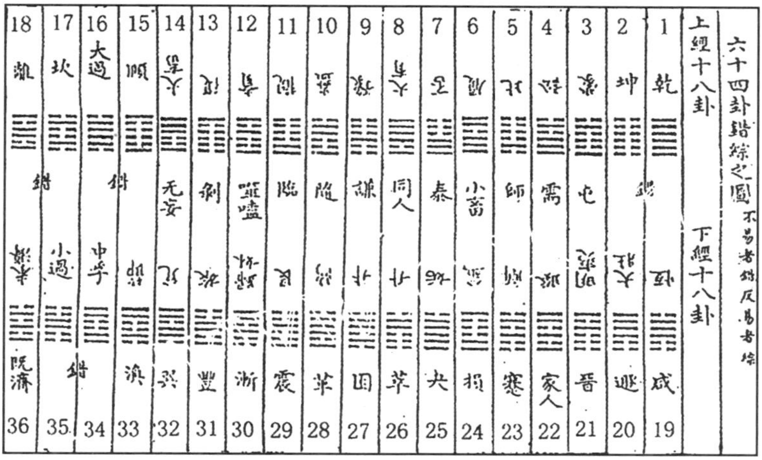

六十四卦错综之图 不易者错 反易者综

上经十八卦

下经十八卦

六十四卦错综图

‘夫《易》，六画成卦，三才必备，错综天人，以效变化，岂有天道、人事偏于上下哉！’案：《上经》之内，明饮食必有讼，讼必有众起，是兼于人事，不专天道。既不专天道，则《下经》不专人事，理则然矣。但孔子《序卦》不以《咸》系《离》。《系辞》云‘二篇之策’，则是六十四卦旧分上下，《乾》《坤》象天地，《咸》《恒》明夫妇。《乾》《坤》乃造化之本，夫妇实人伦之原，因而拟之，何为不可？天地各卦，夫妇共卦者，周氏云：‘尊天地之道，略于人事，犹如三才，天地为二，人止为一也。’此必不然。窃谓《乾》《坤》明天地初辟，至《屯》乃‘刚柔始交’。故以纯阳象天，纯阴象地，则《咸》以明人事。人物既生，共相感应。若二气不交，则不成于相感，自然天地各一，夫妇共卦。此不言可悉，岂宜妄为异端！”孔颖达认为，上下分篇不能绳以“《上经》明天道，《下经》明人事”，但《序卦》“不以《咸》系《离》”，而是自《咸》另起端绪，实有用意。清魏荔彤《大易通解》论及《上经》首《乾》《坤》，中间变之以《泰》《否》，《下经》首《咸》《恒》，中间交之以《损》《益》，亦从内容角度探求上下分篇之枢纽，颇得分篇之旨。

（二）《周易》称“经”

《周易》称“经”，最早见于《庄子·天运》：“孔子谓老聃曰：‘丘治《诗》《书》《礼》《乐》《易》《春秋》六经，自以为久矣。’”《天运》在《庄子》外篇，多不为学界所取信。但《小戴记·经解》《淮南子·泰族训》《春秋繁露·玉杯》《史记·太史公自序》等文献皆语及“六经”，且其次序多以《诗》《书》《礼》《乐》为主体，而以《易》与《春秋》殿后。说明至迟在秦汉之际，《易》业已称“经”。然而，此时之“易经”只限于本经，而不包括《易传》。故语及“六经”的《史记·太史公自序》曰：“《易大传》：天下一致而百虑，同归而殊途。”即将《系辞》称为“大传”而非“经”，说明《易经》专指狭义的《周易》。《隋志·经部·易类》序云：“及秦焚书，《周易》独以卜筮得存，唯失《说卦》三篇。后河内女子得之。”秦始皇焚书，狭义的《周易》“以卜筮得存”，并不包括“《说卦》三篇”，提示了《易经》与《易传》不相统属。两者的核心区别在于：《易经》是“卜筮”，而以“《说卦》三篇”为代表的《易传》则不属于“卜筮”。唯其如此，后者才成为焚书的对象并导致其“失”，反证《说卦》是在焚烧之列的非“卜筮”之书。

（三）《易传》

狭义的“易经”只包括六十四卦卦象和三百八十四爻爻象，以及解释卦爻象的六十四条卦辞和三百八十六条爻辞，计分上下两篇。

据《汉志》可知，秦汉之际对“经”的解释，主要有“传”和“章句”两种体例，如《毛诗诂训传》在“诂训”（文字训释）的基础上再循文释义而为之“传”。“传”是一种经书解释体例，“博释经意，传示后人，则谓之传”。战国、秦汉之际，陆续出现了解释各种经典的文献。但总体上，像《诗毛氏传》那样循文释义的“传”，在秦汉之际并不多见。相反，“有论本事以明经意者，《春秋左氏传》是也；有阐明经中大义者，《公羊》《穀梁》是也；……有不必循文解释，而别自为说者，伏生之《书传》是也”[1]，说明“传”不以训字诂词、解释文意为主，与“诂训”的解释体例迥别。《说文》：“诂，训故言也。”《毛诗诂训传疏》曰：“诂者，古也。古今异言，通之使人知也。”诂从言从古，就是用当代的话解释古代的语言，或用普遍通行的话去解释方言的字义。明梅膺祚《字汇》：“训，释也。如某字释作某义，顺其义以训之。”训从言从川，从川之字多有顺畅之义，如驯、顺皆有驯服、安顺之义，训就是用通俗的语言解释词义使之通顺晓畅。因此，诂训基本上只是文字解释工作，而“传”则是思想诠释乃至发挥工作。《易经》未经秦火，不需要从古今文字训诂的角度予以解释，这是与遭秦火之厄的《诗》《书》等经书注释有别之处。

《易传》正是发挥《易经》思想的诸多篇什的结集，系将零散而不成系统的片段性见解上升为体系高度，大致反映了春秋战国时期的认知。《史记·孔子世家》曰：“孔子晚而喜易，序《彖》《系》《象》《说卦》《文言》。”列出《彖传》《系辞》《象传》《说卦》《文言》五种，而不及《序卦》与《杂卦》。《汉志·六艺略》经部序云：“孔氏为之《彖》《象》《系辞》《文言》《序卦》之属十篇。”这里，有《序卦》而无《说卦》《杂卦》，但其云“十篇”，当是包括《说卦》《杂卦》的。《易纬·乾凿度》曰：“（孔子）五十究《易》，作《十翼》。”这是《十翼》称名之所由，作者虽未详列具体篇目，但指实了《易传》有十篇。《易传》十篇，自《易纬·乾凿度》以下，学者多称之为“十翼”。如《正义·序》曰：“龙出于河，则八卦宣其象。麟伤于泽，则《十翼》彰其用。”“翼”是羽翼经典的意思，清人傅文兆《羲经十一翼》，以孔子传《易》为《十翼》，而其再“翼”孔子，故称“十一

1　张舜徽：《广校雠略　汉书艺文志通释》，第46页。

翼”，亦取羽翼之义。

总之，《易传》旨在诠释思想而非训文诂字，共计七种十篇——《彖传》（上下）、《象传》（上下）、《系辞》（上下）、《文言》《说卦》《序卦》和《杂卦》。故《史记·孔子世家》“序《彖》《系》《象》《说卦》《文言》”[1]，虽不及《序卦》与《杂卦》，但唐人张守节《正义》曰：“夫子作《十翼》，谓《上彖》《下彖》《上象》《下象》《上系》《下系》《文言》《序卦》《说卦》《杂卦》也。”

《易传》几乎不解释文字，而重在系统阐释与发挥“经”的内涵，并成为理解《易经》的前提和基础，集中表现在：

第一，关于《易经》的文本。《易经》中只见卦爻象与卦爻辞，《易传》大衍筮法与加一倍法则提出了“卦由数起”的运数理则，将《易经》解读为以数、象、言为能指工具，以“意”为所指内容的完整体系。又从“人更三圣，世历三古”的角度分析《易经》的作者，实际上揭示了《易经》的生成。

第二，关于《易经》的本质。《易传》提出了太极、阴阳、三才等范畴，而阴阳观又是其中的核心。阴阳观来自老庄道家，《论语》《孟子》皆不言阴阳。《易传》本质上是儒家人文精神与道家自然主义思想的结合，较好地纠偏了各自“弊于天”“弊于人”的双重之“弊”。而天道、地道和人道合一的三才观，重新定义了卜筮与人事（人谋与鬼谋或天人）关系，认为《易经》反映了宇宙秩序，借此可以贞定社会秩序和人生指向，也就是《总目》所谓“推天道以明人事者也”。例如，清林赞龙《学易大象要参》以《大象》上一句为天地万物之象，下句为人事，以天象为人事之则。明倪元璐《兒易内仪以》以“以”名书，亦阐发《大象》，强调由天及人的《易经》之“用”。

---

1 “序《彖》《系》《象》《说卦》《文言》”，金德建认为应点断为“序《彖》、系《象》、说卦《文言》”，“史公所见《易》无《说卦》《序卦》《杂卦》三篇”。参金德建《司马迁所见书考》，上海：上海人民出版社，1963 年版，第 95 页。

第三，关于《易经》的解读。《易传》揭示了《易经》数、象、言之间相互传承，又彼此游离的本质。从传承的角度看，《彖》《象》主要从象数角度解释《易经》，提出了诸如取象说、取义说、当位说、中位说、往来说、承乘说等体例，以揭示“象辞相应之理”；《文言》《系辞》则重点发挥了《易经》的义理。因此，《易传》“讲象数，也讲义理，其目的就在于说明卦爻象与卦爻辞之间的内在关系”[1]，也奠定了义理与象数相结合的易学研究基础。再从游离的角度来看，《系辞上》曰：“子曰：‘书不尽言，言不尽意。’然则圣人之意，其不可见乎？子曰：‘圣人立象以尽意，设卦以尽情伪，系辞焉以尽其言。变而通之以尽利，鼓之舞之以尽神。’”承认数、象、言作为能指，在表达上的不同特点，从而充分认可象对于数、言对于象的前提突破。

第四，《易传》本身的引申。《传》前易学与《易传》本质上都是沿袭《易经》数、象、言、意及其关系定位的进一步发展。《易传》作为对《易经》（意、数、象、言）的解释，也不断生成独立的意义表达，颠覆《易经》（意、数、象、言）的前提性。例如，《泰》：“泰，小往大来，吉，亨。”《否》：“否之匪人，不利君子贞，大往小来。”但《彖传》曰：“‘泰，小往大来，吉，亨。’则是天地交而万物通也，上下交而其志同也。内阳而外阴，内健而外顺，内君子而外小人，君子道长，小人道消也。”又曰：“‘否之匪人，不利君子贞，大往小来。’则是天地不交而万物不通也，上下不交而天下无邦也。内阴而外阳，内柔而外刚，内小人而外君子，小人道长，君子道消也。”显见，卦辞从卦象上引申出君子与小人的伦理概念，而《彖传》在此基础上，又引申出天地交通的概念。清张德纯《孔门易绪》以《十翼》解经，认为《易经》无阴阳、刚柔之名及天、地、风、雷、水、火、山、泽之象，它们都是孔子首发以期阐述《易经》，故曰《孔门易绪》。朱熹《朱子

---

1 朱伯崑：《周易通释》，北京：昆仑出版社，2004 年版，第 77 页。

语类》论《系辞》，“或言造化以及《易》，或言《易》以及造化，不出此理”。《易传》作为对《易经》意、象、言的解释，又在解释的过程中生成了新的意义。进一步，后世易学又在《易传》的基础上继续发展。

《易传》以降，“易传”类著述大量涌现。我们知道，《汉志》易类的文献著录为：

> 易经十二篇，施、孟、梁丘三家。
>
> 易传周氏二篇。服氏二篇。杨氏二篇。蔡公二篇。韩氏二篇。王氏二篇。丁氏八篇。古五字（子）十八篇。淮南道训二篇。古杂八十篇，杂灾异三十五篇，神输五篇，图一。孟氏京房十一篇，灾异孟氏京房六十六篇，五鹿充宗略说三篇，京氏段嘉十二篇。
>
> 章句施、孟、梁丘氏各二篇。

清人姚振宗《汉书艺文志条理》在“丁氏八篇”下指出：“自《周氏》至此凡七家，皆蒙上文‘易传’二字，《志》欲其简，故省文……如此篇‘易传’二字唯联写可以包下文七家之书。若改为分条，便不相属矣。”所谓“周氏”是指“易传周氏”。依姚氏之见，其中的“易传”二字一直管到《易传周氏》以下从《服氏》到《丁氏》的六种文献。亦即，《服氏》实为《易传服氏》之“蒙省”，《丁氏》实为《易传丁氏》之“蒙省”，另四种文献亦然。姚振宗在“京氏段嘉十二篇”下又曰：“自《古五子》至此凡八家，皆古今杂说阴阳灾异占候之书，别为一类。又此八家皆有‘易传’之名，乃‘易传’之别派，亦统属上文‘易传’二字，特其中有分别耳。”也就是说，《丁氏》（实为《易传丁氏》）下面，从《古五子》到《京氏段嘉》八种典籍也蒙省了“易传”二字。因此，《古五子》实为《易传古五子》，《京氏段嘉》实为《易传京氏段嘉》，其余六种典籍亦然。只是，这八种“易传”性质的典籍和《易传周氏》等“易传”性质的典籍之间同中有异，“特其中有分别耳”。

从佚文来看，《初学记》卷二一引《别录》：“臣向所校雠中《易传古五子》书，除复重。”《古五子》原名确为“易传古五子”；《初学记》卷二一、《太平御览》卷六〇九引《别录》曰：“臣向所校雠中《易传淮南九师道训》，除复重，定著十二篇。”《文选·任彦升〈齐竟陵文宣王行状〉注》引《七略》曰：“《易传淮南九师道训》者，淮南王安所造也。”说明《淮南道训》确为“易传淮南道训”。由此可证姚振宗“蒙省说”洵为的论。这样，在《汉志》易类著录的“凡易十三家，二百九十四篇”中，除了“施、孟、梁丘三家”之“经”和“施、孟、梁丘氏各二篇”的“章句”之外，其他文献都是“传”体，说明“传”是汉初解释“易经”的主要体例。为了区分狭义的《易传》（即《十翼》）与后世泛称的“易传”，学者又称前者为“易大传”。因此，“易传”实有二义，一是专指《十翼》，或称“大传”；二是泛称以“传”体解释《易经》的所有易学著作。并且，“易传周氏二篇。服氏二篇。杨氏二篇。蔡公二篇。韩氏二篇。王氏二篇”与“章句施、孟、梁丘氏各二篇”皆“二篇”，似乎暗示这批集中出现在西汉早期的解释之作，只以“上下经”二篇为解释对象，而不参考或兼释十篇“十翼”。

（四）《易传》入“经”

《史记·太史公自序》引《系辞》“天下同归而殊途，一致而百虑”称《易大传》，又称孔子“正《易传》，继《春秋》”，说明司马迁和秦朝焚书政策制定者一样，对《易经》和《易传》之间的差异保持着清醒的认识。

但在以西汉晚期刘歆《七略》为蓝本“删其要，以备篇籍”的《汉志》中，其所著录“易经十二篇”，唐人颜师古注曰：“上下经及十翼，故十二篇。”表明《十翼》已经与“上下经”二篇一起构成了“易经十二篇”，这是反映《易传》入经的最早文献，也是《易传》入经的书目确认。此后的所谓“易经”（或“周易”）基本上都是广义的，既包括只有卦爻象和卦爻辞的狭义“易经”（或“周易”），也包括称之为“十翼”的《易传》七种十篇。《易传》不仅提供了解释《易经》的一般理论、方法和原则以启迪来昆，也提供了具体的认知，从而叠加了新见。

《易传》入经是易学史上的一个重要学术事件。明代高攀龙《周易易简说·自序》曰：“五经注于后儒，《易》注于夫子，说《易》者明夫子之言而《易》明矣。”《易传》入经的一个重要原因是《易传》相传为孔子所作。由此又涉及《周易》一书的作者问题。

三、《周易》的作者

关于《周易》的作者，受西方学术思想影响的近现代学者与古人的认识不尽相同。

（一）古人的认识

1.“人更三圣，世历三古”

《汉志》易类序曰：“《易》曰：‘宓戏氏仰观象于天，俯观法于地，观鸟兽之文，与地之宜，近取诸身，远取诸物，于是始作八卦，以通神明之德，以类万物之情。’至于殷、周之际，纣在上位，逆天暴物，文王以诸侯顺命而行道，天人之占可得而效，于是重《易》六爻，作上下篇。孔氏为之《彖》《象》《系辞》《文言》《序卦》之属十篇。故曰《易》道深矣，人更三圣，世历三古。”《汉志》在参考《十翼》《史记》等文献的基础上，从“人更三圣，世历三古”的角度概括了对《周易》作者的认识。

首先，宓戏氏“作八卦”。

伏羲作八卦的观点来自《十翼》和《史记》。《系辞下》曰：“古者包牺氏之王天下也……于是始作八卦。”《史记·太史公自序》曰：“余闻之先人曰：‘伏羲至纯厚，作《易》八卦。’”《史记·日者列传》亦云：“伏羲作八卦。”

宓戏，即伏羲。风姓，又名宓羲、庖牺、包牺、伏戏、伏牺，皆因音近而通用。古人多取信伏羲作八卦之说。《系辞》“包牺氏没”，《正义》曰：“包牺者，案《帝王世纪》云：大皞帝包牺氏，风姓也。母曰华胥，燧人之世，有大人迹出于雷泽，华胥履之而生包牺。长于成纪，蛇身人首，有圣德，取牺牲以充包厨，故号曰‘包牺氏’。后世音谬，故或谓之伏牺，或谓之虙牺，一号皇雄氏，在位一百一十年。”伏羲是华夏民族的人文始祖，在“三皇五帝”世系中，伏羲位居“三皇之首”“百王之先”，也是中国古籍中记载的最早的王，故亦称牺皇、皇羲。“宓戏氏作八卦”，事实上将八卦与中国文化的最早源头勾连了起来，从而也确认了“八卦”是中华文明的源头和后续发展的基础。

其次，周文王“重《易》六爻，作上下篇”。

周文王在八卦的基础上演为六十四卦并作卦爻辞，形成狭义的《易经》。《系辞》曰：“《易》之兴，其于中古乎？”司马迁《史记》的《周本纪》曰：“西伯盖即位五十年，其囚羑里，盖益《易》之八卦为六十四卦。”《日者列传》曰：“伏羲作八卦，周文王演三百八十四爻而天下治。”《报任安书》曰：“盖西伯拘而演《周易》。”西伯即周文王，曾被商纣王囚禁在羑里（今河南汤阴牖城），其“演易”内容包括将八卦重为六十四卦、作卦爻辞以及设计筮法等。

《系辞上》：“八卦而小成。引而伸之，触类而长之，天下之能事毕矣。”伏羲八卦是两种符号⚊与⚋的三重组合，形成《周礼》所谓“其经卦皆八”。八卦虽“通神明之德”“类万物之情”，但只有“引伸”“类长”为六画的六十四个别卦，即《周礼》所谓“其别皆六十有四”，才能法象皆尽，“毕”天下所能之事。《系辞下》“八卦成列，象在其中矣。因而重之，爻在其中矣。刚柔相推，变在其中矣。系辞焉而命之，动在其中矣”，《正义》曰：“夫八卦备天下之理，而未极其变，故因而重之以象其动用，拟诸形容以明治乱之宜，观其所应以著适时之功，则爻卦之义，所存各异，故爻在其中矣。”八卦就像古印度哲学以天地水火为万物基本元素一样，其本身没有占筮的功能，而别卦则出现了爻位的概念，可以表达变动的思想。文王“‘演易’一事对中国文化的不巧之功有二：一是继承发扬了伏羲氏所创发的八卦哲学思想；另一重要的是将纯粹哲学思想的易学与中国古代另一思想系统的政治学术融合为一”[1]，后者体现在“系辞焉而明吉凶”作卦爻辞上，即用明确的文字符号表达卦爻象的抽象内涵，并将意义指向人伦政治。

再次，孔子作《易传》。

上引《史记·孔子世家》“孔子晚而喜易，序《彖》《系》《象》《说卦》《文言》”和《易纬·乾凿度》“（孔子）五十究《易》，作《十翼》”，皆以孔子为《易传》的作者。《汉志》承之，谓“孔氏为之《彖》《象》《系辞》《文言》《序卦》之属十篇”。唐人颜师古注《汉志》云：“孟康曰：《易·系辞》曰：‘《易》之兴，其于中古乎？’然则伏羲为上古，文王为中古，孔子为下古。”由此形成“人更三圣，世历三古”的认知，三圣，即“作八卦”的伏羲、“重《易》六爻，作上下篇”的文王和“作《十翼》”的孔子，他们分别处于上古、中古和近古三个不同的历史时期，斯为“三古”。

2.“人更三圣”的反思与“人更四圣”的提出

“人更三圣，世历三古”是古人关于《周易》作者的重要认识，尤其对“伏羲画八卦”几乎皆信而不疑。不同意见主要集中在下述几点：

第一，关于卦爻辞的作者。孔颖达《周易正义·序》罗列了两种

1　高怀民：《先秦易学史》，桂林：广西师范大学出版社，2007 年版，第 61 页。

观点。

一是认为卦辞与爻辞皆为文王所作。《系辞》:“《易》之兴也,其于中古乎?作《易》者,其有忧患乎?”“《易》之兴也,其当殷之末世、周之盛德耶?当文王与纣之事耶?是故其辞危。”用“乎”“耶”等疑问词推测卦爻辞的时代在殷周之际,但未坐实具体作者谁何。司马迁《史记·报任安书》“盖西伯拘而演《周易》”,用“盖”字推测周文王“演《周易》”,而“演”是包括作卦爻辞的,扬雄《法言·问神》、王充《论衡·正说》,尤其班固《汉志》皆承袭司马迁,并将“盖”字坐实为定见。嗣后,东汉郑玄、南朝梁武帝萧衍、宋代吴人杰等人都持此说。

二是认为文王作卦辞,周公作爻辞,此说由王充首先提出。孔颖达《正义》引马融、陆绩等人的观点认为,爻辞中的《升》六四“王用亨于岐山”、《明夷》六五“箕子之明夷”和《既济》九五“东邻杀牛,不如西邻之禴祭”三事皆出文王之后。宋方实孙《淙山读周易记》补充《随》上六爻“王用亨于西山”,以及《象》中《明夷》有“文王以之”、《革》有“汤武革命”,以证爻辞非文王作。方实孙且进一步认为,《大有》九三“公用亨于天子”、《解》上六“公用射隼于高墉之上”、《小过》六五“公弋取彼在穴”中的“公”即“周公”,显无确证。另外,《左传·昭公二年》曰:“晋侯使韩宣子来聘……观书于大史氏,见《易象》与《鲁春秋》,曰:‘周礼尽在鲁矣。吾乃今知周公之德,与周之所以王也。’”韩宣子从《易象》中见“周公之德”,似亦可证周公参与了《易经》的创作。

考虑爻辞中有出于文王之后的内容,《隋志》经部易类小序总结指出:“周文王作卦辞,谓之《周易》。周公又作《爻辞》。”宋代朱熹、陈淳、胡一桂,元人胡炳文,明人杨时乔,以及反映清代官方学术思想的《四库全书总目》等皆持此说。例如,明方献夫《周易传义约说·易杂说》深辩爻辞非周公作,清徐在汉《易或》卷首列《观玩要领》

一篇，其第二条谓“爻辞”系于文王，而非周公。值得一提的是，明华兆登《周易古本》基于“爻辞既为周公所作，当与文王卦辞异卷”的认知，分《文王卦辞》上下，《周公爻辞》上下，为四篇。又将大、小象分为《象传》（即《大象》）、《爻传》（即《小象》），得《彖传》《象传》《爻传》《文言》《系辞》《说卦》《序卦》《杂卦》八篇，以合“上下经及十翼，故十二篇”之数，并号称“古本”，显有沽乱经籍之嫌。

但今人尚秉和指出，“文王演义，西汉儒者皆言之”，《明夷》六五中的“箕子”，《易林》作孩子，指商纣王，“与《尚书·微子》‘我旧云孩子同’也（《论衡》作孩子）。孩子谓纣，与五位恰合。故《彖传》推及于文王、箕子。今谓武王观兵后，箕子始被囚，为文王所不及见。夫箕子不用于纣久矣，岂至殷将灭始明夷乎?”又曰，“纣能囚文王，独不能亨于岐山乎？况文王用亨于岐山，正文王冀王西来，以见服事于殷之意”；而《既济》九五之东邻、西邻，“乃因《离》东《坎》西”，“谓二阴不如五阳也”；“韩宣子知周公之德，乃由观《鲁春秋》知之，知同之所以王，乃由观《易象》知之。盖文王之忧勤惕万，备见于《易象》之中，故知周之王业，全基于文王。岂谓周之所以王，由于周公，周公曾演义乎”[1]。否认周公作爻辞，卦爻辞皆作于文王。

第二，关于重卦之人。顾炎武《日知录·三易·重卦不始于王文》据《周礼》所载《连山》《归藏》《周易》“其经卦皆八，其别皆六十有四”，认为号称“夏易”与“商易”的《连山》《归藏》已经有“其别皆六十有四”的六画卦，故“重卦”不始于文王。但实际上，学者们怀疑文王重卦，更多的是受到了卦爻辞并不为文王所作的启发。

孔颖达《正义·序》曾罗列重卦者的诸家之说，主要包括：王弼认为伏羲重卦，郑玄认为神农重卦，孙盛认为夏禹重卦，司马迁认为文王

---

1 尚秉和著、常秉义点校：《易说评议》，北京：光明日报出版社，2006 年版，第 12—13 页。

重卦。其中，伏羲、神农重卦之说本诸《系辞》“（包牺）于是始作八卦，以通神明之德，以类万物之情。作结绳而为网罟，以佃以渔，盖取诸《离》。包牺氏没，神农氏作，斫木为耜，揉木为耒，耒耨之利，以教天下，盖取诸《益》。日中为市，致天下之民，聚天下之货，交易而退，各得其所，盖取诸《噬嗑》”。其中，伏羲“盖取诸《离》”的《离》，是重卦之《离》，神农“盖取诸”的《益》与《噬嗑》更为重卦无疑。至于夏禹重卦之说，则未知所本。《隋志》易类序云：“昔宓羲氏始画八卦，以通神明之德，以类万物之情，盖因而重之，为六十四卦。”也认为伏羲重卦。但总体上，古人更加取信于文王重卦之说。

第三，关于《十翼》的作者。《易纬·乾凿度》《史记》《汉志》等文献皆认为孔子作《十翼》，“《易》注于夫子”也是古人的主流观点。清儒孙承泽《孔易》七卷，专解《十翼》而不释经文，其曰：“孔易者，言学易者求解于三圣，不如求解于孔子。”孙氏不唯坚信《十翼》为孔子所作，更欲驾《十翼》于《易经》之上。

但欧阳修《易童子问》卷三曰：“童子问曰：‘《系辞》非圣人之作乎？’曰：‘何独《系辞》焉，《文言》《说卦》而下，皆非圣人之作，而众说淆乱，亦非一人之言也。’”欧阳修认为，《十翼》七种，除《彖传》《象传》之外的《系辞传》《文言》《说卦传》《序卦传》《杂卦传》五种皆非孔子所作，亦不出自一人之手，叶适《习学记言》承之。

《十翼》七种之中，首先被质疑的篇什是《说卦》《序卦》《杂卦》，尤以疑《序卦》《杂卦》为甚。如宋赵汝楳《周易辑闻》据《汉书·儒林传》“（费直）亡章句，徒以《彖》《象》《系辞》十篇文言解说上下经”未及《说卦》《序卦》《杂卦》，而疑该三篇皆汉儒窜入，明洪化昭《周易独坐谈》承之。元王申子《大易缉说》斥《序卦》非孔子之言，明崔铣《读易余言》删削《序卦》《杂卦》《文言》，亦寓怀疑之意。又如，关于《序卦》，明代邓梦文《八卦余生》对“饮食必有讼”二句、“讼必有众起”六句、“豫必有随”二句、“有事而后可大”句、“物大然后可观”句、“贲者饰也”三句、“复则不妄矣”句、“物畜然后可养”句、“故受之以《坎》”三句、“遁者退也”四句、“物不可以终壮”句、“伤于外者反其家”句、“升而不已必困”句、“震者动也”四句、“旅而无所容”句、“巽者入也”四句、“涣者离也”二句，皆有辩证，力斥其非。关于《说卦》，邓梦文《八卦余生》注“昔者圣人之作《易》也，将以顺性命之理”曰：“仁知之不足以尽道也久矣，此云尔，似亦不合。”注“帝出乎震”曰：“此节似弄字法。”

《十翼》七种之中，其次被质疑的篇什是《系辞》《文言》。清周渔《加年堂讲易》不信《系辞》《文言》为孔子思想。具体到《系辞》，宋杨简《杨氏易传》认为《系辞》“近取诸身”一节为不知道者所伪作。元吴澄《易纂言》以《系辞传》中论及十六卦十八爻之文为错简。明季本《易学四同》以《系辞》为讲师俗儒所传。清胡淳《易观》认为《系辞》“河出图，洛出书，圣人则之”之语为汉儒言谶纬者所窜入。题名徐总幹的《易传灯》认为《系辞下》“《易》之为书”三章，皆汉儒《易纬》之文。类似这种对《系辞》部分内容怀疑、排斥者代不乏人。如明代邓梦文《八卦余生》注《系辞》“成性存存”曰：“其语意颇似《老子》，不类夫子口气。”注“刳木为舟”曰：“自神农、黄帝、尧舜时始有舟楫，而当尧之时，天下犹未平，洪水横流，不知神农以前天下之民何以涉河？”注“服牛乘马”曰：“牛马之用似不待取诸卦象而后然。”注“古之葬者”曰：“《本义》云‘送死大事而过于厚’。然则圣人制葬埋之礼，盖亦自为《大过》矣，则于墨子之薄葬又何讥焉？”注“《易》之兴也，其当殷之末世”曰：“此节与《易》道似无甚发挥，而又皆前经之所已言者。”又曰：“夫子殷人也，纣之事所不忍言，即赞文王不须以纣，以纣赞文王亦非文王之所愿闻也。”

《十翼》中，最被确信为孔子作品的当数《彖传》《象传》二种。

欧阳修首疑《十翼》与孔子的关系，虽偶尔疑及《彖》《象》——如《屯》卦，《彖》曰“动乎险中”、《象》曰“君子以经纶”，二者皆往之事，与卦辞“勿用有攸往”不合——但仍相信《彖传》《象传》为孔子手著。因此，怀疑《彖传》《象传》为孔子所作，也是否认孔子作《十翼》的极致，明刘濂《易象解·自序》认为：“《十翼》之辞不尽出于圣门，故其言多无谓，且叛于三圣之教。”清人姚际恒《易传通论》、崔述《考信录》也是全面否认孔子作《十翼》的代表。

总体上，古人对《周易》作者的认识虽然迭经变化，但以《隋志》《四库总目》为代表的“人更四圣”说，仍是古人的主流认知。四圣，即伏羲、文王、周公、孔子。明人蔡鼎《万远堂易蔡》于易卦上题羲、卦辞上题文、爻辞上题周、《彖》《象》上题孔，正是“人更四圣”在文本上的反映。“人更四圣”与“人更三圣”的区别仅仅在于“文王作卦爻辞”还是“文王作卦辞、周公作爻辞”。而文王、周公是父子关系（周公姓姬名旦，是周文王第四子，武王的弟弟），皆属“中古”，因而无论“人更三圣”还是“人更四圣”，都没有改变“世历三古”的结论。

（二）今人的认识

自近现代西方学术思想传入中国以后，学者们普遍运用自然科学的方法研究历史，重视“信而有征”的实证精神。反映在《周易》作者的考订上，其最大的特点是否认其为某一具体“圣人”所作，但基本接受了“世历三古”的时间界定。

首先，关于八卦和六十四卦的起源。

近现代学者普遍认为，伏羲只是传说人物，伏羲画八卦作为一种传说，既无法证伪亦不可证实。但从出土的数字卦实物来看，八卦和六十四卦大约起源于1万年之前的旧石器时代中晚期，与传说中的伏羲年代大致相当。八卦与六十四卦的创作当非一人，不可坐实为某个具体作者。

其次，关于卦爻辞的作者。

王国维在《古史新证》中曾说："《易》卦辞、爻辞，周初作。《十翼》，相传为孔子作；至少亦七十子后学所述也。"[1] 即认为卦爻辞作于周初，但不具体坐实为文王、周公；而《十翼》即使并非孔子亲作，亦为孔门后学所述，反映了儒家的学术思想。

顾颉刚《周易卦爻辞中的故事》[2] 一文旨在确定卦爻辞的制作年代，其结论与王国维一致。顾氏所使用的材料主要是《明夷》六五"箕子之明夷，利贞"和《晋》"康侯用锡马蕃庶，昼日三接"。其中，箕子是殷商末期贵族，商纣王的叔父。武王伐纣建立周朝后，向箕子询问顺应天命以治家理国的道理，箕子于是献"洪范九畴"，史称箕子明夷。康侯是周武王之弟，封于卫，又称卫康叔。"箕子明夷"与"康侯锡马"，皆事在文王之后。李学勤认为，顾颉刚《周易卦爻辞中的故事》"推定《周易》卦爻辞'著作年代当在西周初叶'，其说精确不磨，为学者所遵信"[3]。

总体上，近现代学者认为卦爻辞的作者不是某个人，更不是某个"圣人"，卦爻辞"反映了商、周的社会面貌，产生的时代在西周前期，作者却不一定是文王和周公，而是由当时掌握卜筮的史官采辑、订正、增补、编纂而成，并非出自一时一人之手"[4]。

最后，关于《易传》的作者。

如上所述，古人虽不乏怀疑孔子与《十翼》关系的论说，但基本上并没有撼动"孔子作《十翼》"的主流认知。

晚清民国学者倾向于否认《十翼》为孔子所作，如康有为《新学

---

1 王国维：《古史新证》，北京：清华大学出版社，1994年版，第3页。
2 顾颉刚：《周易卦爻辞中的故事》，《古史辨》（第三册），上海：上海古籍出版社，1982年版，第1—44页。
3 李学勤：《关于〈周易〉的几个问题》，《走出疑古时代》，沈阳：辽宁大学出版社，1997年版，第75页。
4 朱伯崑：《周易通释》，第49页。

伪经考》即在欧阳修、叶适的基础上，进一步怀疑《彖传》《象传》亦非孔子所作。康有为说："文王但重六爻，无作上下篇之事。以为周公之作，更其后也；其二，《易》但有上下二篇，无十篇之说，以为孔子作《十翼》，固其妄也。"[1] 康有为还认为："西汉以前但有博士之经，即秦火不焚之本，孔氏世传不绝之书，无阙文亦无异本也。歆伪作古文以窜易'六艺'，或增或改，诸经皆遍，以其伪古经文加于孔子今文经之上。如《易经》本上下二篇，而云'《易经》十二篇'。此歆所增改者也。"[2]

顾颉刚《论易系辞传中观象制器的故事》一文证明《系辞》"观象制器章"所涉古史帝系人物皆起源于西汉后期。顾颉刚又引钱玄同所举有关《古论语》和《鲁论语》的异文，证明孔子与《易传》无涉。然后引康有为《新学伪经考》有关《说卦传》晚出并与汉人卦气图相合的考证，进一步指出："《系辞传》中这一章，它的基础是建筑于《说卦传》的物象上的，是建筑于《九家易》的互体和卦变上的。我们既知道《说卦传》较《彖传》为晚出，既知道《说卦传》与孟京《卦气图》相合，又知道京房之学是托之于孟氏的，又知道京房是汉元帝时的人，那么，我们可以断说：《系辞传》中这一章是京房或是京房的后学们所作的，它的时代不能早于汉元帝。因为它出在西汉的后期，所以《世本》的作者不能见它，《史记》的作者不能见它，其它早一些的西汉人也都不能见它。因为它出在西汉的后期，所以它可以采取了《淮南子》中的'去害就利'一段话来做它的底本，又可以抢夺了《世本·作篇》中的许多人的制作来献与伏羲神农等几个最有名的古帝王。"[3]

钱穆《论〈十翼〉非孔子作》[4] 一文，正如其文题所示，亦否认孔

1 康有为:《新学伪经考》，老根编著《中华传世奇书》，北京：中国戏剧出版社，1999 年版，第 21 页。
2 康有为:《新学伪经考》，第 51 页。
3 顾颉刚:《论易系辞传中观象制器的故事》，《古史辨》（第三册），第 45—69 页。
4 钱穆:《论〈十翼〉非孔子作》，《古史辨》（第三册），第 89—94 页。

子作《十翼》。总体上，“大多认为十翼非孔子所作，各篇非出于一时一人之手，乃战国以来陆续形成的解易作品”[1]，这一结论大致代表了近现代学者对《易传》作者及其时代的主流看法。

但正如王国维所谓“至少亦七十子后学所述也”，不少当代学者认为《易传》即便不是孔子手著，也与孔子思想有关。早在明代，丰坊《易辨》基于《十翼》中有“子曰”字，认为《十翼》虽非孔子手著，亦当是孔门弟子所作，体现了孔门思想。丰坊又据《汉书·儒林传》“孔子授《易》于商瞿”，认为《文言》诸传凡“何谓也”皆为商瞿问辞，“子曰”以下皆其录夫子之答语。我们知道，在《论语》中，《述而》:“加我数年，五十以学《易》，可以无大过矣。”《子路》:“子曰：‘南人有言曰:“人而无恒，不可以作巫医。”善夫!’‘不恒其德，或承之羞。’子曰:‘不占而已矣。’”长沙马王堆出土帛书《易经》也反映了孔子与《易经》的关系。孔子将《易经》视为“不占”之书，既是承绪春秋，也影响到后儒对《易经》的理解，并大致规训了后续易学的基调，《荀子·大略》亦云:“善为《易》者不占。”就此而言，孔门儒学对于将《易经》从占筮转化为人文理性是有历史贡献的。加之出土简帛中有大量孔子与《易经》关系的证明，《易传》中也有大量的“子曰”，因此，金景芳、廖名春等现当代学者都主张《十翼》不必为孔子所手定，但反映的是孔门儒家思想。

显见，无论肯定抑或否定《十翼》与孔子的关系，表面上都是基于严格的文献考订，但实际上折射了在国力疲敝的近代倾向于“疑古”而在民族复兴的当下努力“走出疑古时代”的学术前见。而总体上，近现代学者普遍认为，“三圣”或“四圣”之说并不可信，但“三古”的历时性演变则大致符合史实。“卦爻辞作于周初，《易传》作于春秋战国间，经传作者均非一人，当是经过多人多时加工编纂而成的”[2]，

1　朱伯崑:《周易通释》，第94页。
2　黄寿祺、张善文:《周易译注》，上海：上海古籍出版社，1989年版，第12—13页。

差不多是近现代学者的共识。

（三）作者认定背后的意义取向

古今学者对《易经》作者的不同认定，本质上反映了对《易经》的不同研究路径与意义取向。

1. 古人的经学取向

古代学者主张“人更三圣”或“四圣”，强调《易经》的神圣性，主要从“经学”的角度解读《易经》。《四库总目》经部序所谓：“经禀圣裁，垂型万世，删定之旨，如日中天，无所容其赞述。”

宋儒郭雍《郭氏传家易说·总论》认为：“包牺象三才之道，文王尽三才之义，周公列三才之事，孔子著三才之教，皆随时之义也。然孔子之于文王，犹文王之于包牺也，周公特终文王之一事耳，故古人犹称三圣者，以此。”元董真卿《周易会通》旨在“会通”伏羲、文王、周公之《经》与孔子之《传》；王夫之《周易内传·发例》提出：“四圣同揆，后圣以达先圣之意，而未尝有损益也。”《周易内传》卷一又曰：“文王乃本伏羲之画，体三才之道，推性命之原，极物理人事之变，以明得吉失凶之故，而《易》作焉。”清浦龙渊《周易通》以“通”名书，谓六爻之义本一理，四圣之旨本一贯，都是在“四圣”道统一贯的意义上立说的。

明季本《易学四同》旨在求天地自然之《易》、伏羲之《易》、文王之《易》与孔子之《易》四者之同。清惠士奇《易说》则曰：“《易》始于伏羲，盛于文王，大备于孔子，而其说犹存于汉。不明孔子之《易》，不足与言文王；不明文王之《易》，不足与言伏羲。舍文王、孔子之《易》，而远问庖牺，吾不知之矣。汉儒言《易》，如孟喜以卦气，京房以通变，荀爽以升降，郑康成以爻辰，虞翻以纳甲。其说不同，而指归则一，皆不可废。今所传之《易》，出自费直。费氏本古文，王弼尽改为俗书，又创为虚象之说，遂举汉学而空之，而古学亡矣。《易》者，象也。圣人观象而系辞，君子观象而玩辞。六十四卦皆实象，安得虚哉！”[1] 这里，惠士奇不仅认为伏羲、文王、孔子“三圣一贯”，进而认为汉儒象数之学亦承绪“三圣”，舍汉儒象数之学，无由上溯“三圣”易理。

而以朱熹为代表的学者则强调“四圣”易理的差异性。《朱子语类》卷六十六云：“伏羲易，自作伏羲易看，是时未有一辞也。文王易，自作文王易；周公易，自作周公易；孔子易，自作孔子易看。必欲牵合作一意看，不得。”这与他主张的“易本卜筮之书”观点一致，认为后人“硬要从中讲出许多道理来”纯属节外生枝。朱熹旨在反对后世易学仿此，将自己的思想附会为《易经》思想，进而反对借易讲大道理。清汪宪《易说存悔》专解狭义的《易经》而不及《十翼》，前书有《拟议》数条，讥自汉以来儒者说《易》之病在调停《经》《传》。他指出，文王作卦辞当以卦辞本身求之，周公作爻辞当以爻辞本身求之，必执《彖传》《象传》解之，“是有孔子之《易》，无周公之《易》矣”。清崔纪《成均课讲周易》认为《十翼》专言义理以救《易经》专主卜筮之失，本质上也是强调经传分离。

但是，正如“人更三圣”或“四圣”以及“世历三古”的作者认定是古代的主流认知，朱熹等人并没有能够改变经传合观、象辞相应的总体认知。例如，《系辞下》“《易》之兴也，其于中古乎？作《易》者，其有忧患乎”下，《正义》曰：“谓《易》之爻卦之辞，起于中古。若《易》之爻卦之象，则在上古伏牺之时，但其时理尚质素，圣道凝寂，直观其象，足以垂教矣。但中古之时，事渐浇浮，非象可以为教，又须系以文辞，示其变动吉凶，故爻卦之辞，起于中古。”《说卦》“昔者圣人之作《易》也，幽赞于神明而生蓍”，《正义》曰：“下《系》已云‘包牺氏之王天下也，于是始作八卦’，今言‘作《易》’，言是

---

1 江藩：《国朝汉学师承记》（卷二），《汉学师承记（外二种）》，上海：中西书局，2012 年版，第 25 页。

伏牺，非文王等。”又曰：“文王又于爻卦之下，系之以辞，明其爻卦之中吉凶之义。”显见，孔颖达认为卦爻象与卦爻辞是一脉相承的，它们的区别不在内容而在因应不同的时世之变。

古人还根据是否秉承“圣人觉世牖民，大抵因事以寓教”的经学原则，将历代易学文献分为“以因象立教者为宗”与“其他《易》外别传”两类，并赋予两者不同的价值判断。例如，元胡一桂《易学启蒙翼传》四卷，《内篇》三卷包括《举要》（揭示辞变象占之义）、《明筮》（考证史传卜筮卦占之法）、《辨疑》（辨析《河图》《洛书》同异）；《外篇》一卷，包括《易纬候》诸书以及京房《飞候》、焦赣《易林》、扬雄《太玄》、司马光《潜虚》以至邵子《皇极经世》诸法，以其皆《易》之支流，故别之曰“外”。清人朱彝尊《经义考·易类》按作者时代先后混融排列，从而消除了两者的分别，但旋即受到了全祖望的严厉批评。全氏指出：“近日有作《经义考》者，不审旧史之例，概取而列之于易，则所以乱经者莫甚于此。”所谓“不审旧史之例”，即不审正史艺文志或者经籍志的二分体系。全氏进一步指出：“旧史之志艺文，盖自传义章句而外，或归之蓍龟家，或五行家，或天文家，或兵家，或道家，或释家，或神仙家，以见其名虽系于易，而实则非也。”[1] 全氏认为，易类文献的二元判分，是“旧史之志艺文”的核心要义。其一是列入“经部·易类”的“传义章句”；其二是“自传义章句而外”，“或归之蓍龟家，或五行家，或天文家”等等，即根据文本内容的不同而有不同的类别选择，但不能归属于“经部·易类”则是其关键所在。而《读易别录》正是要将不能列入“经部·易类”的文献另外结集编目，以示其“虽系于易，而实则非也”，与“经部·易类”并不等同。由此，繁芜的“易林三千”文献[2]，形成了关于易学研究的两大类目的定

---

1 全祖望：《读易别录》（上），《丛书集成初编》（〇〇一八），北京：中华书局，1985年版，第1页。

2 称“林”者，皆占验之书，如《焦氏易林》《崔篆易林》《管辂易林》《郭璞洞林》等，参尚秉和著、常秉义点校《易说评议》，北京：光明日报出版社，2006年版，第8页。本书所称“易林三千”，是泛指一切易学研究成果，不限于占验之书的范畴。

位和路径选择。前者属于"经部·易类",《四库总目》称之为"诂经之说",《读易别录》称之为"传义章句",亦可概称为"传说之属"。后者称之为"易外别录",《读易别录》则称之为"盖自传义章句而外"者。从两者的实际数量来看,"其为传义章句者,诸家之徒,居十九焉"[1],其余"居十一焉"者为"自传义章句而外"的文献。说明分入"经部·易类"的文献是古代易学的主流,"卫经之深心"固然是"旧史"的追求,但也反映了古代《周易》学术体系的基本面相。

2. 今人的学科化取向

近现代学者普遍采用了自然科学的方法研究《易经》,这就破除了"圣人作易"的认知,《易经》不再自带神圣的光环。

首先,近现代学者普遍将《周易》文献划分为三个层次,一是狭义的《易经》,二是狭义的《易传》(即《十翼》),三是除经传之外的所有易学著作[2],实际上是从"客观""科学"的角度,强调经传的差异。

其次,不从"经"与"非经"的角度区别易学著作的良莠得失,而是从"史料"的角度看待《易经》。如郭沫若在《周易时代的社会生活》中指出,卦爻辞"除强半是极抽象、极简单的观念文字之外,大抵是一些现实社会生活……如果把这些表现现实生活的文句分门别类地划分出它们的主从出来,我们可以得到当时的现实战争社会生活的状况和一切精神生产的模型"[3]。相较于中国古代学者,明人陈际泰《易经说意》强调群经辅《易》,明刘定之《易经图释》以《大学》三纲领八条目释《大象》大纲。清方荼如《周易通义》取"四书"成语以证《周易》,清刘斯组《周易拨易堂解》力证《论语》《中庸》皆通于《易》。

---

1 全祖望:《读易别录》(上),第1页。
2 朱伯崑:《易学研究中的若干问题》,《朱伯崑论著》,沈阳:沈阳出版社,1998年版,第834页;廖名春:《〈周易〉经传十五讲》,北京:北京大学出版社,2004年版,第4页。
3 郭沫若:《周易时代的社会生活》,《郭沫若全集》(历史卷一),北京:人民出版社,1982年版,第38页。

清徐总幹《易传灯》认为《易》"该三代制度"，如《比》九五"王用三驱"可见王田不合围三面而驱之礼，《巽》九二"史巫纷若"可见古有太史、男巫、女巫之制，论《易》《礼》相通，而实以《易》证《礼》等等，皆有将《易经》视为史料的倾向，但仅限于《易经》与儒家其他经典之间的互证。近现代学者对《易经》的学科化研究是全方位的，不仅有哲学视角、文学视角等等，也包括数学、物理、化学、天文、历法、医学、量子力学、生物遗传学等自然科学视角。

值得一提的是，古人以传入经，解经文本再分"诂经之说"与"易外别传"；今人以《易经》《易传》与易学为三分体系，都否认了《易传》产生之前春秋至战国初期易学的存在。而吊诡的是，以《左传》《国语》为代表的春秋至战国初期的易学成果，又普遍为古今学者所肯定。例如，清人毛奇龄《春秋占筮书》摭拾《春秋传》所载占筮推三代之筮法，以明古人之《易》学。今人李镜池《〈左〉〈国〉中易筮之研究》认为，"我们要探讨《周易》最初在社会上的地位，一般人对于它的态度，它的性质是怎样的？与后来的《周易》有无不同的地方"，这些问题都需要借助于"《左传》中关于用《周易》筮占的记载共有十二则，引用《周易》文的五六处；《国语》中所载易筮的也有两条"这些"最早的关于《周易》的记载"[1]。总体上，《易传》产生之前的易学重视现实效用，文字训释不是重点。

首先，结合互体、之卦等卦象以及卦名等义理解卦。《左传》《国语》占例或只取卦象，或只取卦辞，或以卦象为主而结合卦辞，或以卦辞为主而结合卦象，基本不言及"数"。

其次，针对具体事件占筮，在求其具体吉凶结果的过程中体现对《易经》的理解，因而只有零散而不成系统的片段性见解。如《左传·桓公十一年》："卜以决疑，不疑何卜？"

---

1 李镜池：《周易探源》，北京：中华书局，1978 年版，第 407 页。

最后，强调人的主体作为，突破吉凶结果的前定性，成为“不占”思想的前驱。《左传·昭公十二年》提出：“《易》不可以占险。”战国荀子提出：“善《易》者不占。”如果说，甲骨龟卜所反映的殷商时期仍以天帝为权威，以《左传》《国语》为代表的春秋战国之际则强调天人“合德”，突出了主体人的地位。

四、《周易》的版本

《周易》在版本上的差异首先表现为六十四卦卦序的不同，概有今本卦序、《京房易传》的八宫卦序、邵雍卦序（包括三十六宫卦卦序、先天六十四卦卦序等）、长沙马王堆三号汉墓出土的《易经》卦序，等等。但在中国古代，《易经》的版本差异主要体现为今本卦序的文字排列方式的不同。明代雷乐《周易古经》首列《沿革》一篇，历载前儒古《易》之式，计有初本，费直本，郑玄本，王弼本，胡旦、胡瑗本，吕大防本，邵子本，晁说之本，程迥本，吕祖谦本，朱子本，凡十二家。清人翟均廉《周易章句证异》亦广罗诸本异同，主要包括：李鼎祚将《序卦》冠于卦辞之首；周燔卦辞前列《大象》，卦辞后列《彖传》；赵汝楳卦辞前列《大象》，卦辞后列《彖传》，次《文言》，次爻辞；李过、方逢辰《乾卦》卦辞后列《彖传》，次《文言》释《彖》处，次《大象》，次爻辞；蔡渊《周易经传训解》卦辞后列《大象》，次《彖传》，《文言》别为一《传》，《传》低一字；王洙于篇中不载卦辞，别为一篇之类。

雷乐、翟均廉所列皆是以今本自《乾》《坤》至《既济》《未济》的六十四卦为序，区别在于经、传文字排列方式的不同。两者广罗异本，但皆不无偏谬。如朱熹本即吕祖谦本，而雷乐分为二家。而总体上，如许繁夥的历代《周易》版本主要包括两大方面。

一是基于对《易传》的不同认知而改易《易传》篇第、内容。如元人吴澄《易纂言》认为《系辞》“居室”七条、“祐助”一条、“何思”十一条，实《文言》之文，故移入《文言》，明李本固《古易汇编》承之。清黄元御《周易悬象》仿吴澄，割《系辞》十九卦之说移入《文言》，又删节、移易《系辞》次第，并割掇《说卦》以补之。明刘定之《易经图释》仿《诗经》之《雅》分大小，分《象传》为《大象》（称《象传上》）、《小象》（称《象传下》）。清孙梦逵《周易读翼揆方》认为《彖传》专释卦辞；《象传》中的《大象》应另归《系辞》之后，释爻辞的《小象》应称为《爻传》附《彖传》之后。宋吴仁杰《古周易》据《隋志》“唯失《说卦》三篇”改《系辞》上、下为《说卦》上、中，宋冯椅《厚斋易学》、明杨时乔《周易古今文》、清姚球《周易象训》承之。明耿橘《周易铁笛子》取《文言》“乾元者”以下六十六字，“坤至柔”以下三十四字入《彖传》，又取《文言》“潜龙勿用下也”以下一百零七字入《象传》。诸如此类，不胜枚举。

二是基于对经传关系的不同认知而重新排列经传。例如，宋李过《西溪易说》于《乾》初爻“潜龙勿用”下即接以“象曰：潜龙勿用，阳在下也”，又接以“《文言》曰：潜龙勿用，下也。潜龙勿用，阳气潜藏。初九曰潜龙勿用，何谓也？至是以君子勿用也”。元胡震《周易衍义》于《乾》《坤》二卦卦辞下接《彖传》，继以释《彖》之《文言》，次《大象》，次《爻辞》下接《小象》，继以释爻之《文言》，又置《杂卦》于《序卦》之前。明郑友元《易经小传》于《乾卦》卦辞下接《彖传》，又分《文言》之释《彖》者附之。次《大象》，次爻辞，下接《小象》而分《文言》之释爻辞者附之。清姜兆锡《周易本义述蕴》于《乾》《坤》二卦亦割《文言》为二段，分缀于《彖》《象》二传之下。清金綎《读易自识》首为总论，次为《系辞》《序卦》，然后是六十四卦。清晏斯盛《楚蒙山房易经解》十六卷，分《学易初津》二卷、《易翼宗》六卷、《易翼说》八卷。其中，《易翼宗》以《经》文为主，而割《十翼》散附于句下。《易翼说》全解《十翼》，但以《系辞》《说卦》《序卦》《杂卦》《彖传》《文言》《象传》为次，不同于今、古之本。清江见龙《周易清解》移《系辞》《说卦》《杂卦》《序卦》于《上下经》之前，分为二卷，名曰《孔子读易传》。如此重排经传之类，亦不胜枚举。

总体上，历史上的《易经》版本虽堪称标新立异、花样百出，但对经传的不同排列是《周易》版本的主要问题，而其中的核心又是经传分合问题。

首先，经传分离。

春秋战国之际，《易传》十篇成书，但《周易》经传是分离的。司马迁称“传”，《易纬》称“翼”，都强调《易传》不是“经”。据《汉志》“易经十二篇”颜师古注“上下经及十翼，故十二篇”及《易类序》“刘向以中古文《易经》校施、孟、梁丘经，或脱去‘无咎’‘悔亡’，唯费氏经与古文同”可知，代表西汉官学的施（仇）、孟（喜）和梁丘（贺）三家易皆有“十二篇”，说明“十翼”虽已入经，但“上下经”各一篇、“十翼”各一篇，计“十二篇”，形成先经“二篇”、后传“十篇”的版式，经传各自成篇，并不混排。同样，“与古文同”的费氏易与官学三家差异不大，唯三家“或脱去‘无咎’‘悔亡’”，费氏也应该是经传别行之本。

其次，经传相合。

《说卦·正义》曰：“先儒以孔子《十翼》之次，乾坤《文言》在二《系》之后，《说卦》之前。以《彖》《象》附上下二《经》为六卷，则上《系》第七，下《系》第八，《文言》第九，《说卦》第十。辅嗣之《文言》分附《乾》《坤》二卦，故《说卦》为第九。”据此，“先儒”的版本是先列经文，并将《彖》《象》附上下二《经》。王弼（辅嗣）则在此基础上，又将《文言》分附《乾》《坤》二卦。两者的区别只在《文言》独立成篇还是附入经文。朱熹说：“中间颇为诸儒所乱。”[1] 清

1 朱熹：《周易本义》，北京：中华书局，2009 年版，第 29 页。

人惠栋参考《魏志》与孔颖达《正义》之说，认为“诸儒谓郑康成、王辅嗣也”[1]，可证孔颖达所谓“先儒”当指郑玄，而非费直。上引《汉志》亦可证，费直应属经传分离之本。《汉书·儒林传》：“（费直）长于卦筮，亡章句，徒以《彖》《象》《系辞》十篇文言解说上下经。”费直只是根据“十篇”《易传》的内容解释《易经》，而没有在版本上将经传混排。

第一，郑玄之本。

郑玄传费氏学，郑氏《易注》至北宋尚存一卷，见著于《崇文总目》，而《崇文总目》称存者为《文言》《说卦》《序卦》《杂卦》四篇。可见，郑玄以《文言》独立成篇，唯以《彖传》《象传》附经。清黄元御《周易悬象》、吴德信《周易象义合参》、清沈起元《周易孔义集说》，皆以《彖传》《象传》合经，《文言》独立为篇，所据即郑玄本。

第二，王弼“今本”。

王弼在郑玄的基础上，又以《文言》附经。其中，《乾卦》集中罗列卦辞与六条爻辞，然后以“《彖》曰”“《象》曰”“《文言》曰”，分别接以《彖传》《象传》与《文言》，以示其当初经传别行之体。而自《坤卦》起，则先卦辞，后《彖传》，后《（大）象传》；然后是初六爻辞、初六《（小）象传》，六二爻辞、六二《（小）象传》，等等；最后是《文言》。《屯》卦以下六十二卦仿《坤》，唯无《文言》。

据《经典释文》，王弼《周易注》合《彖传》《象传》与《文言》入经，厘为六卷，各卷分题次第为《乾传》第一、《泰传》第二、《噬嗑传》第三、《咸传》第四、《夬传》第五、《丰传》第六。孔颖达《周易正义》采用了王弼本的版式，其基本排列方式是：先卦画、卦名、卦辞，后为诠释该卦卦名、卦辞的《彖传》，并以“彖曰”标示。再接

1 惠栋：《周易本义辨证》，《续修四库全书》（第21册），上海：上海古籍出版社，2002年版，第291页。

以诠释该卦卦象的《大象》以及诠释该卦每条爻辞的《小象》，且皆以“象曰”标示。《乾》《坤》二卦的《文言》亦各附二卦之后。但《乾》卦次序是先卦画、卦名、卦辞，然后爻辞，再次第为《彖传》《象传》《文言》。而《系辞》上下、《说卦》《序卦》《杂卦》无法割裂，总附在六十四卦之后。其各卷次第分别为：上经《乾传》卷一，上经《需传》（非《泰传》）卷二，上经《随传》（非《噬嗑传》）卷三，下经《咸传》卷四，下经《夬传》卷五，下经《丰传》卷六，《系辞上》卷七，《系辞下》卷八，《说卦》卷九，《序卦》卷十，《杂卦》卷十一，计十一卷。斯为注疏本，简称“今本”。相应地，经传分离本则被称为“古本”。

第三，回归古本。

今本《经》《传》合编有利于经传对照阅读与理解，孔颖达《周易正义》、明胡广等奉敕所撰《周易大全》、清人阮元校刻《十三经注疏》皆继承孔颖达《周易正义》，成为通行的编次。但“今本”默认《经》《传》统一，不利于对经、传各自体系和特点的独立研究。所以，宋吕大防《周易古经》、晁说之《录古周易》、薛季宣《古文周易》、程迥《古周易考》、李焘《周易古经》、吴仁杰《古周易》皆以回归“上下经及十翼”分排的古本为职志。如宋吕祖谦《古周易》分《上经》《下经》《彖上传》《彖下传》《象上传》《象下传》《系辞上传》《系辞下传》《文言传》《说卦传》《序卦传》《杂卦传》为十二篇，陈振孙《直斋书录解题》著录十二卷，即以一篇为一卷。南宋大儒朱熹为吕祖谦《古周易》作《跋》，力主吕氏之说，其《周易本义》即仿吕本，分为《经》二篇，《传》十篇，成为“古本”的代表。嗣后，元吴澄《易纂言》、梁寅《周易参义》，明刘定之《易经图释》、方献夫《周易传义约说》，清赵继序《周易图书质疑》、杨方达《周易辑说存正》、王俶《易经一说》、虞楷《周易小疏》以及体现清代官方学术的康熙《御纂周易折中》等皆用吕祖谦、朱熹之“古本”。

第四，今古版本之间的选择。

古今二本版本学差异的核心在于《彖传》《象传》《文言》三传是否入经。明人何楷《古周易订诂·自序》既认为经传合编之非古，又引《魏志》淳于俊对高贵乡公语“郑玄合《彖》《象》于经者，欲使学者寻省易了也”，故其《古周易订诂》十六卷，前六卷为《彖》《象》《文言》附经的王弼之本，后十卷又列《十翼》原文，其以“古周易”命名，正因后十卷经传相分之故。何楷既采今本以期得“寻省易了”之便，又列古本以存其旧，反映了今古二本各有得失。总体而言，今本以三传入经，诚便解诂，亦强调经传一体，羲、文之《易》即孔子之《易》。而古本强调经传分离，颇不便经传合观，但也有强调经传分殊的用意。

因为古今二本各有得失，历史上有不少学者往往游走于两者之间。如明代邓伯羔《今易诠·自述例》云：“前诠从古，此改从今。”朱彝尊《经义考》著录其《古易诠》二十九卷，其《自序》曰：“诠次成帙，为《上下经》若干卷，为《彖》《象》《系辞》《文言》《说卦》《序卦》《杂卦》诸传若干卷，一遵东莱古《易》。”但收入《四库总目》者只有邓氏《今易诠》二十四卷，仍为注疏本。明徐师曾初从吕祖谦本为《古文周易演义》，后以明代取士用注疏本，复作《今文周易演义》。明姚文蔚《周易旁注会通》以古本经传相离，不便诵习，遂复为今本。与邓伯羔、徐师曾、姚文蔚由古转今相反，朱子初作《易传》十一卷用王弼本，后作《易本义》十二卷始用吕祖谦本。清李光地《周易观彖》用注疏本，后奉命纂修《周易折中》则用朱子古本，也经历了由今而古的转变。同样，明初朱升作《周易旁注》用王弼本，后又经程应明更定为古本。

值得一提的是，《四库总目》著录了朱熹《周易本义》的两个版本，其一为“十二卷”古本。后来，南宋董楷《周易传义附录》合释程颐“传”与朱熹“本义”，故称“传义附录”。但《程传》为王弼之今本，而朱熹《本义》为吕祖谦所定古本。因程子在前，故何楷割裂朱子《本义》散附《程传》之后，使《本义》成今本之式，元赵采《周易程朱传义折衷》、明胡广等纂《周易大全》皆以董楷为椎轮，致朱熹《本义》成“四卷”本（卷一上经，卷二下经，卷三《系辞》，卷四《说卦》《序卦》《杂卦》，《彖》《象》《文言》分附于各条经文之下），《总目》著录为“《重刻周易本义》四卷”，以“重刻”二字以示非“十二卷”之旧。顾炎武《日知录》谓：“割裂《本义》以入程《传》，始于胡广之修《大全》。”实际上，南宋董楷、元赵采已有先例。

第五，关于《易经》与《易传》的关系。

文本系统和解经理念是统一的。《易经》今古版本的差异，本质上反映了对经、传关系的不同认识。如朱熹认为卦爻象不是要讲道理，而是如卜兆一样，直接指示吉凶；卦爻辞与卦爻象并不完全一致，《易传》也不等于《易经》。所以，其《周易本义》是经、传相分的十二卷“古本”，实际上就是把伏羲易、文王易、孔子易分观，也为反对后人将自己的思想附会于《易经》作出了版本学上的铺垫。而后世易学的一个重要弊端就是将自己的思想附会为《易》所本具，朱熹可谓抓住了问题的关键。惠栋在《周易本义辨证・凡例》中说：“《御纂周易折中》篇次一依《周易本义》，正郑、王之纰缪，还孔氏之旧观，使学者复见古经，诚盛世也。第坊刻《周易本义》，尚袭《大全》之讹，闱中命题，至有以爻辞、小象合出者，事不师古，匪说攸闻。今刻《周易本义》，鄙见以为宜遵。”[1] 也是站在古本的立场，强调经、传的分殊。

然而，《周易本义》后经人篡改，又回归了经、传相合的系统。《周易本义》被从“古本”改为“今本”，其象征意义在于：经、传相合从而经、传思想一脉相承的认识更为学界所认可。而经、传相合成为主流，正是以传解经、经传不二，从而“四圣一贯”思想在文本上的体

1 惠栋：《周易本义辨证》，《续修四库全书》（第21册），第289页。

现。正如《重定周易费氏学》引秦澍沣曰："以经解画，以传解经；合则是，而离则非。"清王又朴《易翼述信》专以《彖》《象》《文言》诸传解释《经》义，自谓笃信《十翼》，述之为书，故名曰"易翼述信"。王氏以朱子所云"不可便以孔子之说为文王之说"者为非，也反映了经传相合从而默认"人更三圣（或四圣）、世历三古"，经与传一脉相承的认知。

五、本书旨趣

无论是对《周易》作者的确认还是对《周易》版本的厘定，其中的核心问题之一是对经、传关系的认识。

古人以"四圣一贯""四圣同揆"为主流认知，以经、传混排的今本为主要版本，实际上默认了经、传之间密不可分的联系。尽管如此，古人对经、传之间的差异仍然保持较为清醒的认知。宋人项安世《周易玩辞·自序》谓："《易》之道四，其实则二：象与辞是也。变则象之进退也，占则辞之吉凶也。不识其象何以知其变，不通其辞何以决其占？"其《周易玩辞》旨在将狭义的《易经》划分为六十四卦卦爻象与六十四卦卦爻辞两个部分。而六十四卦又从八卦而来，从八卦到六十四卦再到卦爻辞，文本不断生成，意义不断叠加。明人王宣亦认为，《易经》的价值高于《易传》，其《风姬易溯·自序》曰："风，伏羲姓。溯风者，溯卦。姬，文周姓。溯姬者，溯象。爻独不溯孔者，余观象家，非举业家也。"故《风姬易溯》只解《易经》而不及《易传》。同样，明朱谋㙔《周易象通》唯释经文，不及《十翼》。与之相反，清人孙梦逵《周易读翼揆方》认为，《传》由"大圣"孔子所作，故但释《传》而不释《经》。

我们认为，《易经》以数、象、辞为能指的工具，以"意"为所指内容，构成了一个相对独立的领域。王弼《周易略例·明象》曰："夫象者，出意者也。言者，明象者也。尽意莫若象，尽象莫若言。言生于象，故可寻言以观象。象生于意，故可寻象以观意。”王弼以所指之“意”为逻辑先在，象生于意、言生于象。象、言作为表“意”的能指工具，又存在递生关系。从生成论的角度看，“象”因“意”而生，表达“意”也是“象”存在的唯一理由，“言”因“象”而生，表达“象”也是“言”存在的唯一理由。然而，“象”是结构化的符号体系，从范围和深度上扩大了“意”的所指，导致“意”由最初吉凶休咎的神意，发展为“易道”；“言”作为文字性的表达手段，也超越了“象”所表达之“意”。象、言都超越了对各自前提的步趋，建构了独立的意义。从意到象到言的派生关系，转化为从言到象到意对前提性的不断超越。这样，“尽意莫若象，尽象莫若言”和“故可寻言以观象”“故可寻象以观意”就丧失了依据。“意”作为《易经》逻辑先在的所指，其内涵是通过能指的象、言额外建构的，而建构的最终结果是由神意的吉凶休咎到卦爻象的天道，并下落为卦爻辞的人事。

事实上，象的基础是“数”，但“数”是隐含在“象”中的，所以《易经》用数而不言数，从《易经》文本中只能见象（六十四卦卦象）与辞（卦爻辞）。“数”“象”“言”都是表“意”的能指工具，既存在由数生象、因象生辞的递生关系；又存在辞对于象、象对于数的前提性突破关系。拿象辞关系来说，卦爻象作为符号体系是一种抽象存在，而卦爻辞旨在用文字的形式将符号的抽象内容具体化。由于存在抽象符号体系（卦爻象）与具体文字表达（卦爻辞）之间的间距，卦爻辞只是卦爻象符号生态中的存在，而符号生态既有符号固定性（不变），又有社会变迁性（变易），由此形成了具象对抽象的解释，并增添了抽象卦爻象所不备的内涵。

因此，《易经》文本的生成过程，也是意义的不断建构过程。本书以“《周易》文本的生成及其意义建构”为题，聚焦于狭义的《周易》，重点分析数、象、辞作为能指工具是如何递相生成的；辞、象、数又是如何突破各自前提而建构独立意义的；以及易学研究史上基于对辞、象、数三者关系的不同理解，又建构了怎样的“新意”。

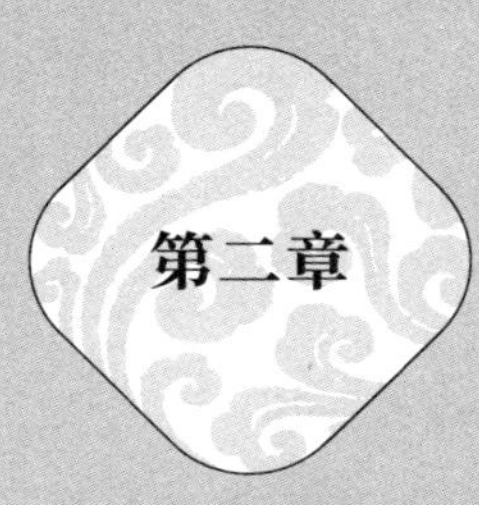

第二章

《周易》的卦爻象

《易经》不是章节体著作，而是以六十四卦为单位，每卦由卦画、卦名、卦辞、爻题和爻辞五部分组成。其中，卦名、卦辞和爻辞属于文字部分，将在本书第三章中专门论述。卦画是抽象符号，爻题是对卦画符号内在结构的指称与分析，本章专就卦画以及爻题论说。

《周礼·大卜》："掌三易之法：一曰《连山》，二曰《归藏》，三曰《周易》。其经卦皆八，其别皆六十有四。"三画的八卦为"经卦"，六画的六十四卦为"别卦"，"经""别"之称既默认八卦是六十四卦之本，又强调《连山》《归藏》《周易》作为"书"具有完整的六十四卦体系。由于别卦来自两个经卦的"因而重之""引而伸之"，故又称为复卦、重卦。反过来，别卦也可以分析为上下两个经卦，上卦又称上经卦、外卦、上体、悔卦，下卦又称下经卦、内卦、下体、贞卦。

第一节 卦爻象的起源

《易经》中的卦爻象，是指六画的六十四个别卦符号。关于卦爻象的生成，迄今主要有下述几个观察角度：一是大衍之数，二是数字卦。这两者都围绕“数”而展开，符合《左传·僖公十五年》“筮，数也”、卦由数起的原则。但正如《正义》疏释《乾》初九时所云：“后代圣人以《易》占事之时，先用蓍以求数，得数以定爻，累爻而成卦。”它们都是“以《易》占事之时”求得具体一卦之“言语”的方法。“以《易》占事之时”，六十四卦系统已然存在，因而不能解释六十四卦“语言”系统的生成。三是加一倍法，即“太极生两仪，两仪生四象，四象生八卦”以及八卦“引而伸之”为六十四卦，加一倍法表面上亦围绕“数”而展开，但实际上是对六十四卦“语言”体系的观念演绎，即在先有六十四卦观念的前提下，将 $2^6=64$ 的 64 个别卦，分析为 $8^2=64$ 的周延体系，因而也不是卦画的实际生成方式。亦即，根据加一倍法可以生成六十四卦，但未必是《易经》六十四卦“语言”体系的原初生成方式。四是伏羲取象生八卦，取象说不符合卦由数起的原则，但将六十四卦由“数”的起源转进为“象”的存在，与其说是解释六十四卦的起源，毋宁说是揭示六十四卦的物质象征。本节专就上述四个方面展开论述，虽不能揭示六十四卦的真正起源，但可借以分析卦爻象的可能义蕴。

一、大衍筮法

大衍筮法是以蓍草为工具，通过运数的方法，生成具体的一卦，从而据以定吉凶。上引《正义》曰："后代圣人以《易》占事之时，先用蓍以求数，得数以定爻，累爻而成卦，因卦以生辞，则蓍为爻卦之本，爻卦为蓍之末。"蓍草具体"得数以定爻，累爻而成卦"的方式见于《系辞》"大衍筮法"章，而出土的数字画则可视为定爻、成卦的实物见存。《系辞上》曰：

> 大衍之数五十，其用四十有九。分而为二以象两，挂一以象三，揲之以四以象四时，归奇于扐以象闰；五岁再闰，故再扐而后挂。
>
> 天一，地二；天三，地四；天五，地六；天七，地八；天九，地十。天数五，地数五，五位相得而各有合；天数二十有五，地数三十，凡天地之数五十有五，此所以成变化而行鬼神也。
>
> 《乾》之策，二百一十有六；《坤》之策，百四十有四。凡三百六十，当期之日。二篇之策，万有一千五百二十，当万物之数也。是故四营而成《易》，十有八变而成卦，八卦而小成。引而伸之，触类而长之，天下之能事毕矣。

1. 大衍之数五十

衍，即推演。大衍，强调其泓涵一切，其数五十可以广泛推及宇宙万物。关于大衍之数"五十"的来源，概有两种观点。一是附会五十的构成。汉代学者刘歆、京房、马融、荀爽等人分别提出了不同的看法，但基本都与天象、天时相比附。例如，《汉书·律历志》所引刘歆之说认为，元是1，春秋为2，三统为3，四时为4，合为10，再乘以5，为

50。京房认为五十是10日、12辰、28宿之数相加之和。二是认为“大衍之数五十”后面脱“有五”二字，应为“大衍之数五十有五”，董遇、姚信等人主之。其核心观点是：大衍之数就是天地之数，所谓“天一，地二……天数五，地数五，五位相得而各有合”，1—10十字数字相加而得到“五十有五”。

2. 其用四十有九

“五十”或“五十有五”的大衍之数，在实际运数求卦中，只使用其中的49根蓍草，具体原因亦聚讼纷纭。

一是基于“大衍之数五十”，认为虚其“一”而不用（50－1＝49）。刘歆《汉书·律历志》认为，“道据其一”，故不用。京房认为，“天之生气，将欲以虚求实”，所以一根不用。而据《正义》所引，马融认为“易有太极，谓北辰也。太极生两仪，两仪生日月，日月生四时，四时生五行，五行生十二月，十二月生二十四气。北辰居位不动，其余四十九转运而用也”。荀爽则认为：“卦各有六爻，六八四十八，加乾、坤二用，凡有五十。《乾》初九潜龙勿用，故用四十九也。”朱熹《周易本义·系辞传》认为，大衍之数五十，就是《河图》中的天五乘以地十；舍其一不用，“盖皆出于理势之自然，而非人之知力所能损益也”，反对附会“其一不用”。

二是基于“大衍之数五十有五”，认为舍其“六”而不用（55－6＝49）。《正义》：“郑康成云：‘天地之数五十有五，以五行气通。凡五行减五，大衍又减一，故四十九也。’姚信、董遇云：‘天地之数五十有五者，其六以象六画之数，故减之而用四十九。’”姚信、董遇认为，在运蓍成卦时用六根蓍策放置于地，以指示六个爻位，不使混乱。《士冠礼》“筮与席所卦者”，郑注云：“所卦者，所以画地记爻。《易》曰：‘六画而成卦。’”也认为舍6不用，是因为需要以6根蓍草指示六爻的位置。这与《正义》所引郑玄“凡五行减五，大衍又减一，故四十九也”不同。

上述纷纭诸说都以解释如何得出“其用四十有九”为目的论导向，而确定“其用四十有九”的最终目的，又是为了通过“四营”而得出九、七、六、八这四个数字。

3. 四营

四营，即四个具体的揲蓍操作步骤，具体包括：

第一，分而为二以象两。信手（强调任意而非刻意）将49根蓍草分为两半。所谓“象两”，是象征天地之“两”，这是出于神秘其事的目的。

第二，挂一以象三。从所分两部分的任意一部分中拿出一根置于别处，“象三”是说“分而为二”再加上这个别置他处的一根，形成三份，以象征天地人三才。但实际上，象两之“两”并不是“两仪”，“象三”之“三”也不是“三才”，详下。

第三，揲之以四以象四时。将分得的两半共48根蓍草（“挂一”之后，两者的总和只有49-1=48根，以成4的倍数），四个四个地数（实即除以4），其余数只能出现四种情况：1、2、3、4。亦即，如果此一半的余数是1，则另一半的余数只能是3；如果此一半的余数是2，则另一半的余数也只能是2；如果此一半的余数是3，则另一半的余数只能是1；如果此一半的余数为0，则记为4，另一半的余数也必然是0（亦记为4）。“象四时”即象征春夏秋冬四季。

第四，归奇于扐以象闰；五岁再闰，故再扐而后挂。奇，是指每次“揲四”（四个四个地数）之后的余数，这个“余数”又称为“扐”，奇、扐在这里是一个意思，它们作为四揲之余，不足复揲，即作为除以四的余数不能再除以四。所谓“再扐而后挂”，再是第二次，因为两半的余数皆有“扐”，故称“再”；“挂”即“归”，奇、扐（即余数）被“归”置一边，舍而不用。“五岁再闰”，《正义》曰：“凡前闰后闰，相去大略三十二月，在五岁之中。”这里的“象闰”与“象两”“象三”“象四时”一样都是附会天文学从而饰说“四营”操作的合法性。

4. 关于天数和地数

首先，“天一，地二；天三，地四；天五，地六；天七，地八；天九，地十”的“天地之数”就是1—10十个自然数。它们从1开始而不是从0开始，说明天地以“有”为核心。以10为终而不及其余，是典型的“十进制算法”。《左传·僖公四年》孔疏：“十是数之小成。”《左传·庄公十六年》：“使以十月入，曰：‘良月也，就盈数焉。’”杜注曰：“数满于十。”以十为盈、为满，数字1—10是一个完满而自足的体系，“万有一千五百二十”的“当万物之数”，都可以从这十个基数中推导出来，由此形成以简驭繁的思路，成为“易简而天下之理得焉”的数学基础。

在中国古代，零的概念起源很早，但主要以空位的形式表示而没有另造一个符号。“十”在今天的阿拉伯数字中写作“10”，由两位数构成，但在古代是用一个字符“丨”表示的，“十一”以上才需要用两个字符或写作合文，例如丄是十一的合文，[illegible]是“十三”的合文。显见，用1—10这十个基数，也有书写符号上的现实考虑。

其次，天数和地数的核心区别在于奇偶的不同。天地之数虽然各有五，但都只有一种类型：天数为奇、地数为偶。因此，天数、奇数、阳数是同义表达，地数、偶数、阴数是同义表达。这是数字最终简化为阴阳两种爻象的机理所在——爻的品类有且仅有两种，它们又以天地（奇偶）之数为依据，这就降低了卜筮的神秘性。

再次，“天数五，地数五”，天、地之数相当，这是强调天、地两者之间是平行而又彼此补足的，它们“五位相得而各有合”。《正义》曰：“若天一与地六相得，合为水，地二与天七相得，合为火，天三与地八相得，合为木，地四与天九相得合为金，天五与地十相得，合为土也。”这是附会五行学说的结果，但较好地解释了“相得而各有合”的意义。

最后，“天地之数五十有五，此所以成变化而行鬼神也”。天数一、三、五、七、九与地数二、四、六、八、十相加，其总和为五十五。此天地阴阳奇偶之数，既是定爻、成卦的基础，也是所成之卦爻“成变化而行鬼神”的依据，正如《正义》所云：“变化以此成，鬼神以此行。”

5.《乾》之策二百一十有六

《乾》卦六爻都是老阳，其数为9，它们（6个9）都由“揲四”的三十六策（36根蓍草）而得，计有6×9×4=216策（根）。

6.《坤》之策百四十有四

《坤》卦六爻都是老阴，其数为6，它们（6个6）都由“揲四”的二十四策（24根蓍草）而得，计有6×6×4=144策（根）。

相应地，《乾》之少阳，其数为7，它们（6个7）都由“揲四”的二十八策（28根蓍草）而得，计有6×7×4=168策（根）。《坤》之少阴，其数为8，它们（6个8）都由“揲四”的三十二策（32根蓍草）而得，计有6×8×4=192策（根）。

《正义》曰：“以《乾》老阳，一爻有三十六策，六爻凡有二百一十六策也。《乾》之少阳，一爻有二十八策，六爻则有一百六十八策，此《经》据老阳之策也。《坤》之老阴，一爻有二十四策，六爻故一百四十有四策也。若《坤》之少阴，一爻有三十二，六爻则有一百九十二。此《经》据坤之老阴，故百四十有四也。”《周易》占动不占静，故《乾》有“用九”、《坤》有“用六”。“用”即“通”，表明凡阳爻皆“九”而非七，凡阴爻皆“六”而非八。欧阳修《易童子问》“释所以不用七八也。《乾》爻七，九则变，《坤》爻八，六则变。……物极则反，数穷则变，天道之常也”，训“用”为“变”，实得大衍筮例之旨。总之，“用九”“用六”是指遇九、六皆变的揲蓍求爻之例，而与六爻无涉。

7. 凡三百六十，当期之日

“《乾》之策二百一十有六”与“《坤》之策百四十有四”的总和为三百六十，即216+144=360。这个数字刚好与一年三百六十天之数吻合。

8. 二篇之策，万有一千五百二十，当万物之数也

上下经“二篇”共六十四卦，每卦六爻，故有三百八十四爻（6×64=384），其中阴爻和阳爻之数相等，皆为一百九十二（384/2=192）。这也是“天数五，地数五”，天地平等的反映。每一个阳爻都经由“揲四”的三十六策而来（9×4=36），而阳爻共192个，所以其总策数为六千九百一十二（36×192=6 912）；每一个阴爻都经由“揲四”的二十四策而来（6×4=24），而阴爻共192个，所以阴爻总策数为四千六百零八（24×192=4 608）。“二篇之策”由阴阳爻的总策数相合而来，即6 912+4 608=11 520，成“万有一千五百二十”，象征天地万物之数。

那么，为什么“用九”的老阳一爻有三十六策，“用六”的老阴一爻有二十四策？以及为什么少阳一爻有二十八策，少阴一爻有三十二策呢？这就涉及“四营而成《易》，十有八变而成卦”的问题了。

9. 四营而成《易》

“四营”是指上述“分二”“挂一”“揲四”“归奇”的四个操作步骤，所成之“易”是指成卦中的“一变”。《正义》曰：“营谓经营，谓四度经营蓍策，乃成《易》之一变也。”通过“四营”，48根蓍草只能剩余40或44。即当此一半余数为0，另一半亦为0，它们皆算作4，由此获得40（48-4-4=40）这个唯一结果。而当此一半余数为1或2或3，另一半余数只能相应地为3或2或1，从而只能获得44这个唯一的结果。因此，44的来源有三种可能：第一，48-1-3=44；第二，48-2-2=44；第三，48-3-1=44。显然，获得44的概率要远高于获得40的概率。

10. 十有八变而成卦

上述“四营”为“一变”，一变之后只能剩余40根或44根，从而完成“再扐而后挂”的操作步骤。这里的“挂”是将余数8或4悬之不用。

第二变是在40或44根蓍草的基础上再行“四营”，获得的结果只能有 40、36、32 三种情况。亦即：40－8＝32，40－4＝36；44－8＝36，44－4＝40。其中，出现 36 的概率等于出现 32 或 40 的概率之和。

第三变是在 40、36 或 32 根蓍草的基础上再经过“四营”，获得的结果只能有 36、32、28、24 四种情况。亦即：40－8＝32 或 40－4＝36；36－8＝28 或 36－4＝32；32－8＝24 或 32－4＝28。其中，出现 28 和 32 的概率要高于 36 和 24。这四个数字（36、32、28、24）都用 4 除，分别得到 9、8、7、6。其中，得到 8、7 的概率要高于得到 6、9 的概率。清人刘天真《河洛先天图说》据《系辞》“天数五，地数五，五位相得而各有合”认为，六七八九之数，乃一二三四倚五而成，即一倚五而成六、二倚五成七、三倚五成八、四倚五成九，斯为“参天两地而倚数”。但刘氏之论显然并不符合 9、8、7、6 之来源。

通过三变而得到 9、8、7、6 中的任一数字，即可据以确定一个爻画。即根据阳奇阴偶的原则，将 7、9 画为阳⚊，将 8、6 画为阴⚋。《易纬·乾凿度》：“阳变七之九，阴变八之六。”阳性刚健，故由七进九，用九表示；阴性逊顺，故由八退六，用六表示。这就解释了爻画只分阴阳两种，而数字有 9、8、7、6 四种的配对关系问题。通过 9、8、7、6 四个数字获得的一爻，需要根据 9、8、7、6 数字的不同而有变化，称之为“变爻”。即 9 为老阳，需变化为阴爻；7 为少阳，不变；6 为老阴，需变化为阳爻；8 为少阴，不变。数字 7、8 为不变之“贞”，而数字 6、9 为变动之“悔”。宋赵以夫《易通》以不易、变易二义明人事动静。其曰：“奇偶，七八也；交重，九六也。卦画七八，不易也，爻画九六，变易也。卦虽不易，而中有变易，是谓之亨。爻虽变易，而中有不易，是谓之贞。《洪范》：‘占用二：贞悔。’贞即静也，悔即动也。故静吉动凶则勿用，动吉静凶则不处，动静皆吉则随遇而皆可，动静皆凶则无所逃于天地之间。”赵氏所论虽不免婉转曲解，但亦可备一家之说。

从“四营”“三变”所得 9、8、7、6 四个数字的概率来看，老阳

（九）的概率为18.75%，老阴（六）为6.25%，少阳（七）为31.25%，少阴（八）为43.75%。因此，尽管存在“变爻”，但重视“变”的大衍筮法，是以“不变”为基础的，从而也维持了筮法成卦的相对稳定性。再就“变”而言，也主要是以一爻变为主。据统计，在《左传》《国语》22个占筮实例中，唯有《国语·晋语》有三爻变、《左传·襄公九年》有五爻变之例。二爻变、四爻变和六爻变之例告阙，六爻皆不变者2例，其余18例皆为一爻变。

上述“三变”，只能生成一爻，《正义》所谓：“三变既毕，乃定一爻。”而一卦有六爻，故需六次“三变”才能获得一卦，斯为“十有八变而成卦”。明儒喻国人《全易十有八变成卦定议》认为，数九则满，满则损，数六则谦，谦则益。故不外《乾》九损三，变为《坤》六；《坤》六益三，变为《乾》九。或《乾》九、《坤》六交相损益，十有八变以成卦而已。其说并非“十有八变而成卦”之本义。

11. 八卦而小成。引而伸之，触类而长之，天下之能事毕矣

揆其文辞，其意应为：“小成”之三画的八卦通过“引而伸之”的两两重叠，形成一个六画卦。但从上文“四营而成《易》，十有八变而成卦”来看，三变定一爻，十有八变成一卦是连续的过程，并非通过“九变”生成三画卦，再由三画卦引长伸尽以成六画卦。因此，“八卦而小成”虽承上文，但反映的却是加一倍法的卦画生成方式。“十有八变而成卦”与“八卦而小成”实际上是矛盾的。这种矛盾表述，本质上反映了六十四卦“数”之生成论与“象”之存在论之间的差异。详下。

12. 小结

大衍筮法“四营”“十有八变而成卦”的劳作，只是揲蓍之法，而非画卦之本。换言之，它只能随机性地获得具体一卦之“言语”，而不能生成六十四卦的“语言”体系。大衍筮法作为一套完备的数理设计，其全部措意所在，一是要确立爻画只有两种类型，二是要确立爻画必须六度组合。两种爻画是由6、7、8、9四个数字通过奇偶的归类而得，奇数七九为阳爻（⚊），偶数六八为阴爻（⚋）。六度组合是由“三变”而得6、7、8、9中任一数字从而定一爻，然后六次重复，即六次三变，最终“十有八变而成”一个六画卦。大衍筮法虽然强调数字的天地属性乃至“象两”“象三”“象四时”“象闰”的天文学依据，但“四营”“三变”而成的六七八九为什么要以奇偶为原则简化为阴阳两种爻画以及为什么“十有八变而成”六画卦，并没有得到合理解释。

二、数字卦

数字卦的概念，最早产生于张政烺1978年12月在吉林大学召开的“首届中国古文字研究会学术讨论会”上的相关研究。针对徐锡台《周原出土甲骨文字》一文提出的“奇字”，张先生发表了《古代筮法与文王演〈周易〉》[1]的临时讲演。他认为，商周甲金文和楚卜筮祭祷简上的数字组（即所谓“奇字”），“是筮数，六个数目字一组的是重卦，而金文所见三个数目字一组的是单卦”[2]。张先生在后续研究中，把殷周甲金文三十二个例子以及战国天星观楚简上的三位数组和六位数组的连写符号判定为易卦，其核心观点是，“易卦来源于筮数和阴阳爻画来源于数字”[3]。除了“筮数”，张先生还使用了“易卦”或“筮卦”等概念，学者们多概括为“数字卦”这一术语。

从出土的“数字卦”现状来看，1977年陕西岐山周原凤雏村出土1万多片卜甲，同年安徽阜阳汉墓出土竹木简牍，1978年江陵天星观邸阳君番敕墓出土战国竹简，都出现了主要由六位数组成的数字图形画。例如，周原卜甲有一个筮卦，由八七八七八五这六个数字构成，根据大衍筮法，当为䷾（既济卦）。由此反观1118年湖北孝感出土的周初铜器

1 张政烺：《我与古文字学》，张世林编《学林春秋》，北京：中华书局，1998年版，第285—305页。
2 张政烺：《论易丛稿》，《张政烺文集》，北京：中华书局，2012年版，第60—61页。
3 丁四新：《数字卦研究的阶段、贡献及其终结》，《周易研究》2018年第5期。

铭文、1956 年河南安阳四盘磨村出土的卜骨、陕西西安张家坡出土的西周卜骨，都有六位数字的图形画。此外，安阳小屯苗圃北地出土的陶片、陕西扶风齐家山出土的卜骨、河南洛阳北窑出土的西周墓铜戈，也都有成组的数字画。例如，五七六八七七、一七八七八六、七八六六六六、八七六六六六、六六八一一六、六一六六六一，若根据奇数为阳爻、偶数为阴爻的原则，它们分别是《中孚》䷼、《渐》䷴、《剥》䷖、《比》䷇、《升》䷭和《屯》䷂。更早的“数字卦”是 1979 年发掘的属于新石器时代晚期的江苏海安青墩崧泽文化遗址出土的“骨角栖和鹿角枝上有易卦刻文八个，例如三五三三六四（艮下，乾上，遁）、六二三五三一（兑下，震上，归妹）。其所使用的数目字有二、三、四，为前举三十二条考古材料所无，说明它的原始性”[1]。

与《周易》卦爻象相比，“数字卦”实际使用的数目字主要包括一、四、五、六、七、八、九 7 个，跟大衍筮法中“象四时”的六、七、八、九并不一致。并且，“数字卦”都用具体数字表示，尚未出现阴阳两种爻画。因此，李学勤认为战国楚卜筮祭祷简易卦、出土《周易》、秦简《归藏》的卦爻都是纯粹的卦画符号，并非来源于筮数[2]。简言之，“数字卦”与“易卦”无关。但是，清华简《筮法》支持了“数字卦”与“易卦”的关联性。第一，筮数“七”在卦中均画作“一”，或者说卦中的爻画“一”均表示数字“七”[3]。第二，“《筮法》的卦例可以分为两类，一类是三位卦，一类是骈列的两个六位卦（或四个三位卦）。三位卦一律由一、六两数组成，属于后人所谓经卦；六位卦（别卦）则由一、四、五、六、八、九这六个数字组成。《筮法》有《爻象》一节，所谓爻，在竹简中即明确以数字为爻；而所谓爻象，即指数字爻的象征含义。毫无疑问，这一证据即肯定了‘数字爻’的概

1 张政烺：《试释周初青铜器铭文中的易卦》，《考古学报》1980 年第 4 期。
2 李学勤：《周易溯源》，成都：巴蜀书社，2006 年版，第 277、282—283 页。
3 廖名春：《清华简〈筮法〉篇与〈说卦传〉》，《文物》2013 年第 8 期。

念是可以成立的，同时指明了‘数字卦’的命名有其依据”。因此，“《周易》阴阳爻画和爻题确实来源于所谓四象数，阴、阳爻画分别来源于筮数‘八’和‘一（七）’，爻题被安排为筮数‘九’和‘六’，筮数又由大衍筮法所决定”[1]。

在确认了“数字卦”与“易卦”关联性的前提下，张政烺“易卦来源于筮数和阴阳爻画来源于数字”这两个核心结论中的后者（即“阴阳爻画来源于数字”）遂成为问题的关键。从今本《周易》来看，六画卦只包含两种爻画类型（⚊与⚋）。称其为阴阳爻，事实上已赋予其阴阳属性。但“数字卦”是积数而成，并非积爻而成。那么，称之为阴阳爻的⚊与⚋两种符号，与“数字卦”中所使用的一、四、五、六、七、八、九 7 个数目字到底存在什么关联呢?

张先生从“数字卦”实例入手，发现“近几年来，又见到许多古筮的考古资料，总共有百十来个卦例，全无二、三、四这三个字”[2]。针对这些数字只有一、五、六、七、八、九而不用二、三、四的现象，他认为这是因为二、三、四（甲骨文写作☰）都是积画为之，在上下书写的体制中不易分别。当然，上引江苏海安青墩崧泽文化遗址中所用数目字有二、三、四，则被张先生推定为其“原始性”。清华大学藏楚简《筮法》中也出现了数字“四”。再就一、五、六、七、八、九这六个数字来说，又以六和一为多，其次为七、八、五、九[3]。例如，江陵天星观战国楚墓竹简中的数字卦只有一、六、八、九，马王堆汉墓帛书只有一和六（⁄∖），阜阳双古堆西汉汝阴侯墓出土的竹简也只有一和六（∧）。而阜阳汉墓《周易》中“爻题称九、六，而实际画的却是一、∧，和殷周古筮资料相同……而马王堆帛书《六十四卦》上的卦画确实是中国最早用阴阳爻写成的，其阴爻作┘ └，犹带∧字一分为二的痕

1 丁四新：《数字卦研究的阶段、贡献及其终结》，《周易研究》2018 年第 5 期。
2 张政烺：《论易丛稿》，第 43 页。
3 同上书，第 7 页。

迹”[1]。据此，张先生总结指出，“数字虽多，只是阴阳二爻”[2]。

显然，张政烺基于有限的案例，并以先验的“阴阳二爻”索解数字卦，反向推演和解释数字卦中只出现一、五、六、七、八、九这六个数的现实。丁四新则从大衍筮法的角度指出，“数字卦出现在阴阳爻卦之前，而数字卦本身不仅是对相关易卦的定性，而且根据筮法的不同，有必要将其爻画性质进一步论定为天地爻画（奇偶数爻画）；不过，由于筮法的不同，在表现形式上就可以分为‘六、一（七）’和‘一（七）、八’两大系统。筮数源于筮法（揲蓍法），而有本数、本爻与用数、变爻之分。由筮法产生的这两种数字就构成了筮卦（或如《筮法》的卦例）的爻数，据今本《系辞传》，它们被称为‘四象’一类概念，而八卦就是在四象的基础上产生出来的”[3]。丁四新又曰：“今本《周易》的阴阳爻画其实是由数字一（七）、八演变而来的，楚竹书、汉帛书和汉简《周易》的卦爻画还保留着一（七）、八两个数字的书写特征。而数字一（七）、八其实又源于大衍筮法。根据大衍之数（五十数）的揲蓍法，最终得出六、一（七）、八、九这四个数字，其中一（七）、八两数出现的频率很高，作为静爻、体爻、常爻被安排为《周易》经文的爻画，而九、六作为动爻、用爻、变爻被安排为爻题。而秦简《归藏》和清华简《别卦》的卦爻画则一律由六、一（七）两个数字构成，它们以五十五数的揲蓍法为依据，其原理与《周易》系统一致。”[4]

显见，针对张政烺“易卦来源于筮数和阴阳爻画来源于数字”的关键结论，丁四新同意“易卦来源于筮数”，但不取信“数字集中说”，而是从大衍筮法的角度推测成爻之数（六七八九）的来源，并从数字奇偶的角度推测阴阳（爻）观念的形成。其中，上博楚竹书、阜阳汉简

1 张政烺：《论易丛稿》，第65页。
2 同上书，第2、7页。
3 丁四新：《周易溯源与早期易学考论》，北京：中国人民大学出版社，2017年版，第15—16页。
4 丁四新：《数字卦研究的阶段、贡献及其终结》，《周易研究》2018年第5期。

《周易》和马王堆汉墓帛书《六十四卦》中的爻都具有了阴阳的抽象性质而不再是单纯的数字。尽管，它们可能源于数字上的六和一。这三个本子中的阳爻都作一，而阴爻分别为/\ 、/\ 和˩ ˪。而王家台秦简《归藏》阳爻亦为一，但阴爻为∧。它们被写作⚊与⚋，并从中抽象出奇偶的观念，成为阴阳（爻）、刚柔思想的前驱。今本爻题为九、六，而不是阴阳，也说明数字的奇偶比阴阳、刚柔等观念起源更早，阴阳、刚柔等观念应该源自奇偶的认识。“不但出土《周易》诸本的爻画属于阴阳性质，而且秦简《归藏》和清华简《别卦》（包括《筮法》的三位卦）的爻画也属于阴阳性质，前者作一、八（或˩ ˪），后者作一、∧”，“由于楚竹书的发现，《周易》卦爻画具备阴阳性质应当推至战国中期”[1]。

丁四新总结指出：筮卦（实占易卦）和阴阳爻画（经文易卦）表面上看起来迥异，其实都源于揲蓍法所产生的筮数。《左传·僖公十五年》曰：“筮，数也。”先秦已形成体爻与用爻、体卦与用卦（经文易卦与实占易卦）的划分，但它们之间的联系是很明确的。它们源于相应的成卦法，六爻均由数字构成，应是常识。所谓爻画，不仅对经文易卦而言，筮卦亦有爻画。卦爻画又称刚爻柔爻，或阴爻阳爻，这是人们赋予爻画以哲学含义的新名称。大概在东汉时期，爻画进一步简化为横画断连的形式。可能从那时起，《周易》卦爻画源于筮数的常识就渐被遗忘而变得日益模糊。乃至近百年来学者一直在追问所谓卦爻画的来源问题。“数字卦”概念正是在这一背景下提出并很快流行开来的[2]。这样，丁四新事实上又回到了从大衍筮法来讨论六十四卦的起源了。不但易卦源于筮数，阴阳爻画也源于筮数。

我们认为，大衍筮法是“后代圣人以《易》占事之时”出于占筮的目的而用蓍运数成卦的方法，出土的数字卦可视为通过类似大衍筮法

1 丁四新：《数字卦研究的阶段、贡献及其终结》，《周易研究》2018 年第 5 期。
2 同上。

的操作而获得的具体卦象。这些卦象以数字的形式存在，正反映了卦由数起的起源论本质。不同之处在于，大衍筮法明确确立两种爻画，而在出土的数字卦实物中两种爻画则没有最终定型。在数字卦中，1—9 九个自然数中的二三四不常见。这样，一五六七八九 6 个数字根据奇偶原则（也就是天数、地数）最终简化为两个数字符号，并有上述《周易》“一（七）、八”和楚简《别卦》《筮法》以及秦简《归藏》“六、一（七）”的两种类型。同样，大衍占筮法围绕“四营”展开的一系列操作最终也以得出六七八九从而确定一爻的奇偶（阴阳）性质为导向。这里，不见了数字卦中常见的一和五。并且，在六八所代表的阴和七九所代表的阳中，由于阴阳都要区分老、少，因而由四个数字获得的爻性实际上只有两种，即⚊与⚋。可以肯定，两种爻性是对 1—9 九个自然数的抽象，这种抽象或者弃置 2、3、4 三个数字不用或者弃置 1—5 不用，最后获得的一五六七八九 6 个数字或六七八九 4 个数字，仍需通过奇偶的归纳才能最终得到两种爻性类型。如果没有归纳，那么，大衍筮法将会出现 $4^6 = 4\ 096$ 种六画卦的类型，而在数字卦中则会出现 $6^6 = 46\ 656$种（不用二三四）六画卦等多种类型。

再就组合维度而言，“商代筮占中出现的数字，今已知有一、五、六、七、八、九、十，筮数形式有三爻一组、四爻一组、五爻一组、六爻一组四种；三爻者称单卦，类似《周易》的经卦；六爻者称重卦，类似《周易》的别卦；四爻一组及五爻一组的属互体卦范畴”[1]。同样，出土的数字卦亦主要包括六画卦和三画卦，从而暗示了从两个三画卦叠加为一个六画卦或者一个六画卦包括两个三画卦的分析序列。另外，殷商甲骨与铜器铭文中也有四位数组，如张政烺所举“六一一六”“六七七六”“四三五二”等甲骨之例、铜器铭文“八八六八”之例[2]，如果

1　蔡运章：《论甲骨金文中的互体卦》，《第三届国际中国古文字学研讨会论文集》，香港中文大学，1997 年。

2　张政烺：《易辩：近几年根据考古材料探讨〈周易〉问题的综述》，唐明邦等编《周易纵横录》，武汉：湖北人民出版社，1986 年版，第 193—194 页。

用互体来解释，也是默认一个六画卦由两个三画卦组成。但在大衍占筮法中，三变定一爻，“十有八变”累六爻而成一个六画卦，并没有“十有五变”而成五画卦或“二十有一变”而成七画卦等其他选择。

如果说出土数字卦确认了“筮，数也”卦象源自数字的认识，大衍筮法则是对数字卦的进一步抽象与归并，不仅规范了“四营”“三变”而得的数字只有“象四时”的六七八九 4 种（而不是 6 种或 7 种），并通过奇偶原则合并为两种爻画类型；而且也规范了“十有八变”累六爻而成一卦，从而排除了数字卦中其他组合维度的可能。

然而，在六十四卦体系中，每一卦既是排他的，又是彼此周延的。排他性体现在六十四卦各不同，周延性体现在各不相同的六十四卦共同构成一个基于 2^6 的整体体系，既不可减而为 63，亦不可增而为 65。而大衍筮法起步于“分而为二以象两”的信手之“分”，“十有八变而成”的每一卦都是随机的。数字卦以及大衍筮法本质上都是占筮实践，即通过运数获得具体的某一卦从而据以占筮吉凶，但不能解释六十四卦体系的生成问题。这从掷铜钱成卦法中可以得到很好的说明。清人惠栋分析“以钱代蓍”指出：

> 《士冠礼》曰：“筮与席所卦者。”……贾疏曰：“筮法依七、八、九、六之爻而记之。但古用木画地，今则用钱：古谓三代，今谓汉以后。以三少为重钱，重钱则九也；三多为交钱，交钱则六也；两多一少为单钱，单钱则七也；两少一多为拆钱，拆钱则八也。案，《少牢》云：‘卦者在左坐，卦以木。’故知古者画卦以木也。”胡一桂《筮法变卦说》平庵项氏曰：“以京易考之，世所传火珠林者，即其法也。以三钱掷之，两背一面为拆，即两少一多，少阴爻也；两面一背为单，即两多一少，少阳爻也；俱面为交，交者拆之聚，即三多，老阴爻也；俱背为重，重者单之积，即三少，老阳爻也。盖以钱代蓍，一钱当一揲。此后人务径截，以趋卜肆之

便，而本意尚可考。”唐于鹄《江南曲》：“众中不敢分明语，暗掷金钱卜远人。”《朱子语类》六十六卷曰：“今人以三钱当揲蓍，此是以纳甲附六爻。纳甲乃汉焦赣、京房之学。”[1]

参酌汉代以来改揲蓍为掷铜钱的成卦方法可知，背面为阴、正面为阳，三个铜钱掷一次得一爻。其中，三个正面为老阳，三个背面为老阴；两个正面一个背面为少阳；两个背面一个正面为少阴。如此连掷六次，得六爻以成一卦。掷铜钱法“趋卜肆之便”，简化了大衍筮法相对烦琐的揲蓍手续；但“本意尚可考”，即仍以大衍筮法的象数蕴意为前设规则。其中，背面为阴、正面为阳以及三个背面为老阴、两个正面一个背面为少阳等，实际上是以爻象只有阴阳两种、阴阳皆可再分为老少为原则的。连掷六次而得一卦则以爻累 6 次为原则，因而事实上预设了 $2^6=64$ 中底数 2 和指数 6 的前提性存在。而每一次掷钱求卦，都是在孔颖达所谓“后代圣人以《易》占事之时”、《易经》六十四卦已然生成的前提下，获得 $2^6=64$ 中的具体一卦从而问卜吉凶的方法，它不能解释六十四卦作为“语言”系统是如何形成的。正像甲骨兆纹，每一次灼龟所得都是个别化、差异性的具体兆象，每一次“四营”“十有八变”或掷铜钱也只是获得具体的一卦。当然，与灼龟取象不同，每一次“四营”“十有八变”或掷铜钱所得的具体一卦，作为“言语”实践肯定在 $2^6=64$ 的六十四卦“语言”之中，而“其经卦皆八，其别皆六十有四”的《周易》（包括《连山》《归藏》）作为“一本书”，正是以六十四卦“语言”体系的生成为标志的。

三、加一倍法

“加一倍”的概念，最初由北宋程颐在《二程外书》中提出。他评

1 惠栋：《京君明易》，《易汉学》（卷五），《周易述（附：易汉学易例）》，北京：中华书局，2007 年版，第 608 页。

价北宋邵雍的先天易数法则为："尧夫（邵雍）之数只是加一倍法。"邵雍从奇、偶二数（2）出发，逐次分别再加奇偶二数而成4（2的二倍）、8（4的二倍）、16（8的二倍）、32（16的二倍）、64（32的二倍），用数学符号表示即为2^1、2^2、2^3、2^4、2^5、2^6，等等。

而邵雍加一倍法是受到了《系辞上》"易有太极，是生两仪，两仪生四象，四象生八卦，八卦定吉凶，吉凶生大业"的启发。与大衍筮法一样，加一倍法也围绕"数"探讨卦象的起源，并在"数"的基础上产生了一系列概念。但与大衍筮法不同，加一倍法突出了三画卦的地位，认为六十四卦作为"语言"体系，源自三画的8个经卦的两两重叠（8^2），而不是两种爻画的六度组合（2^6）。

第一，"易有太极"中的"易"，是指筮法。《周礼·大卜》："掌三易之法：一曰《连山》，二曰《归藏》，三曰《周易》。其经卦皆八，其别皆六十有四。"《周礼·筮人》："掌三易，以辨九筮之名：一曰《连山》，二曰《归藏》，三曰《周易》。"这里，"三易"即三种筮法。"易有太极"中的"太极"，《正义》云："夫有必始于无，故太极生两仪也。太极者，无称之称，不可得而名，取有之所极，况之太极者也。"

第二，"是生两仪"。由未分之太极"生"出两仪，所谓"生"，是指"滋长""发展为"。《正义》："太极谓天地未分之前，元气混而为一，即是太初、太一也。故《老子》云：'道生一。'即此太极是也。又谓混元既分，即有天地，故曰'太极生两仪'，即《老子》云：'一生二'也。不言天地而言两仪者，指其物体，下与四象相对，故曰两仪，谓两体容仪也。"

第三，"两仪生四象"。《正义》曰："两仪生四象者，谓金木水火，禀天地而有，故云：'两仪生四象'，土则分王四季，又地中之别，故唯云四象也。"

第四，"四象生八卦"。《正义》曰："四象生八卦者，若谓《震》木、《离》火、《兑》金、《坎》水，各主一时，又《巽》同《震》木，

《乾》同《兑》金，加以《坤》《艮》之土为八卦也。”

在上述太极、两仪、四象、八卦的递“生”序列中，八卦是由两种爻象（⚊与⚋）三维组合而成 $2^3=8$ 的八种类型，即：乾（☰）、坤（☷）、震（☳）、艮（☶）、离（☲）、坎（☵）、兑（☱）、巽（☴）。据此，可以反向逆推四象、两仪、太极分别为 2^2、2^1、2^0。亦即：太极是 2^0，古人创制的太极图☯，以圆形强调“分两仪”之前的混沌之“一”（$2^0=1$），以黑白代表阴阳，以S形曲线为界表征阴阳彼此转化，以黑中有小白、白中有小黑代表两仪彼此互含，准确地反映了生成论上“太极生两仪”以及存在论上太极以阴阳互含互动为本质的意义。两仪是 2^1，即⚊与⚋两种爻画。四象是在两仪的基础上再叠加两仪，形成⚏、⚎、⚍和⚌四种类型。对比于大衍筮法可知，加一倍法虽强调“卦由数起”，但更重视“数”背后的观念内涵。尤其是太极（$2^0=1$）为“元气混而为一”，两仪（$2^1=2$）为⚊与⚋两种爻画类型，从而将后续的四象、八卦乃至六十四卦的起源上溯到了宇宙论的高度。

但需要指出的是，学界一般都将大衍筮法与加一倍法相比附，认为“分而为二以象两”中的“两”即“两仪”、筮前蓍草未分即“太极”，“揲之以四以象四时”中的“四”即“四象”。如大衍筮法“分而为二以象两”下，《正义》曰：“五十之内，去其一，余有四十九，合同未分，是象太一也。今以四十九分而为二，以象两仪也。”孔颖达从“易有太极，是生两仪”的角度比附“分而为二以象两”，本质上是将旨在得出底数2和指数6的大衍筮法，披上宇宙生成论的外衣。但实际上，大衍筮法的“分而为二以象两”是指蓍草的二分，它跟⚊与⚋两种爻画无关。同样，“四象”是由⚊与⚋的二度叠加而成的 $2^2=4$ 四种组合类型：⚏、⚎、⚍和⚌。而大衍筮法“象四时”的“四”是在“大衍之数五十，其用四十有九”的基础上“分二”“挂一”以成48，然后再除以“四”，它与加一倍法中的“四象”无关。进一步，大衍筮法中的六、七、八、九4个数字也不是四象，那种认为“⚏为老阴，是数字六；⚎为少阳，是数字七；⚍为少阴，是数字八；⚌为老阳，是数字九”[1] 的认识是不对的。如果以⚋为0，以⚊为1，⚏（00）、⚎（01）、⚍（10）和⚌（11）由下而上“知来者逆”进位，其十进制数值分别为0、2、1、3，即⚏<⚍<⚎<⚌。因此，如果⚎为少阳七，⚍不可能为少阴八。事实上，大衍筮法中的六、七、八、九4个数字只能确定一维组合（即2^1）意义上的⚋或⚊，亦即：六八为⚋，七九为⚊。换言之，它们旨在确定“两仪”本身，因而只能是“四数生两仪”而不是“两仪生四数”。

最后，关于“八卦定吉凶，吉凶生大业”。《正义》曰：“八卦既立，爻象变而相推，有吉有凶，故八卦定吉凶也。”又曰：“万事各有吉凶，广大悉备，故能王天下大事业也。”说明八卦的形成、发展和运用，最终是出于“定吉凶”“生大业”的占筮动机。但实际上，定吉凶的是六画卦，而不是三画卦。详见本章第三节。因此，从“四象生八卦”到“定吉凶”“生大业”还有一个“引而伸之”、由八卦重为六十四卦的过程。

加一倍法从太极（2^0）到两仪（2^1）到四象（2^2）再到八卦（2^3）的数列引申，应该顺次加一倍而成2^4、2^5和2^6，从而形成六十四卦。但正如明张次仲《周易玩辞困学记》指出，八卦因重之法，自十六、三十二以至六十四，“皆夫子所不言”，并没有必然地导出2^4、2^5、2^6。加一倍法强调“八卦定吉凶，吉凶生大业”，实际上突出了三画卦的地位。如大衍筮法所云：“八卦而小成。引而伸之，触类而长之，天下之能事毕矣。”即在$2^3=8$的基础上，重三成六，生成8^2。这里的关键是，六十四卦并非源自2^6，而是源自8^2，即不再由逐次分别叠加两仪（2^1）而来，而是由八卦自身加一倍（8^2）而来。因此，如果说大衍筮法只是在2^6的前提下获得一卦的具体方法；加一倍法由太极（2^0）到两仪（2^1）

---

1 张其成主编：《易学大辞典》，北京：华夏出版社，1992年版，第544页。

到四象（2^2）到八卦（2^3），再由八卦（$2^3=8$）到 8^2，可以生成六十四卦的完整体系。从生成论的角度来看，大衍筮法只是在六十四卦已然生成的前提下，求得具体一卦以供占筮的方法。而加一倍法则可以生成六十四卦体系——尽管，《周易》六十四卦的真正起源未必来自加一倍法。

四、伏羲取象画八卦

无论是大衍筮法强调 $64=2^6$ 还是加一倍法重视 $64=8^2$，都是从"数"的层面上讲卦象的生成问题，太极、两仪等观念也是建立在"数"的基础上的。但卦象生成之后，如何解卦以应对现实的卜筮之需，还需要从"象"的角度予以分析。伏羲取象画八卦，正是在这一思路下进行的。

《系辞下》："古者包牺氏之王天下也，仰则观象于天，俯则观法于地，观鸟兽之文，与地之宜，近取诸身，远取诸物，于是始作八卦，以通神明之德，以类万物之情。"《正义》曰："圣人之作《易》，无大不极，无微不究。大则取象天地，细则观鸟兽之文，与地之宜也。"即从归纳天地万物之象而生成八卦，再由八卦"通神明之德，类万物之情"回归天地万物，实际上是一个从万物之具象归纳出八卦之抽象，再由八卦之抽象演绎为万物之具象的过程。然而，伏羲具体如何取象归纳八卦，以及如何从八卦之共相演绎为"通神明之德，类万物之情"的殊相，则语焉不详。并且，《系辞》在语及"以类万物之情"之后，举例云："作结绳而为罔罟，以佃以渔，盖取诸《离》。包牺氏没，神农氏作，斫木为耜，揉木为耒，耒耨之利，以教天下，盖取诸《益》……"这里的《离》《益》等等，都是指六画卦，所云"于是始作八卦"实际上应该是"于是始作六十四卦"。唯其如此，王弼认为伏羲重卦，郑玄认为神农重卦。因此，所谓伏羲"仰观俯察""近取远取"，是摹画六画之卦，并据六画卦之象而制器，而不是如何从天地或近身远物之象中摹画八卦。伏羲取象画八卦，事实上将“卦由数起”的卦象起源论转进为“卦以象存”的存在论。毕竟，由数而得一卦，要实现“定吉凶”“无有远近幽深，遂知来物”的目标，还需要从“象”的角度立说。而“象”主要是八个经卦的取象，别卦的取象必须从分析上下两经卦的取象及其关系入手。如“云雷屯”，即是从《屯》卦所包含的上《坎》（为云）下《震》（为雷）入手。

五、小结

在数字卦中，实际使用的数字包括一、四、五、六、七、八、九（其中四不常见），并最终抽象出“一（七）、八”和“六、一（七）”两种类型。在组合维度上，虽然以6位为主，但也出现了4位和5位的组合。大衍筮法是生成具体一卦之法的技术路径，它通过“四营”将1—9九个自然数控制在6、7、8、9四个数字范围之内，并通过奇偶合并确定爻画的两种类型。再通过“十有八变”确定六爻累积而成一卦，“十有八变”是六次无差别“三变定一爻”的重复，由此，大衍筮法确立了两种符号素（⚊与⚋）六度组合$2^6=64$的六十四个别卦。大衍筮法没有区分为两个“九变”过程，因而没有三画卦的概念，更看不出“八卦重为六十四卦”的迹象。尽管，大衍筮法在理论上将“分二挂一象三揲四”的过程与太极、两仪、三才、四象相关联；1—10十个自然数区分为天地（奇偶、阴阳）两组，整个运数系统又与天文学相勾连，从而为六画卦的起源提供了本体论依据。但实际上，大衍筮法与数字卦一样，其操作实践大致相当于灼龟成兆，它不是也很难获得六十四卦“语言”体系，而只是获得具体一卦的“言语”实践。

加一倍法亦认为卦由数起，但强调六十四卦是由八卦“重来”，并形成了从数字1（2^0）到2（2^1）到4（2^2）再到8（2^3）的模式，不仅在运数的基础上强化了太极、两仪、四象的观念，还在八卦的基础上

“引而伸之”，生成了一个完满、自足的 $8^2=64$ 六十四卦“语言”体系。它突出了八个三画卦（$2^3=8$）的地位，即在大衍筮法确立两种符号与六度组合（2^6）以成一卦的生成模式下，超越具体一卦的繁芜，分析各卦内部的共同特点：各卦都由两种最基本的符号组成，组合方式以 6 为维度，因而可以分析为两个以 3 为维度的三画卦，并确认了对六画卦的解读主要采用把一个六画卦剖分为上下两个三画卦的方式。例如，《说卦》主要揭示三画的八卦之取象，八卦取象也是《彖传》《象传》（尤其是《大象》）等解释卦名、卦爻象以及卦爻辞的一个重要原则。

廖名春认为：“（八卦）都是由九、六、七、八这四个筮数画出来的，它们都是奇偶数的不同组合。所以，从本质上说，八卦是一种数占法。”[1] 但通过九、六、七、八这四个筮数定爻画卦，是大衍筮法中六画卦的生成方式，大衍筮法并不强调通过“九变”生成三画的八卦。加一倍法才是三画的八卦生成模式。同样，加一倍法“太极生两仪，两仪生四象”中的“两仪”是“四象”的源头，但在大衍筮法中“两仪”则是由“四象数”九、六、七、八确定的。因此，如果说大衍筮法是归纳的路径，加一倍法则是演绎的路径。正是在这一意义上，韩仲民认为：“先有六十四卦，然后才从六十四卦中提炼出八卦。”[2] 亦即，“八卦”观念的出现，是对大衍筮法基于两种符号素、六度组合的结构模式而生成的大量六画卦的归纳和总结，是为了从一卦内部分析其结构特点而产生的认识。

如果说大衍筮法强调 $64=2^6$，是累六爻而成卦的用卦方式；加一倍法则强调 $64=8^2$，揭示了由三画的八卦“引而伸之”“触类而长之”“重之”而成六画卦的生成模式。两者虽然都等于 64，但具有不同的意义指向。《周礼·春官·大卜》：“大卜掌三易之法：一曰《连山》，二曰《归藏》，三曰《周易》。其经卦皆八，其别皆六十有四。”加一倍法

1 廖名春：《〈周易〉经传十五讲》，第 42—43 页。
2 韩仲民：《帛书系辞浅说——兼论易传的编纂》，《孔子研究》1988 年第 4 期。

是《连山》《归藏》与《周易》得以成为“一本书”的方法，而不是针对现实占筮需要而求其具体某卦的方法。换言之，大衍筮法是运蓍以求具体一卦的“言语”运用，而加一倍法则生成了六十四卦的“语言”体系，以供具体之“言语”在“语言”系统中找到位置序列。

但加一倍法强调八卦与“数”的关联，并不从“象”上分析八卦，而伏羲“于是始作八卦”则强调八卦与“象”的勾连，这就补充了《系辞》“易者，象也”的观察角度。《说文》：“卦，从卜，圭声。”似物象悬挂而示于人，故名之为卦。卦从卜，但实际上是借卜以言占。《易》之“象”、卦之以“象”示人，主要是八卦的取象。六十四卦的取象必须也只能剖分为上下两个八卦之取象及其关系，《系辞》所谓：“八卦以象告。”因此，六十四卦虽然起源于数，但运数所得之卦，还需要从八卦取象的角度“定吉凶”“生大业”。这样，伏羲取象画八卦，与其说是从生成论上分析八卦起源，毋宁说是从存在论上讨论八卦与物象的关联，它应该是取象说流行之际的产物。

第二节
经卦

大衍筮法和加一倍法都是围绕“数”而展开的，不同的“数”建构出不同的抽象概念，数列则建构出抽象概念的体系。

一、经卦中的数及其观念

加一倍法提出了太极、两仪、四象的观念。大衍筮法“分而为二以象两，挂一以象三”中的“象两”也被附会为两仪。综合大衍筮法与加一倍法，八卦中的数及其观念主要涉及太极、阴阳、四象。

（一）太极

“太极”概念来自加一倍法的“太极生两仪”，马王堆帛书《系辞》称“大恒”。太极用数学表述就是 $2^0=1$。因为数由“一”起，“一”遂称为大一（太一），大（太）是对“一”的赞美。大一（太一）又称太极，《说文》：“极，栋也。”“极”是房屋正中最高之处，“太”是对正中最高之处的追加形容。《庄子·大宗师》：“在太极之先而不为高，在六极之下而不为深。”数学意义上的“一”被赋予了超出数字本身的含义。

太极是天地未开、混沌未分的原初物质或原始状态，也指“太极生两仪”以降化生万物的源头。对比《老子》“道生一，一生二，二生三，三生万物”的宇宙生成论模式可知，两者都以数字的形式解释宇宙的生成、演化。但《老子》“道生一”，“一”（太极）之上另有一个宇宙本源和本体之“道”，“道”高于“太极”，两者不能混同。周敦颐《太极图说》“无极而太极”正是秉承《老子》，以无极为道，以太极为一。此外，《老子》“二生三”中的“三”是阴阳二气加上阴阳二气的和合（所谓“冲气以为和”）。而《系辞》的“加一倍”模式没有三的位置。总之，太极（太一、大一）就是数字“一”，但又超越了数字本身而具有了宇宙万物的起源以及化生万物的含义，成为易道的一个重要范畴。由“太极”概念，又发展出汉唐学者关于混沌未分的“元气”的认识，魏晋时期的“无”、宋明道学的“气”“心”“理”或“道”，也是受“太极”启发而产生的范畴。

大衍筮法“分而为二以象两”中“象两”之“两”只是蓍草的两半，并不代表阴阳，也就不是《正义》所谓：“象两仪也。”相应地，“分而为二”之前混沌未分的整体之“一”亦非太极。

（二）两仪

“太极生两仪”，既强调数由“一”（太极）起，也强调太极之“一”的一分为二。正像数字“一”被赋予了太极观念一样，“二”亦被赋予了超越数字“二”本身的内容。《正义》曰：“混元既分，即有天地，故曰‘太极生两仪’，即《老子》云：‘一生二’也。不言天地而言两仪者，指其物体，下与四象相对，故曰两仪，谓两体容仪也。”即认为两仪是指天地。宋末元初学者俞琰《周易集说》曰：“仪也者，一阴一阳对立之状也。《尔雅》云：‘仪，匹也。’谓其阴阳相并也。”如果说，天地是两仪的实指，阴阳则虚指天地的阴阳二气，天地、阴阳二说分别就实物与虚气而言。故《周易·乾凿度》曰：“易始于太极，太极分而为二，故生天地。”郑玄注则云：“轻清者上为天，浊重者下为地。”《吕氏春秋·大乐》亦曰：“音乐之所由来者远矣，生于度量，本于太一。太一出两仪，两仪出阴阳，阴阳变化，一上一下，合而成章。”又曰：“万物所出，造于太一，化于阴阳。”因此，两仪既指天地，又指阴阳。

表面上，两仪来自太极，太极是易道的最高本体，也是“两仪”的逻辑先在。但从数的角度看，太极可以理解为出于“生两仪”（2^1）的动机而反向推出的“一”（2^0），正是在“两仪”的意义上，“太极”才有了表征万物起源与运动规律的内涵，并进一步发展出四象（$2^2=4$），成为“四象生八卦”的基础。因此，两仪是比太极更为重要的概念，清王琬《周易集注》认为，“太极”即“生蓍之数”，太极作为“生蓍之数”为“易”（即筮法），故曰“易有太极”。《系辞》只言“易有太极”，而不言天地万物有太极。《易传》十篇亦只此一处言及“太极”。并且，两仪所指的阴阳之起源问题也得到了学界普遍与持续的关注——这与太极的来源几乎不被讨论形成鲜明的对比。

两仪的本质是⚊与⚋，其起源问题既涉及阴阳观念的产生，也涉及阴阳符号的产生。古代学者多遵信《系辞》法象天地说，近现代学者的思路则更为开阔，概有李镜池、范文澜等人提出结绳记事说，即阳爻表示一大结，阴爻表示两小结；余永梁、冯友兰、屈万里等人提出龟兆说；章太炎、钱玄同、郭沫若等人提出生殖崇拜说，阳爻象“男根”，阴爻象“女阴”；高亨提出蓍草、竹节说；刘钰提出土圭法测日影说[1]。上述观点，虽涉阴阳观念，但主要从取象的角度强调阴阳符号的产生。随着对数字卦研究的深入，学者们更加取信两仪⚊与⚋源于数字的奇偶，它反映在大衍筮法中，而不是加一倍法中。大衍筮法将1—9九个自然数最终简化为六七八九“四象数”，并概括为奇（七九）和偶（六八）两种类型，斯为阴阳爻的来源。《易经》中的用九、用六，正反映了奇偶观念，而不是阴阳观念。《左传》《国语》记录的筮例均以“之

1 刘鄂培：《试论〈周易〉的两个基本符号的意义——兼论卦象源于数字》，《清华大学学报》1988年第3期。

卦”言爻变，说明尚未出现爻题，也就不存在以九、六指称的问题。因此，今本《易经》中“爻称九六”，不会早于《左传》《国语》等文献。元陈应润《周易爻变义蕴》使用“之卦”，如“《乾》之《姤》”曰“潜龙勿用”、“《乾》之《坤》”曰“见群龙无首，吉”，明华兆登《周易古本》删“初九”“初六”之文，都是回归《左传》《国语》无爻题时代的尝试。

总之，《易经》中的两种基本符号，⚋以偶数六指称，⚊以奇数九指称，《易传》称它们为阴阳爻，实际上就是赋予其阴阳属性。从字源本义来看，九有“屈曲、蜿蜒，富于变化之意”，六“在字形、语音和民俗用语中皆有下流、顺达之意”[1]。《说文》曰：“乾，上出也，从乙。乙，物之达也；从倝［gàn］声。”乙，《说文》曰：“象春草木冤曲而出，阴气尚强，其出乙乙也。”乙乙，难出之貌。《白虎通》：“乙者，物蕃屈有节欲出。”《文选·陆机》：“理翳翳而愈伏，思轧轧其若抽。”吕延济注：“轧轧，难进也。”唐陆龟蒙《送豆卢处士谒宋丞相序》：“晚得文中子王先生《中说》，又知其书与《法言》相类。道之始蹇而终通，子云轧轧，不足当也。”轧轧，口吃貌，也是难出的意思。宋欧阳修《答谢景山遗古瓦砚歌》：“有时属思欲飞洒，意绪轧轧难抽缲。”总之，乾“从乙”，与“九”字皆有“冤曲”之义。《京房易传》、明人王育《易说》皆言乾从乙，训曲。《坤》为地，地顺承于天，故为顺也。坤在先秦典籍中多写作巛（shùn），右旋 90 度即为“坤六断”（☷）之形。《说卦》：“坤，顺也。”《杂卦》：“坤，柔。”《说文·坤》：“土在申位。”申通“伸”，意为伸展。《荀子·解蔽》：“形可劫而使诎申。”《系辞》：“尺蠖之屈，以求信（申）也……往者屈也，来者信也，屈信相感而利生焉。”《礼记·郊特牲》：“大夫执圭而使，所以申信也。”班彪《北征赋》：“行止屈申，与时息兮。”这些文献中的

1 傅荣贤：《〈易经〉爻称九六的语文理据》，《哈尔滨学院学报》2011 年第 4 期。

“申”皆通“伸”，有伸展之义。而申（伸）又都与屈（诎）相对，而屈（诎）即九所代表的“冤曲”。因此，坤的本义应该是“申”（伸），即与“九”相对的“六”所指称的“顺达”之义。

我们知道，《易经》卦爻辞中只有《中孚》九二“鸣鹤在阴”出现了“阴”字，但没有“阳”字。而“鸣鹤在阴”之“阴”实为“荫”的借字，与阴阳观念无涉。但卦爻辞中有大小、夫妇等对立统一的观念，《十翼》将这些观念进一步抽象。其中，《彖传》多用刚柔；《象传》偶见“阳在下也”之类，但不普遍；《系辞》《说卦》则明确提出了阴阳概念。

综上，从大衍筮法来看，阴阳两种符号⚊与⚋来自数字六七八九，蕴涵奇偶观念；又因占动不占静，故“用九”“用六”有“冤曲”“顺达”的对立统一观，并成为阴阳观念的基础。而六七八九由“四营”而来，既包含天地奇偶之数的观念，又是“十有八变而卦”的基础。从加一倍法来看，“太极生两仪”，既包含宇宙由太一混沌而生的思想，又成为四象、八卦乃至六十四卦的基础。数字卦的数字奇偶、《易经》用九用六的“冤曲”“顺达”、《十翼》的阴阳，都含有对立统一的内涵，但显然，阴阳比“冤曲”“顺达”、比数字奇偶更具哲学意味。这样，无论大衍筮法还是加一倍法，六十四卦都天然地内蕴着源自两仪的对立统一思想。阴阳成为卦象与万物相互类比的函数，通过卦象的结构映射，使宇宙万物成为阴阳意义上的存在。

第一，万物皆阴阳。

“太极”虽然是两仪的逻辑先在，也是“生两仪”的前提，但阴阳（⚊与⚋）才是卦爻象最基本的结构单位，也是《周易》最重要的范畴，故《系辞》曰：“一阴一阳谓之道。”《庄子》云：“易以道阴阳。”而卦爻象既是对宇宙万物的归纳，又以演绎的路径“通神明之德”“类万物之情”，⚊与⚋作为卦爻象的结构基础，也成为“神明之德”“万物之情”的结构基础，世界本质上乃是一种阴阳对立统一观意义上的存在。朱熹《朱子语类·读易纲领》曰："天地之间，无往而非阴阳。一动一静，一语一默，皆是阴阳之理。"阴阳既是分析卦爻象的认知工具，也是观察天地人的思想工具。《系辞下》："阴阳合德而刚柔有体，以体天地之撰。"天地自然的变化规律与刚柔二体、阴阳二爻共享同一个逻辑结构。

第二，阴阳皆分老少。

大衍筮法中的阴阳来自六七八九 4 个数字的奇与偶"两种"，并成为八卦和六十四卦的结构基础。因此，与其说"两仪生四象"，不如说"四数生阴阳"。《左传》《国语》"之卦"强调老少的不同，正说明阴阳"两种"爻画，来自六七八九"四种"数字类型。其中，九为老阳、七为少阳；六为老阴、八为少阴。遇九（老阳）转化为阴；遇六（老阴）转化为阳，"两种"爻画，需要回归到"四种"数字源头予以理解。说明阴阳是相互转化的相对关系，而不是原子主义的非此即彼关系。《系辞上》"爻者，言乎变者也""刚柔相推而生变化"，不仅是指诸爻之间的往来变化，亦指一爻本身为七八之不变、为六九之变。

（三）四象

在加一倍法"两仪生四象，四象生八卦"序列中，并不由"分二"而得的两部分筮策得出九、六、七、八这 4 个数，而是从两仪之"二"（2^1）加一倍而成四（2^2），形成 $2^2=4$ 的四种组合类型：⚏ ⚎ ⚍ ⚌。马其昶《重订周易费氏学》引僧一行《大衍论》曰："三变皆刚，太阳之象；三变皆柔，太阴之象；一刚二柔，少阳之象；一柔二刚，少阴之象。"这个表述，准确地揭示了"四象"的原初意味。但与太极之"一"、两仪之"二"一样，四象之"四"作为数目"4"也被附会了观念内涵。一般认为，"四象"是指"少阳、老阳、少阴、老阴，在筮数上体现为七、九、八、六，在时令上又象征春、夏、秋、冬"[1]。但

1 张其成主编：《易学大辞典》，第 198 页。

正如上文分析，筮数上的七、九、八、六是“生两仪”的基础，而不是由两仪所生，因而大衍筮法“揲之以四以象四时”中的“四”并不是“四象”。《周易·乾凿度》：“天地有春夏秋冬之节，故生四时。”李鼎祚《周易集解》（以下简称《集解》）引虞翻：“四象，四时也。两仪，谓乾坤也。”四时是“四象”最初的象征，后来又与五行、方位配合。《正义》认为，“（四象）谓金木水火，禀天地而有，故云：‘两仪生四象’，土则分王四季，又地中之别，故唯云四象也”。宋明之后，四象又与天星相关联，形成左青龙（东）、右白虎（西）、前朱雀（南）、后玄武（北），并与木（东方）、火（南方）、金（西方）、水（北方）相配，内涵不断扩大。

四（2^2）上承二（2^1），下启八（2^3），四象成为由阴阳到八卦的过渡，并为从八卦到六十四卦提供了铺垫。

（四）八卦

《周易·乾凿度》：“四时各有阴阳刚柔之分，故生八卦。八卦成列，天地之道立，雷风水火山泽之象定矣。”这是对“四象生八卦”的最好解释——八卦是在 $2^2=4$ 的四种组合类型 ⚏⚍⚎⚌ 基础上叠加⚊与⚋而生成的八种类型（2^3）：☰、☷、☳、☶、☲、☵、☱、☴。八卦各有卦名，朱熹编了八卦歌以便记诵。其云：乾三连（☰）、坤六断（☷）、震仰盂（☳）、艮覆碗（☶）、离中虚（☲）、坎中满（☵）、兑上缺（☱）、巽下断（☴）。

大衍筮法虽然强调“八卦而小成。引而伸之，触类而长之，天下之能事毕矣”，但并不将“十有八变”分解为两个“九变”，因而不强调一个六画卦由两个三画卦“引伸”而来。《易经》中也只有六画的六十四卦，而没有三画的八卦，六画卦才是据以卜筮的对象。但加一倍法突出了三画之经卦的地位，学者们对经卦的起源也有了独立的思考。

邵雍、朱熹等人根据“《易》有太极”，认为画前有易，八卦起源于对数和理的领悟。《易纬·乾坤凿度》与杨万里、黄宗羲等人认为八卦起源于象形文字。刘师培认为八卦起源于结绳记事。此外，还有测日土圭仪器起源说等等。更有甚者，宋林光世《水村易镜》据《系辞》“仰则观象于天”，因居海上测验天文，认为星象有八卦、六十四卦；清人陈图《周易起元》据《系辞》“俯则观法于地”，认为名山大川有六十四卦。

由于八卦是两个符号素⚊与⚋的三度组合，后人又从两个符号素的角度推测八卦的起源。但这其实是在解释阴阳的来源，而不能解释两个符号素为什么三度组合而成八卦。我们认为，别卦是占筮的依据，经卦是出于分析别卦的需要而产生的范畴。加一倍法由太极（2^0）、两仪（2^1）、四象（2^2）加一倍而生成八卦（2^3），但不再由2^3到2^4到2^5再到2^6，而是在八卦（2^3）的基础上“引伸”为六十四卦，即由8^1到8^2。这就将大衍筮法中的2^6转向了8^2。突出三画的经卦，旨在从“易者，象也”的意义上分析卦象。所谓取象，固然有六画卦的一卦整体之“象”，但主要是指三画经卦的取象。“象”首先和主要是就经卦而言的，别卦卦象需要分析为两个三画的经卦之象。因此，如果说“数”着重分析卦的起源，“象”则重在强调卦的存在。突出三画之经卦，本质上是要将卦从发生论意义上的“数”转进为存在论意义上的“象”。

综上，大衍筮法与加一倍法在运数成卦的过程中，涉及“数”背后的太极、阴阳、四象、八卦诸观念。它们既是数字，也是思想。“八卦的生成，本来是指奇偶之卦画的变化由两到八，是一筮法问题。但古人将以蓍求卦的过程理论化，认为从太极到八卦也是一个生化的过程或分化的过程，从而提出一套关于宇宙形成的理论，这就从筮法中产生了哲学。”[1] 其中，太极、两仪、四象的观念主要出现在加一倍法中，太极（$2^0=1$）不仅符合数由“一”起的认知，也反映了万物的本源。两仪

1 廖名春：《〈周易〉经传十五讲》，第45页。

($2^1=2$)既是数字上从1到2的必然演化，也是观念上万物皆含阴阳对立统一思想的写照。四象($2^2=4$)则是从两仪($2^1=2$)到八卦(2^3)的过渡。在大衍筮法中，实际上并没有太极、四象的观念，"分而为二以象两"的"两"也不是"两仪"。而数字六七八九简并为奇偶，则是两种爻画的来源。但大衍筮法中六七八九与加一倍法中的"两仪"结合，使"两仪"具有了阴阳皆分老少、彼此转化的内涵。亦即，"两仪"的概念来自加一倍法而不为大衍筮法所本具，但结合大衍筮法，"两仪"又生发出了加一倍法所不具备的阴阳皆分老少、彼此转化的内涵。总之，大衍筮法和加一倍法相互补充，使得太极、阴阳、四象、八卦等观念成为研读卦象的重要术语。

此外，大衍筮法"挂一以象三"中的"三"，往往被附会为三才观。我们认为，"三才"是针对大衍筮法"十有八变"而成的六画卦来说的，故放在本章第三节中论述。

二、经卦的结构体系

从卦形上看，八卦之"八"是⚊与⚋两种符号素(2)以3为指数排列组合而成的有且仅有的八种(2^3)卦画类型。每一种类型不仅是独立的单元，也是整体意义上的关联性存在，符合部分与整体的关系原则。在独立意义上，每个八卦都包括太极、两仪、四象等观念，因而具有重叠性。在整体意义上，八卦构成周延性的符号体系，因而具有互补性。就整体性而论，卦形具有两两成对的关系，八卦则构成了严整的完满结构。而这两点也是观察六十四卦的重要维度，可分别对比于针对六十四卦的《杂卦》与《序卦》。

(一)配对关系

由2^3构成的八卦，形成了两两对应、非覆即变的成对关系。《正义》针对六十四卦提出的“二二相耦，非覆即变”的配对原则，亦可用于分析八卦的两两成组关系。孔颖达曰：“今验六十四卦，二二相耦，非覆即变。覆者，表里视之，遂成两卦，《屯》《蒙》、《需》《讼》、《师》《比》之类是也。变者，反覆唯成一卦，则变以对之，《乾》《坤》、《坎》《离》、《大过》《颐》、《中孚》《小过》之类是也。”所谓“覆”，即一卦颠倒（旋转180度）而成对方之象，如八卦中的《震》与《艮》、《巽》与《兑》；所谓“变”，即两卦对位的阴阳爻性刚好相反，八卦中的《乾》与《坤》、《坎》与《离》、《艮》与《兑》、《震》与《巽》皆为互变关系。因此，八卦之间的两两配对主要包括两种类型。

一是《乾》与《坤》、《坎》与《离》、《艮》与《兑》、《震》与《巽》，彼此构成互变关系。据《系辞下》“阳卦多阴，阴卦多阳”，八卦可以区别为四阳卦《乾》《震》《艮》《坎》和四阴卦《坤》《离》《兑》《巽》。《说卦》第三章“天地定位，山泽通气，雷风相薄，水火不相射”以及第六章“水火相逮，雷风不相悖，山泽通气”，将天地（《乾》《坤》）、山泽（《艮》《兑》）、雷风（《震》《巽》）、水火（《坎》《离》）配对，都是以互变为原则的。《说卦》第四章：“雷以动之，风以散之。雨以润之，日以烜之。艮以止之，兑以说之。乾以君之，坤以藏之。”《震》为雷、《巽》为风、《坎》为雨、《离》为日，实际上也是互变的配对方式。第十章“乾坤六子”以《乾》《坤》为父母，山泽（《艮》《兑》）为少男少女，水火（《坎》《离》）为中男中女，雷风（《震》《巽》）为长男长女，也是互变的配对关系。

二是《乾》与《坤》、《坎》与《离》、《艮》与《震》、《兑》与《巽》两两相配。上引朱熹八卦歌主要着眼于八卦的整体，但隐含着《乾》《坤》、《震》《艮》、《离》《坎》、《兑》《巽》两两为组的配对方式。其中，《乾》《坤》、《离》《坎》互变；《震》《艮》、《兑》《巽》互覆，形成“覆”与“变”统一的配对组合。《杂卦》“《乾》刚《坤》

柔”“《震》起也，《艮》止也”“《兑》见而《巽》伏也”“《离》上而《坎》下也”，虽是讲六画的别卦，但也反映了三画经卦的实际配对：《乾》《坤》、《震》《艮》、《兑》《巽》、《离》《坎》。

（二）经卦的结构顺序

“卦由数起”，由 2^3 而来的八卦是一个自足、完满的顺序结构。从二进制算术的角度来看，设阴爻⚋为 0、阳爻⚊为 1，八卦可以形成从 0 到 7 的顺序结构：《坤》（☷）（0）、《震》（☳）（1）、《坎》（☵）（2）、《兑》（☱）（3）、《艮》（☶）（4）、《离》（☲）（5）、《巽》（☴）（6）、《乾》（☰）（7）。但这种单纯基于数值大小的排列在中国古代十分罕见，迄今可见的八卦排序主要是从数背后的观念（尤其是阴阳观念）着眼的。而顺序的不同，也是观念及其意义的不同。

1.《说卦》乾坤六子的顺序

《说卦》第七至十一章，都以《乾》《坤》《震》《巽》《坎》《离》《艮》《兑》为序罗列取象。如第七章：“《乾》，健也。《坤》，顺也。《震》，动也。《巽》，入也。《坎》，陷也。《离》，丽也。《艮》，止也。《兑》，说也。”这也是第十章乾坤六子的顺序：“《乾》，天也，故称乎父。《坤》，地也，故称乎母。《震》一索而得男，故谓之长男。《巽》一索而得女，故谓之长女。《坎》再索而得男，故谓之中男。《离》再索而得女，故谓之中女。《艮》三索而得男，故谓之少男。《兑》三索而得女，故谓之少女。”《正义》引王氏云：“‘索，求也。以《乾》《坤》为父母而求其子也。’得父气者为男，得母气者为女。《坤》初求得《乾》气为《震》，故曰长男。《坤》二求得《乾》气为《坎》，故曰中男。《坤》三求得《乾》气为《艮》，故曰少男。《乾》初求得《坤》气为《巽》，故曰长女。《乾》二求得《坤》气为《离》，故曰中女。《乾》三求得《坤》气为《兑》，故曰少女。”

乾坤父母六子表

阳卦		阴卦	
乾	父	坤	母
震	长男	巽	长女
坎	中男	离	中女
艮	少男	兑	少女

“乾坤父母六子”表确立了《乾》《坤》《震》《巽》《坎》《离》《艮》《兑》的层次（《乾》《坤》为父母，其余为六子）及其顺序关系，符合互变关系的配对原则，也使八卦获得了家庭人伦之象。

2. 八卦方位

八卦与东南西北四方与东北、西北、西南、东南四隅相配，形成八卦方位关系，但具体相配方式有两种类型。

（1）先天（伏羲）八卦

先天八卦以《说卦》第三章“天地定位，山泽通气，雷风相薄，水火不相射”为据，以《乾》《坤》《离》《坎》为四正卦，分别配位正南、正北、正东、正西。另外四卦《兑》《震》《艮》《巽》称为“四隅卦”，分别配位东南、东北、西北、西南，形成《乾》一、《兑》二、《离》三、《震》四、《巽》五、《坎》六、《艮》七、《坤》八的“先天卦数”，相传为伏羲所作，故又称伏羲八卦。由于《乾》《坤》分别在正南、正北，故又称“乾坤纵而六子横”排列法。先天八卦也反映了《乾》《坤》、《兑》《艮》、《离》《坎》、《震》《巽》互变成组的关系。一般认为，先天八卦由北宋邵雍提出，但尚秉和指出：“《焦氏易林》遇《兑》即言二，遇《震》即言四，凡此八数，无不用之。可见此数，传之自古，非邵氏所创作，与其日月星辰、水火土石之八象同也。”[1] “先

1 尚秉和著、常秉义点校：《易说评议》，第39页。

天卦数”用序数揭示八卦卦序，据此可以简化大衍筮法揲蓍求卦的步骤。其具体方法是：由任意3个数字形成的一个三位数（如123）除以8所得余数，为先天八卦所对应的序列号（1乾，2兑，3离，4震，5巽,6坎，7艮，8坤），以此为下卦（如123/8，余数为3，则下卦为《离》）；再由任意3个数字形成的一个三位数（如456），除以8而得的余数所对应的先天八卦序列卦为上卦（如456/8＝57，余数为8，得《坤》卦）；最后任意3个数字形成的三位数，除以7而得的余数为具体第几爻（如789/7，余数为2）。由此，获得离下坤上的《明夷》卦第二爻：“六二：明夷，夷于左股，用拯马壮，吉。”然后，据此定吉凶。

（2）后天（文王）八卦

后天八卦源于《说卦》第五章：“帝出乎《震》，齐乎《巽》，相见乎《离》，致役乎《坤》，说言乎《兑》，战乎《乾》，劳乎《坎》，成言乎《艮》。”后天八卦相传为文王所作，故又称文王八卦，它是以《震》《离》《兑》《坎》为四正卦，分别配位东南西北；《乾》《坤》《艮》《巽》为“四隅卦”，分别配位西北、西南、东北、东南。由于《震》《兑》二卦分居正东与正西，故称“震兑横六卦纵”排列法。《坤》：“君子有攸往，先迷，后得主，利。西南得朋，东北丧朋。安贞吉。”即与后天八卦有关，“可以说《周易》卦爻辞在制作时，曾经采纳了这一八卦卦气说”[1]。后天八卦不考虑两两成对关系，而主要与五行相配，《乾》《兑》配金；《震》《巽》配木；《坤》《艮》配土；《离》配火；《坎》配水。因此，一般认为，后天八卦为卦气运行之序，而先天八卦则为八卦生成之序。

明代李奇玉《雪园易义》以先天为《归藏》、后天为《连山》，并不为学界所取信。

---

1 廖名春：《〈周易〉经传十五讲》，第38页。

伏羲八卦方位图

文王八卦方位图

三、经卦的取象

加一倍法虽然与大衍筮法一样从“数”的角度分析卦的起源，但突出了三画卦，既强化了“八卦为六十四卦之本”的认识，也为从“象”的意义上讨论别卦提供了可能。“象”首先和主要是指三画的经卦之象，一个别卦之“象”主要是从上下两个经卦的取象及其关系的角度着眼的。就此而言，经卦是为了从取象的角度分析别卦服务的，其本身并不具有独立性。而伏羲画卦从“象”的角度分析卦的起源，虽不符合“卦由数起”的发生论事实，但强调了别卦“象”的存在论内涵。

元代黄泽《易学滥觞》以明象为本，其所明之象，又以《序卦》为本。但事实上，八卦的取象主要反映在《说卦》中。《说卦》只罗列经卦之象，而不言别卦之象。朱熹《周易本义》将《说卦》分为十一章，第一至二两章从“昔者圣人之作《易》也”到“故易六位而成章”，分述圣人因蓍运数成卦以备天道人事之理，以及由经卦“引伸”“因重”而成别卦。第三至十一章集中罗列八卦取象。其中，第三至十章就某一论域分别罗列各卦取象，第十一章则以各卦为标目，罗列每卦的取象。

（一）就某一论域分别罗列各卦取象

《说卦》第三至十章以某类事物或方面为标目，分别罗列各卦取象之异同。

第三章：天地定位，山泽通气，雷风相薄，水火不相射。

这是从“全变”的配对关系角度，揭示各卦所象征的最基本的自然物质：《乾》为天、《坤》为地、《震》为雷、《巽》为风、《艮》为山、《兑》为泽、《坎》为水、《离》为火。这八种最基本的自然物质，也称为八卦的初象。第四章及其以下章节的象征多是在初象基础上进一步引申的结果。

从配对关系看，天地、水火具有相对关系，但山泽、雷风之间的对应则比较勉强。另外，《震》与《艮》、《巽》与《兑》之间还存在“互覆”关系，而它们的取象雷与山、风与泽之间则显示不出卦象上“互覆”的关系。

从体系性来看，八卦可以分析出各种结构关系，如排列出数值顺序：《坤》（0）、《震》（1）、《坎》（2）、《兑》（3）、《艮》（4）、《离》（5）、《巽》（6）、《乾》（7）。又如，根据阴阳原则将八卦分为两组，罗列出四阳卦《乾》《震》《坎》《艮》与四阴卦《坤》《巽》《离》《兑》的结构顺序等等。但八卦的初象不能反映八卦卦象本身的体系性。如《乾》《震》《坎》《艮》四阳卦分别象征天、雷、水、山，其中的“水”更像是阴性物象。因此，八卦的初象是个别化的，它主要考虑一卦之象与该卦所取之物的可能关联，偶尔虑及“互变”两卦之间的取象关联，但没有考虑到“互覆”乃至八卦整体的周延性。例如，水与泽之间的区别度不大。又如，《震》☳与《艮》☶互覆、与《巽》☴互变，但它们的取象雷与山显示不出互覆关系、雷与风显示不出互变关系。而初象是一切其他取象的基础，初象与八卦卦象之间逻辑上的不周延，决定了八卦的所有取象与卦象之间本质上是疏离的。

第四章：雷以动之，风以散之。雨以润之，日以烜之。艮以止之，兑以说之。乾以君之，坤以藏之。

这是在初象的基础上揭示八卦的养物之功，具体而言：《震》雷以动万物，《巽》风以散万物，《坎》雨（水）以润万物，《离》日以烜万物，《艮》山以止万物，《兑》泽以说万物，《乾》天以君万物，《坤》地以藏万物。这也是以“全变”的配对关系为序，但“动之”“散之”并不能反映《震》《巽》在卦象上的“互变”关系，“《艮》以止之，《兑》以说之”与“《乾》以君之，《坤》以藏之”的配对也十分勉强，只有“雨以润之，日以烜之”包含了一定的“互变”义项，但仍需要将“水”改为“雨”，方可自圆其说。而从八卦体系周延性的角度来看，动之、散之、润之、烜之、止之、说之、君之、藏之的八个功能也不具有逻辑性。其中，“动之”与“止之”应有相对关系，而其他一切“散之”“润之”等等，都属于“动之”的范畴，只是“动之”的具体程度与方式有异。

第五章：帝出乎震，齐乎巽，相见乎离，致役乎坤，说言乎兑，战乎乾，劳乎坎，成言乎艮。

万物出乎震，震，东方也。齐乎巽，巽，东南也。齐也者，言万物之洁齐也。离也者，明也。万物皆相见，南方之卦也。圣人南面而听天下，向明而治，盖取诸此也。坤也者，地也，万物皆致养焉，故曰致役乎坤。兑，正秋也，万物之所说也，故曰说言乎兑。战乎乾。乾，西北之卦也，言阴阳相薄也。坎者，水也，正北方之卦也，劳卦也，万物之所归也，故曰劳乎坎。艮，东北之卦也，万物之所成终而所成始也，故曰成言乎艮。

该章分为两节，自“帝出乎震”至“成言乎艮”为第一节，揭示八卦的成物之功。《震》有出（即生长）万物之功，《巽》有洁齐（即整齐）万物之功，《离》有令万物相见之功，《坤》有致役以养万物之功，《兑》有说（说，通“悦”，喜悦）万物而可言之功，《乾》有阴阳相战（交接）之功，《坎》有纳受万物之劳，《艮》有能成万物而可定之功。自“万物出乎震”以下为第二节，从四方四隅的方位与四季时节的时间角度解释八卦成物之功的原因，由此也揭示了八卦在时空论域中的配对方式。其中，只有“兑，正秋也”提及四时，但因八卦排列的顺序性，可以推知《震》为正春、《离》为正夏、《坎》为正冬。同样，《坤》《兑》二卦没有言及方位，但可从八卦序列中推知两者分别对应于西南和正西。该节实际上是从时空的角度结合中原地区的植物生长收藏情况，分析八卦的取象。《震》为东方春时，万物出生，故为“出万物”；《巽》配位东南，在春夏之交，为“洁齐万物”；《离》为南方夏时，故“相见乎离”；《坤》为地，有生养万物之劳，故云“致役乎坤”。《正义》引郑云：“《坤》不言方者，所言地之养物不专一也。”《兑》为正秋，有收获万物之说，故“说言乎兑”。《乾》为西北，《乾》（阳）居西北之阴地，有阴阳相薄之象，故“战乎《乾》”；《坎》为北方冬时，有纳受万物之劳，故“劳乎《坎》”；《艮》为东北方，《正义》曰：“东北在寅丑之间，丑为前岁之末，寅为后岁之初，则是万物之所成终而所成始也。”

显然，第二节是从四方阴阳五行的角度，解释第一节的内容。故《正义》曰：“‘万物出乎《震》，《震》，东方’者，解上‘帝出乎《震》’，以《震》是东方之卦，斗柄指东为春，春时万物出生也……”因此，《震》（东方，正春），《巽》（东南，春夏之交），《离》（南，正夏），《坤》（西南，夏秋之交），《兑》（西方，正秋），《乾》（西北，秋冬之交），《坎》（正北，正冬），《艮》（东北，冬春之交），实际上形成了后天八卦的顺序。然而，现实中的四方四隅与四时顺序，并不能准确、完整地映射到相应的卦象之上。例如，《震》☳、《巽》☴卦象“互变”，但两者分别象征东方与东南，见不到任何“互变”的意思。

第六章：动万物者，莫疾乎雷。桡万物者，莫疾乎风。燥万物者，莫熯乎火。说万物者，莫说乎泽。润万物者，莫润乎水。终万物始万物者，莫盛乎艮。故水火相逮，雷风不相悖，山泽通气，然后能变化，既成万物也。

该章明八卦生成之用，《震》雷鼓动万物，《巽》风桡散万物，《离》火干燥万物，《兑》泽和悦万物，《坎》水润湿万物，《艮》山终万物始万物，所论与上述第四章基本相同。

第七章：乾，健也。坤，顺也。震，动也。巽，入也。坎，陷也。离，丽也。艮，止也。兑，说也。

《正义》曰：“此一节说八卦名训。《乾》象天，体运转不息，故为健也。‘《坤》，顺也’，《坤》象地，地顺承于天，故为顺也。‘《震》，动也’，《震》象雷，雷奋动万物，故为动也。‘《巽》，入也’，《巽》象风，风行无所不入，故为入也。‘《坎》，陷也’，《坎》象水，水处险陷，故为陷也。‘《离》，丽也’，《离》象火，火必著于物，故为丽也。‘《艮》，止也’，《艮》象山，山体静止，故为止也。‘《兑》，说也’，《兑》象泽，泽润万物，故为说也。”这是在“初象”的基础上引申出八卦卦义（卦德）。卦义是卦的性质，旨在超越概念的外延而从内容的角度指出八卦的象征，因而具有普遍意义。“卦德实质就是卦名的基本义，而卦象是卦德的象征物。”[1] 王弼扫象的一个重要内容，即在取八卦卦义，而舍弃包括初象在内的具体物象。

从取象到取义，反映了认识能力的提高。但卦德（义）作为八卦的性质或本质，又是以不具普遍性的初象为前提和基础的。这与五行以五种物质为象，但又转进为《尚书·洪范》所谓“水曰润下，火曰炎上，木曰曲直，金曰从革，土爰稼穑”的抽象性一致。借观公元前1500—前700年印度吠陀哲学，以地水火气四种物质为世界本源，但它们仍然停留在具象物质的层次，尚未提升到性质认知的高度。而无论五行还是八卦，都是具象与抽象的结合，如八卦之《乾》，其具象为天，抽象为健；五行之木，其具象是草木植物，其抽象是“曲直”，反映了中华民族思维中虚实相间的本质。尽管，“易林三千”、见解不一，但对八卦的卦名、意义（初象）和性质（卦德或卦义）的认识则是一致的，这一前提和基础也是一切易学研究获得共同论域的根本保证。

八卦卦形、卦名、取象与取义表

卦　形	卦　名	意义（初象）	性质（卦德或卦义）
☰	乾	天	健
☷	坤	地	顺
☵	坎	水（不驯之水，故险）	陷
☲	离	火	丽（火明而亮、丽）
☳	震	雷	动
☶	艮	山	止
☴	巽	风（木）	入
☱	兑	泽（驯服之水，故悦）	悦

1 廖名春:《〈周易〉经传十五讲》，第32页。

第八章：乾为马，坤为牛，震为龙，巽为鸡，坎为豕，离为雉，艮为狗，兑为羊。

《正义》曰："此一节说八卦畜兽之象，略明远取诸物也。《乾》象天，天行健，故为马也。'《坤》为牛'，《坤》象地，任重而顺，故为牛也。'《震》为龙'，《震》，动象，龙，动物，故为龙也。'《巽》为鸡'，《巽》主号令，鸡能知时，故为鸡也。'《坎》为豕'，《坎》主水渎，豕处污湿，故为豕也。'《离》为雉'，《离》为文明，雉有文章，故为雉也。'《艮》为狗'，《艮》为静止，狗能善守，禁止外人，故为狗也。'《兑》为羊'，《兑》，说也。王廙云：'羊者，顺之畜，故为羊也。'"可见，八卦畜兽之象主要有两个来源，一是源自初象，如《乾》《坤》《坎》。"《巽》主号令""《离》为文明"亦分别源自其初象"风""火"。二是源自性质，以《震》《艮》《兑》三卦为代表，如《震》是从"动"的卦义上结合"龙，动物"而有"《震》为龙"之象。但正如八卦初象与性质主要着眼于一卦自身，八卦畜兽之象也没有考虑两两相对之卦的对应关系以及八卦体系上的周延性。如，"《巽》为鸡""《离》为雉"皆为禽类，其他六种则都是兽类，它们并不在同一逻辑层次。另外，也不见昆虫和水产之类的动物。又如，《兑》与《巽》互覆、与《艮》互变，但《兑》为羊、《巽》为鸡、《艮》为狗，看不出羊与鸡存在互覆关系或羊与狗存在互变关系。

第九章：乾为首，坤为腹，震为足，巽为股，坎为耳，离为目，艮为手，兑为口。

《正义》曰："此一节说八卦人身之象，略明近取诸身也。《乾》尊而在上，故为首也。'《坤》为腹'，《坤》能包藏含容，故为腹也。'《震》为足'，足能动用，故为足也。'《巽》为股'，股随于足，则

《巽》顺之谓，故为股也。‘《坎》为耳’，《坎》北方之卦，主听，故为耳也。‘《离》为目’，南方之卦，主视，故为目也。‘《艮》为手’，《艮》既为止，手亦能止持其物，故为手也。‘《兑》为口’，《兑》，西方之卦，主言语，故为口也。”其中，《乾》以“尊而在上，故为首”实际是取《乾》天“尊而在上”之义，《坤》“能包藏含容”实际上取《坤》地包容之义，两者虽然皆以初象为据，但具体引申视角则不尽相同，由此导致“首”与“腹”不能如其卦象那样呈现互变关系。《震》以其“动之”的性质为据，《巽》以其初象“风”的引申义“顺”为据，故两者的“足”“股”亦不能反映其卦象上的互变关系。《坎》《离》《兑》以五行为据，《艮》由卦义“止”引申。显见，八卦人身之象的标准极不统一，导致在整体上不具逻辑周延性，八个身体部位也不能包罗身体的全部。如有“股”而没有“臂”、有“腹”而没有“胸”，有耳、目、口，但没有“鼻”。从两两相对的角度看，如“为股”之《巽》与“为手”之《艮》互覆，与“为足”之《震》互变，但取象上看不出互覆或互变的关系。

第十章：乾，天也，故称乎父。坤，地也，故称乎母。震一索而得男，故谓之长男。巽一索而得女，故谓之长女。坎再索而得男，故谓之中男。离再索而得女，故谓之中女。艮三索而得男，故谓之少男。兑三索而得女，故谓之少女。

此一节说乾坤六子。《乾》《坤》分别为全阳、全阴，故独立于其他六卦。其余六卦阴阳互参，也基本符合两两配对关系（如《震》为长男，其变卦《巽》为长女，其覆卦《艮》为少男）。再从八卦整体来看，如《震》《坎》《艮》皆一阳爻，依其阳爻所处之位，分别象征长男、中男和少男，大致符合八卦的体系结构。但这种相对周延的取象，是在区别《乾》《坤》与六子两个层次、八卦分为阴阳两组的原则下取得的。而八卦是两种爻画的三维组合（3^2），每一卦都是八卦体系中的唯一类型，因而并不能区分为乾坤与六子两个层次。

（二）以单卦为标目的取象罗列

第十一章以一卦为标目，分别集中罗列各卦的取象。

> (1) 乾为天，为圜，为君，为父，为玉，为金，为寒，为冰，为大赤，为良马，为老马，为瘠马，为驳马，为木果。

“乾为天”是其初象，天圆地方故“为圜”，“为君，为父”取天之尊严。《乾》者，阳刚清健，故“为玉，为金”。《乾》在后天八卦中为西北冰寒之地，故“为寒，为冰”。《乾》为盛阳，故其色“大赤”。《乾》为健，故取马为象，《正义》曰：“为良马，取其行健之善也。为老马，取其行健之久也。为瘠马，取其行健之甚。瘠马，骨多也。为驳马，言此马有牙如倨，能食虎豹。《尔雅》云：‘倨牙，食虎豹。’此之谓也。王廙云：‘驳马能食虎豹，取其至健也。’为木果，取其果实著木，有似星之著天也。”

显见，《乾》卦的取象主要有四条引申线索。一是初象。《乾》卦从“为天”的初象出发，根据“天”的形状引申为圜，从天的尊严引申为君、为父，“取其果实著木，有似星之著天也”而引申为木果。二是卦义。从刚健清明引申为玉、为金。从行健引申为马，再细化为良马（取其行健之善）、老马（取其行健之久）、瘠马（取其行健之甚）。三是方位。从方位为西北引申为寒、为冰。四是取象的辗转引申，从盛阳引申出颜色上的大赤。

> (2) 坤为地，为母，为布，为釜，为吝啬，为均，为子母牛，为大舆，为文，为众，为柄。其于地也为黑。

《坤》卦取象的核心是“为地”，因此初象有生养万物之义，故“为母”，能“化生成熟”，故“为釜”，为生物之本，故“为柄”，为多蕃育，故“为众”，故“为子母牛”。“为布”，因大地广布万物而来，但《九家易》“布”作“帛”，则布为泉货，与“为地”无涉。地为广布，故亦“为均”，地厚载万物，故“为大舆”，地为黑色，故“为黑”。“为吝啬”强调植物生于大地而不移动位置，这与“为众”强调生养万物之众而不专于一刚好相反。而“为文”则是“为众”，即因众物杂色而成文的辗转引申。

> （3）震为雷，为龙，为玄黄，为旉，为大涂，为长子，为决躁，为苍筤竹，为萑苇。其于马也为善鸣，为馵足，为作足，为的颡。其于稼也为反生。其究为健，为蕃鲜。

《震》“为雷”是其初象，龙为震动之物，故“为龙”，《九家易》以“《乾》为龙”，而以《震》“为龙”之“龙”当作“駹”。以其刚动，故“为决躁”，由雷声远闻，故“其于马也为善鸣”，马的后足为白色，马动而可见其白，故“为馵足”（馵，音 zhù，义为后左脚白色的马），动而行健，故“为作足”，动而可见白额，故“为的颡”——上述这些取象都由初象之“雷”奋动万物引申而来。在后天八卦中，《震》为东方、春天，有春生万物之象，故“为旉”（旉，音 fū，同“敷”）。《汉书·礼乐志》：“朱明盛长，敷与万物。”“为大涂，取其万物之所生也。”因春时、东方之色，故“为玄黄”“为苍筤竹，为萑苇”；因春时草木蕃育鲜明而“为蕃鲜”。

显见，《震》卦取象有两个相对集中的来源。一是“雷动”，二是时空上的东方、春天。另外，“其于稼也为反生”，反生之稼指反季节而生长的稼禾，即刚收获后遗落的种子又生根发芽长出的庄稼，为不时之稼。

(4) 巽为木，为风，为长女，为绳直，为工，为白，为长，为高，为进退，为不果，为臭。其于人也为寡发，为广颡，为多白眼，为近利市三倍，其究为躁卦。

《巽》“为木，为风”，《巽》的初象当为“木”，但后世易学一般认为其初象“为风”，这是八卦中唯一“初象”有分歧的一卦。我们认为，由木引申出风（而不是相反）似更合理，即所谓由“其阳在上摇木”而“为风”。但《巽》卦诸象更多地是由风引申而来，风行无所不入，故“《巽》，入也”。“其究为躁卦”，亦取“风之近极于躁急”。“为绳直，为工，为白，为长，为高，为进退，为不果，为臭”皆由风直接引申或辗转取义。其中，“为长”“为臭”近同于《震》之“其于马也为善鸣”。“其于人也为寡发，为广颡”，是风与木两种取象的结合。颜色上，“取其风吹去尘，故洁白也”，再进一步引申为“多白眼”。“近利”，由“风之近极于躁急”“其究为躁卦”转引而来。在五行上，“木曰曲折”，故巽又通“逊”，有巽顺之义，《杂卦》：“巽，伏也。”

(5) 坎为水，为沟渎，为隐伏，为矫輮，为弓轮。其于人也，为加忧，为心病，为耳痛，为血卦，为赤。其于马也，为美脊，为亟心，为下首，为薄蹄，为曳。其于舆也，为多眚，为通，为月，为盗。其于木也，为坚多心。

《坎》卦卦形似水，水流于地中，有《坤》（地）中爻变阳之象，也可视为“水”的象形字，故以水为初象。《坎》又为北方之卦，与五行学说以北方为水一致。北方于“五事”主听，故“为耳痛”。《坎》卦诸象多由水之初象引申，“为沟渎，为隐伏，为矫輮，为弓轮”皆然。“为矫輮”，是取其“水流曲直”，“为血卦，取其人之有血，尤地有水也”，亦来自水之初象。“为下首，为薄蹄，为曳”，亦取义于水，“为月，取其月是水之精也。为盗，取水行潜窃如盗贼也”，亦从卦象上取义。颜色上“为赤”，是取血色，即从“为血”再度引申而得。水处险陷，故为陷也。坎，《经典释文》：“本亦作埳，京、刘作欿。”《汉石经》亦作“欿”，取其阳爻陷入上下二阴爻之中。再由“陷”引申出“为加忧，为心病”。“其于马也，为美脊，为亟心”，“其于舆也，为多眚，为通”，“其于木也，为坚多心”，都是从坎卦中爻为阳的卦形上取象。

（6）离为火，为日，为电，为中女，为甲胄，为戈兵。其于人也，为大腹。为乾卦，为鳖，为蟹，为蠃，为蚌，为龟。其于木也，为科上槁。

《离》卦取象来源概有二途。一是从初象“火”而来，而“火”在五行上为南方。故《离》“为日，为电”，“为《乾》卦，取其日所烜（xuǎn）也”。二是从卦形上取象，其观察角度包括：从上下两阳爻着眼，“为甲胄，为戈兵”“为鳖，为蟹，为蠃，为蚌，为龟”；从中间一阴爻入手，“为大腹”“其于木也，为科上槁”。

（7）艮为山，为径路，为小石，为门阙，为果蓏，为阍寺，为指，为狗，为鼠，为黔喙之属。其于木也，为坚多节。

《艮》取象主要有两条线索。一是基于卦形而取其初象为“山”，再由初象引申出“为径路，为小石，为门阙，为果蓏”“为黔喙之属”与“其于木也，为坚多节”。二是从初象山体静止而高耸于上引申出卦义“止”，亦取自下二阴上行遇一阳而止之象。《说卦》《杂卦》皆释为“止也”。《说文》：“艮，很也。”“很，不听从也，一曰行难也。”由山行艰难而止。《彖传》:“时止则止,时行则行。”《象传》:“兼山,艮,君子以思不出其位。”再由“止”辗转引申“为阍寺,为指,为狗,为鼠”。

(8)兑为泽,为少女,为巫,为口舌,为毁折,为附决。其于地也为刚卤,为妾,为羊。

《兑》取象概有三途。第一,《兑》“为泽,取其阴卦之小,地类卑也”,是由卦形引申出“泽”之初象。再由泽润万物引申出卦义为说(悦),“泽”有恩泽、仁慈之义,故“说”。“其于地也为刚卤”,亦因泽而引出。泽为水聚集之所,是驯服之水,故“性顺”,故以“羊”为象。第二,《兑》于五行,在“五事”为言,由此引申出“为巫,为口舌”。在五行时空为西方、为秋,由此引申出“为毁折,为附决”。第三,《兑》在乾坤六子中“为少女”,再由少女引申出“为妾,取少女从姊为娣也”,这是八卦中由六子出发的唯一引申。

(三)《说卦》取象小结

总体上,《说卦》取象具有下述几个方面的特点。

第一,各卦取象不断增益,但明显缺乏体系性。

据李镜池《左国中易筮之研究》[1] 一文统计,《左传》《国语》的八卦象征主要包括:

《乾》:天、光、玉、君、天子、父

《坤》:土、马、帛、母、众、顺、温、安、正、厚

《震》:雷、车、輹、足、兄、长男、侄、行、杀

《巽》:风、女

1 李镜池:《左国中易筮之研究》,《周易探源》,第407—421页。

《坎》：水、川、众、夫、劳、强、和

《离》：火、日、鸟、牛、公、侯、姑

《艮》：山、男、庭、“于人为言”

《兑》：泽、旗、心

据此，《左传》《国语》共有48个取象，它们基本都是围绕初象而展开，并逐渐从初象的自然物扩大到身体、社会人伦、道德性质等方面。但记录八卦取象最早、最全备的文献当数《说卦》，《说卦》见于帛书《易经》，说明最迟在汉初即已出现。《说卦》以罗列八卦取象为职志，总计有140个左右之象。《左传》《国语》则是针对具体占筮实例而取象解卦，罗列八卦的所有取象不是它的任务，但从《左传》《国语》到《说卦》仍能看出取象不断增益的趋势。相较而言，《说卦》与《左传》《国语》取象大多相同（如《乾》有天、光、玉、君、天子、父诸象），尤其“初象”完全一致，可见八卦取象的相对稳定。另一方面，《左传》《国语》中也有许多不见于《说卦》的取象，如《坤》的安、正、厚，《震》的侄、杀，《坎》的夫、强、和，《离》的公、侯、姑，《艮》的庭、“于人为言”，《兑》的旗、心；尚秉和《周易尚氏学》也从《易林》中辑得不为《说卦》所载的逸象122条，如《坤》为风、为水、为鱼、为疾病，《兑》为月、为华、为老妇等等，说明《说卦》不是文献学意义上的资料汇聚，而是结合实际占筮的卦象总结。

因此，《说卦》虽“欲求其穷”地罗举取象，回应八卦在广度上“类万物之情”、在深度上“通神明之德”的普遍性能指，但其取象仍不完备。例如，植物、天象、音乐、父母六子之外的其他亲属关系，道德范畴中的智、仁、勇等等，都没有纳入取象的范围。身体、动物等虽在取象之列，但身体不止八个部分，动物也不局限于八种。

再就八卦与五行的对应关系而言，《坎》为北方之卦，在“五事”主“听”，故“为耳痛”。《兑》为西方之卦，对应于五事之“言”，故

“为口舌”。但其他六卦则未从“五事”的角度取象，如《震》为东方之卦，但没有与“五事”之“貌”相关的物象。再就北方之《坎》、西方之《兑》而言，《兑》进一步引申出“为毁折，为附决”，《坎》则没有进一步的引申。而从整体来看，与五行对应的五音、五脏、五味诸象也不见踪迹。

第二，辗转引申，导致取象与卦象的关联度趋于松弛。

《说卦》重在罗列取象，而不解释何以有此取象的原因。但卦形（一卦符号）应该是卦名、初象、卦义和一切取象的根本。如《坎》初象之“水”、卦义之“陷”，皆取其中间一个阳爻处于上下两个阴爻当中之形。《正义》称《坎》“其于马也为美脊，取其阳在中也。为亟心，亟，急也。取其中坚内动也”“其于舆也为多眚，取其表里有阴，力弱不能重载，常忧灾眚也。为通，取其行有孔穴也”“其于木也为坚多心，取刚在内也”，也都以卦形取象。

然而，在实际取象中，往往只有卦名、初象直接源自卦形，而卦义和其他取象基本上都是从卦名、初象引申而来。如《正义》称《坎》“为沟渎，取其水行，无所不通也。为隐伏，取其水藏地中也。为矫輮，取其使曲者直为矫，使直者曲为輮。水流曲直，故为矫輮也”“为血卦，取其人之有血，尤地有水也”“为月，取其月是水之精也。为盗，取水行潜窃如盗贼也”，皆从“水”之初象引申而得；而“其于人也为加忧，取其忧险难也。为心病，忧其险难。故心病也。为耳痛，《坎》为劳卦也，又北方主听，听劳则耳痛也”，则由卦义“险陷”引申而来。引申不是基于理性逻辑的推导，而主要以类比为原则，根据事物在某一或者某些特征上的相似性，推导它们在其他特征上也可能存在相似性，其结论具有或然性，而不具必然性。并且，基于类比的引申又是多重的，B 由类比于 A 而来，C 又从 B 类比而来，导致 C 与 A 之间的关联性不断下降。例如，“坤为地”，地生万物，万物之色杂，故“为文”，《坤》卦卦象遂不能反映“为文”的取象。“巽为风”，风吹去尘而洁白，故“为白”，再由“为白”引申为“为多白眼”，“为多白眼”的取象与《巽》卦卦象遂成渐行渐远之势。

第三，取象不具唯一性。

《说卦》取象以类比为主要推理方法，两者之间只要找到某一方面的关联即可类比，由此导致《说卦》取象大抵辗转相引、比例相附，许多取象往往为他卦所共享，而不为某卦所专有——这与八卦卦形具有唯一性与独立性是矛盾的。如上所论，《坤》《巽》《兑》三卦皆有“性顺”之义。《坎》为水、《兑》为泽，水与泽之间也明显存在交叉性。又如，《坎》“为隐伏，为矫鞣”，由“水”之初象分别取其水藏地中为隐伏与水流曲直故为矫鞣；但《杂卦》：“《巽》，伏也。”《巽》因其卦德之“顺”亦能引申出“隐伏”，“《巽》为木，木可以鞣曲直”，因其初象之“木”亦可引申出近同于“矫鞣”的“鞣曲直”之义。同样，《离》“其于人也，为大腹”，是从中间一爻为阴有空虚之象而来，而“《坤》为腹”则是从《坤》卦之初象“为地”有无所不包之义引申而来。《震》卦“旉布而生”，近同于《坤》卦之“为布”。《震》卦“其究为健”，则与《乾》近同。《震》卦“为馵足，为作足，为的颡”，馵为后左脚白色的马，马动而可见其“后足白”，故“为馵足”，动而可见白额，故“为的颡”；而《巽》卦“为白，取其风吹去尘，故洁白也”，“为多白眼”“取躁人之眼，其色多白也”。

显然，引申是从某一角度出发，只要在某一点上形成关联即可立说，各卦之间取象的趋近乃至雷同，正是因辗转旁牵而无定的类比引申而来，由此导致与一卦卦形上的唯一性、排他性产生矛盾，各卦取象也不具必然性和唯一性。

第四，引申程度深浅不一。

引申是基于类比，类比以事物特征上的相似性为原则，只要得其一端即可为说。而角度是无法穷尽的，由此导致引申深浅不一，各卦并没有列出所有可能的取象。例如，《巽》“市三倍，取其木生蕃盛，于市则三倍之宜利也”，这是取《巽》为东南卦，东南“木生蕃盛”之象。然南方《离》卦、西南《坤》卦，植物皆生长“蕃盛”，而没有列出“市三倍”之义。引申程度上的深浅不一，导致始终存在没有被揭示出的取象。如从《乾》卦卦义“行健”引申为马，再细化为良马（取其行健之善）、老马（取其行健之久）、瘠马（取其行健之甚）。但《乾》“为玉，为金”等等，则没有进一步引申。理论上，《乾》“为君、为父”，可进一步引申为施布命令，《乾》“为天”可以引申出覆盖之义（所谓“天覆地载”）、广大无边之义。《兑》“为妾，取少女从娣为娣也”是由六子出发的唯一引申，其余七卦则没有基于父母六子的引申。再以颜色为例，《离》《艮》《兑》没有颜色取象。《乾》因盛阳而为“大赤”，《坤》“为地”而“为黑”。《震》“为玄黄，取其相杂而成苍色”是由五行时空上对应于东方春天、万物春生而来；《巽》“为白”，取其“风吹去尘，故洁白也”，并进一步引申为“多白眼”。《坎》“为赤”是由《坎》为水，在人体“为血”，再由“血色”之“赤”引申而来。显然，如果绳以“坤为地”“为黑”，那么“乾为天”，其色应为青苍，即青苍之蓝色天空。如果绳以“震为玄黄”“巽为白”的五行色原则，那么南方之《离》当“为赤”，北方之《坎》当“为黑”而非“为赤”。

再以《离》为例。《离》为火，与卦象（中间为虚）有关。但《离》卦其他取象往往以火为据辗转引申：因火必须附着于某种物质才能燃烧，故为丽（即附丽、附着），离是丽的借字。《彖传》：“离，丽也，日月丽乎天。”由丽引申出日月丽乎天。又因日月为二，故离有并驾、匹配之义。《小尔雅·广言》：“丽，两也。”离（丽）在成对的意义上，又作“俪”。班固《汉书·扬雄传》：“丽钩芒与骖蓐收兮。”师古曰：“丽，并驾也。”后世之俪、骊，皆有“两”义。再由“日月仿佛行走在天上”引申为“旅行”，《说文·丽》：“旅行也。”因此，《易经》中的《离》主要是指日月（二者）运行（旅行）于上。由此可辗转引申出五层意思：一是指火，取其中爻为虚（阴爻）之象。二是附丽，即某物附着于某物。三是日月光明。因日月附着于天空且火与日月在光亮的意义上相通，《系辞》："悬象著明，莫大乎日月。"四是因日月而有二物匹配之象。五是向上。《杂卦》："离，上也。"既取火势上炎之象，亦取日月在天上之象。由此可见，《离》的取象既是传递性的，也是弥漫性的。但类似《离》卦的这种深入引申，在其他卦中并不多见。总之，类比引申是《说卦》取象的主要路径，但具体类比引申的视角不尽相同，导致类比引申的深浅程度也大相径庭。

第五，局限于一卦自身视角。

《说卦》所列八卦取象主要着眼于一卦自身内部，偶尔虑及"非覆即变"的配对关系，而殊少考察八卦整体，由此导致其取象缺乏逻辑周延性。

就配对的两卦取象而言。在互变关系中，《乾》与《坤》、《坎》与《离》两组各自的初象（天与地、水与火）以及各自的卦义（健与顺、陷与丽）具有相反的性质，大致符合卦形上的互变关系。但《艮》与《兑》、《震》与《巽》的初象（山与泽、雷与风）以及卦义（止与悦、动与入）则不能体现卦象上的互变关系。在"非覆即变"模式中，互覆的《兑》与《巽》，只在卦义（止与动）上显示出卦形互覆的迹象，其他取象（如泽与风、悦与入）则反映不出互覆关系。而互覆的《艮》与《震》，几乎所有取象（如山与雷）都没有互覆关系。最典型的是，《巽》卦卦义"入"当对应于"出"，但无论其互变卦《震》之"动"还是互覆卦《兑》之"悦"都不能表达"出"之义项，无法与"入"相反为义。而由卦名、初象、卦义辗转引申而来的各种广泛之象，与卦形更缺乏直接的对应关系。如第八章"乾为马，坤为牛，震为龙，巽为鸡，坎为豕，离为雉，艮为狗，兑为羊"，马与牛（《乾》《坤》），龙与鸡（《震》《巽》），豕与雉（《坎》《离》），狗与羊（《艮》《兑》），所取动物之象根本不能显示其卦象上的全变关系；龙与狗

（《震》《艮》），鸡与羊（《巽》《兑》）也不能体现卦象上的互覆关系。

再就八卦整体取象而言。由2^3而来的八卦卦象有且仅有八种，构成完备的周延体系。如果将⚋设定为0，将⚊设定为1，八卦符号具有递度性，能够排列出从0到7的光谱式系列。但八卦“初象”并不能映射八卦卦象上的体系性，源自“初象”的“卦德”也存在配对不周与体系不协的问题。而其他一般取象，如颜色上没有呈现出类似赤、橙、黄、绿、蓝、靛、紫的系列。又如《说卦》第九章“乾为首，坤为腹，震为足，巽为股，坎为耳，离为目，艮为手，兑为口”，身体八个部分并不能穷尽身体的全部。可以肯定，《说卦》主要是从一卦内部出发，基于个别匹配，形成现象层面的经验性认识，而没有串联出取象与卦象上的系列匹配和梯度关系。

本来，一切取象都应该以卦形为基础，但除了初象、卦义多以卦形为理据之外，其他取象基本上是由初象、卦义辗转缴绕，反复引申而来。而引申是基于某种合情性的类比推导，不具证伪性质。并且，一卦之形既是排他的（与其他七卦不同），又是互补的（与其他七卦共同构成$2^3=8$的完整体系），互补性至少包含“非覆即变”的两两配对关系以及八卦卦形上的递度关系。但《说卦》取象多以一卦自身为视域，说明《说卦》不是逻辑周延的命题集合。从八卦整体来看，各卦取象只能节取递度性上的节点，形成卦形与取象的部分或局部映射，而与八卦整体左支右绌、顾此失彼，取象走上了脱离卦形前提性的道路，卦形的基础地位不断下降。正是有鉴于此，《说卦》每遭质疑。如清查慎行《周易玩辞集解》中有《广八卦说》一篇，谓《说卦》取象不尽可解，当阙所疑。

从根本上说，卦形来自“卦由数起”的“数”。“数”具有数量、结构、空间上的形式化特点，能够表达事物形状、性质与运动的抽象关系与逻辑关系。“象”则是具体而形象的，它无法揭示卦形背后“数”

的抽象本质与逻辑关系。王弼“得意忘象，得象忘言”揭示了意与象、象与言的二重间距。其中，象与言的分离就是“象辞不应”；而意与象的分离，本质上是“象”与源自数的“意”之不一致。历史上的图书派不仅弃置卦爻辞（言），亦不论八卦取象，对“数”与“象”（以及“言”）之间的关联性保持着警醒态度。其实质是认为，数因象显，但取象并不能反映卦形，更不能反映卦形背后的数理。“数”已经受到取象以及卦爻辞的双重“玷污”，需要返本清源，回归卦形背后的数理本身。

第三节 别卦

在“人更三圣”或“四圣”的传说序列中，八卦与六十四卦分属不同的作者，强调两者在生成上的阶段性及其性质分殊。但实际上，经卦的意义主要在于从取象的角度分析别卦，即将别卦从“数”的起源论落实为“象”的存在论。

一、六画的别卦是占筮的对象和依据

《系辞》“八卦定吉凶”，《正义》曰：“八卦既立，爻象变而相推，有吉有凶，故八卦定吉凶也。”于省吾也指出，八卦原初属于一种八索占卜法，卜者在占卜时手持 8 条牛毛编成的绳索，抛之于地以预卜吉凶[1]。但在《易经》中，无论是大衍筮法还是后世简化的掷铜钱法，都是要一次性获得一个六画的别卦，而不是要得到两个三画的经卦。“定天下之吉凶，成天下之亹亹”（《系辞下》）者是别卦，别卦才是占筮的依据。阜阳双古堆汉简《周易》在每条卦爻辞之后往往系以“卜”字接续卜问事项，也是以别卦为卜问单元的。

那么，别卦是如何占筮的呢？《系辞上》：“圣人有以见天下之赜，而拟诸其形容，象其物宜，是故谓之象。圣人有以见天下之动，而观其

1 于省吾：《伏羲氏与八卦的关系》，《纪念顾颉刚学术论文集》（上册），成都：巴蜀书社，1990 年版。转引自：王宇信、杨升南：《甲骨学一百年》，北京：社会科学文献出版社，1999 年版，第 194 页。

会通，以行其典礼，系辞焉以断其吉凶，是故谓之爻。言天下之至赜而不可恶也。言天下之至动而不可乱也。”可见，“拟形容”“象物宜”的卦象和“见天下之至动”的爻义，是“系辞焉以断其吉凶”的双重依据。《系辞下》亦曰：“爻也者，效此者也。象也者，像此者也。爻象动乎内，吉凶见乎外。”卦象模拟事物的形状，爻象效法事物的变动，爻与象，共同揭示吉凶。《系辞上》：“彖者，言乎象者也。爻者，言乎变者也。吉凶者，言乎其失得也。悔吝者，言乎其小疵也。无咎者，善补过者也。是故列贵贱者存乎位，齐小大者存乎卦，辩吉凶者存乎辞。”也说明一卦之象的小大与诸爻之变的贵贱，是占筮的两个依据，两者分别通过卦辞（彖者）和爻辞来反映。

唯其如此，《说卦》在第三至十一章专论经卦取象之前，先用第一至二两章论述别卦。

> **第一章：**昔者圣人之作《易》也，幽赞于神明而生蓍，参天两地而倚数，观变于阴阳而立卦，发挥于刚柔而生爻，和顺于道德而理于义，穷理尽性，以至于命。

这是从生蓍运数的角度追溯别卦的起源，具体包括互参天数之数（即奇偶之数）以立（倚）大衍筮法的原则，由筮数奇偶变化而确立别卦，于刚柔两画而生变动之爻，从而“上以和协顺成圣人之道德，下以治理断人伦之正义。又能穷极万物深妙之理，究尽生灵所禀之性，物理既穷，生性又尽，至于一期所赋之命，莫不穷其短长，定其吉凶”（《正义》）。说明“和顺于道德而理于义，穷理尽性，以至于命”是以别卦为单元的，别卦之“数”比经卦之“象”更本质，“数”是以六画整体为视角的，而不是从两个经卦上着眼的。

> **第二章：**昔者圣人之作《易》也，将以顺性命之理，是以立天

之道，曰阴与阳，立地之道，曰柔与刚，立人之道，曰仁与义。兼三才而两之，故《易》六画而成卦。分阴分阳，迭用柔刚，故《易》六位而成章。

接续第一章，第二章解释别卦之所以能“顺性命之理”，端在其涵盖三才，三才“分阴分阳，迭用柔刚”。反过来，三才“两之”也导致“六画而成卦”“六位而成章”的别卦生成。三才的爻位分配是，初二为地才、三四为人才、五上为天才，正说明“三才”是从六画整体着眼的，如果从上下两个经卦来看，三四为人才就得不到落实。正如王弼《周易注》（以下简称《王注》）曰：“设六爻以效三才之动，故六画而成卦也……六位，爻所处之位也。二、四为阴，三、五为阳，故曰‘分阴分阳’；六爻升降，或柔或刚，故曰‘迭用柔刚’也。”显见，备三才之道，分阴阳、别刚柔，都是针对别卦而言的。

宋人周燔《九江易传》曰：“《说卦传》卷首‘昔者’两段，差误在此；今已附入《系辞》上下篇，自‘天地定位’以下，乃为《说卦传》首章，欲见圣人专说八卦之物。”周燔认为《说卦》第一至二两章属于《系辞》，《说卦》应从第三章“天地定位”开始，才符合“陈说八卦之德业变化及法象所为”的题旨。然而，这两段“昔者”，见于熹平石经残石，亦见于帛书《衷》，不可遽定为错简[1]。

我们认为，《说卦》主要罗列经卦取象，但经卦取象必须服务于别卦，以襄成别卦的占筮功能。《说卦》第一至二章从“运数”的角度强调别卦起源以及由此而来的“爻”的含义，从而最终确立解读别卦的二重视域：一是源自经卦的取象（反映在第三至十一章），二是不见于经卦的“爻位”概念（反映在第一至二章）。《系辞下》：“八卦成列，象在其中矣。因而重之，爻在其中矣。”八卦“备天下之象”从而“备

1 廖名春：《〈周易·说卦传〉错简说新考》，《周易研究》1997年第2期。

天下之理”，但正如《韩康伯注》所云，“未极其变，故因而重之以象其动用，拟诸形容以明治乱之宜，观其所应以著适时之功，则爻卦之义，所存各异，故爻在其中矣”。只有“因重”成别卦，爻位才能得到突显。《正义》亦曰：“象亦有爻，爻亦有象，所以象独在卦，爻独在重者，卦则爻少而象多，重则爻多而象少，故在卦举象，在重论爻也。”又曰：“爻之所存，存乎已变之义……卦之所存，存于未变之义。”总之，八卦备天下之象，成为别卦取象的基础；别卦重取象之变，而“变”由爻位刚柔相推所致。《系辞上》曰：“是故蓍之德圆而神，卦之德方以知，六爻之义易以贡。”六爻变易以告人吉凶，“爻”这个概念的提出，意味着每一卦都是可分析的，而不是专就其取象立说。《系辞下》：“刚柔杂居，而吉凶可见矣……远近相取而悔吝生。”六爻相应相比的杂居与彼此资取的远近而生悔吝、见吉凶，正体现在别卦的爻变之中。这样，别卦既有“象”（上下两个经卦的取象），也有“爻”（一卦中的六爻关系及其变化）。正如清人林迪光为潘思榘《周易浅释》所作《跋》指出：“《象》多言象，而变在其中，爻多言变，而象在其中。”“象”与“爻”，也成为观察别卦的两个主要维度。

因此，《说卦》第三至十一章以取象为主义，但在第一至二章强调别卦起源于“数”、有“爻变”内涵，正揭示了作为占筮单元的别卦何以定吉凶的两个不可或缺的方面。《周官·春官宗伯·占人》曰：“凡卜筮，君占体，大夫占色，史占墨，卜人占坼。”郑注：“体，兆象也。色，兆气也。墨，兆广也。坼，兆璺也。体有吉凶，色有善恶，墨有大小，坼有微明。尊者视兆象而已，卑者以次详其余也。周公卜武王，占之曰：‘体，王其无害。’凡卜象［体］吉，色善，墨大，坼明，则逢吉。”[1] 说明龟卜在“兆纹”上的类别划分，是判断吉凶的依据。而蓍占不仅有“象”（源自经卦之取象）上的类别划分，也有“爻”（源自

---

1 郑玄注、贾公彦疏：《周礼注疏》（中），上海：上海古籍出版社，2010 年版，第 935 页。

大衍筮之“数”）上的爻位与爻性的分析。

二、别卦的卦象

从大衍筮法来看，卜筮以别卦为对象，别卦也是“十有八变”而生成的整体单元。经卦存在的唯一理由就是要揭示一个别卦包含两个经卦之“象”，而不是从“数”的意义上揭示别卦的起源。《易纬》：“卦者，挂也，言悬挂物象以示于人，故谓之卦。”《系辞上》：“夫象，圣人有以见天下之赜，而拟诸其形容，象其物宜，是故谓之象。”卦首先作为“象”示于人，而别卦卦象主要是指上下两个经卦的取象及其关系。《左传》《国语》以内外卦象征的事物、意义为据解说吉凶，以《彖传》《象传》为代表的《十翼》也重视对两卦物象关系的分析。因此，所谓“因而重之”“引而伸之”“重三成六”“引伸因重”，表面上是解释别卦的来源，实际上是为了从两个经卦的角度分析一个别卦的取象及其性质。相应地，六十四卦之象也是用两个经卦卦象来指称的：

乾为天，天风姤，天山遁，天地否，风地观，山地剥，火地晋，火天大有。

坎为水，水泽节，水雷屯，水火既济，泽火革，雷火丰，地火明夷，地水师。

艮为山，山火贲，山天大畜，山泽损，火泽睽，天泽履，风泽中孚，风山渐。

震为雷，雷地豫，雷水解，雷风恒，地风升，水风井，泽风大过，泽雷随。

巽为风，风天小畜，风火家人，风雷益，天雷无妄，火雷噬嗑，山雷颐，山风蛊。

离为火，火山旅，火风鼎，火水未济，山水蒙，风水涣，天水

> 讼，天火同人。
>
> 坤为地，地雷复，地泽临，地天泰，雷天大壮，泽天夬，水天需，水地比。
>
> 兑为泽，泽水困，泽地萃，泽山咸，水山蹇，地山谦，雷山小过，雷泽归妹。

用两个经卦的初象来指称一个别卦，其顺序是先上后下，如“天风姤”，即上《乾》（☰）为天、下《巽》（☴）为风，构成一个六画的《姤》卦䷫。《大象》《彖传》都从上下卦的初象（而不是经卦的名称）来解读别卦，所以总体上也主要以自上而下为顺序。但在今本《易经》中，每卦首列六画之卦象，再以两经卦卦名指示该卦的上下构成，然后是卦辞。如“䷶离下震上丰：亨，王假之”，卦象之后的“离下震上”是以先下卦、后上卦为序，表征《丰》卦的上下结构。简言之，从取象称卦，以自上而下为序，如“天风姤”；从两个经卦构成一个别卦的角度，是以自下而上为序，如“离下震上丰”。明人朱谋㙔《周易象通》、清姚球《周易象训》、清张沐《周易疏略》等改为先上后下的顺序称述两个经卦的构成，如“震上离下丰”，违反了大衍筮法的成卦顺序，也与“八卦而小成。引而伸之，触类而长之，天下之能事毕矣”的思想相左，因而不为学界所认可。

《说卦》第三章，《正义》曰：“此一节就卦象明重卦之意，易以《乾》《坤》象天地，《艮》《兑》象山泽，《震》《巽》象雷风，《坎》《离》象水火。若使天地不交，水火异处，则庶类无生成之用，品物无变化之理，所以因而重之，令八卦相错，则天地人事莫不备矣。故云天地定位而合德，山泽异体而通气，雷风各动而相薄，水火不相入而相资。既八卦之用变化如此，故圣人重卦，令八卦相错，《乾》《坤》《震》《巽》《坎》《离》《艮》《兑》莫不交互而相重，以象天地雷风水火山泽莫不交错，则易之爻卦，与天地等，成性命之理、吉凶之数，既往之事，将来之几，备在爻卦之中矣。”八卦只是八种自然物象，每一个经卦都只是“雷风各异，山泽不通”的孤立取象。而别卦则包括两个取象及其“交互而相重”的关系，从而在两者或相制相克或相和相应的矛盾关系中，实现“通神明之德”“类万物之情”的功能。

当然，所谓卦象，有时也指一个别卦的整体取象，这与上下两个经卦取象并不一致。如《颐》《大过》《中孚》《小过》，以及《复》《临》《泰》《大壮》等消息卦，虽可分析为两个经卦之象，但主要是从一卦整体形象上着眼的。《系辞》所谓“以制器者尚其象”，也有不少就是从一卦整体着眼的，如法《睽》之象造弧矢，法《小过》之象造杵臼。

三、别卦中的“爻”概念

“爻”是组成卦象的⚊与⚋两种符号类型，既出现在经卦中也出现在别卦中。但正如《正义》曰：“八卦大略有八，以备天下大象大理，大者既备，则小者亦备矣。直是不变之备，未是变之备也。”爻变的概念并不反映在经卦中，而是体现在别卦中。《系辞上》“刚柔相推而生变化”，《正义》曰：“八纯之卦，卦之与爻，其象既定，变化犹少；若刚柔二气相推，阴爻阳爻交变，分为六十四卦，有三百八十四爻，委曲变化，事非一体，是‘而生变化’也。”变动导致吉凶，但变动因爻而显，《系辞下》所谓“爻也者，效天下之动者也。是故吉凶生而悔吝著也”。爻的起源是“数”，爻的本质是“变”，爻之“变”正源自其“数”。《系辞上》：“极数知来之谓占，通变之谓事。”穷极蓍策之数能够预知来事，是因为“极数”能够生六爻从而显变化。所以，《系辞上》又曰：“参伍以变，错综其数，通其变，遂成天下之文；极其数，遂定天下之象。非天下之至变，其孰能与于此?”“错综其数”“极其数”而成一卦，一卦六爻“通其变”而成文、定象。易之为道，正在于极数而通变。爻者，交也，阴阳往来相交，故称“爻”。

而“爻”又是在两个层次上言说的：一是就本卦六爻的位置、爻性、关系而立说。二是从爻变乃至卦变从而与他卦关系的角度立说。

（一）本卦六爻

从《易经》爻题来看，一卦六爻涉及位置（爻位）与性质（阴阳）的不同，而爻题即旨在揭示一卦六爻的位置与性质，是对每一爻的位置与性质的命名与确认。

1. 爻位

《说卦》：“易六位而成章。”爻位根据“知来者逆”的顺序，由下往上，分别命名为初、二、三、四、五、上，象征事物的地位、条件及其发展状况。例如，《贲》卦䷕由下往上，分别为初九、六二、六三、九四、六五、上九。其中，初即一位，上即六位。《正义·乾卦》曰：“第一位言‘初’，第六位当言‘终’；第六位言‘上’，第一位当言‘下’。所以文不同者，庄氏云：‘下言初则上有末义。’故《大过·象》云：‘栋桡，本末弱。’是上有末义。‘六’言‘上’，则‘初’当言‘下’。故《小象》云：‘潜龙勿用，阳在下也。’则是初有下义，互文相通，义或然也。且第一言‘初’者，欲明万物积渐，从无入有，所以言初不言一与下也。六言‘上’者，欲见位居卦上，故不言六与末也。”亦即，初之称初而非一或下，旨在揭示“万物积渐，从无入有”的道理；上之称上而非六或末，旨在揭示“位居卦上”之义。另外，上如称六，将会出现32个“六六”，也存在表达不够清晰的问题。

2. 爻性阴阳

就属性而言，爻分阴阳，但在《易经》中分别用偶数六和奇数九表示。《正义·乾卦》：“阳爻称‘九’，阴爻称‘六’，其说有二：一是《乾》体有三画，《坤》体有六画，阳得兼阴，故其数九，阴不得兼阳，故其数六。二是老阳数九，老阴数六，老阴老阳皆变，《周易》以变者为占，故杜元凯注襄九年《传》遇《艮》之八，及郑康成注《易》，皆称

《周易》以变者为占，故称九、称六。所以老阳数九，老阴数六者，以揲蓍之数，九遇揲则得老阳，六遇揲则得老阴，其少阳称七，少阴称八，义亦准此。张氏以为阳数有七有九，阴数有八有六，但七为少阳，八为少阴，质而不变，为爻之本体。九为老阳，六为老阴，文而从变，故为爻之别名。且七既为阳爻，其画已长。今有九之老阳，不可复画为阳，所以重钱，避少阳七数，故称九也。八为阴数而画阴爻，今六为老阴，不可复画阴爻。故交其钱，避八而称六。但《易》含万象，所托多涂，义或然也。”

数的变化涉及爻的奇偶。“今本《周易》的阴阳爻画其实是由数字一（七）、八演变而来的，楚竹书、汉帛书和汉简《周易》的卦爻画还保留着一（七）、八两个数字的书写特征。而数字一（七）、八其实又来源于大衍筮法。根据大衍之数（五十数）的揲蓍法，最终得出六、一（七）、八、九这四个数字，其中一（七）、八两数出现的频率很高，作为静爻、体爻、常爻被安排为《周易》经文的爻画，而九、六作为动爻、用爻、变爻被安排为爻题。而秦简《归藏》和清华简《别卦》的卦爻画则一律由六、一（七）两个数字构成，它们以五十五数的揲蓍法为依据，其原理与《周易》系统一致。”[1] 说明积聚为卦的爻，来源于“数”。大衍筮法生成的别卦中，六七八九 4 个数字简并为阴阳，具有彼此转化的含义（阴六变为阳，阳九变为阴）。朱熹《易学启蒙》所谓：“用九、用六者，变卦之凡例也。”

《系辞下》“刚柔者，立本者也。变通者，趣时者也”，《韩康伯注》曰：“立本况卦，趣时况爻。”卦之根本，在于刚柔，阴阳会通，趣适于时。爻起于数，以显变化，变化生吉凶。而爻之显示变化以及由变化而来的吉凶，主要在于阴阳变动。《系辞上》“以动者尚其变”，《正义》曰：“谓圣人有所兴动营为，故法其阴阳变化。变有吉凶，圣人之动，取吉不取凶也。”《说卦》亦曰：“发挥于刚柔而生爻。”正是在突出“爻”概念

---

1 丁四新：《数字卦研究的阶段、贡献及其终结》，《周易研究》2018 年第 5 期。

的别卦中，才谈得上刚柔、阴阳问题。因此，阴阳主要是就六画卦而言的，八卦显示不出爻变。根据《系辞下》“阳卦多阴，阴卦多阳”的原则，代表水的《坎》卦为阳卦、代表火的《离》卦为阴卦，这与现实中火为阳、水为阴的认知相反，也说明八卦的卦画与阴阳观念无关。

《庄子》所谓“易以道阴阳”，《系辞上》所谓“一阴一阳之谓道……阴阳不测之谓神”，天下物众理殊，无不本诸阴阳。但阴阳变化是因爻以效之，别卦突出“爻”，实际上就是突出阴阳变化，阴阳、刚柔蕴在六爻之中。《说卦》“立天之道曰阴与阳，立地之道曰刚与柔，立人之道曰仁与义”，既解释“六位而成章”，也说明阴阳刚柔由爻而显；《说卦》“易六画而成卦。分阴分阳，迭用刚柔”，根据阴阳奇偶的原则，初、三、五为奇，是阳位；二、四、上为偶，是阴位，阴阳相得而有合。但如果从上下卦的角度来看，下卦初、三为奇，二为偶；上卦四、上为偶，五为奇，上下经卦之间的阴阳爻数并不平等，由此亦可见，所谓“爻”主要体现在别卦之中。经卦虽然亦由阴阳两种爻画组成，但未能周备阴阳变化之理。

3. 三才

三才是指一个别卦中的初、二位为地才，三、四位为人才，五、上位为天才，反映了上天下地而人立其间的观念。《文言》又以二为地位，三为人位，五为天位，虽未能揭示天地人各分阴阳、柔刚、仁义之两端的内涵，但也是就别卦讨论三才的。唯其在别卦中，属于下卦的三位与属于上卦的四位，才得以合称人位。

首先，三才以六爻为整体，解释了六十四卦 2^6 中指数何以为 6 的问题。《系辞下》“《易》之为书也，广大悉备，有天道焉，有人道焉，有地道焉，兼三才而两之，故六”，《易》事兼三才，故“广大悉备”。三才各分阴阳，故需六爻以备。《说卦》“昔者圣人之作《易》也，将以顺性命之理，是以立天之道曰阴与阳，立地之道曰柔与刚，立人之道曰仁与义。兼三才而两之，故易六画而成卦。分阴分阳，迭用柔刚，故易六位而成章”，《韩康伯注》曰：“设六爻以效三才之动，故六画而成卦也。六位，爻所处之位也。”《易》兼三才故能“顺性命之理”，三才各摄阴阳、柔刚、仁义两端，故需累六爻以成一卦。《正义·乾卦》曰：“二画之体，虽象阴阳之气，未成万物之象，未得成卦，必三画以象三才，写天、地、雷、风、水、火、山、泽之象，乃谓之卦也。故《系辞》云‘八卦成列，象在其中矣’是也。但初有三画，虽有万物之象，于万物变通之理，犹有未尽，故更重之而有六画，备万物之形象，穷天下之能事，故六画成卦也。”实际上，经卦是成象的关键，但经卦并不包含三才。三才是就别卦而言的，“重三成六”导致经卦的单一取象发展为两种取象之间的关系，别卦借此而“备万物之形象”。

其次，揭示六爻所效法的对象只仅三才，别无他义。《系辞上》云：“六爻之动，三极之道也。”《系辞下》云：“六者非它也，三才之道也。”三才是与六爻相关的概念，累六爻而成的别卦也是“《易》之为书”的标配。《系辞下》曰：“《易》之为书也不可远，为道也屡迁，变动不居，周流六虚，上下无常，刚柔相易，不可为典要，唯变所适。”又曰：“《易》之为书也，原始要终，以为质也。六爻相杂，唯其时物也。其初难知，其上易知，本末也。初辞拟之，卒成之终。”这里，“周流六虚”“六爻相杂”实为“《易》之为书”的关键。

再次，三才结合爻位体现上下等级高低，所谓“是故列贵贱者存乎位”，以上贵而下贱为基本原则；又结合爻性反映阴阳变化，从而指示吉凶。《系辞上》：“吉凶者，失得之象也。悔吝者，忧虞之象也。变化者，进退之象也。刚柔者，昼夜之象也。六爻之动，三极之道也。”见吉凶、成变化，皆由反映三极（三才）之道的六爻摩荡变化而来。因此，六爻递相推动以致变化，变化则事兼三才至极之道。

最后，三才是统观一个六画卦而形成的观念，所谓“兼三才而两之”“分阴分阳，迭用柔刚”，既解释一卦累六爻而成“六画”或“六位”的原因，也分析“六画”或“六位”可能包含的意蕴。需要指出的是，在加一倍法 2^0、2^1、2^2、2^3的数列中，并没有三才观念。大衍筮法“分而为二以象两，挂一以象三”，《正义》曰：“挂一以象三者，就两仪之间，于天数之中，分挂其一，而配两仪，以象三才也。”但“象三”之“三”指49根蓍草分为“2”再加上舍其一根不用的“1”而成。正如“象两”之“两”不是两仪，“象三”之“三”也不是“三才”。

综上，别卦最大的特点是深入到了爻位，经卦虽然在物理构成上也包括三爻，但“爻”的概念主要体现在别卦中。爻因数起，变由爻显，以此反映天地人三才运动变化的态势。《系辞下》“刚柔相推，变在其中矣”，《正义》曰：“是变化之道，在刚柔相推之中。刚柔即阴阳也。论其气即谓之阴阳，语其体即谓之刚柔也。”爻既是“刚柔相推”的来源，也是“刚柔相推”之“变”的显现。

这种变动可以从一卦六爻整体与一卦分上下两卦的不同角度予以分析。从六爻整体看，根据阴阳奇偶原则，初、三、五为奇，是阳位；二、四、上为偶，是阴位。如果阳爻居阳位、阴爻居阴位，称为得位，亦称当位、正位、位正、在位。二爻处下卦之中，五爻处上卦之中，如果阴爻居二（阴位）、阳爻居五（阳位）则称中正，即既中且正。而乘承比则反映一卦六爻相邻关系，六爻中每两个相邻的爻都是比邻关系，称为“比”。“乘”“承”则是“比”的两种方式，“乘”是乘驾在上，“承”是承接于下。根据阳尊阴卑的原则，阳爻乘阴爻、阴爻承阳爻为顺；阴爻乘阳爻、阳爻承阴爻为逆，反映了扬阳抑阴的思想。从卦分上下的视角来看，初爻居内卦之下位，四爻居外卦之下位，两者同位。同样，二爻、五爻分别居内卦和外卦之中位，三爻、上爻分别居内卦和外卦之上位，也分别构成同位关系。两个同位的爻，如果阴阳不同，则构成相应关系；如果阴阳相同，则阴阳不和，构成不应的关系。

（二）本卦与他卦的关系

《系辞下》：“道有变动，故曰爻。”爻的两种符号**—**与**- -**源自数字六七八九，六九作为老阴、老阳都要变化，从而生成另外一卦，由此形成动态视角下本卦与他卦的关系。

宋人丁易东《周易象义》因象以明义，故名之“象义”。其取象之例包括本体、互体、卦变、正应、动爻、变卦、伏卦、互对、反对、比爻、原画、纳甲，凡十二类。元吴澄《易纂言外翼》八卷，计分十二篇：《卦统》《卦对》《卦变》《卦主》《变卦》《互卦》《象例》《占例》《辞例》《变例》《易原》《易流》。两家所论，有不少属于一卦内部诸爻关系，而涉及本卦与他卦关系的义例则主要包括：

第一，互体。

互卦亦称互体卦、中爻。清王宏撰《周易筮述》卷四包括“九六”“三极”“中爻”三个议题，其中的“中爻”即互体，是指除初、上两爻之外的四爻成连互之势，二三四为“下互”或“内互”，构成一个经卦；三四五为“上互”或“外互”，构成一个经卦，两者组合而成另外一个别卦，由此形成卦中有卦、象中生象的关系。王弼《周易略例·明象》：“互体不足，遂及卦变，变又不足，推致五行。”互体的最初目的是为了解释“象辞相应”。如清代《御纂周易述义》解《屯》九五曰：“陷阴互《艮》，止而不动。”《屯》六三、六四、九五构成《艮》卦，《艮》为止，故曰“止而不动”。解《需》九五曰：“《坎》水《兑》口，故为酒食。”即九二、九三、六四构成《兑》卦，《兑》为口，与“《坎》水”成“酒食”之象。

一般认为，《系辞下》“若夫杂物撰德，辨是与非，则非其中爻不备”“二与四同功而异位”“三与五同功而异位”都是针对互卦而言的。互体起源甚早，甲骨卜辞中已经出现四爻一组与五爻一组的互体卦，如四爻一组的占筮数列符号，张政烺认为“互体说重视‘中爻’，初爻、上爻可置不论，专从二、三、四、五爻下功夫，把四个爻当作一个卦”来理解[1]。

1 王宇信、杨升南：《甲骨学一百年》，第217页。

《左传》《国语》中已大量出现互体，如《左传·庄公二十二年》："陈侯筮，遇《观》之《否》，曰：风为天于土上，山也。"杜预注曰："自二至四有《艮》象，《艮》为山也。"互体说见于《系辞》、法著于《左传》，故多为学者所取信。宋人朱震《汉上易集传》曰："王弼破互体，朱子发用互体。互体自左氏已言，亦有道理，只是今推不合处多。"顾炎武《日知录》曰："朱子《本义》不取互体之说，唯《大壮》六五云：'卦体似《兑》，有羊象焉。'不言互而言似，此又创先儒所未有，不如言互体矣。"说明朱子并不否认互体，只是不以互体为主。而宋李石《方舟易学》于每卦标两互卦之名而以爻辞证之，是专门研究互体的易著。

第二，变卦。

变卦，亦称动卦、之卦、变体。宋都絜《易变体义》专明变体。清毛奇龄作《仲氏易》提出"易"兼五义，即变易、交易、反易、对易、移易。所谓移易，实即变卦。毛奇龄又作《推易始末》，盖取《系辞传》"刚柔相推"之义而专论变卦。

变卦与本卦相对，是指通过大衍筮法求卦时而产生的一卦自身的变化。例如，筮得六七八九六八，其本卦为《解》，但其中的六九要变换爻性，而成为《节》。今考《左传》所载《周易》诸占"某卦之某卦"者皆为变卦，凡十事：宣公六年王子伯廖论郑公子曼满，称在《周易》《丰》之《离》；鲁襄公二十八年游吉论"楚子将死"，称《周易》有之，在《复》之《颐》，曰"迷复凶"；宣公十二年荀首论邲之战，称《周易》有之，在《师》之《临》，曰"师出以律，否臧凶"；昭公二十九年蔡墨论"龙见于绛郊"，称《周易》有之，在《乾》之《姤》曰"潜龙勿用"，其《同人》曰"见龙在田"，其《大有》曰"飞龙在天"，其《夬》曰"亢龙有悔"，其《坤》曰"见群龙无首，吉"，《坤》之《剥》曰"龙战于野"。

变卦的本质在于，爻性只有阴阳两类，但它们实际上包含六七八九

4个数字的信息，朱熹《易学启蒙》所谓“用九、用六者，变卦之凡例也”。变卦强调阴阳两种爻画的数字起源，当4个数字被归纳为两种爻象，4个数字的内涵并没有被省略，故曰“爻者言乎变”。关于如何通过变卦占筮，朱熹参考《左传》筮例，提出选取卦爻的七种原则[1]，但与《左传》仍有不合。明韩邦奇《易学启蒙意见》卷四为《考占变》，述六爻不变及六爻递变之旧例。卷五为《七占》，认为凡六爻不变、六爻俱变及一爻变者皆仍其旧，其二爻、三爻、四爻、五爻变者则别立新法以占之。清魏荔彤《大易通解》谓占法二爻变者以上爻为主，五爻变者占不变爻，四爻变者占二不变爻，仍以下爻为主，余占本爻与彖辞。清许伯政《易深》论变占曰：“《启蒙》所论，依傍《左》《国》，参以己意。其实卜筮以衍忒，宜各随其人、其地、其事、其时而推衍之，乃能旁通其变，曲畅其情，未可先为例以拘之。《左氏》卜筮之法，如秦伯伐晋，卦遇《蛊》，是六爻不变之卦，而其占全不用《彖辞》。孔成子筮立君，卦遇《屯》之《比》，史朝以灵公名元，即以‘元亨’属之。孟絷弱行，即以‘利居贞’属之。皆非系辞之本旨。”显然，如何据变卦以占筮的具体原则并没有统一认识。但借卦变解释卦爻辞，则或有所取。如宋都絜《易变体义》释《坤》初六“履霜，坚冰至”曰：“此《坤》之《复》也。《月令》‘孟冬，水始冰’‘仲冬，冰益壮’。始则薄而未坚，壮则坚而难泮，故爻曰‘履霜’，以《坤》为十月之卦。又曰‘坚冰至’者，则变体为《复》，乃十一月之卦也。”释《家人》上九“有孚威如，终吉”曰：“此《家人》之《既济》也。《杂卦》曰：‘《既济》，定也。’《彖》曰：‘正家而天下定。’天下之本在国，国之本在家，家之本在身。反身而诚，孰敢不听。父子、夫妇、兄弟，莫不安分循理，而天下化之，无事而定矣。故变体为《既济》，而曰‘有孚威如’，反身之谓也。”此外，宋儒沈该之《易传》、明吕怀

1 朱伯崑：《周易通释》，第41—42页。

《周易卦变图传》、清徐世沐《周易惜阴录》，也是发明之卦的专著。

第三，卦变。

李镜池《左国中易筮之研究》指出：“‘变卦’与‘卦变’不同：‘变卦’从揲蓍而变；‘卦变’是卦自为变。”又曰：“从本卦中以两爻交易而得一卦之‘卦变’，与从揲蓍的从此卦变至彼卦之‘变卦’自然不同。”[1] 一卦中两个阴阳属性不同之爻的位置互换，形成卦变。明人黄道周《易象正》于每卦六爻皆即之卦以观其变，其《自序》曰：“凡《易》自《春秋》《左》《国》暨两汉名儒皆就动爻以论之，虞、王而下始就本卦正应以观攻取，只论阴阳刚柔，不分七八九六。虽《易》有刚柔杂居之文，而卦无不动玩占之理。《象正》专就动爻以明之。”诚然，卦变相对于本卦而言，《左传》《国语》等多论卦变，而虞翻、王弼以降则多就本卦为说，似失其旨。清许伯政《易深》论卦变曰：“重卦自具两体。凡《传》称上下者，如乾下乾上、震下坎上之类；凡称进退、往来、内外者，如《乾》九四上下无常、进退无恒及《否》《泰》反其类也，《泰》之小往大来《传》曰内阳外阴，《否》之大往小来《传》曰内阴外阳之类，皆《易》例之显而易见者。又刚柔之称有以爻言者，有以卦言者，以义求之，皆象明理显，无取于卦变之穿凿。”

卦变的特点在于，一是变换位置的两爻阴阳性质刚好相反，二是只变一次。如明董守谕《卦变考略》谓《屯》本《坎》卦，初六升二，九二降初，是为“刚柔始交”，可以简单地理解为䷜（坎卦）初六、九二两者的位置互换而成䷂（屯卦）。又如，《比》本于《师》，一阳居二，则为师众所宗，故为《师》。即《师》（䷆）九二、六五互换，阳居五而为天下所附，故为《比》（䷇）。《彖传》《说卦》《系辞》中有关“往来”“上下”“刚柔”的分析，多就卦变而言，汉魏时期荀爽、虞翻开始系统阐述卦变。卦变说主要包括：第一，乾坤卦变生六子。惠

1　李镜池：《左国中易筮之研究》，《周易探源》，第414—415页。

栋《易汉学》引虞翻“乾坤升降说”认为，“男谓乾，初适坤为震，二适坤为坎，三适坤为艮，以成三男也。女谓坤，初适乾为巽，二适乾为离，三适乾为兑，以成三女也”。第二，六子卦变生五十六卦，如《蒙》卦“二进居三，三降居二”，实由《艮》九三与六二位置互换而来。第三，虞翻旁通说，一卦转化为六爻皆相反的另外一卦，如《颐》与《大过》、《坎》与《离》皆可视为由旁通而转为对方之卦。第四，十二辟卦卦变生六十二卦，如《复》初九进二为《师》、进三为《谦》、进四为《豫》、进五为《比》等等。第五，焦延寿《易林》把相生序与变化序混在一起，乃至任何一卦的卦变都可以生另外六十三卦。元陈应润《周易爻变义蕴》承之，称一卦可变六十四卦，六爻可变三百八十四爻。明韩邦奇《易学启蒙意见》准《易林》，列出了以一卦变六十四卦之图式。但若绳以“只变一次”之则，上述“第三”“第五”似不在卦变的范畴。

卦变说的提出，首先是为了合理解释经文。如明人唐鹤徵《周易象义》释《讼》九二“不克讼，归而逋。其邑人三百户，无眚”指出，二既归则下复成《坤》（即九二变为六二，与初六、六三合为《坤》），《坤》三阴爻是三百户之象。《坎》多眚（九二未变，与初六、六三合为《坎》），变《坤》则不为《坎》，故无眚。六三“食旧德，贞厉，终吉。或从王事，无成”在二既归之后，《坎》复《坤》体，全有坤德，故曰“食旧德”，“或从王事”则源自《坤》六三“含章可贞，或从王事，无成有终”。又如，清《御纂周易述义》解《乾》九二曰：“九二刚中，变《离》，文明。”解《坤》初六曰：“变《震》为足，有履象焉。”解《屯》六二曰：“变《兑》为女，柔正，故贞。”另外，《御纂周易述义》解《蒙》六三“三变互《兑》，故为女”、解《讼》九二曰“《坎》《坤》体，故为邑。又互《离》，户象也。三百，《离》数也”等等，则是互体与卦变的结合。

后来，旨在解释象辞相应的“卦变”，又转进为讨论卦象结构规律乃至六十四卦排序问题。由于每一卦中的每一爻变，都可以形成另一卦，因此，每一卦与其他六十三卦之间都可以分析出彼此关系。京房八宫卦就是根据卦变原理而来的。宋吴仁杰《易图说》认为，六十四正卦为伏羲所作，故首列《八纯卦各变八卦图》；卦外六爻及六十四覆卦为文王所作，故又有《一卦变六十四卦图》《六爻皆变则占对卦、皆不变则占覆卦图》。

综上，突出"爻"概念，导致对别卦的分析深入到了六爻的内部。加一倍法虽然强调 2^0、2^1、2^2、2^3的八卦生成路径，但更强调别卦由经卦加一倍（即 8^2）而来。因此，三画的经卦基本没有爻位概念，既未备阴阳之理与三才之道，亦不及乘承比应等关系，故需重三成六，然后周尽爻动而生吉凶悔吝之意，《系辞下》所谓："吉凶悔吝者，生乎动者也。"由六爻构成的别卦遂成占筮的对象。相比于别卦而言，"在形态上，八卦原只是八个三画的象，单纯地代表着天、地、雷、风、水、火、山、泽八种自然现象，彼此卦与卦间没有互变的关系，本卦中也不讲爻位上下。重卦以后，每卦成了六画的象，彼此卦与卦间有了贞悔变占之关系，相反相错之关系，本卦中也产生了爻位上下，乘、承、比、应等关系，因而也有了时、位、中、应等要义。在思想上，八卦原只是纯粹思想理论，粗略地形容出宇宙万物变动的大纲。重卦以后，六十四卦用于筮术，筮术是用来占断人事的。因而理论的哲学思想一变而成用世之学"[1]。

1 高怀民：《先秦易学史》，第 77 页。

第四节
别卦的配对关系及其体系结构

乘承比应、得中、相应等都是就一卦内部的爻位、爻性关系而言的。互体、变卦、卦变虽涉及他卦，但也主要是从本卦出发而变及他卦。然而，六十四卦是一个结构严整的周延体系，个体性的别卦既是独立的，也是关联的。其关联性主要包括：相关两卦之间的关系，卦群之间的关系，以及六十四卦的总体结构关系。

一、配对关系

孔颖达《正义·序卦》总结今本六十四卦的配对规律是“二二相耦，非覆即变”，实际上是从 8^2的上下两卦角度着眼的。所谓“二二相耦”，是说六十四卦每相邻的两卦之间彼此成对，如《乾》与《坤》、《屯》与《蒙》各自成对，共得三十二对。两者“相耦”的形式“非覆即变”，“变”即“正对卦”，来知德称为“错卦”。“覆”即伏卦，虞翻称为“旁通”，来知德称为“综卦”，明陆振奇称为倒象、反象、覆象、反易、反对之象，其《易芥》对反对之象多有推阐。清王琬《周易集注》称“变”为“横反对卦”，“覆”为竖反对卦。来知德《易经来注图解》曰：“错者，阴与阳相对也，父与母错，长男与长女错……八卦相错。六十四卦皆不外此错也……综字之义，即织布帛之综，或上或下，颠之倒之者也。如《乾》《坤》、《坎》《离》四正之卦，则或上或下；《巽》《兑》、《艮》《震》四隅之卦，则《巽》即为《兑》，《艮》即为《震》。其卦名则不同，如《屯》《蒙》相综，在《屯》则为雷，在《蒙》则为山是也。”显见，“覆”是指一卦颠倒（旋转180度）而成另外一卦，如《屯》卦颠倒而成《蒙》卦。“变”是两卦相对爻位的阴阳属性全部相反，如《乾》与《坤》、《颐》与《大过》。

《易经》六十四卦32对中，“互覆”者有28对，如《屯》与《蒙》、《需》与《讼》等等。“互变”者则只有4对，即《乾》《坤》、《颐》《大过》、《坎》《离》、《中孚》《小过》。但28对“互覆”卦中的《泰》《否》、《随》《蛊》、《渐》《归妹》、《既济》《未济》等又同时呈现为“互变”关系，但学界一般皆将它们视为“覆卦”。如本书第一章所述，上经三十卦中有12对“覆卦”（即12个卦体），再加上3对“变卦”（《乾》《坤》、《颐》《大过》、《坎》《离》）的6个卦体，共得18个卦体。下经三十四卦中的16对“覆卦”有16个卦体，再加上1对“变卦”（《中孚》《小过》）的2个卦体，总共也是18个卦体。所以，“上、下经尽管卦数有多有少，但卦体却是一样多。也就是说，表面上卦数不平衡，但实质卦体却是平衡的”[1]。

今本卦序“非覆即变”的两两配对关系主要体现在《杂卦》中，其云：

> 《乾》刚《坤》柔，《比》乐《师》忧。《临》《观》之义，或与或求。《屯》见而不失其居，《蒙》杂而著。《震》起也，《艮》止也。《损》《益》，盛衰之始也。《大畜》时也，《无妄》灾也。《萃》聚而《升》不来也。《谦》轻而《豫》怠也。《噬嗑》食也，《贲》无色也。《兑》见而《巽》伏也。《随》无故也，《蛊》则饬也。《剥》烂也，《复》反也。《晋》昼也，《明夷》诛也。《井》

1 廖名春：《〈周易〉经传十五讲》，第58页。

通而《困》相遇也。

《咸》速也，《恒》久也。《涣》离也，《节》止也。《解》缓也，《蹇》难也。《睽》外也，《家人》内也。《否》《泰》，反其类也。《大壮》则止，《遁》则退也。《大有》众也，《同人》亲也。《革》去故也，《鼎》取新也。《小过》过也，《中孚》信也。《丰》多故也，亲寡《旅》也。《离》上而《坎》下也。《小畜》寡也，《履》不处也。《需》不进也，《讼》不亲也。

《大过》颠也，《姤》遇也，柔遇刚也。《渐》女归待男行也，《颐》养正也。《既济》定也。《归妹》女之终也。《未济》男之穷也。《夬》决也，刚决柔也，君子道长，小人道忧也。

《杂卦》第一、二段文字两两成对、讲究押韵。以此观照，宋人蔡渊认为第三段“《大过》颠也”以下文字多有错乱，并调整为[1]：

《大过》颠也，《颐》养正也。《既济》定也，《未济》男之穷也。《归妹》女之终也，《渐》女归待男行也。《姤》遇也，柔遇刚也；《夬》决也，刚决柔也，君子道长，小人道忧也。

元董中行不同意蔡渊的观点，其《易经注》第十一章曰：“《序卦》言易道之常，《杂卦》言易道之变。以《乾》为首而必终以《夬》者，决去一阴，复为纯《乾》。《易》之为书，与天地相终始。”但蔡氏所论，为大多数学者所取信。宋人俞琰《周易集说》卷四十即指出：“节斋蔡氏曰：‘自此以下有乱简。’案《杂卦》例皆反对，叶韵为序，今以其例改正。”“改正”的结果是：

第一，两两配对是基本原则，即俞琰所谓“例皆反对”。如《乾》

1 廖名春：《〈周易〉经传十五讲》，第 300 页。

与《坤》相配，《屯》与《蒙》相配。说明《杂卦》重在捉对，从成对两卦意义相反或相关的角度分析各卦卦义，即将卦义的分析放置于另一个与之配对卦的对比和衬托之中。但32对中有14对的两卦先后与《易经》的顺序相反，如"《比》乐《师》忧"，《易经》中《比》在前、《师》在后。其余18对的先后顺序则相同，如"《临》《观》之义，或与或求"，先《临》卦后《观》卦。从整个六十四卦顺序来看，《杂卦》中《乾》《坤》两卦分别为第一、第二，《咸》《恒》两卦分别为第三十一、第三十二，保持了《易经》自《咸》《恒》以下分为上下两篇的结构。但自《乾》《坤》以后的前三十卦中有属于下经的卦，自《咸》《恒》以后的三十四卦中也有属于上经的卦，表明《杂卦》之"杂"首先是针对《序卦》之"序"而言的，《杂卦》只重视配对，而不关注六十四卦的整体顺序。

第二，"叶韵为序"是《杂卦》的重要表达方式。这也是《杂卦》先《比》后《师》与《序卦》先《师》后《比》之序不同的根本原因。并且，每卦卦义往往只用一二字断语，与《十翼》他篇对卦名的解释不尽一致。元代龙仁夫著有《周易集传》，据《四库总目》引《吉安府志》称，龙氏参考《春秋传》"《屯》固《比》入""《坤》安《震》杀"皆以一字断卦义为据，认为《杂卦》是占筮之书，可备一说。但《杂卦》断语之所以简练，主要是出于"叶韵"的考虑。如"《丰》多故也，亲寡《旅》也"，故，即"事"；"亲寡《旅》也"，按照《杂卦》先举卦名后作解释之例，应作"《旅》亲寡也"。之所以改"事"为"故"，改"《旅》亲寡也"为"亲寡《旅》也"，是为了故、旅相韵。

需要指出的是，《说卦》"例皆反对"，强调两两配对，形成了观察六十四卦的独到视角，但并不能反映六十四卦卦象的全面关系。

首先，从卦象结构来看，除《乾》《坤》、《坎》《离》、《颐》《大过》、《中孚》《小过》只有"互变"的配对模式之外，其余五十六卦中的任何一卦既可与A卦“互覆”也可与B卦“互变”，但《杂卦》只选择了或“覆”或“变”一个观察角度。

清陈诜《易经述》专取六十四卦每两卦成对为一篇，两卦成对的关系主要包括：一是阴阳相反。如《乾》《坤》、《剥》《夬》、《复》《姤》、《坎》《离》、《震》《巽》、《艮》《兑》、《临》《遁》，实即以“互变”配对；二是上下反对。如《屯》《解》、《蒙》《蹇》、《需》《讼》、《师》《比》、《泰》《否》、《未济》《既济》、《同人》《大有》、《随》《归妹》、《无妄》《大壮》、《晋》《明夷》，实即一卦中上下两个经卦的位置互换，如震下坎上为《屯》，而坎下震上为《解》；三是据卦名比合。如《小畜》《大畜》、《小过》《大过》、《损》《益》；四是以《杂卦》牵合。如《咸》《恒》、《家人》《睽》、《丰》《旅》、《涣》《节》、《萃》《升》，实即以“互覆”配对；五是剩余十四卦以《履》《谦》、《豫》《渐》、《蛊》《困》、《观》《颐》、《噬嗑》《中孚》、《贲》《革》、《井》《鼎》彼此成对，未审其合并之意。比较而言，《杂卦》“非覆即变”，看似有“覆”与“变”两个标准，但既“覆”又“变”者（如《泰》《否》、《随》《蛊》）一律视为“覆卦”，从而保证了分类标准的相对统一；而反观陈诜五分体系，其标准则明显不一。但陈诜也提示了观察卦象关系的可能角度。如《杂卦》中《剥》《复》因“互覆”而成对，陈诜则强调《剥》与《夬》、《复》与《姤》之间还存在“互变”关系。清杨陆荣《易互》卷三《卦爻互》所谓“若《姤》初爻阴与《复》初爻阳互，《夬》上爻阴与《剥》上爻阳互是也”，杨陆荣所称“爻互”，实际上就是陈诜变《杂卦》“互覆”视角为“互变”视角。又如，《杂卦》以《屯》《蒙》“互覆”而成对，但陈诜强调《屯》与《解》、《蒙》与《蹇》存在上下两经卦互换的关系，即《屯》震下坎上、《解》坎下震上；《蒙》坎下艮上、《蹇》艮下坎上。旧题“延伯生述”《易象会旨》以《乾》《坤》、《屯》《解》、《蒙》《蹇》配对，称之为“反对之卦”，并合两卦《大象》而会释之，故书名称“会旨”。其《屯》《解》、《蒙》《蹇》配对亦以上下两经卦互换为枢纽。

其次，从卦义来看。卦象是卦义的前提，《杂卦》只取“非覆即变”的一个观察视角，导致卦象上“非覆即变”的两卦，并没有完全映射到卦义之中。例如，“《比》乐《师》忧”，《比》《师》两者卦象相覆，乐忧之意相反，《韩康伯注》所谓“亲比则乐，动众则忧”。但与《比》相反的卦是《大有》，“《大有》众也”；与《师》相反者是《同人》，“《同人》亲也”。这里，“《比》乐”与“《大有》众也”，“《师》忧”与“《同人》亲也”都不能显示其相反或相对的关系。又如，“《屯》见而不失其居。屯利建侯，君子经纶之时。虽见而磐桓，利贞不失其居也。《蒙》杂而著。杂而未知所定也。求发其蒙，则终得所定。著，定也”，《屯》“不失其居”、《蒙》“定也”构成互覆两卦在意义上的相对关系。但《屯》之变卦为《鼎》，《蒙》之变卦为《革》，“《革》去故也，《鼎》取新也”，“不失其居”的《屯》与“取新”的《鼎》，“定也”之《蒙》与“去故也”之《革》，也反映不出卦象上的互变关系。

事实上，即使只取“非覆即变”的一个视角，《杂卦》揭橥的卦义也不能完全反映卦象的关联。如“《乾》刚《坤》柔”，“《离》上而《坎》下也。火炎上，水润下”，其取义基本反映了卦象上的相反关系。但大多数“非覆即变”的两卦卦义并没有体现出“或以同相类，或以异相明”（韩康伯注）的关系。如“《小过》过也，《中孚》信也”，《小过》《中孚》卦象“互变”，但两者卦义“过也”与“信也”的“互变”之意则较为勉强。另外，“《否》《泰》，反其类也”，实际上32组成对之卦或相因或相反，“反其类”应该是大多数成对两卦的共同特点。再如，“《艮》止也”“《节》止也”“《大壮》则止”，《艮》《节》《大壮》皆训“止”；“《同人》亲也”“亲寡《旅》也”“《讼》不亲也”，三者之义相近或相反，但卦象上则没有明显的关联。又如，《既济》《未济》既互覆亦互变，但“《既济》定也，《未济》男之穷也”，

“定”与“男之穷也”不能显示其既覆且变之义。总之，卦形上非覆即变的成对关系，在卦义上并没有得到充分的体现。

最后，《序卦》强调六十四卦的整体结构顺序，但《杂卦》“二二相耦”，重在两两为义，如“《乾》刚《坤》柔”与“《屯》见而不失其居，《蒙》杂而著”，强调的是《乾》与《坤》、《屯》与《蒙》的彼此关系，但由《坤》而《屯》之间的关系则是脱节的。《杂卦》“《既济》定也，《未济》男之穷也”以及以“《夬》决也，刚决柔也，君子道长，小人道忧也”作结，也不能体现《序卦》“物不可穷也，故受之以《未济》”的循环、发展思想。

二、卦群关系

除了两两成对的关系之外，六十四卦还可以从卦象上分析出若干卦之间的成群或成组关系，十二消息卦就是卦群关系的典型代表。十二消息卦之名首见于《归藏》，其曰：“子《复》、丑《临》、寅《泰》、卯《大壮》、辰《夬》、巳《乾》、午《姤》、未《遁》、申《否》、酉《观》、戌《剥》、亥《坤》。”（马国翰《玉函山房辑佚书》）可见其起源甚早。《复》《临》《泰》《大壮》《夬》《乾》《姤》《遁》《否》《观》《剥》《坤》这十二个卦从《复》的一阳初生到《乾》六爻全阳，反映阳爻生长的过程；从《姤》的一阴初生到《坤》六爻全阴，反映阴爻生长的过程。而阳爻的生长就是阴爻的消退，反之亦然。它们体现出卦爻阴阳消长的次序，故称十二消息卦。所谓“息”即生长，“消”指消退。《归藏》将这十二个卦与十二地支对应，十二地支又与一年十二个月的节气相配，故又称“月卦”“候卦”。具体为，《复》主十一月、《临》主十二月、《泰》主正月、《大壮》主二月、《夬》主三月、《乾》主四月、《姤》主五月、《遁》主六月、《否》主七月、《观》主八月、《剥》主九月、《坤》主十月。所以，又称十二辟卦。辟，即君，即主。

事实上，六十四卦可视为基于 2^6 或 8^2 的结构体系，因此存在各种其他的组合关系。如清人杨陆荣《易互》卷二《爻互》以《小畜》《大有》《大畜》《需》《大壮》《夬》《泰》的下卦皆为《乾》，可以成组；《姤》《同人》《履》《遁》《讼》《无妄》《否》的上卦皆为《乾》可以成组，两组皆以《乾》统之。推之可得另外《巽》《离》《兑》《艮》《坎》《震》《坤》七卦所统之卦群或卦组。同样，帛书《易经》卦序、京房卦序，皆将六十四卦分为八组，每组一宫，各宫卦爻皆有一致的变化规律，亦可视为成群或成组关系，详下。

三、整体结构及其顺序性

《周礼·大卜》："掌三易之法：一曰《连山》，二曰《归藏》，三曰《周易》。其经卦皆八，其别皆六十有四。"三易在卦爻象上的区别主要体现为卦序的不同。清赵继序《周易图书质疑》以"帝出乎震"为夏之《连山》、"坤以藏之"为殷之《归藏》，而《周易》以《乾》卦为首，从卦序上强调《连山》《归藏》《周易》"三易"的不同。葬于公元前 168 年的湖南长沙马王堆汉墓帛书《易经》卦序也与今本不同，说明今本卦序并不是唯一的结构顺序。但据杜预《左传春秋集解·后序》《晋书·束皙传》等文献记载，战国时期竹本《周易》与今本同，说明今本卦序在战国之际即出现。另外，葬于公元前 165 年的阜阳双古堆西汉汝阴侯墓出土的本子与今本卦序也是一致的。

1. 今本卦序

今本卦序始于《乾》《坤》，终于《既济》《未济》，朱熹所编《六十四卦卦名次序歌》曰：

乾坤屯蒙需讼师，比小畜兮履泰否；

同人大有谦豫随，蛊临观兮噬嗑贲；
剥复无妄大畜颐，大过坎离三十备。
咸恒遁兮及大壮，晋与明夷家人睽；
蹇解损益夬姤萃，升困井革鼎震继；
艮渐归妹丰旅巽，兑涣节兮中孚至；
小过既济兼未济，是为下经三十四。

《序卦》是研究今本六十四卦序列关系最早、最权威的文献，其曰：

有天地，然后万物生焉。盈天地之间者唯万物，故受之以《屯》，屯者，盈也。屯者，物之始生也。物生必蒙，故受之以《蒙》。蒙者，蒙也，物之稚也。物稚不可不养也，故受之以《需》。需者，饮食之道也。饮食必有讼，故受之以《讼》。讼必有众起，故受之以《师》。师者，众也。众必有所比，故受之以《比》。比者，比也。比必有所畜，故受之以《小畜》。物畜然后有礼，故受之以《履》。履而泰，然后安，故受之以《泰》。泰者，通也。物不可以终通，故受之以《否》。物不可以终否，故受之以《同人》。与人同者，物必归焉，故受之以《大有》。有大者，不可以盈，故受之以《谦》。有大而能谦必豫，故受之以《豫》。豫必有随，故受之以《随》。以喜随人者，必有事，故受之以《蛊》。蛊者，事也。有事而后可大，故受之以《临》。临者，大也。物大然后可观，故受之以《观》。可观而后有所合，故受之以《噬嗑》。嗑者，合也。物不可以苟合而已，故受之以《贲》。贲者，饰也。致饰然后亨则尽矣，故受之以《剥》。剥者，剥也。物不可以终尽剥，穷上反下，故受之以《复》。复则不妄矣，故受之以《无妄》。有无妄然后可畜，故受之以《大畜》。物畜然后可养，故受之以

《颐》。颐者，养也。不养则不可动，故受之以《大过》。物不可以终过，故受之以《坎》。坎者，陷也。陷必有所丽，故受之以《离》。离者，丽也。

有天地然后有万物，有万物然后有男女，有男女然后有夫妇，有夫妇然后有父子，有父子然后有君臣，有君臣然后有上下，有上下然后礼义有所错。夫妇之道，不可以不久也，故受之以《恒》。恒者，久也。物不可以久居其所，故受之以《遁》。遁者，退也。物不可以终遁，故受之以《大壮》。物不可以终壮，故受之以《晋》。晋者，进也。进必有所伤，故受之以《明夷》。夷者，伤也。伤于外者，必反于家，故受之以《家人》。家道穷必乖，故受之以《睽》。睽者，乖也。乖必有难，故受之以《蹇》。蹇者，难也。物不可以终难，故受之以《解》，解者，缓也。缓必有所失，故受之以《损》。损而不已必益，故受之以《益》。益而不已必决，故受之以《夬》。夬者，决也。决必有遇，故受之以《姤》。姤者，遇也。物相遇而后聚，故受之以《萃》。萃者，聚也。聚而上者谓之升，故受之以《升》。升而不已必困，故受之以《困》。困乎上者必反下，故受之以《井》。井道不可不革，故受之以《革》。革物者莫若鼎，故受之以《鼎》。主器者莫若长子，故受之以《震》。震者，动也。物不可以终动，止之，故受之以《艮》。艮者，止也。物不可以终止，故受之以《渐》。渐者，进也。进必有所归，故受之以《归妹》。得其所归者必大，故受之以《丰》。丰者，大也。穷大者必失其居，故受之以《旅》。旅而无所容，故受之以《巽》。巽者，入也。入而后说之，故受之以《兑》。兑者，说也。说而后散之，故受之以《涣》。涣者，离也。物不可以终离，故受之以《节》。节而信之，故受之以《中孚》。有其信者必行之，故受之以《小过》。有过物者必济，故受之以《既济》。物不可穷也，故受之以《未济》。终焉。

据《正义》，“周氏就《序卦》以六门往摄，第一天道门，第二人事门，第三相因门，第四相反门，第五相须门，第六相病门。如《乾》之次《坤》、《泰》之次《否》等，是天道运数门也。如《讼》必有《师》、《师》必有《比》等，是人事门也。如因《小畜》生《履》、因《履》故通等，是相因门也。如《遁》极反《壮》、动竟归止等，是相反门也。如《大有》须《谦》、《蒙》稚待养等，是相须也。如《贲》尽致《剥》、进极致伤等，是相病门也”。但韩康伯云：“《序卦》之所明，非《易》之缊也。盖因卦之次，托象以明义。”又曰：“先儒以《乾》至《离》为《上经》，天道也。《咸》至《未济》为《下经》，人事也。夫《易》，六画成卦，三才必备，错综天人，以效变化，岂有天道、人事偏于上下哉！斯盖守文而不求义，失之远矣。”

“周氏”名弘正，字思行，南朝陈人，汉学堂丛书辑有《周易周氏义疏》一卷。周氏揭示了六十四卦顺序背后的部分“深义”，但如“往摄”之类，实取佛家语而不似儒家言。韩康伯反对上下篇分述天道、人事之论，本质上反映了以卦名及卦义为据排列的六十四卦之序并没有获得卦象的支持。

第一，《序卦》揭示世界产生、发展、变化的过程，言义理有余而言象数不足。其中，《乾》《坤》为首，象征先有天地。然后接以《屯》《蒙》，象征事物初生而蒙稚……上经终于《坎》《离》，坎为月、离为日，呈现光明之象，万物万事得以澄明朗现。下经始自《咸》《恒》，咸即感，指男女交感而婚配。恒，即恒久，象征夫妇白头偕老。表示天地生成万物之后，出现人类、家庭、社会……最后为《既济》《未济》。既济，指已经渡过河，喻义成功。未济，指没有渡过河，比喻没有完成，有待发展，即所谓“物不可穷也，故受之以《未济》”，《韩康伯注》曰：“物穷则乖，功极则乱，其可济乎？故受之以《未济》也。”可见，今本卦序是从卦义（而非卦象）出发刻意编次的。宋俞琬《读易举要》认为“史璿谓《革》居四十九，应大衍之数，故云‘天地革而四时成’。《节》居六十而甲子一周，故云‘天地节而四时成’”，虽质之太过，但也是以相信六十四卦顺序存在内在理路为前提的。

第二，与旨在突出两两成对之义的《杂卦》不同，《序卦》重在揭示卦与卦之间前后相承相因之序的原因。串联六十四卦，既是《序卦》的职志所在，也是其行文方式。其中，“有天地，然后万物生焉”是以“天地”代指《乾》《坤》，“夫妇之道，不可以不久也”是以“夫妇之道”代指《咸》，其他六十一卦皆以卦名为串联节点。如《杂卦》“《比》乐《师》忧”，揭示《比》《师》两个互覆之卦相反为义的关系，而《序卦》“讼必有众起，故受之以《师》。师者，众也。众必有所比，故受之以《比》”，强调从《师》到《比》的次第原则。又如，《杂卦》“《小畜》寡也，《履》不处也”强调《小畜》《履》两卦卦义区别，但《序卦》“物畜然后有礼，故受之以《履》”突出由《小畜》而《履》的因果关联。不仅如此，《序卦》还突破“非覆即变”的两卦，揭示左邻右舍诸卦之间的顺序结构。如《屯》《蒙》互覆，《杂卦》只揭示两者相反之义，但《序卦》曰：“屯者，盈也。屯者，物之始生也。”这里，“屯者，盈也”上接“有天地，然后万物生焉”的《乾》《坤》（即天地）；“屯者，物之始生也”下启“物生必蒙，故受之以《蒙》”。进一步，《序卦》“蒙者，蒙也。物之稚也，物稚不可不养也，故受之以《需》”，再揭示如何由《蒙》引出下面的《需》。因此，“故受之以”是《序卦》特有的文例，表明诸卦之间前创后因的发展或递生关系。另需强调的是，下经《序卦》云：“有天地然后有万物，有万物然后有男女，有男女然后有夫妇，有夫妇然后有父子，有父子然后有君臣，有君臣然后有上下，有上下然后礼义有所错。夫妇之道，不可以不久也，故受之以《恒》。”这里，没有从《坎》（上经最末卦）分析《咸》（下经第一卦）的关联，而是以男女相感为《咸》卦的取义，并以男女相感之《咸》为人伦之始，上承天地，下启父子、君臣、上下礼义，因而实际上默认了《易经》分上下“两篇”的事实。

第三，《序卦》以“因为—所以”为思路推导相邻两卦前创后因的顺序，或强调正相因，如“豫必有随，故受之以《随》。以喜随人者，必有事，故受之以《蛊》”，因欢豫而人必有随，因有随而必有事。或强调反相关，即因前卦而导致相反为义的下一卦，实喻物极必反、对立转化的思想。如“致饰然后亨则尽矣，故受之以《剥》”，饰极则丧实，故《贲》下继《剥》；“物不可以终过，故受之以《坎》。坎者，陷也。陷必有所丽，故受之以《离》。离者，丽也”，过极则陷，陷极反丽，故《坎》下继《离》。

但相邻诸卦之间的联系往往颇为勉强，缺乏“因为—所以”的逻辑必然性。例如，“节而信之，故受之以《中孚》。有其信者必行之，故受之以《小过》”。“节而信之”，是由《节》而《中孚》的条件，而不是原因；《韩注》：“守其信者，则失贞而不谅之道，而以信为过，故曰小过也。”是指如果“以信为过”，也是条件假设，而不是因果推导。唯其没有逻辑关联，往往需要改变卦义，才能勾连前后卦之间的关联。以《噬嗑》为例，《杂卦》“噬嗑，食也”，本义是咬断，《象》曰：“颐中有物，曰噬嗑。”《王注》：“颐中有物，啮而合之，噬嗑之义也。”《噬嗑》卦辞“亨。利用狱”、《大象》“先王以明罚敕法”，皆由咬断引申而来。但《序卦》“可观而后有所合，故受之以《噬嗑》。嗑者，合也”，即为了上承《观》卦而以“合也”为《噬嗑》卦义。

由于《序卦》大量充斥着诸如“不可以”（如“有大者，不可以盈”）、“物不可以终”（如“物不可以终否”）、“必”“必有”“必有所”（如“有大而能谦必豫”“豫必有随”“陷必有所丽”）等臆测有余而逻辑不足的判断，不少学者对《序卦》产生了质疑。元王申子《大易缉说》斥《序卦》非孔子之言。元萧汉中《读易考原》不取《序卦》之说，而以《乾》《坤》《坎》《离》四正卦为《上经》之主卦，《兑》《艮》《巽》《震》四隅卦为《下经》之主卦。明代邓梦文《八卦余生》对《序卦》亦多有微词。如“饮食必有讼”二句，邓氏曰：“讼何必专始于饮食?”“讼必有众起”六句，邓氏曰：“物自蒙之时必有所依附而后成立，比似莫切于此时，且不比何以成师，亦似在《师》之前。”“有大而能谦必豫”二句，邓氏曰：“必待大有能谦而后乐其为乐也，不亦隘乎?”“豫必有随”二句，邓氏曰：“同人而物归之，已大有矣，于此而始随乎?”“有事而后可大”句，邓氏曰：“然则大有者非人乎?”“物大然后可观”句，邓氏曰：“然则同人、大有之时，尚不可观乎?”“贲者饰也”三句，邓氏曰：“大有、临、观，尚未足亨乎?必待饰而后亨耶?”“复则不妄矣”句，邓氏曰：“然则《剥》以前诸卦皆妄乎?”“物畜然后可养”句，邓氏曰：“然则需不已早乎?”“故受之以《坎》”三句，邓氏曰：“既曰陷矣，而可受乎?圣人岂欲陷人者哉?”“遁者退也”四句，邓氏曰：“有是理否也?”“物不可以终壮”句，邓氏曰：“既不终壮而又晋，将欲何之?”“伤于外者反其家”句，邓氏曰：“似非确论。”“升而不已必困”句，邓氏曰：“困乎下者奈何?”“震者动也”四句，邓氏曰：“何待不可终动而后受之以《艮》耶?”“旅而无所容”句，邓氏曰：“然则不毁方耶?”“巽者入也”四句，邓氏曰：“是不得入则终不说矣。”“涣者离也”二句，邓氏曰：“然则是《离》《涣》一卦也，以《涣》继《坎》，不亦可乎?”

另一方面，尽管《序卦》“序其相次之义”的具体理据十分勉强，但今本六十四卦首《乾》《坤》终《既济》《未济》顺序的刻意编排，确实建构了与天地人事演化相结合的体系，故充分肯定《序卦》价值的学者，亦代不乏人。如唐李鼎祚《周易集解》仿《毛诗》分冠《小序》之例，将《序卦》散缀六十四卦之首，《程氏易传》仿此，以《序卦》分置诸卦之首。郝敬《易领》专释卦序之义，《自序》谓冠以《序卦传》，如衣之挈领，故以“领”名。

2. 帛书《易经》卦序

墓葬年代为公元前168年的湖南长沙马王堆汉墓帛书《易经》，根据八卦相重的原则，将六十四卦分为八组，称之为八宫，六十四卦分属于八宫。其中，上卦排列次序是:《乾》《艮》《坎》《震》《坤》《兑》《离》《巽》，即以父、少男、中男、长男，母、少女、中女、长女为序，先四阳卦、后四阴卦，阳卦、阴卦皆以少、中、长逆向为序。下卦排列次序是:《乾》《坤》《艮》《兑》《坎》《离》《震》《巽》，即以父、母、少男、少女、中男、中女、长男、长女阴阳相间为序，由父母二卦领衔，六子以少、中、长排列。

由此，帛书《易经》形成了起于《乾》《否》，终于《家人》《益》的六十四卦顺序[1]：

第一组：上卦为乾，下卦分别为乾、坤、艮、兑、坎、离、震、巽，形成1乾、2否、3遁、4履、5讼、6同人、7无妄、8姤的组别。

第二组：上卦为艮，下卦将艮提前，分别为艮、乾、坤、兑、坎、离、震、巽，形成9艮、10大畜、11剥、12损、13蒙、14贲、15颐、16蛊的组别。

第三组：上卦为坎，下卦将坎提前，分别为坎、乾、坤、艮、兑、离、震、巽，形成17坎、18需、19比、20蹇、21节、22既济、23屯、24井的组别。

第四组：上卦为震，下卦将震提前，分别为震、乾、坤、艮、兑、坎、离、巽，形成25震、26大壮、27豫、28小过、29归妹、30解、31丰、32恒的组别。

第五组：上卦为坤，下卦将坤提前，分别为坤、乾、艮、兑、坎、离、震、巽，形成33坤、34泰、35谦、36临、37师、38明夷、39复、40升的组别。

第六组：上卦为兑，下卦将兑提前，分别为兑、乾、坤、艮、坎、离、震、巽，形成41兑、42夬、43萃、44咸、45困、46革、47随、48大过的组别。

---

1 于豪亮:《帛书〈周易〉》,《文物》1984年第3期。

第七组：上卦为离，下卦将离提前，分别为离、乾、坤、艮、兑、坎、震、巽，形成49离、50大有、51晋、52旅、53睽、54未济、55噬嗑、56鼎的组别。

第八组：上卦为巽，下卦将巽提前，分别为巽、乾、坤、艮、兑、坎、离、震，形成57巽、58小蓄、59观、60渐、61中孚、62涣、63家人、64益的组别。

在帛书《易经》卦序中，《坤》卦排在第33位，形成了各以《乾》《坤》为首的六十四卦的二分体系。但今本《乾》《坤》二卦皆有“用九”“用六”，暗示首《乾》次《坤》结构的合理性，而帛书《易经》则打乱了首《乾》次《坤》的顺序结构。帛书《易经》强调六十四卦来自八卦的“引用申之”，即源自8^2而不是2^6，与《说卦》的解释相符。此外，帛书《易经》不仅卦爻辞与今本几乎完全一致；与帛书《易经》为同一人抄写的帛书《易传》各篇称引《周易》所反映的卦序，也与今本一致[1]，说明帛书《易经》虽对六十四卦卦象及其次序有所探讨，但并不以颠覆今本卦序为目标。它可以视为儒门易学数术化的一个改编本，与孟喜、京房的卦气说有一定的关联。

3. 京房八宫卦卦序

与帛书《易经》一样，京房八宫卦卦序也从八经卦入手分析六十四别卦的顺序结构。

京房八宫卦卦序

八宫	一世	二世	三世	四世	五世	游魂	归魂
乾䷀	姤䷫	遁䷠	否䷋	观䷓	剥䷖	晋䷢	大有䷍
震䷲	豫䷏	解䷧	恒䷟	升䷭	井䷯	大过䷛	随䷐
坎䷜	节䷻	屯䷂	既济䷾	革䷰	丰䷶	明夷䷣	师䷆

1 廖名春：《中国古代文明的瑰宝——评〈马王堆汉墓文物〉》，《哲学研究》1993年第3期。

续　表

八宫	一世	二世	三世	四世	五世	游魂	归魂
艮䷳ </br>	贲䷕	大畜䷙	损䷨ahead	睽䷥	履䷉	中孚䷼	渐䷴
坤䷁	复䷗	临䷒	泰䷊	大壮䷡	夬䷪	需䷄ance	比䷇
巽䷸	小畜䷈	家人䷤	益䷩	无妄䷘	噬嗑䷔	颐䷚	蛊䷑
离䷝	旅䷷	鼎䷱	未济䷿	蒙䷃	涣䷺	讼䷅	同人䷌
兑䷹	困䷮	萃䷬	咸䷞	蹇䷦	谦䷎	小过䷽	归妹䷵

其基本特点是：

第一，以《乾》《震》《坎》《艮》《坤》《巽》《离》《兑》为序，形成八组，亦称“八宫”，又称“八纯”。八宫顺序分为《乾》《坤》二组，各组以长、中、少为序，实即以阴阳消息为序，与帛书的逆向顺序相好相反。

第二，每一“宫”或“纯”，又各自统率七个别卦，分别称为一世、二世、三世、四世、五世、游魂、归魂。如上表所示，乾宫的一世、二世、三世、四世、五世、游魂、归魂所对应的七个卦分别是：《姤》《遁》《否》《观》《剥》《晋》《大有》；第二宫震宫的一世、二世、三世、四世、五世、游魂、归魂所对应的七个卦分别是：《豫》《解》《恒》《升》《井》《大过》《随》，等等。

第三，同一宫的八个卦的上爻都不变。例如，乾宫八个卦的上爻都是阳爻，也就是《乾》卦的上爻。震宫八个卦的上爻都是阴爻，也就是《震》卦的上爻。

第四，一世卦由本宫宫卦的初爻变化而来，如乾宫的一世卦为《姤》，即由乾卦初九变为初六，其余五爻不变。震宫的一世卦《豫》的初爻由震卦初九变为初六，其他五爻皆与《震》卦保持一致。

第五，二世卦为本宫宫卦的第一、第二两爻变化而来，其余四爻皆不变。如乾宫的二世卦为《遁》，即由乾卦初九、九二变为初六、六二，其余四爻不变。震宫的二世卦《解》的初爻由震卦初九变为初六、六二变为九二，其他四爻皆与《震》卦保持一致。

第六，三世卦由本宫宫卦的第一、二、三爻变化而来，其余三爻不变。如乾宫的三世卦为《否》，即由乾卦初九、九二、九三变为初六、六二、六三，其余三爻不变。震宫的三世卦《恒》的初爻由震卦初九变为初六、六二变为九二、六三变为九三，其他三爻皆与《震》卦保持一致。

第七，四世卦由本宫宫卦的第一、二、三、四爻变化而来，其余二爻不变。如乾宫的四世卦为《观》，即由乾卦初九、九二、九三、九四变为初六、六二、六三、六四，其余二爻不变。震宫的四世卦《升》的初爻由震卦初九变为初六、六二变为九二、六三变为九三、九四变为六四，其他二爻皆与《震》卦保持一致。

第八，五世卦由本宫宫卦的下五爻变化而来，上爻不变。如，乾宫的五世卦为《剥》，即由宫卦（《乾》）的初至五阳爻悉变为阴爻，上九不变。震宫的五世卦《井》由震卦初九变为初六、六二变为九二、六三变为九三、九四变为六四、六五变为九五，上爻不变。每一宫从一世到五世，也反映消长的过程。第六爻（上爻）不变，表示消息有尽头。

第九，游魂与前五世卦的核心区别是变化方向由上而下，第四爻回到本宫宫卦，有似灵魂游荡，故名。如乾宫的游魂卦为《晋》，是由五世卦《剥》的六四变九四而来；震宫的游魂卦《大过》由本宫五世卦《井》的六四变九四而来。

第十，归魂在游魂基础上，内卦三爻皆回归本宫宫卦，故称。由于本宫宫卦的上爻皆不变，下面的三爻通过归魂而反正，而第四爻则通过游魂而反正，因此，也可以理解为是本宫宫卦的第五爻改变而得。如乾宫的归魂卦为《大有》，可视为由《乾》卦的九五变六五而来，震宫的归魂卦《随》由《震》卦的六五变九五而来。

4. 元包卦序

元包卦序记载在南北朝时期的卫元嵩《元包经》中，唐代的苏源明为之作传、李江注音，收入《四库全书·子部·术数类》。

元包卦序

	八宫	一世	二世	三世	四世	五世	游魂	归魂
太阴第一	坤䷁	复䷗	临䷒	泰䷊	大壮䷡	夬䷪	需䷄	比䷇
太阳第二	乾䷀	姤䷫	遁䷠	否䷋	观䷓	剥䷖	晋䷢	大有䷍
少阴第三	兑䷹	困䷮	萃䷬	咸䷞	蹇䷦	谦䷎	小过䷽	归妹䷵
少阳第四	艮䷳	贲䷕	大畜䷙	损䷨	睽䷥	履䷉	中孚䷼	渐䷴
仲阴第五	离䷝	旅䷷	鼎䷱	未济䷿	蒙䷃	涣䷺	讼䷅	同人䷌
仲阳第六	坎䷜	节䷻	屯䷂	既济䷾	革䷰	丰䷶	明夷䷣	师䷆
孟阴第七	巽䷸	小畜䷈	家人䷤	益䷩	无妄䷘	噬嗑䷔	颐䷚	蛊䷑
孟阳第八	震䷲	豫䷏	解䷧	恒䷟	升䷭	井䷯	大过䷛	随䷐

元包卦序将京房八宫的顺序改为：《坤》《乾》《兑》《艮》《离》《坎》《巽》《震》，即将京房的《乾》父《坤》母各领长、中、少，改为《坤》母《乾》父各领少、中、长，分别称为：太阴、太阳、少阴、少阳、仲阴、仲阳、孟阴、孟阳。由此形成始《坤》终《随》的六十四卦之序。

5. 邵雍六十四卦卦序

先天八卦由先阳后阴、自下而上加倍而来。亦即，两仪先⚊后⚋，在⚊的基础上，先⚊后⚋分别加倍可得⚌、⚍；在⚋的基础上，先⚊后⚋分别加倍可得⚎、⚏。然后，⚌先⚊后⚋分别加倍可得乾（☰）、兑（☱），⚍先⚊后⚋分别加倍可得离（☲）、震（☳），⚎先⚊后⚋分别加倍可得巽（☴）、坎（☵），⚏先⚊后⚋分别加倍可得艮（☶）、坤（☷），由此形成《乾》一、《兑》二、《离》三、《震》四、《巽》五、《坎》六、《艮》七、《坤》八的顺序。如此叠次相加六倍，可以形成首《乾》终《坤》的六十四卦顺序，即：乾、夬、大有、大壮、小畜、需、大畜、泰，履、兑、睽、归妹、中孚、节、损、临，同人、革、离、丰、家人、既济、贲、明夷，无妄、随、噬嗑、震、益、屯、颐、复，姤、大过、鼎、恒、巽、井、蛊、升，讼、困、未济、解、涣、坎、蒙、师，遁、咸、旅、小过、渐、蹇、艮、谦，否、萃、晋、豫、观、比、剥、坤。

6．二进制顺序

如果将阴爻（⚋）设定为0，阳爻（⚊）设定为1，六十四卦也可以排列出从0至63的结构序列。

坤（0） 复（1） 师（2） 临（3） 谦（4） 明夷（5） 升（6） 泰（7）；

豫（8） 震（9） 解（10） 归妹（11） 小过（12） 丰（13） 恒（14） 大壮（15）；

比（16） 屯（17） 坎（18） 节（19） 赛（20） 既济（21） 井（22） 需（23）；

萃（24） 随（25） 困（26） 兑（27） 咸（28） 革（29） 大过（30） 夬（31）；

剥（32） 颐（33） 蒙（34） 损（35） 艮（36） 贲（37） 蛊（38） 大畜（39）；

晋（40） 噬嗑（41） 未济（42） 睽（43） 旅（44） 离（45） 鼎（46） 大有（47）；

观（48） 益（49） 涣（50） 中孚（51） 渐（52） 家人（53） 巽（54） 小畜（55）；

否（56） 无妄（57） 讼（58） 履（59） 遁（60） 同人（61） 姤（62） 乾（63）。

7．六十四卦的生成顺序与结构顺序

六十四卦是一个结构完整的体系，扬雄《法言·问神》："《易》损其一也，虽惷知阙焉。至《书》之不备过半矣，而习者不知，惜乎《书》序之不如《易》也。曰：彼数也，可数焉故也。"但所谓六十四卦顺序，包括生成顺序与结构顺序，这是两个不同的概念。

生成顺序是指六十四卦实际生成的先后顺序，即先生成某卦为第一，再生成某卦为第二，直到最后生成某卦为第六十四。今本卦序主要立足于卦义，并努力建构出六十四卦整体上的意义关联。但后续的卦义绑架了逻辑先在的卦象，导致卦象本身的结构顺序在今本卦序中幽隐不彰。就此而言，帛书《易经》卦序、元包卦序、邵雍卦序等等，都是对今本卦序的反拨，即突破卦义，从卦象上揭示六十四卦的结构特点，实际上是重新建立六十四卦顺序的诸种尝试。然而，卦由数起。清陈法《易笺》谓："《大传》所云错综者，以揲蓍而言，错综其七八九六之数，遂定诸卦之象，今以错综诸卦定象，是先错综其象也。又以错综言数，是错综其象以定数也。先儒虽言卦变，未有易其阴阳刚柔之实，颠倒其上下之位者。今以《乾》为《坤》，以水为火，以上为下，混淆汩没，而《易》象反自此亡矣。"陈法针对来知德"错综"之说提出疑义，本质上正是要区分六十四卦的生成顺序与结构顺序。他认为，"揲蓍定数"是卦象的起源。来知德从"错综"的角度重新排列卦象而得的六十四卦顺序只是反映了六十四卦可能存在的一种排列结构，而不是六十四卦本来的生成顺序。上述今本卦序、帛书《易经》卦序、京房八宫卦序、元包卦序都不是六十四卦的生成序列，而只是在六十四卦已然存在的前提下，根据卦象的特点而人为确立的某种顺序，反映的只是存在合理性问题。今本卦序始于《乾》《坤》，《系辞上》讲《乾》《坤》之策"凡三百六十，当期之日"、《说卦》讲《乾》《坤》生六子，实际上都是对《乾》《坤》为始的解说。孟喜卦气说本诸太初律，认为六十四卦始于《中孚》；邵子以《复》《姤》为六十四卦之始，为朱熹所取。本质上都是要赋予卦序以特定的"意义"，因而也都不是六十四卦的实际生成之序，而只是对六十四卦卦序的意义建构。请细言之：

一是以今本卦序为代表，根据每卦的意义内涵，努力推演出宇宙生成论模式，注重具体一卦整体而不是着眼于上下两卦的取象。其以《乾》《坤》居首，《乾》阳"资始"、《坤》阴"资生"，"一阴一阳之谓道”，形成以阴阳观为基础的建构模式。由此又注重强调“二二相耦，非覆即变”的局部关联。总之，着眼于卦义、重视“二二相耦”的局限关系以及推演六十四卦顺序的宇宙生成模式，这些“先行”的观念实际上打乱了六十四卦在卦象上的结构关系，并反过来导致今本六十四卦顺序不能从卦象上获得完满的解释。

二是基于加一倍法“太极生阴阳，阴阳生四象，四象生八卦”，通过八经卦“相重相因”生成 $64=8^2$ 的六十四卦体系。帛书《易经》顺序、京房卦序、元包卦序属此。明刘元卿《大象观》以《杂卦》为序重排六十四卦，清王芝兰《易经会意解》专取两卦相对相反之义序六十四卦，也是从重三成六的角度排列的结果。

三是仍然基于加一倍法“太极生阴阳，阴阳生四象，四象生八卦”，但不是由八经卦“相重相因”形成 $64=8^2$，而在 2^3 的基础上继续加倍，通过 2^4、2^5，最后形成 2^6 的结构模式，邵雍卦序属此。

综上，六十四卦的生成顺序体现了六十四卦的本质。但大衍筮法只能生成随机一卦，加一倍法需要确立相关规则才能反映六十四卦的生成顺序。而规则是人为的，如邵雍卦序是以“先阳后阴、逆向进位”为原则而生成的。如果从“阴阳”成词、“阳阴”不成词的角度看，也可以改为“先阴后阳”为顺，甚至改“逆向进位”为“顺向进位”，从而生成与邵雍完全不同的卦序。同样，帛书《易经》卦序、京房卦序、元包卦序主要从因三成六的角度强调六十四卦由 8^2 而来，区别只在八经卦在上卦与下卦中排序的不同。换一种排列，完全可以获得六十四卦的另一种结构顺序。说明卦象符号不是僵死之物，现存所有的卦序都是在六十四卦已然存在的前提下基于某种理解的重新排列。但值得警醒的是，学者们几乎都倾向于将其确立的卦序曲说为六十四卦的生成顺序，如邵雍以“先天”“伏羲”命名其卦序，即是典型例证。因为，不同的排列反映不同的意义序列，将其附会为生成顺序，即可将卦序背后的“意义”合法化。

四、小结

卦爻象起源于“数”，但以“象”为存在形式。从“数”出发，引申出太极、两仪、四象乃至三才等观念；从“象”出发，生成了以经卦为视角的取象说、以别卦为视角的爻变观。由爻变观念引申出的爻位说、爻性说、主爻说、当位说、乘承比等义例，主要以一卦六爻整体为观察对象；由爻变观念引申出的取象、相应、同功异位等义例则主要以上下两卦为观察视角；由爻变观念引申出的互体、卦变等义例主要以一卦与相关他卦之间的变化关系为观察视角。此外，一卦之“言语”作为六十四卦“语言”体系中的部分，还存在两两配对关系、相关若干卦组成的卦群关系、六十四卦顺序关系等等。

卦爻象从“数”的发生论到“象”的存在论，意义产生了重大转向。而在上述诸多“义例”中，一方面彼此存在矛盾。如中位说，立足于卦分上下则以二、五为中位，而注重于一卦整体则以三、四为中位。另一方面，各种义例也存在大量其他选择。如今本卦序即非唯一选择。又如，清陈诜《易经述》强调《屯》《解》、《蒙》《蹇》、《需》《讼》、《师》《比》、《泰》《否》、《未济》《既济》、《同人》《大有》、《随》《归妹》、《无妄》《大壮》、《晋》《明夷》彼此上下两个经卦互换，可以形成两两成组的“上下反对”关系。

《易经》作为一个符号体系，被视为归纳万物的结果，反映了高度的抽象能力。但《易经》六十四卦三百八十四爻又作为万事万物各种境遇的模拟，成为认识世界、把握自我的框架，成为人类认识的中介，人对世界的认识不再是直接面向对象本身，而是通过对卦爻符号的把握实现的。然而，卦爻符号只是对万事万象的模拟而不是对象本身。一方面，借助于符号系统，人们突破了自身时空视域的有限性，从整体、辩证、联系的角度观察万象，从而提供了从更深更广的视域认识世界的可能性。另一方面，这一认知是以默认符号系统“全等于”宇宙秩序和法则为前提的，由此必然导致对世界认识的思想附加，从而导致认识偏差，并最终为改写符号体系预留了空间。但今本《易经》六十四卦的顺序及其“非覆即变”的配对所形成的文本体式，只是众多可能顺序结构及其配对方式中的一种。卦爻象的诸多“义例”，也作为一种话语秩序叠加了特定的精神结构、思维方式乃至文化精神。而卦爻辞又是以卦爻象为依据的，由此导致卦爻辞并不具有因数生象、由象而辞的唯一性。换言之，今本《易经》只是若干可能文本体式中的一种，它完全可以“改编”出众多其他的文献类型，以扬雄《太玄》为代表的诸多“拟易”之作正是缘此而来。因此，不具文本生成必然性的《易经》，借助于特定的文本生成指向，完成了自我意义建构，由此也改变了人们对万事万物的理解。

第三章

《周易》的卦爻辞

《易经》由卦象符号与文字符号组成。文字部分包括卦名、卦辞和爻辞（合称卦爻辞），而爻题只是对卦爻象的指称。

在“人更四圣，世历三古”的传说序列中，从八卦到六十四卦历经上古到中古之久，也是《周易》形成的关键步骤。《周礼·大卜》：“掌三易之法：一曰《连山》，二曰《归藏》，三曰《周易》。其经卦皆八，其别皆六十有四。”说明卦爻象是三易的根本，没有六十四卦符号体系，就没有《周易》。但实际上，人们更加看重卦爻辞在《周易》成书中的决定性地位。《系辞下》：“《易》之兴也，其于中古乎？作《易》者，其有忧患乎？”《正义》曰：“谓《易》之爻卦之辞，起于中古。”《系辞下》：“《易》之兴也，其当殷之末世、周之盛德耶？当文王与纣之事耶？是故其辞危。”也以“辞危”作为判定“《易》之兴也”的依据，卦爻辞才是《易经》作为“一本书”诞生的重要标志。《晋书·束皙传》提到汲冢竹书《易繇阴阳卦》两篇“与《周易》略同，繇辞则异”，也强调“繇辞”是《周易》之为“周易”的关键。同样，后人对《连山》《归藏》的辑佚，也主要将不同于今本《周易》的卦爻辞归之于《连山》《归藏》，如《山海经·海外西经》郭璞注引《归藏》佚文：“夏后启筮：御飞龙，登于天，吉。”实际上也是认为三易的区别主要体现在卦爻辞上，而不是反映在别卦卦序上。

因此，如何理解卦爻辞，是认识《易经》不可回避的问题。《左传·僖公十五年》：“龟，象也；筮，数也。”这是从兆象与卦爻象可比性的角度立说的。《礼记·曲礼上》：“龟为卜，筴（策）为筮。卜筮者，先圣王之所以使民信时日，敬鬼神，畏法令也；所以使民决嫌疑，定犹与也。”这是就卜、筮在目的论上“决嫌疑，定犹与”的一致性而言的。同样，龟占有卜辞，卦爻象则系以卦爻辞，通过与卜辞的对比，有助于揭示卦爻辞的内容与特点。

第一节
甲骨卜辞

甲骨文包括卜辞与记事刻辞两部分。“与占卜有直接关系的刻辞通称‘卜辞’，此外甲骨文中也有不少记载龟甲来源与整治情况及其事项的刻辞，通称为‘记事刻辞’。”[1] 其中，“卜辞是殷墟甲骨文的主体，约占到99%”[2]，剩余的1%是记事刻辞。一般来说，记事刻辞的甲骨上没有灼痕、卜兆，而卜辞则有明显的灼痕与卜兆。与卦爻辞相关的是甲骨文中的卜辞，比较两者的异同，有助于使两者的个性特点得以凸显。

一、甲骨卜辞的构成

沈之瑜综合唐兰等人的观点认为，“一条完整的卜辞，应由如下七个部分组成”[3]：

1．前辞。或称叙辞。卜辞前部记有干支、地点、贞人名的部分。如《簠》34“癸未卜，兄贞：旬无祸”中的“癸未卜，兄贞”。

2．命辞。即命龟之辞，亦称“贞辞”或“问辞”，即前辞之后卜问的内容。如《簠》34“癸未卜，兄贞：旬无祸”中的“旬无祸”。

3．占辞。或称“果辞”，即根据卜兆所作出的判断之辞。如《乙》

---

1 沈之瑜：《甲骨学基础讲义》，上海：上海古籍出版社，2011年版，第18页。
2 王宇信、杨升南：《甲骨学一百年》，第239页。
3 沈之瑜：《甲骨学基础讲义》，第66—67页。

3421“丙子卜，贞：雨。王占曰：其雨”中的“王占曰：其雨”。

4．决辞。即占卜事项取用与否的专用词，主要有“用”“不用”“兹用”“兹不用”等专用语。如《京》3454“庚午卜，王贞曰：翌辛未其田，往来亡灾，不遘祸？兹用”中的“兹用”。

5．验辞。即记录占卜结果应验与否的刻辞。如《续》4．17．8“丁卯卜，贞：今夕雨？之夕允雨”中的“之夕允雨”。

6．序数。或称“兆序”，为卜辞兆旁的数目字，用以标明占卜时的次序。如《存》下157“壬子卜，宾贞：我受年？一、二、三、四、二告、五、六、七、八”中的“一、二、三、四、五、六、七、八”。

7．兆辞。一称“兆记”，或称“兆语”，即卜兆的专用语，这些专用术语刻于卜兆旁。如一告、二告、吉、引告（或释弘吉）、大吉等。上举《存》下157中的“二告”即是。

二、甲骨卜辞以现实中的具体之事为卜问对象

卜辞七大组成部分的核心，是针对现实中具体事情的发问而形成的命辞，目的是通过龟兆显示神意以决定行止，“命辞一称贞辞，因常以贞字起句，乃命龟之辞，是占卜的事类，也是卜辞的中心部分”[1]。《左传·昭公五年》：“国之守龟，其何事不卜。”《史记·龟策列传》：“闻古五帝三王，发动举事，必先决蓍龟。”每一条卜辞都针对“何事”“举事”的具体之“事”，是为了卜问该事件本身的吉凶而灼龟坼兆形成“命辞”并记录在甲骨上的。正如上举“旬无祸”“今夕雨”诸例，它们都是对现实中的具体事件的提问。总体上，这些卜问之事大致涉及卜祭、卜告、卜敦、卜行止、卜田猎、卜征伐、卜年、卜雨、卜霁、卜

1　王宇信、杨升南：《甲骨学一百年》，第240页。

瘳、卜旬、杂卜十二类[1]。

卜辞以具体贞问之事为对象，还反映在下述几个方面。

第一，记录干支、地点、贞人名的前辞，从时间、地点、人物的角度对提问之事（命辞）予以限定，如“癸未卜，兄贞”中的时间“癸未”和贞人“兄”都是实指，这就强化了提问之事（命辞）的具体性与现实性。

第二，对具体贞问之事——命辞的内容——往往还进一步析分提问，以获得更为具体而明确的吉凶结果。例如，《合集》38861 一版十条卜辞分别在丙申、戊戌、庚子、壬寅、甲辰、丙午、戊申、庚戌、壬子、甲寅十日之内每天卜问当晚是否有祸，形成“对某一事件或某一内容只进行一次占卜”[2] 的“单贞卜辞”。其曰：

丙申卜，贞：王今夕亡祸。

戊戌卜，贞：王今夕亡祸。

……

甲寅卜，贞：王今夕亡祸。

显然，“王今夕亡祸”的疑虑被细化为十天中每一天的具体贞问，而不是笼统地追问十天内“旬亡祸”。

重贞卜辞是“对于相同的某一内容在一日之内进行二次或二次以上的连续占卜”[3]，由此形成对同一事件的重复提问。上述序数（即“兆序”），记录同一事件反复占问的次序，亦即“灼龟时的占卜次序，也是殷人反反复复向神灵祈求启示而进行一事多卜以释疑难的崇信心理使

1 董作宾：《商代龟卜之推测》，刘梦溪主编《中国现代学术经典 · 董作宾卷》，石家庄：河北教育出版社，1996 年版，第 465 页。
2 沈之瑜：《甲骨学基础讲义》，第 67 页。
3 同上书，第 68 页。

然”[1]。如《丙编》267：“乙卯卜，永贞，隹母丙害。一二不啎黾，三四五六七，不啎黾。”其中，“乙卯卜，永贞”是前辞，“隹母丙害”是命辞，两个“不啎黾”都是兆辞，而数字一至七都是序数，是同一事件占问了七次。

甲骨卜辞还从肯定与否定两个相反的角度对同一事件进行分别提问，由此形成“对某一内容，以否定和肯定的语意各占卜一次”的对贞卜辞[2]。对贞卜辞的文例包括毋其、弗其、不其、其、其亡、其有；隹、不隹，隹其；弗、有、亡；等等。如《丙》109：

> 翌癸卯帝不令风。　一
>
> 贞：翌癸卯帝其令风。　二

这里，“不令风”与“其令风”的两次占卜，使得卜问的内容更加具体化。

此外，还有“由若干内容并列的对贞卜辞所组成”的对选卜辞[3]。如《拾》678：

> 不易日。
>
> 辛巳卜，王步壬午易日。
>
> 不易日。
>
> 辛巳卜，王步乙酉易日。

这是在辛巳日卜问王出行的日期，卜者提供了壬午与乙酉两个日子以供选择，而每一日又分别从“易日”与“不易日”肯定与否定卜问，

1　王宇信、杨升南：《甲骨学一百年》，第 206 页。
2　沈之瑜：《甲骨学基础讲义》，第 71 页。
3　同上书，第 78 页。

形成从正反两面的具体提问。

但真正将命辞所问内容的具体化推向极致的是选贞卜辞，即“选择两个或两个以上并列的内容分别进行一次占卜，借以肯定其中的某吉利的内容”[1]。如《京津》127：

庚子卜，行贞：其又（侑）于妣庚牡。 一

贞：牝。 二

这是庚子日贞人行卜问侑祭妣庚时应该选择用牡牲还是牝牲。再如，《掇二》159：

庚辰卜，壬雨。 一

庚辰卜，辛雨。 二

庚辰卜，雨。 三

这是在庚辰日分三次由远及近，卜问壬午、辛巳、庚辰（当日）是否有雨。

总体上，“选贞卜辞的内容有选问时日、祭名、用牲种类、用牲数量、地名、年成、方位、祖神、自然神、人物等等”[2]，旨在从时间、祭名、用牲种类、用牲数量等各个不同的角度确定某事具体细节上的行动选择。

三、甲骨卜辞有反馈吉凶结果的验辞并被集中庋藏

卜辞中既有根据卜兆作出的判断结果（即“占辞”或“果辞”），

---

1 沈之瑜：《甲骨学基础讲义》，第 75 页。
2 同上。

也有记录占卜结果应验与否的验辞，“验辞是日后事情应验的追记，是对占卜结果的具体事实答复，不是在占卜的当时所刻，故也有称之‘追刻卜辞’”[1]。验辞本质上是对占辞（果辞）结果与现实情况相符性比较而形成的信息反馈，不仅有当日应验情况的追记，也有数天后、数十天后乃至第179天后应验情况的追记。因此，卜辞既是集中保管的，也是有一定整理方式的，否则很难在“每事卜”形成的海量卜辞中找到目标卜辞。董作宾指出：在用于贞卜的龟甲经过“取用”“衅燎”“攻治”等筹备性的工作之后，“乃可从事于贞卜。而所卜维何？又须前定，是为‘类例’。于是‘钻凿’焉，‘燋灼’焉，见‘兆璺’、定吉凶焉，而后‘书契’文辞于兆侧以识其事；此卜事之全也。贞卜既已，‘庋藏’龟册，而卜事终矣”[2]。

从庋藏来看，甲骨卜辞的出土地点主要集中于河南安阳洹水南岸的小屯，即当年殷商的都城——殷墟。出土地点的相对集中，正是当年甲骨卜辞被集中保藏的反映。陈梦家指出：“卜用甲骨上的刻辞，固然是王室的文书记录，就是卜辞也应属于王室的文书记录，是殷代的王家档案。我们说卜辞是档案，其理由如下：（1）殷代的社会，王与巫史既操政治的大权，又兼为占卜的主持者，所以这些卜辞也可以视作政事的决定记录；（2）卜辞集中出土于殷都安阳，而卜辞中所记占卜地往往有在殷都以外的，可见这些在外地占卜了的甲骨仍旧归档于殷都；（3）殷都的甲骨有很多是储积或累积于一处，可能是当时储档之所；（4）非卜辞的卜事刻辞，除了记述甲骨的来历、整治以外，还有经管的卜官的名字，可见当时有人经管这些档案。”[3]

从整理来看，殷人除了将甲与骨、甲骨成品和原料、有字甲骨和无字甲骨分别存放之外，甲骨卜辞还有以下整理方式：

1　王宇信、杨升南：《甲骨学一百年》，第240页。

2　董作宾：《商代龟卜之推测》，第440页。

3　陈梦家：《殷墟卜辞综述》，北京：中华书局，1988年版，第46页。

第一，甲骨卜辞往往集类成册或裹而藏之。陈梦家指出，有些甲骨的“背甲制成石刀的样子，中间穿孔，上面刻辞”“可知连系若干背甲穿扎起来，可能就是‘典册’之‘册’的象形”[1]。董作宾指出：“册象编成龟版之册，而典又为两手奉此龟册而藏之之形。”[2] 李孝定也说：“吾人既知商人贞卜所用之龟，其大小长短曾无两甲以上之相同者，又知其必有装订成册之事，则此龟版之一长一短，参差不齐，又有孔以贯韦编，甚似册字之形状，而‘册’当然为其象形字也。”[3] 说明甲骨文中的“典”“册”是就甲骨（而不是简牍）而言的。例如，1971 年小屯发现的一堆牛胛骨卜共 21 枚，是以三枚为一组，一律向东存放的。由此形成了所谓“成套甲骨”，实为后世“典册”的雏形。

第二，甲骨卜辞还形成了原始的目录索引。杨剑宇在转引郭沫若《殷契粹编》相关论述的基础上指出，“骨臼刻辞，其性质如后人之署书头或标牙签”“盖骨既卜，必集合若干骨一包，裹而藏之，由肩胛骨性质而定，势必平放，平放则骨臼露于外，故恰好其地位以作标识”。不仅如此，有些甲骨还有一些简单的编号，“如 YH127 号坑中的龟甲，其状如刀，中间钻有小孔，有一片还刻有‘册六’两字。它们排列整齐，记序之数自一至十有条不紊。这说明甲骨档案已有了简单的编号，被编连成册了”[4]。

四、甲骨卜辞的吉凶判断及其神圣性的褪落

《左传·桓公十一年》：“卜以决疑。”《庄公二十三年》杜注：“卜筮者，圣人所以定犹豫，决疑似。”《潜夫论·叙录》：“蓍龟卜筮，以

1 陈梦家：《殷墟卜辞综述》，北京：中华书局，1988 年版，第 8 页。
2 董作宾：《商代龟卜之推测》，第 502 页。
3 李孝定：《甲骨文字集释》（第二集），台北：“中央”研究院历史语言研究所，1965 年版，第 663—664 页。
4 杨剑宇：《中国秘书史》，上海：上海人民出版社，2007 年版，第 27—28 页。

定嫌疑。”龟兆是神意的显示，能够帮助人们“定犹豫，决疑似”，消除出入行止的不确定性。“不违卜筮”（《礼记·表记》），也成为行事的基本准则。《后汉书·东夷传》：“灼骨以卜，用决吉凶。”“吉凶”既是对具体贞问之事的结果判断，也是对是否遵行该结果的吉凶预设——遵之则吉，违之则凶。

那么，龟卜的吉凶结果是如何得出的呢？《说文》曰：“占，视兆问也。从卜从口。”又曰：“卜，灼剥龟也。象灸龟之形。一曰象龟兆之从（纵）横也。”从甲骨文来看，“卜字就是兆璺的象形。卜字歧出之笔或左或右，各随其兆璺而定”[1]。亦即，神鬼是通过兆象来显示吉凶的，不同的兆象意味着不同的吉凶结果。《周礼·大卜》“大卜掌三兆之法：一曰玉兆，二曰瓦兆，三曰原兆”，郑注：“兆者，灼龟发于火，其形可占者，其象似玉、瓦、原（田）之衅罅，是用名之焉。”[2]“三兆之法”的核心是从宏观上将兆象划分为三大类型，以作为吉凶判断的依据。从兆象到“视吉凶”，遂成为一个专业问题，并形成了专门的职业。“贞与卜，本是两件事，早期是太卜司卜，太史司贞，有时王亲贞，晚期有时王要自卜自贞，所以也称‘王卜贞’。贞人并不是名词，意思只是‘问卜的人’，问卜的人，任何人都可以充任，或是王自己去任。至于卜人应该是只限于太卜，才有这灼龟见兆，断定吉凶的专长。”[3] 从“灼龟见兆”到“断定吉凶”，是专门人才掌握的“专长”。掌握该“专长”者为卜人（太卜），可比况于算命先生。贞人是问卜之人，可比况于算命的人（即求卦问卜者）。

在《周礼·春官》中，并无“贞人”的名目；而大卜、卜师、占人等都是“卜人”大军中的一员，他们主要是从专门分工与职业技能的角度划分的。拿占人来说，《周礼·占人》“凡卜筮，君占体，大夫

1　陈炜湛：《甲骨文简论》，上海：上海古籍出版社，1987 年版，第 42 页。
2　郑玄注、贾公彦疏：《周礼注疏》（中），第 919 页。
3　董作宾：《甲骨学六十年》，《董作宾先生全集》（乙编第一册），台北：艺文印书馆，1977 年版，第 69 页。

占色，史占墨，卜人占坼”，郑注：“体，兆象也。色，兆气也。墨，兆广也。坼，兆亹也。体有吉凶，色有善恶，墨有大小，坼有微明。尊者视兆象而已，卑者以次详其余也。周公卜武王，占之曰：‘体，王其无害。’凡卜象［体］吉，色善，墨大，坼明，则逢吉。”贾疏：“云‘体，兆象也’者，谓金木水火土五种之兆。言体言象者，谓兆之墨纵横，其形体象似金木水火土也。凡卜欲作龟之时，灼龟之四足，依四时而灼之。其兆：直上向背者为木兆，直下向足者为水兆，邪向背者为火兆，邪向下者为金兆，横者为土兆。云‘色，兆气也’者，就兆中视其色气，似有雨及雨止之等，是兆色也。‘墨，兆广也’者，据兆之正衅处为兆广。‘坼，兆亹也’者，就正墨旁有奇衅罅者为兆衅也。云‘象吉，色善，墨大，坼明，则逢吉’[1]。”郑玄、贾公彦都努力揭明不同的兆象显示怎样不同的吉凶结果。

然而，在卜辞的七个组成部分中，并没有旨在解释特定兆象指示何种吉凶的内容。正如王宇信、杨升南指出：“甲骨上的占辞就是根据卜兆所做出的判断。至于什么样的兆象为吉，什么样的兆象为凶，我们今天已经不能得其详了。”[2] 这种关于兆象何以推测吉凶的一般理论、方法和原则的阙如，本质上是卜人独占神意代言人的反映。《礼记·表记》：“昔三代明王皆事天地之神明，无非卜筮之用。”兆象相当于神明的独特“语言”，也是决定吉凶的唯一因素。“命龟之后的占断，首先是视兆坼定吉凶，其次是依吉凶决定事情的可行性。兆辞是某次占卜的结果，不是对事情可行性的最后决定，它与甲骨兆坼兆象有直接关系，与卜事只有间接的关系”[3]。而卜者如何将神意“翻译”为凡人能够听懂的语言，已经“不能得其详”，从而也保证了卜者对神明意志的独立解释权。唯其如此，王往往也兼任卜人，从而掌控神意。

1　郑玄注、贾公彦疏：《周礼注疏》（中），第934—936页。
2　王宇信：《甲骨学通论》（增订本），北京：中国社会科学出版社，1993年版，第114页。
3　王宇信、杨升南：《甲骨学一百年》，第210页。

诚然，占卜是要回应具体贞问之事的吉凶，吉凶结果则由兆纹决定而与具体贞问之事无关。但是，“殷商王朝统治者有在同版甲骨上反复贞问某一事情”[1]，形成对贞、选贞乃至对选卜辞，表明同一事件的条件改变，如提问方式（正反对贞）、所问时间等因素都有可能导致不同结果——唯其如此，才有必要对贞、对选乃至选贞。“《丙》91两例同日同事正反对贞或同贞而贞人不同，通常称之‘同文异史对贞’或‘同文异史同贞’”[2]，说明“贞人不同”也能导致结果不同。《周礼·占人》“凡卜筮，君占体，大夫占色，史占墨，卜人占坼”，也表明卜者的身份是影响“视兆”的重要因素。张秉权认为：“殷人对于一件事情（即一个题目）的占卜，最多不会超过十次以上。”[3] 但两次至十次不等的多次占卜仍然常见。如上举《存》下157“壬子卜，宾贞：我受年？一、二、三、四、二告、五、六、七、八”中，对于“我受年”的同一件事卜问了八次。总之，“晚商王朝于同一事情的占卜，往往从若干个不同角度反复进行卜问，有正反对贞，同事异卜，异版同事，异日同事等等”[4]。这样，贞问之事及其条件的改变事实上就构成了决定吉凶结果的因素。

此外，卜辞中除了据兆象以定吉凶的占辞（实即将显示神明意志的兆象“翻译”为日常语言），还有是否遵用该结果的决辞，其术语既有“用”“兹用”，如《京》3454“庚午卜，王贞曰：翌辛未其田，往来亡灾，不遘祸？兹用”中的“兹用”；也有“不用”“兹不用”，如“吉，不用”（《合集》31755），“大吉，不用”（《合集》31737），“引吉（一曰弘吉），不用”（《京津》4597）。这里，虽吉（或大吉、引吉）而“不用”，说明体现神意的兆象结果并不完全为世人所取则。吉而不

1 王宇信、杨升南：《甲骨学一百年》，第204页。
2 同上书，第205页。
3 张秉权：《卜龟腹甲的序数》，《“中央”研究院历史语言研究所集刊》（第28本上册），1956年版。
4 王宇信、杨升南：《甲骨学一百年》，第211页。

用，与“定疑似、决犹豫”的占卜初衷看似矛盾，实则反映了据兆象以断占的“翻译”原则及其“翻译权”的归属问题。《尚书·洪范》：“立时人作卜筮，三人占，则从二人之言。”又曰：“龟筮共违于人，用静吉，用作凶。”面对同一事件，完全可能出现不同的兆象或根据同一兆象完全可能出现不同的“翻译”结果，这就带来了“翻译的张力”。因此，“晚商王朝的甲骨占卜，卜人的占断通常是配合着王卜或王占，总是有意维护着神的旨意和人王尊严之间的统一性，商王在占卜过程中握有相当的权威……武丁时不少卜辞不记占辞和验辞，有些虽有验辞，却既不证实也不否定王的占辞，有些验辞只是对王占作出补充修正或进行闪烁其词的答复，以期维护商王在占卜上的魅力，及至后来几王的占卜，更远不如武丁时代真实，操纵玩弄的痕迹极为明显。说明随着晚商占卜礼制的确立和王权政治制度的深化，传统的‘卜以问疑’‘不违卜筮’的神圣观念已遭到冲击和动摇，甲骨占卜也日趋公式化而呈衰落之势”[1]。其本质是，兆象作为定吉凶的唯一前提性以及吉凶结果作为行止指南的权威性正在削弱。

综上，在甲骨卜辞中，兆象是定吉凶的唯一依据。但实际上，不仅不同的贞问之事及其条件的改变（如同一事件的时间、卜人的改变）有可能导致结果的改变，特定兆象究竟为吉为凶的“翻译”亦往往见仁见智，甚至出现为迎合主观需要而在兆象前提不变的情况下刻意改变吉凶结果的情况。所以，“这类见诸同版的正反对贞，同事异问，一事多卜，大都占卜于同日同时，目的在于利用甲骨为中介，充分进行人神间的沟通交流，以使人的意愿为神所细察，求得神的容纳和保佑，无疑比单纯的‘不违卜筮’观念进了一大步”[2]。《资治通鉴·齐纪·明帝建武元年》：“平阳公丕曰：‘迁都大事，当讯之卜筮。’帝曰：‘昔周召圣贤，乃能卜宅。今无其人，卜之何益?’”这则史料强调“周召圣贤，

1　王宇信、杨升南：《甲骨学一百年》，第216页。
2　同上书，第206页。

乃能卜宅”，即反映了主体人对卜辞神意的颠覆。

以甲骨卜辞为观照可知，《易经》卦爻辞并不记录具体的贞问之事（没有命辞），相应地，也没有旨在限定贞问之事具体性与现实性的前辞。总体上，卦爻辞可分为象辞与断辞两大部分，断辞是对卦爻象的吉凶判断，大致类似于卜辞中据兆象定吉凶的占辞。而象辞旨在解释具体卦爻象何以有此吉凶结果的原因。象辞与具体贞问之事无关，在卜辞中也找不到与之对应的部分，反证卜辞并不以解释吉凶结果的原因为职志。而解释卦爻象吉凶结果的原因，则构成了《易经》卦爻辞的一个重要取向。

第二节
卦名

《易经》六十四卦各有卦名，形成了对每一卦的专指。但每一次龟卜形成的兆象及其断占都是针对具体事件的提问，每一次提问也会获得个别化的兆象。理论上，100次灼龟取兆，就会有100个形态各异的兆象。尽管它们有可能被分类归纳为几个有限的类型（如分为玉、瓦、原三类），但彼此之间仍然存在差异，卜辞中也不存在完全相同的贞问记录（习作除外）。因此，甲骨卜辞并没有出现类似卦名的名目。但《易经》有且仅有六十四卦，每次运蓍生数成卦，都只能获得六十四卦类型中的一种。这样，六十四卦的命名不仅是必要的，也是可能的。

卦名列于卦画之后，下接该卦卦辞。宋冯椅《厚斋易学》认为，《履》《否》《同人》诸卦阙脱卦名，宜补。今按：《履》卦原文为“履虎尾，不咥人。亨”，其中的“履”既是标题，也与后文“虎尾”合为卦辞，应为“【履】履虎尾，不咥人。亨”。同样，《否》应为：“【否】否之匪人，不利君子贞，大往小来。”《同人》应为：“【同人】同人于野，亨。利涉大川。利君子贞。”类似的情况还有《艮》：“【艮】艮其背，不获其身，行其庭，不见其人。无咎。”

卦名或取单字，如《乾》《坤》《屯》《蒙》；或取双字，如《小畜》《同人》《归妹》《既济》等等。但第二十九卦：“习坎，有孚，维心亨，行有尚。”《彖》曰：“习坎，重险也。”《象》云：“水洊至，习坎。君子以常德行，习教事。”《彖》《大象》都以“习坎”二字为卦名。《序卦》“物不可以终过，故受之以《坎》。《坎》者，陷也”、《杂卦》“《离》上而《坎》下也”，都以单字“坎”为卦名。玉函山房所辑唐徐郧《周易新义》认为“习坎”上缺一“坎”字，补充应为：“【坎】习坎，有孚，维心亨，行有尚。”亦是单字“坎”为卦名，且其例与上述《履》《否》《同人》《艮》一致。《程传》注解《坎》卦的《象传》曰：“君子观《坎》水之象，取其有常，则常久其德行。”也是以单字“坎”为卦名。《王注》：“坎，险陷之名也。习，谓便习之。”《正义》曰：“险难之事，非经便习，不可以行。故须便习于坎，事乃得用，故云‘习坎’也。案：诸卦之名，皆于卦上不加其字。此《坎》卦之名特加‘习’者，以坎为险难，故特加‘习’名。‘习’有二义：一者习重也，谓上下俱坎，是重叠有险，险之重叠，乃成险之用也。二者人之行险，先须使习其事，乃可得通。”王弼将“习”字释为便习，即训练、学习，孔颖达承之，并曲为申说卦名“坎”上“特加‘习’者”的原因；又以“二义”的形式结合卦象解释“习，重也”。我们认为，从六十四卦卦名整体统一性的角度来看，该卦当以“习坎”二字为名，《序卦》《杂卦》等径称“坎”，应为省称。

一、前人对卦名理据的认识

卦名是对一卦最简洁的解说，起到提纲挈领、确定一卦主题的作用，其命名不是任意的。

《正义·乾卦》：“此既象天，何不谓之天，而谓之乾者？天者定体之名，乾者体用之称。故《说卦》云：‘乾，健也。’言天之体，以健为用。圣人作《易》本以教人，欲使人法天之用，不法天之体，故名‘乾’，不名天也……但圣人名卦，体例不同，或则以物象而为卦名者，若《否》《泰》《剥》《颐》《鼎》之属是也，或以象之所用而为卦名者，即《乾》《坤》之属是也，如此之类多矣。虽取物象，乃以人事而为卦名者，即《家人》《归妹》《谦》《履》之属是也。所以如此不同者，但物有万象，人有万事，若执一事，不可包万物之象；若限局一象，不可总万有之事，故名有隐显，辞有踳驳，不可一例求之，不可一类取之。”孔颖达既揭示了命名的体例不一，又分析饶是“不一”，但可概括为三种类型：一是以物象名卦、二是以象之所用名卦、三是以人事名卦。

一般认为，卦名与卜问之事有关，如《师》卜问出师打仗之事，《讼》卜问打官司，《旅》卜问旅途平安与否，《家人》卜问家人祸福，《震》卜问打雷之事，《履》卜问打猎之事。这其实是从一卦所涉内容分析其命名理据，但卦爻辞与卜辞的一个重要区别在于，卦爻辞并不是具体“卜问之事”的记录。并且，六十四卦中有许多卦的内容具有共同的主题。如，《小畜》《大畜》《大有》《颐》《蒙》等卦皆涉农业，《需》《睽》《丰》《复》《明夷》《旅》《蹇》等卦皆涉行旅，《师》《同人》《离》《晋》等卦皆涉战争，《贲》《归妹》则都与婚姻有关。因此，从卜问之事的角度推定卦名之由是站不住脚的。

高亨认为卦名是取卦爻辞中的某一字（一般为卦爻辞中的关键字或高频字），就像《诗经》《论语》等著作拈首句二三字为篇名一样。但据统计，“《周易》六十四卦中，全卦六爻系有卦名的，共十四卦；五爻系有卦名的，共十三卦；四爻系有卦名的，有十四卦；六爻不见卦名的，仅七卦。全经三百八十四爻，系有卦名的共有二百三十九爻”[1]。有卦名的爻辞占到62%，说明一卦六爻爻辞拟定是围绕特定主题展开的，“卦名作为一卦的标题，往往就揭示了全卦的主旨”[2]。但这并不意味着卦名是从卦爻辞中的关键字或高频字抽取而来，否则全部六爻皆不见卦名的七卦之命名就得不到合理解释。另外，《乾》卦中的高频字是见于初九、九二、九五、上九、用九的“龙”，九四“或跃在渊，无

1 廖名春：《〈周易〉经传十五讲》，第225页。
2 同上。

咎”中省略的主语也是“龙”，只有九三“君子终日乾乾，夕惕若，厉，无咎”中出现了“乾”字。而《小畜》卦中没有出现“小畜”或“畜”字，但初九“复自道，何其咎？吉”与九二“牵复吉”则出现了“复”字。同样，《剥》皆言床、《渐》皆言鸿，但不以床、鸿为名。

上述对卦名理据的分析，其要害是把卦爻辞当成了卦名的依据，但卦爻象才是卦名的前提，卦名之由只能从卦爻象上推定。并且，卦爻辞应该是后起于卦名的。例如，《兑》九五“孚于剥，有厉”，《正义》曰：“《剥》者，小人道长，消君子之正，故谓小人为剥也。九五，处尊正之位，下无其应，比于上六，与之相得，是说信于小人，故曰‘孚于剥’。信而成剥，危之道也，故曰‘有厉’。”说明《兑》九五爻辞“孚于剥”是以《剥》卦已然命名为前提的。

在《易传》中，涉及卦名分析的篇什主要包括《彖传》《象传》《序卦》《杂卦》。如本书第二章所述，《杂卦》从相邻两卦相反相对的角度立说，《序卦》在考虑相邻两卦关系的基础上揭示六十四卦顺序的承启关系，两者堪称“义相通而指向有别”[1]。《序卦》《杂卦》虽偶涉卦名之由，但以解释卦名之义为主。与此相反，《彖传》《象传》虽涉卦名之义，但往往包含对卦名之由的分析。以《屯》“元亨，利贞，勿用有攸往。利建侯”为例，《序卦》：“有天地，然后万物生焉。盈天地之间者唯万物，故受之以《屯》。屯者，盈也。屯者，物之始生也。物生必蒙，故受之以《蒙》。”这里，“屯者，盈也”的释义旨在解释《屯》卦上承《乾》《坤》的原因、“屯者，物之始生也”的释义旨在解释下启《蒙》卦的理由。《杂卦》：“《屯》见而不失其居，《蒙》杂而著。”强调《屯》有“不失其居”之义，以与其覆卦《蒙》之“著”（《韩康伯注》：“著，定也。”）形成对比。

《彖》曰：“屯，刚柔始交而难生。动乎险中，大亨贞。雷雨之动

1 高怀民：《先秦易学史》，第 78 页。

满盈，天造草昧，宜建侯而不宁。”《屯》是继《乾》《坤》之后的第一卦，《乾》刚《坤》柔，故曰“刚柔始交”。“难生”既是“始交”的结果，也解释“屯”之字意。后面的“动乎险中”“雷雨之动满盈”从上下两卦取象（下震为动、为雷，上坎为险、为雨）的角度解释卦辞“元亨利贞”“利建侯”，但也解释了命名理据：一是因“难生”，二是因“动乎险中”“雷雨之动满盈”，故名之为“屯”。《象》曰：“云雷，屯。君子以经纶。”改坎水为云，云在雷上，将雨未雨，象征屯难，与“雷雨之动满盈”一样，也解释了该卦命名为“屯”的原因。《说文》云：“屯，难也，象艸木之初生，屯然而难。从中贯一。一，地也，尾曲。”屯从中（chè）贯一，一象土地，中为草，草木初生而欲通彻于土上，因此有“难”义。又，草木将出、未出，需集聚能量，故有“盈”义。而从《屯》卦爻辞由初至上每见“磐桓”“屯如”“邅如”“乘马班如”来看，该卦主要强调屯难，故《正义》引王肃云：“《屯》刚柔始交而难生，故为物始生也。”引卢氏云：“物之始生故屯难。”显见，《象》着眼于取象，《彖》在取象的基础上兼及取义，两者都从上下二体的角度解释“屯”命名之由。相比而言，《序卦》《杂卦》虽涉及卦名之义，但其着眼点在解释相邻两卦或六十四卦整体链条上的意义关联。

二、卦名以卦象为前提

卦象是卦名的前提，也是一卦命名的唯一理据。如《夬》乾下兑上，“乾为圜、为玉”，兑“为毁折”故缺，正像玦形。《广韵》：“佩如环而有缺。”夬即玦，两者义亦相通。《释文》：“玦，本又作决。”《杂卦》“《夬》，决也”，《序卦》“夬者，决也”。另一方面，卦象又是复杂的，既有一卦整体之象，也有上下两个经卦的取象及其关系。而六十四卦又是一个逻辑周延的体系，既存在相关两卦“非覆即变”等诸种关系，也存在卦群乃至六十四卦整体的卦象关联，由此形成一卦命名的多维视角。

（一）基于上下两卦取象及其关系的命名

从加一倍法 8^2 重三成六的角度来看，一卦之象首先是指上下两个经卦的取象及其关系，这也是观察一卦之名的重要视角。如水附于地，有亲比之象，故为《比》。山卑于地为《谦》，少男少女相感为《咸》。水在火上，有火烧水热之象，故为《既济》。火在水上，水不能热，故为《未济》。但从《象传》等文献对卦名的解说来看，许多卦名只有通过改变取象或重建上下两卦的关系，才能合理解释其命名之由。明人朱谋㙔《周易象通》解《既济》云："涉者多系匏以防危。《离》为大腹匏瓜之象，则涉者也。《坎》为川渎，则津济也。"《既济》内卦《离》为大腹，因大腹而有匏瓜之象；外卦《坎》为川渎，则津济也，因匏瓜而牵合于系匏涉水，以迁就"既济"之名，亦是从上下两卦取象的角度来分析《既济》卦得名之由的。

第一，所取之象的变通。

《蒙》坎下艮上，坎为水、艮为山，《象》曰："山下出泉，蒙。君子以果行育德。"由山下之泉渐汇而成江河，比拟起始、蒙稚之义，故称"蒙"。《象》为了揭示江河由山下之泉始出、渐汇而成的道理，将下水（坎）、上山（艮）的两卦之象表述成了"山下出泉"。

为了更好地从上下两个经卦取象的角度解释一卦命名之由，有时又需要结合义理以曲成其说。例如，《大壮》本指大者（阳气）盛壮，《彖》："大壮，大者壮也。"《正义》："壮者，强盛之名；以阳称大，阳长既多，是大者盛壮，故曰大壮。""大"，又引为程度副词，表示大为强盛。但《象》云："雷在天上，大壮。君子以非礼弗履。"《正义》："雷在天上，是'刚以动'，所以为'大壮'。"即将"雷在天上"的取象理解为"刚以动"的取义，从而契合"大壮"之义。又如，《晋》卦的《彖》《象》皆云“明出地上”，《明夷》卦的《彖》《象》皆云“明入地中”，这里的“明”实由《离》卦之“火”转义而来。《小畜》只有六四一个阴爻，《正义》曰：“此卦则《巽》在于上，《乾》在于下，《巽》是阴，柔性，又和顺，不能止畜在下之《乾》，唯能畜止九三，所畜狭小，故名‘小畜’。”是从上下两卦取义的角度解释卦名。同样，《正义》曰：“谓之‘大畜’者，《乾》健上进，《艮》止在上，止而畜之，能畜止刚健，故曰‘大畜’。”又曰：“《彖》云：‘能止健，大正也。’是能止健，故为大畜也。”《大畜》也是从上下两卦取义的角度解释命名之由的。

第二，改变上下卦所取之象的结构方式。

《象》“云上于天，需。君子以饮食宴乐”，《正义》曰：“不云‘天上有云’，而言‘云上于天’者，若是天上有云，无以见欲雨之义。”亦即，《象》为了解释“需”有须待之义，而将乾下坎上表述为“云上于天”，以成“欲雨”之象。《象》曰：“天与火，同人。君子以类族辨物。”《管子·霸言》“诸侯之所与也”注谓：“与，亲也。”《同人》离下乾上，《象》不云“天下有火”，而云“天与火”，火炎上而“亲”天，以成“同人”之象。《象》曰“雷出地奋，豫。先王以作乐崇德。殷荐之上帝，以配祖考”，《正义》曰：“案诸卦之象，或云‘云上于天’，或云‘风行天上’，以类言之，今此应云‘雷出地上’，乃云‘雷出地奋豫’者，雷是阳气之声，奋是震动之状。雷既出地，震动万物，被阳气而生，各皆逸豫，故曰‘雷出地奋豫’也。”又如，《象》“泽灭木，大过”，《程传》曰：“泽，润养于木者也，乃至灭没于木，则过甚矣，故为‘大过’。”《大过》巽下兑上，《巽》为木、《兑》为泽，《大象》不云“木上有泽”，而云“泽灭木”，以营造泽“灭没于木，则过甚矣”之象。《象》：“泽无水，困。君子以致命遂志。”将上泽下水解释为“无”，水在泽下故无水，有困象。但其他卦基本都从“有”（存在）立说，如《象》：“泽上有水，节。君子以制数度，议德行。”如以“无”立说，《节》亦得称“泽无水”，与《困》无别。另外，“地天《泰》”与“天地《否》”着重从上下两卦变化的角度立说，《象》曰：“天地交，泰。后以财成天地之道，辅相天地之宜，以左右民。”又曰：“天地不交，否。君子以俭德辟难，不可荣以禄。”亦即，《泰》乾下坤上，但需要理解为下《乾》之天上升、上《坤》之地下降，以成“天地交”之势，《否》卦同此。然而，《晋》《明夷》的观察视角与《泰》《否》则形成了鲜明的对比。《象》曰：“明出地上，晋。君子以自昭明德。”又曰：“明入地中，明夷。君子以莅众，用晦而明。”《晋》坤下离上，所谓“明出地上，晋”，即指上卦《离》之火在上，如改从运动角度看，《晋》应该是上卦《离》之火没入下卦《坤》地之中，意义刚好与“明出地上”相反，《明夷》卦亦然。

第三，从乾坤六子的角度立说。

《归妹》兑下震上，《王注》：“妹者，少女之称也。《兑》为少阴，《震》为长阳，少阴而乘长阳，说以动，嫁妹之象也。”王弼既从“乾坤六子”《兑》为少阴、《震》为长阳的角度分析该卦命名，又兼以“说以动”的取义角度阐述。《正义》曰：“归妹者，卦名也。妇人谓嫁曰归，‘归妹’犹言嫁妹也。然《易》论归妹得名不同，《泰卦》六五云：‘帝乙归妹。’彼据兄嫁妹谓之‘归妹’。此卦名归妹，以妹从娣而嫁，谓之‘归妹’。故初九爻辞云‘归妹以娣’也。上《咸》卦明二少相感，《恒》卦明二长相承，今此卦以少承长，非是匹敌，明是妹从娣嫁，故谓之《归妹》焉。古者诸侯一取九女，嫡夫人及左右媵皆以侄娣从，故以此卦当之矣。不言归侄者，女娣是兄弟之行，亦举尊以包之也。‘征凶，无攸利’（按：《归妹》卦辞）者，归妹之戒也。征谓进有所往也。妹从娣嫁，本非正匹，唯须自守卑退以事元妃。若妾进求宠，则有并后凶咎之败。”《正义》释初九“归妹以娣，跛能履，征吉”曰：“少女谓之妹，从娣而行谓之归。初九以《兑》适《震》，非夫妇匹敌，是从娣之义也，故曰‘归妹以娣’也。”孔颖达在与《泰卦》六五“帝乙归妹”的比较中，认为“此卦名归妹，以妹从娣而嫁”，强调《兑》为少阴（妹）、《震》为长阳（是长女“娣”之匹敌），因而只取“乾坤六子说”。进一步，“《咸》卦明二少相感，《恒》卦明二长相承”，《咸》兑下艮上，取《兑》（少女）与《艮》（少男）相咸（即“相感”）为命名视角。《恒》巽下震上，取《巽》（长女）与《震》（长男）相承为视角，实际皆缘“乾坤六子”以为说。

综上，基于上下两卦取象及其关系的命名，概有取象、取义乃至乾坤六子的不同视角。

（二）基于一卦整体之象的命名

大衍筮法累六爻而成一卦，并不区分为上下两个经卦。《易经》中，有不少卦的命名就是从一卦整体之象着眼的。例如，《象》“泽上有风，中孚”，《正义》：“风行泽上，无所不周；其犹信之被物，无所不至。”《象传》《正义》皆从上下两卦取象上解释《中孚》的命名，但实际上，《中孚》三、四两爻为阴，其余四爻为阳，重刚在外而内含阴柔之虚，故有“中孚”之象。《象》“山下有雷，颐。君子以慎言语，节饮食”，《集解》引刘表曰：“山止于上，雷动于下，颐之象也。”但实际上，颐指面颊，即腮帮，《颐》初、上为阳爻，似上、下唇；中间四阴爻虚空如口腔，由一卦整体而呈现面颊之象。《象》“雷电，噬嗑。先王以明罚敕法”，《程传》曰：“象无倒置者，疑此文互也。”《本义》曰：“当作‘电雷’。”《周易玩辞》曰：“石经作‘电雷’，晁公武氏曰：六十四卦《大象》无倒置者，当从石经。”《集解》引侯果曰：“雷所以动物，电所以照物，雷电震照则万物不能怀邪。故先王则之，明罚敕法，以示万物，欲万方一心也。”但实际上，《噬嗑》是在《颐》基础上将六四改为九四，为口中有物之象，因而也是从一卦整体之象着眼的。《鼎》初六似鼎足，六五似鼎耳，上九似鼎盖，二、三、四阳爻似鼎身，亦是一卦的整体象形。《大过》“栋桡，利有攸往，亨”，《本义》曰：“上下二阴不胜其重，故有‘栋桡’之象。”《大过》初、上为阴，其余四爻为阳，是从六爻整体取象。《小过》“亨，利贞。可小事，不可大事。飞鸟遗之音，不宜上，宜下，大吉”，《小过》以“飞鸟”取象，也是䷽整体卦象的反映。

此外，十二消息卦中也有不少卦是从一卦整体之象的角度命名的。如《象》：“雷在地中，复。先王以至日闭关，商旅不行，后不省方。”实际上，《复》唯初九为阳，其余五爻皆阴，为冬至阳气复生之象。《白虎通·诛伐》：“冬至所以休兵，不举事，闭关，商旅不行，何？此日阳气微弱，王者承天理物，故率天下静，不复行役，扶助微气，成万物也。”同样，《象》：“山附于地，剥。上以厚下安宅。”山高于地，而却委附于地，故为剥。但实际上，《剥》初至五皆阴，唯上九为阳，且将为五阴所剥，故名。

（三）基于相关两卦关系的命名

《易经》六十四卦中，相邻两卦“非覆即变”的卦象关系往往能映射到卦名上，形成相反相对的卦名取义，如《乾》《坤》、《屯》《蒙》。但六十四卦中大多数卦都既存在“覆卦”也存在“变卦”，如《屯》的“覆卦”是《蒙》，其“变卦”为《鼎》，如果说《屯》《蒙》互覆之象，在卦名上尚有反映；《屯》《鼎》互变之象，在卦名上则没有体现。

清人陈诜《易经述》揭示《屯》《解》、《蒙》《蹇》、《随》《归妹》、《无妄》《大壮》等十组彼此成“上下反对”之象，即一卦中上下两个经卦互换，如《屯》震下坎上，《解》坎下震上。《象》“雷雨作，解。君子以赦过宥罪”，明人来知德《来氏易注》曰：“雷雨交作，天地以之解万物之屯。”胡炳文《周易本义通释》曰：“《解》上下体易为《屯》。动乎险中为屯，动而出乎险之外为解；《屯》象草穿地而未申，《解》则雷雨作而百果草木皆甲坼。”说明上下易体，也是命名的重要原则。然而，《蒙》《蹇》、《随》《归妹》、《无妄》《大壮》之间则看不出卦名上的关联。又如，清李光地《周易折中》（以下简称《折中》）释《涣》卦辞指出："《涣》与《萃》对。"《序卦》"说而后散之，故受之以《涣》"，《象》"萃，聚也"，"涣"散、"萃"聚相反为义，但《涣》坎下巽上、《萃》坤下兑上，两者卦象并无直接关联。《萃》九五"萃有位，无咎，匪孚。元永贞，悔亡"，《程传》："元永贞者，君之德，民所归也。故比天下之道，与萃天下之道，皆在此三者。"按《比》卦云："比：吉。原筮，元永贞，无咎。不宁方来，后夫凶。"《萃》《比》二卦卦名、卦义皆有关联，但两者的卦象则无明显关联。

总体上，六十四卦中只有少量相邻或相关两卦的卦名虑及"互覆"关系，而基本没有考虑"互变"与"上下反对"的关系。如《象》："山下有泽，损。君子以惩忿窒欲。"泽自损以崇山之高，故称"损"。《象》："风雷，益。君子以见善则迁，有过则改"，《程传》："风烈则雷迅，雷激则风怒，二物相益者也。"《损》《益》"互覆"，两者命名尚可见其相反为义。但《损》"互变"为《随》，《损》山泽倒置为《咸》，其卦象上的关联，并没有映射到卦名之上。

（四）基于卦群关系乃至六十四卦整体关系的命名

八宫卦、十二消息卦等卦群之间存在明显的卦象结构规律，但基本没有映射到卦名之上。如十二消息卦中，《复》《临》《泰》《大壮》《夬》《乾》分别为一阳生、二阳生、三阳生、四阳生、五阳生、六爻皆阳，《姤》《遁》《否》《观》《剥》《坤》分别为一阴生、二阴生、三阴生、四阴生、五阴生、六爻皆阴，该十二卦的特点是从阳来（息）阴去（消）到全阳，再从阳去（消）阴来（息）到全阴，阴阳爻的递度性变化规律十分明显。但从它们的命名来看，除了《复》《剥》《乾》《坤》等之外，大多数卦的命名都不能显示阴阳消息的态势。如《姤》："女壮，勿用取女。"《姤》初六为阴，其余五爻皆阳，以一阴敌五阳，故曰"女壮"并诫以"勿用取女"。但《序卦》《杂卦》《象》皆训

“遇也”，即一柔（初六）与五刚（二至上）相敌而为“遇”。循此而论，十二消息卦中除《乾》《坤》二卦之外的其他十个卦皆有“柔遇刚”或“刚遇柔”之义。

同样，八宫卦中每一宫的八个卦，如京房八宫卦中“乾宫”所包含的《乾》《姤》《遁》《否》《观》《剥》《晋》《大有》八个卦，元包卦序“太阴第一”所含《坤》《复》《临》《泰》《大壮》《夬》《需》《比》八个卦都存在卦象上的变化、消长规律，但它们在卦名中并没有得到反映。

总之，六十四卦是2^6或8^2的周延体系，卦象之间具有严整的结构规律，但六十四卦的命名则不具周延性、体系性。

三、卦名存在的主要问题

卦象是卦名的唯一前提，卦象既是差异性的个别存在，也是相关两卦相反相对乃至六十四卦整体体系中的存在。但现有卦名主要立足于一卦内部，以上下两个经卦取象及其关系为视角，导致其命名往往只满足于本卦内部视角的自圆其说，而不能从宏观上通脱解释六十四卦整体的命名。

第一，命名颇为勉强。

《象》“山上有火，旅。君子以明慎用刑，而不留狱”，《集解》引侯果：“火在山上，势非长久，旅之象也。”以山上之火并不长久为羁旅之象，但山火并不短暂，羁旅也不以久暂为主要特征，而是以远走他乡与亲人分离为主要特征，故《杂卦》“亲寡《旅》也”。《象》“泽上有水，节。君子以制数度，议德行”，《集解》引侯果：“泽上有水，以堤防为节。”引朱震：“泽之容水，固有限量。”但泽上有水，命名为“益”（溢的初文）比命名为“节”更准确。《象》“风自火出，家人。君子以言有物，而行有恒”，《正义》曰：“火出之初，因风方炽。火既炎盛，还复生风。内外相成，有似‘家人’之义。”喻家事与社会风化的关系。俞琰《周易集说》：“君子知风之自，于是齐家以修身为本，而修身以言行为先。”据此，“家人”似更应命名为“随”。而《象》“泽中有雷，随。君子以向晦入宴息”，《程传》曰：“雷震于泽中，泽随震而动，为随之象。……《礼》：‘君子昼不居内，夜不居外。’随时之道也。”但实际上，火随风而炽，比“泽随震而动”贴切，而火风为《鼎》卦。《象》“雷风，恒。君子以立不易方”、《彖传》“雷风相与”，《程传》曰：“雷震则风发，二者相须，交助其势，故云‘相与’，乃其常也。”但实际上，风火更有“相与”之象。循此而论，“风自火出”的《家人》亦得称“恒”。马国翰所辑何晏《周易何氏解》释风雷益云：“六子之中，并有益物。独取风雷者，取其最长可久之义也。”但正如尚秉和指出：“按六子之中，水火不能须臾离，山泽万古不易，岂独风雷乎？”[1]

第二，命名不具唯一性。

《象》：“上天下泽，履。君子以辩上下，定民志。”上天下泽，尊卑显然，故为《履》，意即循礼而行。但《象》“泽上有地，临。君子以教思无穷，容保民无疆”，《集解》引荀爽：“泽卑地高，高下相临之象也。”《履》《临》皆有尊卑或卑高之象。而从上下尊卑的角度来看，《系辞》：“天尊地卑，乾坤定矣。”天山（《遁》）、山地（《剥》）、山水（《蒙》）都有高下分别之义，称之为“临”皆无不可。而天地才是最大的尊卑之象，如以“卑高”之论绳之，将地天《泰》或天地《否》命名为“履”或许更为准确。

《象》“泽中有火，革。君子以治历明时”，《集解》引崔憬：“火就燥，泽资湿，二物不相得，终宜易之，故曰‘泽中有火，革’也。”《象》“上火下泽，睽。君子以同而异”，上火炎上，下泽润下，故睽。

1　尚秉和著、常秉义点校：《易说评议》，第21页。

《象》“天与水违行，讼。君子以作事谋始”，《讼》下坎（水）上乾（天），取其天在上而水润下，有相讼之义。《正义》：“不云‘水与天违行’者，凡讼之所起，必刚健在先，以为讼始，故云‘天与水违行’。”又曰：“凡斗讼之起，只由初时契要之过，谓作契要不分明。”这是从“讼”的意义出发引出“作事谋始”的象外之旨，但也以“天与水违行”之象，解释了讼的命名。显见，《革》《睽》《讼》三者皆强调各自上下两卦之象相违。并且，若以此为标准，上水下火（《既济》）、上火下水（《未济》）、上山下泽（《损》）等等，皆有“二物不相得”“违行”之义，命之为《革》《睽》或《讼》，亦无不可。

《丰》“亨，王假之”，《正义》：“《象》及《序卦》皆以‘大’训‘丰’也。然则丰者，多、大之名，盈、足之义。”《临》自上视下，《杂卦》：“临观之义，或与或求。”《序卦》：“临，大也。”这样，《丰》《临》二卦皆可引申出与、大之义。

第三，忽略具体爻画上的细微变化。

《象》“地中生木，升。君子以顺德，积小以高大”，《集解》引荀爽曰：“地谓《坤》，木谓《巽》；地中生木，以微至著，《升》之象也。”《正义》曰：“地中生木，始于细微，终于合抱。君子象之，以顺行其德，积其小善以成大名。”《象》“山上有木，渐。君子以居贤德善俗”，《折中》曰：“地中生木，始生之木也；山上有木，高大之木也。凡木始生，枝条骤长，旦异而夕不同；及既高大，则自拱把而合抱，自掾手而干霄，必须逾年积岁：此《升》与《渐》之义所以异也。”《升》巽下坤上、《渐》艮下巽上，两者差异在各自上下两卦取象关系中得到了一定程度的反映。但《渐》卦《折中》引毛璞曰：“《易》未有一义明两卦者。《晋》，进也；《渐》，亦进，何也？‘渐’非‘进’，以渐而进耳。”《晋》《渐》两者卦名上“进”与“渐进”的差异，在卦象上并没有得到反映，两者只有初六、六二和上九是相同的。

总体来看，《易经》中的一卦之命名，只要抓住卦象某一方面的特点即可成说。既没有考虑一卦卦象的多重维度，如一卦既有整体之象亦存在上下两卦取象关系，上下两卦又有取象、取义、方位关系的不同视角；也没有考虑该卦与其他相关诸卦乃至六十四卦整体上的关联。因此，卦名并没有达成与卦象之间的完全一致。例如，六十四卦卦名有《大过》《小过》、《小畜》《大畜》，但只有《大有》《大壮》而没有《小有》《小壮》。

然而，不成逻辑的卦名确立了一卦之义，如《同人》以“天下和同”为义，《革》卦讲“革除弊政”，《节》卦以“节制”为义，《贲》卦伸张“质朴”之道，等等，实际上把抽象性的卦象符号转换为以“卦名”为指向的特定情景，并进一步导致卦爻辞聚焦于以卦名为基础的某个意义聚类之内，并作为意义公设固定下来。例如，《谦》六爻爻辞非吉则利，与其说跟它“艮下坤上”的卦象有关，不如说源自“谦”这个隐含正面品德的卦名。因此，卦名不仅便利于对该卦的指称，更在于作为语境条款确立了卦爻辞的陈述边界，从而也限定了对该卦卦象的认知取向。作为符号体系的卦象的无限性义蕴，通过卦名中介，转换为作为文字体系的卦爻辞的特定所指。清人林迪光在为潘思榘《周易浅释》所作《跋》中指出：“《彖》多言象，而变在其中，爻多言变，而象在其中。不明时来，不知卦之来处，不求爻变，不知卦之去处。爻无所不包，旧说一概讲入身心政治上去，遗却许多道理。不如就其浅处说，而深处亦可通也。”无疑，卦名确定的语境边界是“旧说”迈向“一概讲入身心政治上去”的关键性一步。卦名确定“卦时”，并构成了一个类别概念。《程传》认为，六十四卦一理，但又呈现出一理的六十四种境遇，每一个个别卦作为独立贞问的单元，形成了一个概念聚类（场），卦爻辞主要围绕卦名底定的“卦时”形成典型属性的命题，从而也限定了卦爻象可能存在的其他义项。

第三节
卦爻辞概说

《系辞》“圣人设卦观象，系辞焉而明吉凶”，王弼《周易略例》“象者，出意者也”，卦爻象既是卦名的前提，也是卦爻辞的基础。

一、卦爻辞的总体情况

卦爻辞包括卦辞和爻辞。在《易经》中，每一卦的卦象后面都系以卦名，卦名后面都系以卦辞。每卦六爻又都各系爻题，爻题后面各系爻辞。卦爻辞少者二字，卦辞如《大有》“元亨”、《大壮》“利贞”。爻辞如《否》六三“包羞”、《恒》九二“悔亡”、《大壮》九二“贞吉”、《解》初六“无咎”、《兑》上六“引兑”。多者不超过三十字。其中，《坤》“元亨。利牝马之贞。君子有攸往，先迷，后得主，利。西南得朋，东北丧朋。安贞吉”达29字，是字数最多的卦辞。《睽》上九“睽孤。见豕负涂，载鬼一车，先张之弧，后说之弧。匪寇婚媾，往，遇雨则吉”与《复》上六“迷复，凶，有灾眚。用行师，终有大败，以其国君凶，至于十年不克征”分别达27字与25字，是字数最多的两则爻辞。

卦辞是卦名之后，对一卦的概括总结性文字，共有六十四条。例如，“元亨利贞”，就是《乾》卦卦辞。卦辞又称彖辞，可视为卦名的扩展或补充说明。彖（tuàn），从彑（jì）从豕。“彑”指“猪头”，猪头上吻部半包下吻部，彑豕会意“半包边的猪嘴”，本义为包边，引申为包括、概括、总结。因此，“彖辞”即“总括之辞”，旨在小结一卦之意。故《系辞下》曰：“彖者，材也。”材、财、裁古通用，即裁断也。爻辞是分别说明一卦六爻的文字。如“潜龙勿用”是《乾》初九爻辞，“见龙在田，利见大人”是《乾》九二爻辞。《周易》六十四卦，每卦六爻，再加上《乾》《坤》二卦的“用九”“用六”，共有386（6×64+2）条爻辞。

卦辞立足于全卦，裁断一卦之象，多论卦之吉凶。一卦包括六爻的变化组合，爻辞是一卦在各种情势下的具体之“变”与“动”，多论爻象之得失。《系辞上》：“彖者，言乎象者也。爻者，言乎变者也。”爻辞之“言乎变”，是言乎卦辞（及其背后卦象）之变，即将卦辞对卦象的概括性“裁断”分析为动态的变化过程。每一卦的六条爻辞既相对独立，静态地表达每一爻的意义，又以彖辞为中心揭示一卦的动态变化及其发展的意义系列，从而共同补足卦辞所裁断的一卦总体特征。“卦辞提纲挈领的概括，与六爻爻辞互为联系的分述，揭示出该卦卦象、爻象的象征本旨：卦爻的义理因之而显，全卦的哲学内容也由此得以体现。”[1] 因此，某一爻辞的拟定，要虑及该卦卦辞及其与其他诸爻的关系。如《坤》用六“利永贞”，《正义》曰：“此‘永贞’即《坤》卦之下‘安贞吉’是也。”《屯》初九“磐桓”，六二“屯如邅如，乘马班如。匪寇，婚媾。女子贞不字，十年乃字”，则都是对卦辞“勿用有攸往”的具体表达。《讼》“有孚，窒惕，中吉，终凶。利见大人。不利涉大川”，《折中》引王安石曰：“彖言乎其才也。‘讼，有孚、窒、惕、中吉’，此言九二之才也；‘终凶’，此言上九之才也；‘利见大人’，言九五之才也；‘不利涉大川’言一卦之才也。”亦即，《讼》卦辞中的“讼，有孚、窒、惕、中吉”映射九二爻辞“不克讼，归而逋。

1 黄寿祺、张善文：《周易译注》，第20页。

其邑人三百户，无眚”，“终凶”对应于上九爻辞“或锡之鞶带，终朝三褫之”，“利见大人”关涉九五爻辞“讼，元吉”；而“不利涉大川”则与全卦有关。

兹以《噬嗑》为例，再申卦辞与爻辞的关联性。

《噬嗑》“亨。利用狱”，《王注》：“凡物之不亲，由有间也；物之不齐，由有过也。有间与过，啮而合之，所以通也。刑克以通，狱之利也。”

初九“屦校灭趾，无咎”，《正义》曰：“屦谓著而履践也，校谓所施之械也。处刑之初，居无位之地，是‘受刑’之人，‘非治刑’之主……故校之在足，已没其趾，桎其小过，诫其大恶，过而能改，乃是其福。虽复‘灭趾’，可谓‘无咎’。”

六二“噬肤灭鼻，无咎”，《正义》曰：“六二处中得位，是用刑者。所刑中当，故曰‘噬肤’。肤是柔脆之物，以喻服罪受刑之人也。‘乘刚而刑，未尽顺道，噬过其分’，故至‘灭鼻’，言用刑大深也。‘无咎’者，用刑得其所疾，谓刑中其理，故‘无咎’也。”

六三“噬腊肉，遇毒，小吝无咎”，《正义》曰：“腊是坚刚之肉也。毒者，苦恶之物也。三处下体之上，失政刑人，刑人不服。若啮其腊肉，非但难啮，亦更生怨咎，犹噬腊而难入，复遇其毒味然也。三以柔不乘刚，刑不侵顺道，虽有遇毒之吝，于德亦无大咎，故曰：噬腊肉遇毒，小吝无咎也。”

九四“噬干胏，得金矢。利艰贞吉”，《正义》曰：“干胏是脔肉之干者，履不获中，居其非位，以斯治物，物亦不服，犹如‘噬干胏’然也。‘得金矢’者，金，刚也。矢，直也。虽刑不能服物，而能得其刚直也。‘利艰贞吉’者，既得刚直，利益艰难，守贞正之吉，犹未能光大通理之道，故《象》云‘未光’也。”

六五“噬干肉，得黄金，贞厉无咎”，《正义》曰：“干肉，坚也。以阴处阳，以柔乘刚，以此治罪于人，人亦不服，如似‘噬干肉’也。

‘得黄金’者，黄，中也。金，刚也。以居于中是黄也，‘以柔乘刚’是金也。既中而行刚，‘能行其戮，刚胜者’也。故曰‘得黄金’也。‘贞厉无咎’者，己虽不正，刑戮得当，故虽贞正自危而无咎害。位虽不当，而用刑得当，故《象》云‘得当’也。”

上九“何校灭耳，凶”，恶积既深，非寻常刑罪所能诫，至于“灭耳”之惩，故“凶”。

显见，该卦以“噬嗑”为名，以啮合为义，而引喻为刑法。啮，音niè，咬也。卦辞“利用狱”揭示了全卦的主题，六爻遂围绕这一主题而展开。《折中》引李过曰：“五，君位也，为治狱之主；四，大臣位也，为治狱之卿；三、二，又其下也，为治狱之吏。”四者皆施刑者，并强调刚柔相济的治狱之道；初上二阳为受刑者，以浅深而或无咎或凶。

二、卦爻辞的四种类型

高亨、朱伯崑等人将《易经》卦爻辞分为记事之辞、取象之辞、说事之辞、断占之辞四种类型[1]。

（一）记事之辞

记事之辞，“乃记载古代故事以指示休咎也”，包括“采用古代故事”与“记录当时筮事”两小类[2]。

第一，采用历史故事者。

《易经》卦爻辞中有不少内容记载了历史故事，主要包括：

1. 王亥丧牛羊于易

《大壮》六五：“丧羊于易，无悔。”《旅》上九：“鸟焚其巢，旅人

1 朱伯崑：《周易通释》，第64—73页。
2 高亨：《周易古经今注》（重订本），北京：中华书局，1984年版，第46页。

先笑后号咷。丧牛于易，凶。”王国维根据甲骨文中殷人祭祀王亥的记录，确定王亥是殷商先王。顾颉刚进一步推测王亥在易（狄族的一个方国）“服牛”“服羊”从事畜牧业的行实。《大壮》六五和《旅》上九分别反映了王亥从“无悔”到“凶”而“丧牛”“丧羊”的史实。

2. 高宗伐鬼方

高宗即商王武丁，是帝小乙之子、盘庚之侄。鬼方是严允部落建立的方国。据《古本竹书纪年》，武丁三十二年伐鬼方，三十四年克之，历时三年。《既济》九三：“高宗伐鬼方，三年克之，小人勿用。”是从殷人的角度讲。《未济》九四：“贞吉，悔亡。震用伐鬼方，三年有赏于大国。”是从周人的角度说。

3. 帝乙归妹

帝乙，一般认为是指殷纣王的父亲，他把小女儿（纣王之妹）嫁给了周文王。《泰》六五：“帝乙归妹，以祉元吉。”《归妹》六五：“帝乙归妹，其君之袂不如其娣之袂良。月几望，吉。” “袂”，代指嫁妆。“君”指出嫁的“妹”，“娣”是指出嫁之“妹”的妹妹。

4. 康侯用锡马蕃庶

康侯是周武王的弟弟，初封于康，后改封于卫，故称康侯，亦称康叔。《晋》：“康侯用锡马蕃庶，昼日三接。”是说康侯在平定管叔、蔡叔（管叔是周公之兄，蔡叔是周公之弟）、武庚（纣王之子）的反叛中一日三捷，把俘获的众多马匹作为战利品献给周成王。“赐”，既用于上对下的恩赏，也可用于下对上的进贡。

5. 箕子之明夷

箕子是纣王叔父，纣王暴虐，箕子谏而不听。《明夷》六五：“箕子之明夷，利贞。”“夷”，伤也。“明夷”，即光明受到损伤。《明夷》离下坤上，《坤》为地，《离》为日，日在地下。“箕子明夷”，指箕子近于至昏之君殷纣，无法逃避，只好佯狂而自晦其明以免杀身之祸。殷纣覆灭后，武王访箕子，箕子显其才智，授武王以《洪范·九畴》，这就像晚上太阳被地球遮掩，把光明藏起来，等到白天地球绕过太阳而重现光明，故曰“箕子明夷”。

6. 王用亨于岐山

《随》上六：“拘系之，乃从维之。王用亨于西山。”《升》六四：“王用亨于岐山，吉，无咎。”“王”是指周文王，“亨”即享，指祭祀。“岐山”即西山，在陕西省岐山县。文王被纣王囚拘，后来又“从”（即纵，释放）了他，文王回到周地即祭祀神祇以报答其护佑。

另外，《既济》九五“东邻杀牛，不如西邻之禴祭”，《解》上六“公用射隼于高墉之上，获之，无不利”，以及《比》“不宁方来，后夫凶”等，或皆是特定历史故事的记录，但具体所指已无从考实。

朱伯崑指出：“卦爻辞中之所以采用这些历史故事，其目的就是说明筮辞的用途和意义，在于指示人以休咎，即筮人用古代故事的过程来比附占筮者的前途，论定其休咎。”[1] 因此，这些历史故事旨在“说明筮辞”，故事本身并不是贞问的对象。例如，上引《升》六四“王用亨于岐山，吉，无咎”，《正义》曰：“六四处升之际，下体二爻，皆来上升，可纳而不可距，事同文王岐山之会，故曰‘王用亨于岐山’也。吉无咎者，若能纳而不距，顺物之情，则得吉而无咎。”亦即，“王用亨于岐山”是为了解释“六四处升之际，下体二爻，皆来上升，可纳而不可距”之象的。

第二，记录当时筮事者。

首先需要指出的是，高亨所举“记录当时筮事者”，有不少仍属于“采用历史故事者”的范畴，如“帝乙归妹”“王亥丧牛羊于易”“高宗伐鬼方”，皆在高先生的重复征引之列。不仅如此，高亨还将《坤》六二与《姤》九五中的“含章”解释为“克商”。他又结合《旅》上九“鸟焚其巢，旅人先笑后号咷。丧牛于易，凶”，认为《旅》六二“旅

1 朱伯崑：《周易通释》，第65页。

即次，怀其资，得童仆，贞”与九三“旅焚其次，丧其童仆，贞厉”，都是在说“王亥丧牛羊于易”的故事，以证明《周易》卦爻辞中“有时将一个故事，依其过程分系于一卦各爻”[1]。

而真正属于“记录当时筮事者”，实际只有两层内容。一是《周易》中的亨（包括元亨、小亨），高亨认为它们“皆记当时享祀之事”“以为来时之借鉴，以前占之果吉，证后占之必吉，以前事之有利，证后事之必利，其用意亦在于指示休咎也”[2]。二是《周易》中记录的一些故事。如《睽》九四“睽孤。遇元夫，交孚，厉，无咎”与上九“睽孤。见豕负涂，载鬼一车，先张之弧，后说之弧。匪寇婚媾，往，遇雨则吉”，高亨认为“所言为一故事甚明”[3]。又如《益》六三“益之，用凶事，无咎。有孚中行，告公用圭”与六四“中行告公从，利用为依迁国”，高亨认为：“其辞相联，所言为一故事尤甚明。”[4]

从高先生所举“记录当时筮事者”的实例来看，基本都没有时间与地点的限定；“元夫”以及“中行告公”中的“公”，也不是实指。例如，《益》六三“益之，用凶事，无咎。有孚中行，告公用圭”中的“公”，《王注》曰：“公者，臣之极也。凡事足以施天下，则称王，次天下之大者，则称公。六三之才，不足以告王，足以告公，而得用圭也。”同样，所举“见豕负涂，载鬼一车”“鸟焚其巢”等“故事”更是“虚象”而非实指。因此，它们并不是“当时筮事”的具体、现实事件的记录。

《周官·春官·大卜》：“以邦事作龟之八命，一曰征，二曰象，三曰与，四曰谋，五曰果，六曰至，七曰雨，八曰瘳。以八命者赞三兆、三易、三梦之占，以观国家之吉凶，以诏救政。”大卜负责根据国家大事制作八个方面的命龟之辞：一是有关征伐，二是有关天象，三是有关

1 高亨：《周易古经今注》（重订本），第49页。
2 同上书，第48页。
3 同上书，第49页。
4 同上。

赐予，四是有关谋议，五是有关事情果能成功与否，六是有关到达与否，七是有关下雨与否，八是有关病愈与否。“借用这八个方面的命辞，帮助［推演］三类兆象、三种《易》书和三种梦书之占，以观察国家的吉凶，［如果不吉］就告诉王采取挽救国政的措施。”[1] 董作宾认为，“除八命之外，尚有祭、旅、丧之三种”[2]。从出土甲骨卜辞来看，上述十一种命辞基本都是根据现实中的具体卜问事件所作的归纳。

近代以来的学者，亦从内容的角度对卦爻辞进行分类，如李镜池统计占筮的范围包括：行旅、战争、享祀、饮食、渔猎、牧畜、农业、婚媾、居住及家庭生活、妇女孕育、疾病、赏罚讼狱十二类[3]。然而，这只是对卦爻辞所涉内容的分析，但所涉内容并不是具体的贞问事件，而是设事以解说卦爻象的记录。对卦爻辞分类研究的思路是，从史料角度研究卦爻辞，从而确认卦爻辞“为研究我国古代殷、周社会史提供了珍贵的史料”[4]。正是在史料意义上，近现代学者既否认了“人更三圣”或“四圣”的神圣性，也拓展了卦爻辞研究的新领域，《易经》也成为一部史料之作，而不是或不主要是经学著作。诚然，“近人研究《易经》的一大收获，就是从社会史的领域去探讨”“卦爻辞所反映的社会生活，包括远古时代、殷商时期和西周初期三个阶段，其中，特别集中地反映了殷周时期的社会面貌、阶级斗争、政治经济制度及思想方面的情况，为研究我国古代殷、周社会史提供了珍贵的史料”[5]。例如，郭沫若撰写于19世纪20年代末的《周易时代的社会生活》一文认为，卦爻辞“除强半是极抽象、极简单的观念文字之外，大抵是一些现实生活……如果把这些表现现实生活的文句分门别类地划分出它们的主从出来，我们可以得到当时的一个社会生活的状况和一切精神生产的

---

1 杨天宇：《周礼译注》，上海：上海古籍出版社，2016年版，第466页。
2 董作宾：《商代龟卜之推测》，第466页。
3 李镜池：《周易筮辞考》，《周易探源》，第33—34页。
4 朱伯崑：《周易通释》，第54页。
5 同上。

模型”[1]。

然而，史料视角的研究实际上把卦爻辞所记录的内容当成了本体，而没有认识到卦爻辞的本质是喻体，即以比喻的方式解说卦爻象，卦爻象才是本体。例如，关于重农思想，一般认为卦爻辞中直接提到与农业有关的有五处[2]：

1.《小畜》上九“既雨既处，尚德载”，德训为得，裁训为菑，意为下雨后尚得施耕。

2.《无妄》六二“不耕获，不菑畬，则利有攸往”，不耕作而要收获、不开垦而要地熟，虽有利于外出，但田地荒芜而无收获。

3.《剥》上九“硕果不食，君子得舆，小人剥庐”，君子掠夺丰硕的成果，载车而去。小人不得硕果，而且房子也被君子拆毁了。

4.《姤》九五“以杞包瓜，含章，有陨自天”，用杞柳把瓜包起来，内藏文采，从天上陨落。

5.《否》九五“其亡其亡，系于苞桑”，苞桑取譬于根深柢固之义，经常念及危亡，反得“系于苞桑”之安全。

从史料的角度讲，上述内容确实反映了古人对农业生产问题的认识。但作为卦爻辞，这五条记录都不是要追问相关农业生产问题本身的吉凶悔吝，而是将农业生产、生活的认识或总结农业经验的认知转进为喻体、取象或比兴，以说明或解释卦爻象的内容。同样，《坤》，《离》，《无妄》六三，《大畜》九三、六四、六五，《遁》六二，《大壮》九三、九四、六五、上六，《睽》初九，《夬》九四，《姤》初六，《归

1 郭沫若：《周易时代的社会生活》，《郭沫若全集》（历史卷一），北京：人民出版社，1982 年版，第 38 页。

2 朱伯崑：《周易通释》，第 54—55 页。

妹》上六，《涣》初六，《中孚》六四，《旅》上九，皆涉及牧畜业；而如果以内容为标目，可以发现卦爻辞中涉及服饰方面的内容有黄裳、鞶带、素履、茀等，涉及商业方面的内容有资、童仆、资斧、十朋之龟、贝、朋等，涉及刑狱方面的内容有狱、桎梏、系、校、徽纆、丛棘、天、劓、株木（刑杖）、幽谷、形渥（即刑剭）等。它们也都是旨在说明吉凶的工具，而不是要获得牧畜业、服饰、商业、刑狱本身的吉凶。亦即，它们是旨在解说吉凶的，而不是追问所记内容自身的吉凶。

（二）取象之辞

取象的本质是“以具体之事物表达抽象之道理”。“《周易》取象之辞，以其所取之象分之，亦有二类：一曰就物取象，如《乾》之言‘龙’，《渐》之言‘鸿’，是也，二曰就人取象，如《需》之言‘需’，《咸》之言‘咸’，是也。”[1] 取象之辞的内容，简单者似《诗经》的比兴，复杂者似散文中的寓言。

第一，近于《诗经》比兴之例。

1.《明夷》初九：“明夷于飞，垂其翼。君子于行，三日不食。有攸往，主人有言。”翼、食同韵相叶，可与下述《诗经》中的有关诗句相比照。《小雅·鸿雁》：“鸿雁于飞，肃肃其羽。之子于征，劬劳于野。”《邶风·燕燕》：“燕燕于飞，差池其羽。之子于归，远送于野。”

2.《中孚》九二：“鸣鹤在阴，其子和之，我有好爵，吾与尔靡之。”和、爵、靡，古音同韵，可与下述《诗经》中的有关诗句相比照。《小雅·鹤鸣》：“鹤鸣于九皋，声闻于野。鱼潜在渊，或在于渚。乐彼之园，爰有树檀。”《郑风·萚兮》：“萚兮萚兮，风其吹女。叔兮伯兮，倡予和女！”

3.《否》九五：“休否，大人吉，其亡其亡，系于苞桑。”亡、桑

1 高亨：《周易古经今注》（重订本），第51页。

相韵。

4.《大过》九二：“枯杨生稊，老夫得其女妻，无不利。”九五：“枯杨生华，老妇得其士夫，无咎无誉。”稊与妻，华与夫皆相韵。

此外，《震》“亨。震来虩虩，笑言哑哑，震惊百里，不丧匕鬯”、初九“震来虩虩，后笑言哑哑，吉”、六二“震来厉，亿丧贝，跻于九陵，勿逐，七日得”、上六“震索索，视矍矍，征凶。震不于其躬，于其邻，无咎。婚媾有言”等对雷的描述，都有歌谣化的倾向。

相比而言，卦爻辞中的这些诗谣（繇）不见于甲骨卜辞。而跟《诗经》相较，其“内容简单而语言简古质朴，《诗经》中的风、雅诗章，内容丰富而语言流畅圆润”[1]。因此，卦爻辞中的诗谣可视为《诗经》的前驱。

第二，近于散文中的寓言之例。

寓言是用比喻性的故事寄托意味深长的道理，其核心要素有三：一是虚构故事情节，二是借用比喻、夸张、象征、拟人等手法，三是寄寓一定的道理。例如，《履》六三“眇能视，跛能履，履虎尾，咥人，凶。武人为于大君”，“眇能视，跛能履”是说有眼病而要看清、有足疾而要行走，借以表示虚弱而盲目妄动。“履虎尾”是说踩在老虎尾巴上，借以表示鲁莽行事，它们都是虚构而非实指，旨在告诫人们，目标应与自己的能力及所处的地位相应，否则就会招致凶险。《井》九二“井谷射鲋，瓮敝漏”，是说投射井中的小鱼，结果罐破水漏，借以表示没有收获。《睽》六三“见舆曳，其牛掣，其人天且劓，无初有终”，“见舆曳”指见到大车被拽住，象人逆物而行；“其牛掣”象受到大力似牛者牵掣；“其人天且劓”象人受重刑，借以表示行动不顺畅。显然，上述诸例皆用比喻、夸张、象征、拟人等手法虚构出特定的故事情节，借以说明卦爻象可能蕴含的道理。

1　朱伯崑：《周易通释》，第52页。

而无论是比兴还是寓言，取象之辞都是“指示休咎”的象征性说明，是工具性存在而不是本体性存在。正如朱伯崑指出：“所谓取象之辞，就是指采取一种事物来作为人事的象征，从而指示休咎的卦爻辞。”[1]

（三）说事之辞

即“通过直接叙说人的行事来指示休咎的卦、爻辞。就说事之辞的用途而言，其所叙说人的行事内容、是非、成败，就是休咎的原因或现象。因此，说事之辞本身也就包含有休咎的意义”[2]。总体上，说事之辞概分三类[3]：

一是“将叙说的相类的事物综合归属于一卦，以示人的休咎”，如《临》旨在解说统治者如何统治人民的道理。初九“咸临，贞吉”。咸，无心之感，统治者内心诚恳而不做作，以此待天下百姓，宜其“贞吉”。六三“甘临，无攸利。既忧之，无咎”，统治者以令辞蛊惑人心，必“无攸利”；若“既忧之”，已经意识到自己的过失，能忧惧改过，则可“无咎”。

二是“把叙述相同的事件重复于一卦而断占结果稍异”，如《谦》六二“鸣谦，贞吉”与上六“鸣谦，利用行师征邑国”。又如，《蛊》初六“干父之蛊，有子，考无咎，厉终吉”、九三“干父之蛊，小有悔，无大咎”与六五“干父之蛊，用誉”。

三是“将叙述相同的事件重复于两卦的爻辞，以示人的休咎”，如《损》六五与《益》六二皆云“或益之十朋之龟，弗克违”，结果分别是“元吉”和“永贞吉”；《泰》六四、《谦》六五皆为“不富以其邻”，其结果分别是“不戒以孚”和“无不利”。

---

1 朱伯崑：《周易通释》，第66页。
2 同上书，第67—68页。
3 同上书，第68—69页。

显然，说事之辞的本质是通过现实中的具体行事以解释吉凶悔吝的原因，而不是要贞问这些行事本身的吉凶结果。所说之事在现实中是真实存在的，事件的性质往往可以直接指示吉凶。所以，说事之辞往往省略断语，如《讼》上九“或锡之鞶带，终朝三褫之”，受到君王赐给的腰带，一天之内被夺三次，以喻通过争讼而获得的高官厚禄并不值得庆贺，也不能永保长久。又如，《观》“盥而不荐，有孚颙若”，祭祀开始进行倾酒降神仪式，尚未及献飨，心中诚敬即已表现出来，因而喻含吉祥之义。

（四）断占之辞

断占之辞相当于卜辞中的占辞（亦称“果辞”），是对吉凶结果的判断。我们知道，卜辞中的占辞主要包括两种类型。

一是抽象占辞，直接用“吉”“大吉”“亡尤”“亡祸”“不若（顺）”“利”“不利”“受佑”“不受佑”等术语，表示抽象的结果。

二是具体占辞，用“其雨”“其风”“受年”“不雨”“不风”“不受年”等表征结果的具体性。卜辞中有大量针对具体事件结果的直接记录，如“作邑于之（兹）”（《乙》3212）、“受年”（《存》157）、“其雨”（《乙》3421）。也有大量选择性的占卜结果，如“不令风”或“令其风”（《丙》109）、“父乙宾于祖乙”或“父乙不宾于祖乙”（《丙》338）、“方允其来于沚”与“不其来”（《合集》6728）。这类具体占辞，不是笼统地回答吉凶，而是对时间、地方、人物、事件本身的直接回应，实际上是吉凶结果的具体化。如“方允其来于沚”（“方”侵犯“沚”这个地方）与“不其来”，就是将吉凶具体化为“不其来”（吉）与“方来沚”（凶）的明确结论。

《朱子语类》卷六十六曰：“《易》本卜筮之书。”旨在定吉凶的断辞也是卦爻辞的重要组成部分。参考卜辞中的占辞可知，卦爻辞中的断辞也包括两大类型，高亨概括为“系有论断休咎之语句”者和“含有指示休咎之意义”者[1]。

1. 论断休咎之语句

这类断辞相当于卜辞中的抽象占辞。《系辞上》曰：“是故吉凶者，失得之象也；悔吝者，忧虞之象也。”又曰：“吉凶者，言乎其失得也；悔吝者，言乎其小疵也。无咎者，善补过者也。”吉凶、悔吝、无咎，是卦爻辞中抽象断辞的主要类型。另外，还有厉、福（祉）等等。拿“吉凶”来说，根据《说文》的解释，“吉，善也”，“凶，恶也。象地穿交陷其中也”。吉，即吉祥、善福；凶，即祸殃、有大的灾难。“吉凶为是非之两端，吉就是行事合宜，有所得；凶就是行事不合宜，有所失”[2]，《系辞》分别用得与失（丧）表示。

2. 指示休咎之意义

类似于卜辞中的具体占辞，卦爻辞中也有大量具体化的断语，诸如（不）利涉大川、（不）利有攸往、无攸往、其匪正有眚、行有尚、先否后喜、勿药有喜、田获三品等，实际上就是将吉或凶的抽象结论具体化、明确化。

三、卦爻辞中象辞与断辞的二分结构

《周官·春官宗伯·占人》曰：“占人掌占龟。以八筮占八颂，以八卦占筮之八故，以眡吉凶。”郑注：“占人亦占筮，言‘掌占龟’者，筮短龟长，主于长者。‘以八筮占八颂’，谓将卜八事，先以筮筮之。言‘颂’者，同于龟占也。以八卦占筮之八故，谓八事不卜而徒筮之也。其非八事，则用九筮，占人亦占焉。”[3]“占人亦占筮”，说明龟占与蓍筮往往浑言不别。《易经》卦爻象可视为对龟卜兆象的模拟，卦爻

---

1 高亨：《周易古经今注》（重订本），第 56 页。
2 高怀民：《先秦易学史》，第 104 页。
3 郑玄注、贾公彦疏：《周礼注疏》（中），第 935 页。

辞与卜辞都具有卜筮性质。《说文》:“辞,讼也。”辞,从辛,《说文》:“辛,大罪也。”辞就是纷争辩讼的判辞,与英语中既作“句子”解亦表“判断”之义的 sentence 相当。而卦爻辞的终极本质即在于“定吉凶”,《系辞上》对此三致意焉:“圣人设卦观象,系辞焉而明吉凶。”又曰:“齐小大者存乎卦,辩吉凶者存乎辞。”又曰:“系辞焉以断其吉凶。”正因卦爻辞保留了“明吉凶”的卜筮指向,因而文词古奥,且有许多与卜辞相类的吉凶休咎之语。

但灼龟取兆旨在获得具体占问之事的吉凶。从卜辞的七个组成部分来看,前辞、命辞、验辞、序数和兆辞都是客观性的事实记录,它们都围绕具体贞问之事(命辞)而展开。占辞是基于兆纹对吉凶结果的判断,兆纹是“客观”依据,但如何据“客观”兆纹以定吉凶,则不免有主观色彩。决辞是针对占辞结果而进行的纯粹主观性的从违选择。显见,卜辞既记录贞问之事,亦记录兆象所示之吉凶,但却没有兆象与占辞之间关联性的说明,即不解释如何从兆象得出孰吉孰凶的原因。

对比于卜辞可知,卦爻辞有表示吉凶的断辞,但没有针对具体卜问之事的记录,而是以记事、取象、说事的方式解释卦爻象与占辞结果之间的关联,解说某卦爻象何以有此吉凶结果的原因。正是在这一意义上,卦爻辞实际上只分两种类型,一是作为目的论的断占之辞,朱伯崑说:“卦爻辞的根本意义是用来指告人事的吉凶祸福。”[1] 二是作为工具论的记事、取象、说事之辞,解释断辞吉凶结果的原因。记事、取象、说事之辞可以概称为象辞,象辞旨在说明卦爻象与断辞的关联性,其本身并没有独立存在的意义。

当然,以“明吉凶”为职志的《易经》卦爻辞有不少是没有断辞的。如《随》上六“拘系之,乃从维之。王用亨于西山”,但实际上“其休咎寓于故事之中,或取其事之结果”。《坤》上六“龙战于野,其

1 朱伯崑:《周易通释》,第 64 页。

血玄黄”，比喻战争双方皆有牺牲，“凶”象不言而喻，故“仅有取象之辞而无断占之辞者，其休咎寓于象中也”。《比》六三“比之匪人”，意为与不正派的人结党营私，其吉凶结果不言自明，正如朱熹《周易本义》指出：“阴柔不中正，承乘应皆阴，所比皆非其人之象。其占大凶，不言可知。”因此，这些“仅有说事之辞，而无断占之辞者，其休咎寓于行事中也”“故卦爻之下虽无断占之辞，仍不失其占事之用焉”[1]。又如《恒》九四“田，无禽”，《正义》曰：“田者，田猎也，以譬有事也。无禽者，田猎不获，以喻有事无功也。”象辞“田无禽”已经显示劳而无功的结果。《需》九三“需于泥，致寇至”，《本义》：“泥，将陷于险矣。寇，则害之大者。九三去险愈近而过刚不中，故其象如此。”《同人》九五“同人先号咷而后笑，大师克，相遇”，《王注》：“近隔乎二刚，未获厥志，是以‘先号咷’也；居中处尊，战必克胜，故‘后笑’也；不能使物自归，而用其强直，故必须‘大师克’之，然后‘相遇’也。”九五与六二相应而“同人”，但有九四、九三相隔，故以中正之尊“大师克”，与六二“相遇”。“先号咷而后笑”是果，“大师克，相遇”是缘象释原。显见，缺失断辞是因为象辞本身转化成了“指示休咎之意义”的断辞，直接担当了“明吉凶”的职能。它们“不用此等字而休咎自见，仍属断占之辞”“利害亦在辞中焉”[2]。

断辞缺失的另一个原因是让占者自审，反映了吉凶存乎其人的思想。如《咸》上六“咸其辅颊舌”，马振彪《周易学说》引刘沅：“上六以阴居《兑》说之终，以言感人，未为全非，但所感者浅耳，故不言吉凶，俟占者自审。”《蹇》六二“王臣蹇蹇，匪躬之故”，《本义》：“不言吉凶者，占者但当鞠躬尽力而已，至于成败利钝，则非所论也。”《升》九三“升虚邑”，《折中》引苏轼：“以阳用阳（按，指九三阳居刚位），其升也果矣，故曰‘升虚邑，无所疑也’（按，此是引《小象》

1 高亨：《周易古经今注》（重订本），第 56 页。
2 同上书，第 57 页。

之言)；不言‘吉’者，其为祸福未可知也，存乎其人而已。”这类断语的省略，反映了《易经》作为“卜筮之书”的最初动机正在褪色。

另一方面，卦爻辞中也有缺少象辞的现象，如《乾》“元亨利贞”、《坤》用六“利永贞”、《恒》九二“悔亡”。象辞省略既反映了其吉凶结果明明显然，无须借象辞以明吉凶；也体现了断辞的意义化，即断辞转化成了旨在说明吉凶结果之原因的象辞，承担了象辞解释、说理的职能。如《谦》“亨。君子有终”，《正义》曰：“谦必获吉，其吉可知，故不言之。况《易经》之体，有吉理可知而不言吉者，即此《谦卦》之繇及《乾》之九五‘利见大人’，是吉理分明，故不云吉也。诸卦言吉者，其义有嫌者，爻兼善恶也。若行事有善，则吉乃随之。若行事有恶，则不得其吉。诸称吉者，嫌其不言，故称吉也。若《坤》之六五及《泰》之六五，并以阴居尊位，若不行此事，则无吉，若行此事，则得其吉，故并称‘元吉’。其余皆言吉，事亦仿此。亦有大人为吉，于小人为凶，若《否》之九五云‘休否，大人吉’是也。或有于小人为吉，大人为凶，若《屯》之九五‘小贞吉，大贞凶’及《否》之六三‘包承，小人吉’之类是也。亦有其吉灼然而称吉者，若《大有》上九‘自天祐之，吉无不利’之类是也。但《易》之为体，不可以一为例。今各随文解之，义具诸卦之下。今《谦卦》之繇，其吉可知也。既不云‘吉’，何故初六、六二及九三并云‘吉’者?《谦卦》是总诸六爻，其善既大，故不须云‘吉’也。六爻各明其义，其义有优劣，其德既不嫌其不吉，故须‘吉’以明之也。”

因此，象辞或断辞的缺失，并不能否认卦爻辞中象辞与断辞二分的事实。朱熹《本义》即将卦爻辞分为象、占二类，如“潜龙勿用”中的“潜龙”为象辞，“勿用”为占辞，亦称兆辞，而“分清象辞与兆辞是读懂《周易》的核心所在”[1]。二分体系意味着卦爻辞的本质有二：

1 刘正、杨冰：《推卦易知录：〈周易〉通说》，石家庄：河北人民出版社，1989年版，第7页。

一是根据卦爻象判定吉凶悔吝的结果，主要体现为断辞。二是解释吉凶结果的原因，主要体现为象辞。《系辞》曰：“《易》有四象，所以示也。系辞焉，所以告也。定之以吉凶，所以断也。”象“示”吉凶，但需要通过辞来“告”“断”。大致来说，断辞是“断”吉凶，可以理解为是将卦爻象所反映的神意“翻译”为吉凶悔吝的人类语言。象辞是“告”吉凶，即对何以有此“翻译”结果的“解释”。

（一）从甲骨卜辞记录具体贞问之事到《易经》象辞对吉凶原因的解释

在甲骨卜辞中，命辞记录具体贞问之事，前辞则从时间、地点、人物的角度限定该事件的具体性。而在《易经》卦爻辞中，只有记事之辞勉强可与卜辞中命辞的记事性相比附。但记事之辞并不是要追问该事件本身的吉凶结果，而是指向何以有该吉凶结果的原因性说明。正如高亨指出：“说事之辞，其用途亦在指示人以休咎，其表达方法，则较记事之辞与取象之辞为简捷。盖记事之辞，乃采用古代故事为例以指示休咎。”[1] 记事之辞已经超越了所记之事本身的具体性，从卜辞追问“该事件本身的吉凶”转进为“何以有此吉凶结果的解释与说明”。唯其如此，高亨将记事之辞分为“采用历史故事者”与“记录当时筮事者”两类，但在对后者的论述中仍以“采用历史故事者”为叙述对象。如《既济》九三“高宗伐鬼方，三年克之，小人勿用”，就是典型的“采用历史故事者”。《正义》曰：“高宗者，殷王武丁之号也，九三处《既济》之时，居文明之终，履得其位，是居衰末，而能济者也。高宗伐鬼方，以中兴殷道，事同此爻，故取譬焉。高宗德实文明，而势甚衰惫，不能即胜，三年乃克，故曰‘高宗伐鬼方，三年克之’也。”亦即，“高宗伐鬼方”的历史故事，旨在说明“居衰末，而能济者”之象，并

1 高亨：《周易古经今注》（重订本），第54页。

解释导致“三年克之，小人勿用”结果的原因。

因此，卦爻辞中所涉时间、地点、人物等要素，并不是对所记之事的现实限定。以人物为例，《易经》卦爻辞中有天子 1 见，大君 3 见，国君 1 见，王 19 见，公 5 见，侯 5 见，武人 2 见，臣 2 见，邑人 3 见，幽人 2 见，刑人 1 见，妾 1 见，童仆 2 见[1]，但他们都不实指某个具体的“王”“大君”“臣”等等。以“幽人”为例，《履》九二“履道坦坦，幽人贞吉”，履者，礼也，其道尚谦，九二处阴位且在内卦之中，故以“幽人”为喻，幽人以其处阴得中之“幽”而成为断辞“贞吉”的原因，《王注》曰：“履道之美，于斯为盛。故‘履道坦坦’。”《归妹》九二“眇能视，利幽人之贞”，《正义》曰：“九二虽失其位，不废居内处中。”亦以处阴居中而称“幽人”。“视虽不正，不废能视”，端在“居内处中，能守其常，施之于人，是处幽而不失其贞正也”。显然，《易经》中的二处“幽人”都是指幽静（处阴）、安恬（居中）之人，而不是实指某个具体的“幽人”。同样，“凡易称帝称王侯，皆因卦象，而不必有所指”[2]。

再如，《渐》“女归吉，利贞”，《正义》曰：“渐者，不速之名也。凡物有变移，徐而不速，谓之渐也。女归吉者，归嫁也。女人生有外成之义，以夫为家，故谓嫁曰‘归’也。妇人之嫁，备礼乃动，故渐之所施，吉在女嫁，故曰‘女归吉’也。利贞者，女归有渐，得礼之正，故曰‘利贞’也。”显见，这是“用古代女子出嫁须备礼渐进、利于守正为喻，说明物进宜渐之理”[3]，而非卜问现实中某“女”出嫁的具体吉凶。又如，《巽》初六“进退，利武人之贞”，初六卑柔，处进退犹疑之际，勉以“武人之贞”则得其宜。《巽》九二“巽在床下，用史巫纷若，吉，无咎”，《王注》：“卑甚失正，则入于咎过矣。能以居中而

1 朱伯崑：《周易通释》，第 57 页。
2 尚秉和著、常秉义点校：《易说评议》，第 12 页。
3 黄寿祺、张善文：《周易译注》，第 437 页。

(效史巫)施至卑于神祇,而不用之于威势,则乃至于‘纷若’之吉,而亡其过矣。”即用作为接事鬼神的史巫之卑喻九阳处二位之阴;用纷若(盛多)喻居下卦中位之德,因中德而能致盛多之吉。它与《巽》初六的“武人”一样,并不是要占问史巫自身的吉凶结果。

同样,卦爻辞中所记之物事也是作为喻体以解释吉凶的原因。如《渐》初六“鸿渐于干,小子厉,有言,无咎”,鸿飞于干(干,水涯也),以喻初六“始进而未得其位”之象,即以水鸟(鸿)自下而上飞翔,喻《渐》卦“适进”之义。《渐》六二“鸿渐于磐,饮食衎衎,吉”,磐为山石之安者。衎衎,乐也。鸿飞于可安之地,乐享饮食,以比拟六二“进而得位,居中而应”之象,故可获吉福。《正义》引马季良云:“鸿是水鸟,非是集于山石陵陆之禽,而爻辞以此言‘鸿渐’者,盖渐之为义,渐渐之于高,故取山石陵陆,以应渐高之义,不复系水鸟也。”亦即,鸿作为水鸟不可能“渐于磐”,爻辞只是取象以喻“渐渐之于高”之义而已。再如,《未济》“亨。小狐汔济,濡其尾,无攸利”,汔,指将欲济渡。这是用小狐力弱不济、虽欲渡河而濡湿其尾,比拟“未济”之义。它与“鸿渐于干”“鸿渐于磐”等记事之辞一样,都不是要追问其本身的吉凶,而是用以解释吉凶的原因。所以,《蒙》“亨。匪我求童蒙,童蒙求我。初筮告,再三渎,渎则不告。利贞”,这里的“我”,显指卜筮者,但没有交代“童蒙求我”以及“初筮”“再三”的具体所指。《比》“吉。原筮,元永贞,无咎。不宁方来,后夫凶”,比吉,指因亲比而吉。亲比之道在于“原筮”,即《正义》所云“原穷其情,筮决其意,唯有元大永长贞正,乃得无咎”,值此“宁乐之时,若能与人亲比,则不宁之方,皆悉归来”“亲比贵速,若及早而来,人皆亲己,故在先者吉。若在后而至者,人或疏己,亲比不成”。孔颖达用“原穷其情,筮决其意”解释“原筮”,并指出“唯有元大永长贞正,乃得无咎”。显见,它实际上与取象之辞、说事之事一样,都是为了说明断占之辞的原因。

上引《系辞上》反复提及“系辞焉而明吉凶”“辩吉凶者存乎辞”“系辞焉以断其吉凶”，表明“卦爻辞之主要目的在于明断吉凶”[1]。但从二分体系来看，卦爻辞既用断辞“断吉凶”，即将卦爻象所“示”的神喻“翻译”为吉凶悔吝的结果；也用象辞“明”“辩”吉凶的原因，即对吉凶悔吝的结果予以“解释”，说明神意是可以通过“取象之辞”予以理解与把握的，这是《易经》相较于卜辞的一个重大进步。因为旨在“解释”吉凶结果的原因，而非究心自身的吉凶结果，所以，象辞中有很多现实中并不存在的异象（如“履虎尾”）或与现实情况不符之象（如“鸿渐于磐”）。即便是实象，也或省略时间、地点、人物等具体要素，或时间、地点、人物诸要素转换为超越具象的抽象化存在——就像上面所举“幽人”之例那样。

（二）象辞对断辞结果的解释方式

象辞以“象”（比喻）为形式，解释断辞的吉凶结果。《坤》初六“履霜，坚冰至”，《正义》曰：“凡易者，象也。以物象而明人事，若《诗》之比喻也。或取天地阴阳之象以明义者，若《乾》之‘潜龙’‘见龙’，《坤》之‘履霜坚冰’‘龙战’之属是也。或取万物杂象以明义者，若《屯》之六三‘即鹿无虞’，六四‘乘马班如’之属是也。如此之类，《易》中多矣。或直以人事，不取物象以明义者，若《乾》之九三‘君子终日乾乾’，《坤》之六三‘含章可贞’之例是也。圣人之意，可以取象者则取象也，可以取人事者则取人事也。故《文言》注云：‘至于九三，独以君子为目者何也？’‘乾乾夕惕，非龙德也’。故以人事明之，是其义也。”孔颖达认为，象辞旨在明人事，也即“明义”。所谓“直以人事，不取物象以明义”，也说明“义”是专就“人事”而言的。而人事之义，大抵有“取天地阴阳之象”“取万物杂象”

---

1 高怀民：《先秦易学史》，第 84 页。

以及“直以人事”以明之三种类型。以《坤》为例，六二“直方大，不习无不利”，是以大地之物象为喻，明六二居中得位，不假修营，而有“无不利”的结果。六三“含章可贞，或从王事，无成有终”，是以人事为喻。六为阴柔、三为臣位，内含章美之德，或从于政事，为而不居其成功，故“有终”。六五“黄裳元吉”，是以“天地阴阳之象”为喻。黄者，中色；裳者，下饰。“坤”以臣道居五之君位，是极尊宠而能以中、下为德，故得“元吉”。

《易经》中的象辞与断辞总体上是对应的，从象辞的取象到断辞的结果，构成了自足的因果链条。如《坤》六四“括囊，无咎，无誉”，通过“括囊”之象说明“无咎，无誉”之果。《正义》曰：“括，结也。囊所以贮物，以譬心藏知也。闭其知而不用，故曰括囊。功不显物，故曰无誉。不与物忤，故曰无咎。”《师》六三“师或舆尸，凶”，通过“师或舆尸”之事以明“凶”意。《履》“履虎尾，不咥人，亨”，是用“履虎尾，不咥人”的虽危而无害之象，说明“亨”的原因。《泰》六五“帝乙归妹，以祉元吉”，六五履中处尊，下应九二，以相感通，与“帝乙归妹”（妹为阴，处尊而下嫁）相类，故拟之以喻处尊履中而能下交众庶故获得祉福的道理。上述例证，都是象辞在断辞之前，形成“因为—所以”的推导模式。此外，也有象辞后置，形成“所以—因为”式的后续说明。如《升》六五“贞吉，升阶”与《谦》六四“无不利，㧑谦”，其中的“升阶”“㧑谦”都是象辞后置，用以解释前面断辞“贞吉”与“无不利”的原因。

当然，象辞与断辞的对应关系又是复杂的。上述断辞或象辞的缺失就是其复杂性的表现之一。此外，两者关系的复杂性还体现在下述几个方面。

第一，象辞与断辞不一一对应。如《涣》“亨。王假有庙，利涉大川，利贞”，《折中》曰：“‘假庙’者，所以聚鬼神之既散也；‘涉川’者，所以聚人力之不齐也。盖尽诚以感格，则幽明无有不应；秦越而共舟，则心力无有不同。此二者，涣而求聚之大端也。然不以正行之，则必有黩神、犯难之事，故曰‘利贞’。”这是以“王假有庙”“利涉大川”二象共喻“利贞”之一断。《睽》初九“悔亡。丧马勿逐自复。见恶人无咎”，元王申子《大易缉说》曰：“失马逐之，则愈逐愈远；恶人激之，则愈激愈睽。故勿逐而听其自复，见之而可以免咎也。处睽之初，其道当如此。不然，睽终于睽矣。”这里，“丧马勿逐”“见恶人”二象共义。《鼎》初六“鼎颠趾，利出否，得妾以其子，无咎”，《王注》：“凡阳为实而阴为虚，鼎之为物，下实而上虚。而今阴在下，则是为覆鼎也，鼎覆则趾倒矣。否谓不善之物也。取妾以为室主，亦‘颠趾’之义也。处鼎之初，将在纳新，施颠以出秽，得妾以为子，故‘无咎’也。”这里的“鼎颠趾”“得妾以其子”也是二象一义。与之相反，《复》初九“不远复，无祇悔，元吉”，迷而不远即复，故无大悔（祇者，大也）而能得大吉，则是以“不远复”之象而得“无祇悔”“元吉”二断语。

第二，诸象呈现为或递进或转折的关系。如《鼎》九四“鼎折足，覆公餗，其形渥，凶”，九四处上体之下，故有足象。鼎足既折，则覆公之餗；既覆公餗，体则渥沾，故“凶”，形成了层层递进的关系，以喻“知小而谋大，力薄而任重，如此必受其至辱，灾及其身也”（《正义》）。《艮》“艮其背，不获其身，行其庭，不见其人，无咎”，止于背，不获见其身；虽近在庭中，亦不见其人，也是递进关系。《需》六四“需于血，出自穴”，《本义》：“血者，杀伤之地；穴者，险陷之所。四交坎体，入乎险矣，故为‘需于血’之象；然柔得其正，需而不进，故又为‘出自穴’之象。占者如是，则虽在伤地而终得出也。”这里，“需于血”与“出自穴”体现为转折关系。

第三，断辞与象辞回环、混合。如《蒙》六三“勿用取女，见金夫，不有躬。无攸利”，金夫指上六，六三以女体上求，故“不有躬”。再以“见金夫，不有躬”为原因，解释“勿用取女”；然后又以“勿用取女”为象，释“无攸利”之断辞。《损》“有孚，元吉，无咎，可贞，利有攸往。曷之用？二簋可用享”，明人来知德《来氏易注》曰：“凡曰‘损’，本拂人情之事，或过或不及或不当其时，皆非合正理而有孚也；非‘有孚’，则不吉、有咎、非可贞之道、不能攸往矣。唯有孚，则元吉也、无咎也、可贞也、利有攸往也，有是四善矣。”这里，“有孚”是“元吉”“无咎可贞”“利有攸往”的原因；“曷之用？二簋可用享”，释“有孚”之义：虽二簋之微薄，只要心存孚信，亦可奉献于神灵。

第四节
卦爻辞的编纂

如上所述，大衍筮法是求具体一卦以应现实占卜之需的方法路径，并不能获得完备的六十四卦体系。同样，《易经》卦爻辞也不是源自对具体占筮的总结——尽管，卦爻辞是求卜问占的重要参考，但卦爻辞本身是站在“体系”高度编纂而成的话语系统。

一、卦爻辞的来源

学者们普遍引用《周官·春官宗伯·占人》“凡卜筮，既事，则系币，以比其命。岁终，则计其占之中否”，认为卦爻辞“来源于筮辞，是从殷商积累大量的筮辞中挑选、整理出来的”[1]。这一认识否认了“圣人作《易》”，从而将《周易》由“经典”还原为史料，代表了近现代学者的主流认知。“《易经》卦爻辞并不是司马迁所说文王演‘六十四卦’和‘三百八十四爻’，它是反映了商、周的社会面貌，产生的时代在西周前期，作者却不一定是文王和周公，而是由当时掌握卜筮的史官采辑、订正、增补、编纂而成，并非出自一时一人之手。”[2] 我们认为，正像六十四卦是体系性存在一样，卦爻辞具有相对完备的系统统一性，它应该是一人（或一个团队）集中编撰而成，并不是从“筮辞

1　朱伯崑：《周易通释》，第 52 页。
2　同上书，第 48—49 页。

中挑选、整理出来的”。

（一）卦爻辞不是从“筮辞中挑选、整理出来的”

事实上，《周官》“岁终，则计其占之中否”，不仅不是《易经》卦爻辞的编辑原则，也不是卜辞的编辑原则。从出土实物来看，甲骨卜辞主要以物质材料与时间顺序为整理原则。前者反映为甲与骨、甲骨成品和原料、有字甲骨和无字甲骨分别存放。后者表现在：第一，分时代储藏。“商王室各代的刻辞甲骨是按时代分开储藏，不是混在一起的”；第二，当代卜辞单独存放。“当代卜辞先存放在宗庙内的龟室窖穴中。放不下了，再将过时的移存庙外”；第三，同代卜辞放在一起。“藏于各窖穴中的同期刻辞甲骨，都相对集中，不会间隔很远，四处分散”。正因为如此，通过卜辞的收藏时代可以推知其出土地点，也可从出土地点推测其所属的断代分期。例如，YH127 坑被董作宾推断为典型的“上世之卜室旧档”[1]。而物质材料与时间顺序都是物理指标，皆未深入到卜辞内容的层面。卜辞中验辞的存在固然为“岁终，则计其占之中否”提供了可能，但并没有发现根据“验辞”显示的“中否”分类整理卜辞的迹象，更没有发现以“中否”为原则编纂的统一文本。而“占之中否”更不可能是《易经》卦爻辞的编辑原则。

首先，作为占筮之书的《易经》，旨在针对现实中的具体卜问之事而通过大衍筮法求得一卦，然后参考所系之卦爻辞以定吉凶，从而决定行止从违。卦爻辞虽然以“系辞焉以明吉凶”的断辞为目的论指向，但《周易》有 64 条卦辞与 386 条爻辞，它们分别对应于六十四卦卦象与 384 条爻象（以及《乾》之用九、《坤》之用六）。这个数字虽然并不繁富，但在实际占筮中要获得所有 64 条卦辞与 386 条爻辞中的每一条，则是难以想象的。而如果以“岁终，则计其占之中否”为原则

1 刘渝生：《中国藏书起源史》，南昌：江西人民出版社，1994 年版，第 58—59 页。

“挑选、整理”，每一条卦爻象还需要至少有 2 条或以上的筮辞可供选择。此外，卦爻辞中存在断辞缺失的情况；吉凶结果也不像卜辞那样一元，而是有诸如“中吉终凶”“先否后喜”“吝终吉”等多元的情况；而类似《临》九二“咸临，吉，无不利”这类断辞，又有已然与将然之别。正如《程传》指出：“二方阳长而渐盛，感动于六五中顺之君，其交之亲，故见信任，得行其志，所临吉而无不利也。‘吉’者，已然，如是故吉也；‘无不利’者，将然，于所施为无所不利也。”无疑，断辞的复杂性加剧了以“中否”为原则“挑选、整理”的难度。反过来，如以“中否”为原则“挑选、整理”，每一条卦爻辞中的断辞都不应该省略。

其次，挑选象辞的前提需要存在大量预先卜筮的具体事件，但象辞中前辞与验辞的省略，正表明记事之辞本身并不是提问对象。象辞作为对断辞吉凶原因的解释，并不是从一个例证推导出另一个例证，而是以比喻、象征的方式分析与揭示卦爻象。因此，象辞并不是“案例”选编。

最后，从卦爻辞的实际内容来看，六十四卦卦爻象是一个周延的结构，每卦六爻也自成体系。卦爻辞既需要考虑从初至上六爻位置的发展关系，还要考虑诸如“非覆即变”的相关两卦、十二消息卦，乃至整个六十四卦的逻辑统一性。例如，《大畜》九二“舆说輹”，陈梦雷《周易浅述》曰：“‘辐’脱则车破败，‘輹’脱但不欲行而已。故《小畜》（九三）之脱辐在人，而《大畜》之脱輹在己。”《小畜》（九三）之脱辐在人，是与人冲突，故“夫妻反目”。《革》初九“巩用黄牛之革”，《折中》引龚焕：“《易》言‘黄牛之革’者二：《遁》之六二居中有应，欲遁而不可遁者也；《革》之初九在下无应，当革而不可革者也。所指虽殊，而意实相类。”这些例子都表明，卦爻辞的编纂并不限于一卦一爻的独立思考。因此卦爻辞不可能是从案例中“挑选、整理出来”，而只能是一人（或一个团队）集中编撰而成。

事实上，回到《周礼》原文语境可知，《周礼》所列职官是根据其职掌分类排列的。其中，所涉占筮职官集中在《春官宗伯》中，人员包括第 41 大卜、第 42 卜师、第 43 龟人、第 44 菙氏、第 45 占人、第 46 筮人、第 47 占梦、第 48 视祲。其中，大卜总领占筮人员，兼掌“三兆之法”“三易之法”“三梦之法”，这三者也是占筮之法中的荦荦大者。大卜以下，“卜师掌开龟之四兆”“龟人掌六龟之属”“菙氏掌共燋契”“占人掌占龟”，这四类人员的职掌都与龟卜有关，所以集中排列。然后是“掌三易”的筮人，“掌其岁时观天地之会，辨阴阳之气”的占梦，“掌十煇之法，以观妖祥，辨吉凶”的视祲。这里，与龟占相关的官员包括卜师、龟人、菙氏和占人四类，说明在大卜总掌的占卜职事中，以龟占最为重要。其余掌筮（三易）者、掌梦者和掌煇（太阳周围的气晕）者，都是一类人员分掌一事，且次序上亦依次排在“掌占龟”的四类人员后面。所谓“凡卜筮，既事，则系币，以比其命。岁终，则计其占之中否”者，专属“占人”职掌，而与“掌三易”的筮人不相系属。所以，虽然“卜筮”连言，但“比其命”中的“命”，专指针对卜辞而言的“命龟之事”，反映的是龟占而不是蓍筮。故郑注曰：“杜子春云：‘系币者，以帛书其占，系之于龟也。’玄谓既卜筮，史必书其命龟之事及兆于策，系其礼神之币，而合藏焉。《书》曰：‘王与大夫尽弁，开金滕之书，乃得周公所自以为功，代武王之说。’是命龟书。”所引《尚书·金滕》：“以启金滕之书，乃得周公所自以为功之事也。事，谓请命之事，故云代武王之说，是命龟书也。引之，证比其命藏之事也。”[1] 同样，《周官·春官宗伯·占人》“凡卜筮，君占体，大夫占色，史占墨，卜人占坼”，是说君观察兆象，大夫观察兆气，史官观察兆的粗纹，卜人观察兆的细纹。因此，“凡卜筮”中虽卜筮连言，但亦偏指“卜”而不及“筮”。正如贾公彦疏指出：“此君体已下

1 郑玄注、贾公彦疏：《周礼注疏》（中），第 936 页。

皆据卜而言，而兼云筮者，凡卜皆先筮，故连言之。”[1] 事实上，体、色、墨、坼只能是针对龟纹而言，而不可能指卦爻象。同样，“凡卜筮，既事，则系币，以比其命。岁终，则计其占之中否”中的“凡卜筮”，亦偏指“卜”而不及“筮”。所谓“系币”，也是将龟甲与币系在一起，而不可能是与卦爻象系在一起。

因此，卦爻辞不是根据具体占筮事件及其应验与否（“岁终，则计其占之中否”）编辑而来。相反，卦爻辞只能是针对六十四卦卦爻象体系，从系统统一的高度编纂而来。唯其如此，卦爻辞的用词也十分考究，自成特色。

（二）卦爻辞的用语特点

刘师培认为，《易经》卦爻辞有隐语之例，其曰：“如‘高尚其事’为佚民，‘匪躬之故’为臣节，此一例也。合手（艮象）母（坤象）二字而为拇，合弓（坎象）瓜（艮象）二字而为弧，此一例也。‘樽酒’即尊卑之尊，‘蒺藜’为疾徐之疾，此又一例也。大抵以曲文其直、以隐蕴其显，所谓不可泥字而求也。”[2] 此外，《易经》卦爻辞用语还有下述一些特点。

首先，选词合理，用语精练。如《困》初六“臀困于株木，入于幽谷，三岁不觌”，《折中》引张清子：“人之体行则趾为下，坐则臀为下。初六困而不行，此坐困之象也。案：《诗》云‘出于幽谷，迁于乔木’。初不能自迁于乔木，而唯坐困株木之下，则有愈入于幽谷而已。阴柔处困之最下，故其象如此。在人则卑暗穷陋而不能自拔者。言‘臀’者，况其坐而不迁也。”由此可见“臀困”一词之精当。《贲》初九“贲其趾，舍车而徒”，六四“贲如皤如，白马翰如。匪寇，婚媾”，元代梁寅《周易参义》曰：“六四在《离》明之外，为《艮》止之始，乃《贲》之盛极而当反质素之时也，故云‘贲如皤（白也）如’。夫初

1 郑玄注、贾公彦疏：《周礼注疏》（中），第935页。
2 刘师培：《经学教科书》（第二册），国学保存会，1905年版，第53页。

之‘舍车’，为在下而无所乘故也；四在九三之上，则有所乘矣，故云‘白马翰如’。人既质素，则马亦白也。”可见，初九“贲其趾，舍车而徒”、六四“贲如皤如，白马翰如”用词之考究。

又如，《复》“亨。出入无疾”，《程传》：“出入，谓生长。《复》生于内，入也；长进于外，出也。先云‘出’，语顺耳。阳生非自外也，来于内，故谓之入。”又曰：“‘出入无疾’，谓微阳生长，无害之者也。”揆其文意，当为“入出”，但卦辞出于“语顺”的考虑而改为“出入”。《渐》上九“鸿渐于陆。其羽可用为仪，吉”，《正义》曰：“上九与三皆处卦上，故并称‘陆’……处高而能不以位自累，则其羽可用为物之仪表，可贵可法也，故曰‘其羽可用为仪，吉’也。必言‘羽’者，既以鸿明《渐》，故用羽表仪也。”显见，作者用“陆”、用“羽”都非常准确、到位。

其次，讲究美感，注意用韵。《易经》卦爻辞虽非韵文，但间用韵语，增加了文辞的节律与美感。如《蹇》六二：“王臣蹇蹇，匪躬之故。”故，即事。清人王引之《经义述闻》曰：“不言‘事’而言‘故’者，以韵初六之‘誉’。”《蹇》初六“往蹇，来誉”，六二为求与“誉”押韵，而将“匪躬之事”改为“匪躬之故”。《否》九五：“休否，大人吉。其亡其亡，系于苞桑。”处《否》世道消之际，常念“其亡其亡”以自戒慎，可得“系于苞桑”之恒固。《正义》曰：“必云‘苞桑’者，取会韵之义。又桑之为物，其根众也。众，则牢固之义。”又如，《渐》九三“鸿渐于陆。夫征不复，妇孕不育，凶。利御寇”中“陆”“复”“育”相韵；《归妹》上六“女承筐无实，士刲羊无血，无攸利”中，“实”“血”相韵。

除爻辞自相押韵之外，《易经》还注意一卦诸爻爻辞之间的押韵，最为典型的是《坤》卦。

《坤》：元亨。利牝马之贞。君子有攸往，先迷，后得主，利。

西南得朋，东北丧朋。安贞吉。

初六：履霜，坚冰至。

六二：直方，大不习无不利。

六三：含章，可贞，或从王事，无成有终。

六四：括囊，无咎无誉。

六五：黄裳，元吉。

上六：龙战于野，其血玄黄。

用六：利永贞。

其中，六二“直方，大不习无不利”一般皆断为“直方大，不习无不利”。实际上，初六“履霜”、六二“直方”、六三“含章”、六四“括囊”、六五“黄裳”中的“霜”“方”“章”“囊”“裳”是典型的用韵。

再次，讲究文例，适时增减。增文之例，如《师》初六：“师出以律，否臧凶。”师出需遵律度，若无律度，否、臧皆凶。《正义》曰：“‘否’谓破败，‘臧’谓有功。然‘否’为破败，即是凶也。何须更云‘否臧凶’者，本意所明，虽臧亦凶。‘臧’文既单，故以‘否’配之，欲盛言臧凶，不可单言，故云否之与臧，皆为凶也。”据此，“否臧凶”应为“臧凶”，增以“否”字是为了补足文气。

省文之例，如《师》九二：“在师中，吉，无咎，王三锡命。”《象》曰：“在师中吉，承天宠也。王三锡命，怀万邦也。”九二应六五，承六五之天宠，故“在师中吉”，故“王三锡命”。因“在师中”而“吉”，因“吉”而“无咎”。据此，爻辞省了一个“吉”字，补足应为：“在师中吉。吉，无咎，王三锡命。”又如，《困》上六：“困于葛藟，于臲卼，曰动悔、有悔，征吉。”《正义》曰：“应亦言‘困于臲卼’，‘困’因于上，省文也。”亦即，“于臲卼”蒙上文“困于葛藟”省了一个“困”字，补足应为“困于臲卼”。

最后，比喻准确，修饰贴切。《系辞下》：“易者，象也。象也者，像也。”《易经》法像万物，引类取譬，通过比喻揭示道理。如《革》初九“巩用黄牛之革”，《说文》“革，兽皮治去其毛”，故以“革”喻改变。因牛皮坚韧难变，故以“黄牛之革”喻初九变革之初，未肯造次遽变，比喻十分准确。《旅》六五“射雉一矢，亡。终以誉命”，羁旅而处五之盛位，就像射雉，唯有一矢，射之虽可得雉而矢亡，故曰“射雉一矢，亡。终以誉命”。又如，《小过》“亨，利贞。可小事，不可大事。飞鸟遗之音，不宜上，宜下，大吉”，飞鸟过上则无所适，过下则不失其安，以此喻君子行事当取顺而舍逆。初六“飞鸟以凶”，因《小过》卦辞取上逆下顺为义，初六上行为逆，故以“飞鸟”喻“凶”。《井》初六“井泥不食，旧井无禽”，初六在《井》底，有沉滞滓秽，故曰“井泥”，“井泥不食”，是井久不见渫治，禽亦不向，而况人乎？这是以“旧井无禽”以况人“不食”，以人“不食”以况初六《井》底滓秽久疏于治。《困》九二“朱绂方来，利用享祀”，《正义》曰：“绂，祭服也。《坎》，北方之卦也。绂，南方之物。处《困》用谦，能招异方者也。故曰‘朱绂方来’也。举异方者，明物无不至，酒食丰盈，异方归向，祭则受福，故曰‘利用享祀’。”这是假南方之“朱绂”以取“能招异方者”之象，十分准确。《姤》九五“以杞匏瓜”，《正义》曰：“杞之为物，生于肥地。匏瓜为物，系而不食。九五处得尊位而不遇，其应是得地而不食。”假“杞”“匏瓜”为象，形象地反映了九五“得地而不食”之义。

但正如《系辞上》所云：“圣人设卦观象，系辞焉而明吉凶。”卦象是“系辞”的依据，卦爻辞的编撰前提只能是卦爻象。宋赵彦肃《复斋易说》曰：“先圣作《易》，有画而已。后圣系之，一言一字皆自画中来。譬如画师传神，非画烟云草木比也。”而卦爻象既指具体的一卦一爻之象，也指一卦整体之象，一卦之象又是结构化、体系化的六十四卦周延体系中的存在。因此，卦爻辞的编纂既要考虑本卦本爻的具体特征，也要虑及一卦内部诸爻乃至六十四卦总体系的意义关联，才能最终生成与六十四卦卦爻象体系相统一的卦爻辞系统。

二、以一卦之象为前提的卦爻辞编纂

一条卦辞或爻辞首先针对该卦该爻之象立言。它包括该卦整体之象、上下两卦取象及其关系、具体一爻的爻性与爻位、与其他诸爻的关系（如乘承比应）、从下至上各爻的顺序结构等内容，由此形成卦爻辞编纂的多维视角。如《彖》《象》每以当位、得中、行中为言，而元人许衡《读易私言》论六爻德位，大旨多发明《系辞》同功异位、柔危刚胜、正且得中之义。

（一）爻位与爻性分析

爻的核心是位（初二三四五上）与性（阴阳属性，分别用六和九表示）。爻题是一卦的细目，也是每一卦的最小切分单位，旨在揭示一卦中六爻的位置与性质，是对每一爻的位置（爻位）与阴阳奇偶（爻性）的命名与确认。如果说，卦名将卦爻象分析为六十四个一级类目，爻题则将每一卦进一步分析为六个二级类目。《左传》《国语》没有出现爻题，但用“之卦”对二级类目进行分析。今本《易经》爻题，不仅为每一爻提供了专指性的名称，也为分析与其他诸爻的关系提供了便利，从而深化了《左传》《国语》“之卦”的思想。

1. 爻位分析

每一卦都由六爻构成，根据“知来者逆”的原则，由下而上分别命名为初、二、三、四、五、上。《正义·乾卦》：“第一言‘初’者，欲明万物积渐，从无入有，所以言初不言‘一’与‘下’也。六言‘上’者，欲见位居卦上，故不言‘六’与‘末’也。”对爻位的分析，主要包括六爻处位、中位说、三才观等内容。

（1）六爻处位

爻位既反映社会等级观念，也在卦名预设的情景下，反映万物由下生长的动态过程。如《乾》卦：

初九：潜龙勿用（潜藏的龙，以示事物发端萌蘖，故诫以勿用）；

九二：见龙在田（龙出现在田野，以示事物崭露头角，宜于适当进取）；

九三：君子终日乾乾（事功小成，宜于防骄慎行）；

九四：或跃在渊（新旧更替，有迷惑之象，宜于惕惧审时）；

九五：飞龙在天（以龙飞在天喻大有作为，而又诫以盛盈）；

上九：亢龙有悔（事物发展终尽，主于穷极必反）。

相应地，不同的爻位往往有相对统一的用语。

从人体来看，初爻多称足、趾、屐、屦，二爻多称腿、膝，三爻多称腰、腹、臀，四爻多称胸、背、心口，五爻多称五官、脖颈、臂、胸、背，六爻多称头、头发、面颊、两鬓。

从建筑物来看，初爻多指地基、水井、沟渠、河流，二爻多指宅、灶、住家、屋内、正屋，三爻多指中门、里门，四爻多指大门、窗户、客厅、院门，五爻多指住户、家主，上爻多指屋顶、天棚、房盖、宗庙、祠堂。

从社会地位来看，初爻多指士民，二爻多指君子、卿大夫，三爻多指诸侯，四爻为三公、近臣，五爻为天子，上爻为宗庙、太上皇。

从家庭人伦来看：初爻为子孙、晚辈，二爻为妻子、女孩，三爻为丈夫、兄弟，四爻为妻子、妇女，五爻多指丈夫、父亲、长子、长女，上爻多为祖父母。

从抽象角度来看：初爻多称潜、始、下、卑、穷、隐，上爻多称终、尚、高、亢、天、首、顶、角、上。二五爻多称中、直、黄，三四爻多称或、疑、商、进退、往来、次且、内、际。

以《艮》卦为例：

【艮】：艮其背，不获其身，行其庭，不见其人，无咎。

初六：艮其趾，无咎。利永贞（趾，既喻初，亦是动之先，盖动由足起）；

六二：艮其腓，不拯其随，其心不快（腓，即小腿，腓受止而不行）；

九三：艮其限，列其夤，厉，熏心（限即腰，正像腰是人的上下之分，三位是下卦的结束，也是上下两卦的分界）；

六四：艮其身，无咎（身，即上身，是上卦的开始）；

六五：艮其辅，言有序，悔亡（辅，即牙床，出言者，故云抑止其辅，不使乱语而“言有序”以致“悔亡”）；

上九：敦艮，吉（敦，即头。《王注》：“居止之极，极止者也；敦重在上，不陷非妄，宜其吉也。”居上之义十分明显）。

总之，爻位是分析卦爻辞的重要内容。《大过》初六“藉用白茅，无咎”，《释文》引马融曰：“在下曰藉。”清浦龙渊《周易辨》据《乾·象》“六位时成”，认为六爻中君臣上下各有攸司。周公分位系辞，正名定分，皆取诸此。惠栋《易例》考汉儒义例凡九十类，其中“初为元士类”“贵贱类”皆据《系辞》“列贵贱者存乎位”立说。如《未济》“亨。小狐汔济，濡其尾，无攸利”，乔莱《乔氏易俟》曰：“小狐，专指初也。《既济》之乱在终，则《未济》之难在初，过此未必不济也。初爻词亦曰‘濡其尾’，则象中小狐指初明矣。”《既济》《未济》相反为义，但《未济》象征未成，故其难在初，卦辞“小狐汔济，濡其尾，无攸利”中“小狐”专指初六爻辞“濡其尾，吝”。《既济》象征成功，如不守持正固必致终乱，故其卦辞“初吉终乱”专指上六爻辞“濡其首，厉”。

兹以上爻为例，再作申说。上爻多喻盛极必衰之理。如《乾》上九“亢龙有悔”，《朱子语类》卷六十六：“《易》之大义，大抵于盛满时致戒。”上爻用语，也多能显示一卦之终的思想，主要体现在：

首先，站在全卦终尽的角度反观全卦。如《履》上九“视履考祥，其旋元吉”，因其为上爻，故强调还顾所履、稽考祸福征祥，而能旋返履道，故“元吉”。《颐》上九“由颐，厉吉，利涉大川”，处上之位莫不由之颐养，故称“由颐”。《离》上九“王用出征，有嘉折首，获匪其丑，无咎”，《正义》：“处《离》之极，‘离’道既成，物皆亲附，当除去其非类，以去民害。”《井》上六“井收，勿幕，有孚元吉”，收，成也；幕，盖也。上为既成之位，故云“收”“幕”，《程传》曰：“它卦之终，为极为变；唯《井》与《鼎》终乃为成功，是以‘吉’也。”《兑》上六“引兑”，《正义》曰：“上六以阴柔之质，最在《兑》后，是自静退，不同六三自进求说，必须他人见引，然后乃说。”《否》上九“倾否，先否后喜”，处《否》之极，否道已终，故能倾毁其否。

其次，处上极而有超然绝志之义。如《蛊》上九“不事王侯，高尚其事”，处上而有超然世事、不累其位之志。《遁》上九“肥遁，无不利”，因处上极故有绝尘“飞遁”之象。《渐》上九“鸿渐于陆。其羽可用为仪，吉”，《正义》曰：“处高而能不以位自累，则其羽可用为物之仪表，可贵可法也，故曰‘其羽可用为仪，吉’也。”

再次，表示空间上的最殿。如《大畜》上九“何天之衢，亨”，处上而有“何天之衢”之象，“何天之衢”无所不通，故“亨”。《中孚》上九“翰音登于天，贞凶”，翰为高飞，而至于“登天”。《大过》上六“过涉灭顶，凶，无咎”，处《大过》之上，故涉难过甚，至于“灭顶”。《姤》上九“姤其角，吝，无咎”，《正义》曰：“角者，最处体上，上九进之于极，无所复遇，遇角而已，故曰‘姤其角’也。”《晋》上九“晋其角”亦然。《既济》上六“濡其首，厉”、《未济》上九

“有孚于饮酒，无咎。濡其首，有孚，失是”，皆以“首”表其极。《涣》上九“涣其血去逖出，无咎”，《王注》：“逖，远也。最远于害，不近侵害，散其忧伤，远出者也。散患于远害之地，谁将咎之哉!”《损》上九“弗损，益之，无咎，贞吉，利有攸往，得臣无家”，处《损》之极，无所更损，故“弗损，益之”“利有攸往”而有“无家”之象，喻指光宅天下，无适一家。

最后，由空间上的最殿引出意义上的广泛包有。《临》上六“敦临，吉，无咎”，敦者，厚也。居上故有“敦厚而临”之象，因“敦厚而临”故“吉”而“无咎”。《艮》上九“敦艮，吉”，取义亦然。《升》上六“冥升，利于不息之贞”，冥者，暗也。处《升》之上，升之幽邈者，故曰“冥升”。《小过》上六“弗遇过之，飞鸟离之，凶，是谓灾眚”，处《小过》之亢极，无所复遇，故曰“弗遇过之”。《恒》上六“振恒，凶”，《本义》：“振者，动之速也。上六居《恒》之极，处《震》之终；恒极则不常，震终则过动。”《剥》上九“硕果不食，君子得舆，小人剥庐”，《正义》曰：“处卦之终，独得完全，不被剥落，犹如硕大之果，不为人食也。”《节》上六“苦节，贞凶，悔亡”，处《节》之亢极，故曰“苦节”。《蹇》上六“往蹇来硕，吉。利见大人”，处《蹇》之极不宜更往，往则蹇难，故曰“往蹇”。

（2）中位说

中位说概有两个观察视角。

一是从上下两个经卦着眼，二爻、五爻分别为下卦与上卦之中爻，称为“中位”，象征持守不偏不倚的中行之道，故多吉利之辞。例如，《家人》六二“无攸遂，在中馈，贞吉”，六二居内卦之中，似妇人尽“中馈”之职而得“贞吉”。《蹇》九五“大蹇，朋来”，《象》曰：“大蹇朋来，以中节也。”九五得位居中而守其节，故致朋来。《震》六五“震往来厉，亿无丧，有事”，《象》曰：“震往来厉，危行也。其事在中，大无丧也。”怀惧往来，以致行危。然六五处尊得中，可致事成。

二是从一卦六爻整体着眼，三位、四位处一卦六爻之中，是为中位。《益》六三“益之，用凶事，无咎。有孚中行，告公用圭”；六四“中行告公从，利用为依迁国”，《本义》曰：“此言以益下为心，而合于中行，则告公而见从矣。《传》曰：‘周之东迁，晋郑焉依。’盖古者迁国以益下，必有所依，然后能立。”《本义》又曰：“三、四皆不得中，故皆以‘中行’为戒。”蔡渊《周易卦爻经传训解》云：“在一卦之中者也，故三爻四爻皆曰‘中行’。”可见，朱熹以二、五为中，“三、四皆不得中”，《益》六三、六四之“中行”是诫勉之辞。但朱熹的弟子蔡渊则从一卦整体出发，认为三、四在六爻之中，故称之为“中”，说明三四是否为“中”尚未达成共识。清查慎行《周易玩辞集解》一书有《中爻说》，以二五为“中”。书中又有《中爻互体说》谓正体则二五居中，互体则三四居中，三四之中由变而成。清《御纂周易述义》据《系辞》“若夫杂物撰德，辨是与非，则非其中爻不备”亦认为，“物谓八卦之爻，杂谓自其中四爻杂而互之，又撰成两卦之德也。是非者，时物之是非，皆于中爻辨之。正体则二为内卦之中，五为外卦之中。互体则三为内卦之中，四为外卦之中。故皆谓之中爻。”

显见，三、四称“中”实因互体所致。故《中孚》三四为阴（其他四爻皆阳）、《小过》三四为阳（其他四爻皆阴），皆未称“中”。另外，《复》六四“中行独复”之“中”，是二至上五爻皆阴，而四处五阴之“中”。《汉上易传》引郑玄曰：“爻处五阴之中，度中而行，四独应初。”《王注》曰：“四上下各有二阴而处厥中，履得其位而应于初，独得所复，顺道而反，物莫之犯，故曰‘中行独复’也。”

（3）三才观

三才说从天地人相统一的高度，分析人与生存背景（天地）之间的互动关系。《说卦》：“立天之道曰阴与阳，立地之道曰柔与刚，立人之道曰仁与义。兼三才而两之，故易六画而成卦。”三才观将六个爻位分析为天位（五爻、六爻）、人位（三爻、四爻）和地位（初爻、二爻），其中，初爻、三爻、五爻分别为地、人、天之正位。《乾》九二，《正义》曰："先儒以为重卦之时，重于上下两体，故初与四相应，二与五相应，三与上相应。是上下两体，论天地人各别，但《易》含万象，为例非一。及其六位，则一、二为地道，三、四为人道，五、上为天道。"孔颖达指出，三才是就六画整体而言的，相应与否则是从上下两个经卦的角度考虑的。

三才观在《乾》卦中体现得最为明显。《乾》九二"见龙在田，利见大人"，九五"飞龙在天，利见大人"，二、五以中位而"利见大人"，但二为地位故"在田"，五在天位故"在天"。《乾》九三"君子终日乾乾，夕惕若厉，无咎"，《王注》："上不在天，未可以安其尊也。下不在田，未可以宁其居也。纯修下道，则居上之德废；纯修上道，则处下之礼旷。故终日乾乾，至于夕惕犹若厉也。居上不骄，在下不忧，因时而惕，不失其几，虽危而劳，可以'无咎'。"江藩曰："以《易》有三才，三于三才为人道，故乾五爻皆称龙，三独称君子。惠征君曰：'经凡言君子，皆谓九三也。'"[1] 惠栋（征君）《周易述》释《乾》九三"君子终日乾乾"曰："是君子为有乾德，而在人道者。经凡言君子，皆谓九三也。"[2] 但统计《易经》中的"君子"凡 18 见，在三位者只有四处，即：《屯》六三"即鹿无虞，唯入于林中，君子几不如舍，往吝"、《谦》九三"劳谦，君子有终，吉"、《大壮》九三"小人用壮，君子用罔，贞厉。羝羊触藩，羸其角"、《夬》九三"壮于頄，有凶。君子夬夬独行，遇雨若濡，有愠无咎"。而通观《彖传》《象传》《文言》，只有《需卦·彖》"'需有孚，光亨贞吉'，位乎天位，以正中也"言及"正中"之"五""位乎天位"，故《王注》云："谓五也，位乎天位，用其中正，以此待物，需道毕矣，故'光亨贞吉'。"因此，虽然

1 江藩：《周易述补》，《儒藏（精华编）》（第 8 册），北京：北京大学出版社，2013 年版，第 1036 页。
2 惠栋：《周易述》（卷一），《周易述》（附：易汉学易例），北京：中华书局，2007 年版，第 6 页。

《系辞》《说卦》提及“三才”（三材），但三才观在卦爻辞中并没有突出反映。

2. 爻性分析

爻性是指爻的阴阳属性。卦爻辞中无刚柔、阴阳之称，《彖》《象》《文言》多言刚柔而偶称阴阳，《系辞》《说卦》则繁称阴阳。然而，卦爻辞虽未用“阴阳”二字，但往往使用特定的术语以反映对爻性的认识。例如，《乾》初九《象》曰：“潜龙勿用，阳在下也。”据此可知爻辞“潜龙勿用”实有“阳在下也”的认知。《坤》初六《象》曰：“履霜坚冰，阴始凝也。”可知爻辞“履霜，坚冰至”有初为始、六为阴的认知。《坤》上六“龙战于野，其血玄黄”，上六处《坤》之极，有阴盛之象，阴盛似阳。而龙为阳物，阳气之龙与阴交战，即《说卦》所谓“战乎乾”，战则阴阳相伤，故“其血玄黄”。《文言》曰：“为其嫌于无阳也，故称‘龙’焉。”《坤》上六之所以称“龙”，是卦爻辞作者担心读者误以为《坤》纯阴非阳，所以称“龙”，借以明上六阴盛似阳。清连斗山《周易辨画》认为，爻性刚柔是立象之本，卦爻辞是因爻画刚柔而系，其书名为“辨画”，强调只有“辨”爻性刚柔才能解释卦爻辞。因此，《易经》卦爻辞中虽无“阴阳”二字，但针对不同爻性而使用相应的表述，实际上反对了对阴阳观念的认识。

第一，卦爻辞中表达“阴”的用语。

《夬》九五“苋陆夬夬，中行无咎”，苋陆，指上六。九五之阳处尊位，决上六之阴似决苋陆之易，故曰“夬夬”也。《王注》：“苋陆，草之柔脆者也。”《程传》释“苋陆”曰：“今所谓‘马齿苋’是也，曝之难干，感阴气之多者也，而脆易折。”《需》上六“入于穴，有不速之客三人来，敬之，终吉”，《正义》曰：“上六入于穴者，上六阴爻，故亦称‘穴’也。”可见，称“苋陆”、称“穴”，皆有“阴”义。《升》九三“升虚邑”，《正义》曰：“九三履得其位，升于上六，上六体是阴柔，不距于己，若升空虚之邑也。”以“虚邑”称上六之阴。

《易经》卦爻辞中常用牝、鱼、月、妇、女等字，表示阴爻、阴位或阴卦。

“牝”字凡2见，皆表示阴。《坤》“元亨。利牝马之贞”，《正义》曰：“坤是阴道，当以柔顺为贞正，借柔顺之象，以明柔顺之德也。牝对牡为柔，马对龙为顺，还借此柔顺以明柔道，故云‘利牝马之贞’。”《离》“利贞，亨。畜牝牛，吉”，《王注》“柔处于内而履正中，牝之善也。外强而内顺，牛之善也。离之为体，以柔顺为主者也。故不可以畜刚猛之物，而‘吉’于‘畜牝牛’也。”

“鱼”字4见。其中，《中孚》“豚鱼，吉。利涉大川，利贞”借豚鱼微贱幽隐之物，表示孚信及于微隐，故“吉。利涉大川，利贞”。其余三处“鱼”皆表示阴。《剥》六五“贯鱼，以宫人宠，无不利”，《集解》引何妥：“夫《剥》之为卦，下比五阴，骈头相次，似‘贯鱼’也。鱼为阴物，以喻众阴也。”以“鱼”喻阴，“贯鱼”指初至五5个阴爻。《姤》九二“包有鱼，无咎，不利宾”，《集解》引王弼：“初阴而穷下，故称‘鱼’。”《正义》曰：“初六以阴而处下，故称鱼也。”“鱼”指阴爻初六。《姤》九四“包无鱼，起凶”，《正义》曰：“二擅其应，故曰‘庖无鱼’也。”九二擅九四之应，九四之应为初六，故“鱼”亦指初六。

“月”字4见。其中，《临》“元，亨，利，贞。至于八月有凶”中的“八月”表示具体月份，其余3见皆以“月几望”为词，表示阴。《小畜》上九“既雨既处，尚德载，妇贞厉，月几望，君子征凶”，《王注》曰：“为阴之长，能畜刚健，德积载者也。妇制其夫，臣制其君，虽贞近危，故曰‘妇贞厉’也。阴之盈盛莫盛于此，故曰‘月几望’也。”《小畜》上卦为《巽》，为长女，故“为阴之长”而“能畜刚健”之九三，其阴之盛犹如月在望时盛极而敌日。《归妹》六五“帝乙归妹，其君之袂不如其娣之袂良。月几望，吉”，六五阴爻居五位之贵，如月之近望，故曰“月几望”。《中孚》六四“月几望，马匹亡，无咎”，《本义》：“六四居阴得正，位近于君，为‘月几望’之象。”

卦爻辞中的“妇”字凡7见。其中，《大过》九五“枯杨生华，老妇得其士夫，无咎无誉”中的“老妇”“士夫”以衰老之妇与强壮士夫为喻，取象重在老少。另外，《家人》九三“家人嗃嗃，悔厉吉；妇子嘻嘻，终吝”，九三处下体之上，为《家人》之主，以阳处阳，治家刚严（“嗃嗃”）；若纵妇子慢黩嘻嘻，则失家节。这里的“妇子”，泛指九三家长治理的对象。其余5见之“妇”，或指阴爻或指阴卦。《小畜》上九“既雨既处，尚德载，妇贞厉，月几望，君子征凶”，上九处《巽》之极，《巽》为长女，能畜刚健之九三，似妇制其夫，臣制其君，虽贞近危，故曰“妇贞厉”也。按，这是从《小畜》上卦为《巽》、为长女的角度入说。而以下四处“妇”则皆表示阴爻。其一，《蒙》九二“包蒙，吉。纳妇，吉。子克家”，初、三、四、五皆阴，九二为其所“包”。妇为六五，下求于九二，故曰“纳妇”。《恒》六五“恒其德，贞，妇人吉，夫子凶”，六五系应九二，贞守其一，从唱于九二之夫，故曰“恒其德，贞”而“妇人吉”。夫子不可专贞从唱于妇，故“夫子凶”。《渐》九五“鸿渐于陵，妇三岁不孕，终莫之胜，吉”，九五应于六二之妇，虽有九三、六四之隔而“妇三岁不孕”，然二五相合且皆履正居中，故“终莫之胜，吉”。《既济》六二“妇丧其茀，勿逐，七日得”，茀为妇人首饰。六二处初九、九三之间而有“丧其茀”之象，但六二应乎九五，且二、五处中得正，故“勿逐，七日得”。

卦爻辞中的“女”字凡10见，皆表示阴。如《屯》六二“屯如邅如，乘马班如。匪寇，婚媾。女子贞不字，十年乃字”，六二阴爻为“女子”，往应九五故为“婚媾”。《蒙》六三“勿用取女，见金夫，不有躬。无攸利”，勿娶六三之女，以其自往求见上九刚阳之“金夫”，不能贞固自守，实为非礼而动。《观》六二“窥观，利女贞”，六二阴柔且处下卦之中，有窥窃之象。《正义》：“如此之事，唯利女之所贞，非丈夫所为之事也。”《家人》“利女贞”，《彖》曰：“家人，女正位乎内，男正位乎外。男女正，天地之大义也。”女正位乎内、男正位乎外，分别言六二、九五分处内外卦之中正。因卦称“家人”，故称“利女贞”即足义。《姤》“女壮，勿用取女”，《集解》引郑玄：“一阴承五阳，一女当五男……女壮如是，壮健以淫，故不可娶。”另外，《大过》九二“枯杨生稊，老夫得其女妻，无不利”，《归妹》上六“女承筐无实，士刲羊无血，无攸利”，《咸》“亨。利贞。取女吉”，《渐》“女归吉，利贞”，其中的“女”，亦表示“阴”，兹不赘述。

第二，卦爻辞中表达“阳”的用语。

卦爻辞中的“夫”“士”“金”等字多与阳爻有关。兹以“金”为例略作分析。“金”字凡6见，皆表示阳。《蒙》六三“勿用取女。见金夫，不有躬，无攸利”，《正义》曰：“女谓六三……见金夫者，谓上九以其刚阳，故称金夫。”《噬嗑》九四“噬干胏，得金矢。利艰贞，吉”，九四阳爻，为“金矢”，金者，刚也。矢者，直也。金、矢皆因九四为阳爻而称。《噬嗑》六五“噬干肉，得黄金。贞厉，无咎”，《正义》曰：“干肉，坚也。以阴处阳，以柔乘刚，以此治罪于人，人亦不服，如似‘噬干肉’也。‘得黄金’者，黄，中也。金，刚也。以居于中是黄也，‘以柔乘刚’是金也。既中而行刚，‘能行其戮，刚胜者’也。”因五为阳位，故称“干肉”“黄金”。《鼎》六五“鼎黄耳金铉，利贞”，《正义》曰：“黄，中也。金，刚也。铉所以贯鼎而举之也。五为中位，故曰‘黄耳’。应在九二，以柔纳刚，故曰‘金铉’。所纳刚正，故曰‘利贞’也。”金，喻五居阳位又与九二之阳相应。《姤》初六“系于金柅，贞吉。有攸往，见凶。羸豕孚蹢躅”，《王注》：“金者，坚刚之物。柅者，制动之主，谓九四也。”《困》九四“来徐徐，困于金车。吝，有终”，《王注》：“金车，谓二也……志在于初而隔于二。”《正义》引何氏云：“九二以刚德胜，故曰‘金车’也。”为金车所困之象。

清许伯政《易深》曰：“刚柔之称有以爻言者，有以卦言者，以义求之，皆象明理显，无取于卦变之穿凿。”参以许伯政论卦变之论可知，

“金”作为坚刚之物，或指阳爻（《蒙》六三、《噬嗑》九四、《姤》初六、《困》九四），或指阳位（《噬嗑》六五、《鼎》六五），不可穿凿为说。但可以肯定，“金”无论是指爻性还是爻位，都是以“阳”为其标志的。

第三，卦爻辞中表达“阴阳”的用语。

《中孚》六三“得敌，或鼓或罢，或泣或歌”，马国翰玉函山房所辑《周易韩氏传》曰：“三与四为敌，三阴四亦阴，阴遇阴则相敌而不相友，《颐》六二所谓‘失类’也。”“敌”表示阴阳同性不和。《颐》六二《象》曰“行失类”、《复·彖》曰“朋来无咎”、《艮·彖》曰“上下敌应，不相与也”，皆以阴阳同类为“敌”、为失类、为“不相与”。反之，阴阳相遇则为朋、为类、为相与。《易经》往往用大小、雨、婚媾诸字词以表示阴阳关系。

《系辞上》“齐小大者存乎卦”“是故卦有小大”，《正义》曰：“以象者言乎象，象有小大，故齐辨物之小大者存乎卦也。犹若《泰》则‘小往大来，吉亨’，《否》则‘大往小来’之类是也。”《泰》“小往大来”，以阴为小，阴去故称“小往”。以阳为大，阳长故“大来”。《否》“大往小来”，取义同此。《旅》“小亨。旅，贞吉”，《集解》引虞翻：“小，谓柔。得贵位而顺刚，丽乎大明，故‘旅，小亨’。”六五以阴居尊而承上九，在上《离》之中，故称“小亨”。《否》六二“包承，小人吉；大人否，亨”，《经义述闻》曰：“六二包承于五，小人之道也（故吉）。九五之大人若与二相包承，则以君子而入小人之群，是‘乱群’也，故必不与相包承，而其道乃亨。”六二处阴，为小人之道、非君子之道，故称“小人吉；大人否”。《巽》“小亨。利有攸往，利见大人”，《集解》引陆绩曰：“阴为卦主，故小亨。”所谓“阴”是指初六与六四。《集解》又引虞翻曰：“大人谓五。”上述诸例皆以小大分别表示阴阳，正如清儒许伯政《易深》指出：“《泰》之小往大来《传》曰内阳外阴，《否》之大往小来《传》曰内阴外阳之类，皆《易》例之显而易见者。”

阴阳交和而为雨，卦爻辞中的“雨”字凡6见，皆表示阴阳二气相交。《小畜》“亨，密云不雨，自我西郊”，《小畜》乾下巽上，唯一的阴爻（“小”）六四只畜九三，故卦称“小畜”。因只畜九三，故但为密云；不能畜初九、九二，故不能为雨。《小畜》上九“既雨既处，尚德载，妇贞厉，月几望，君子征凶”，上九固九三之阳，无应而不获亨通，故“既雨”。九三因无应而能侵上九，上九可自其处，故“既处”。《睽》上九“睽孤。见豕负涂，载鬼一车，先张之弧，后说之弧。匪寇婚媾，往，遇雨则吉”，六三与上九相应，“阴阳合”故“往遇雨”。《夬》九三“壮于頄，有凶。君子夬夬独行，遇雨若濡，有愠无咎”，九三遇上六，故“遇雨”。《鼎》九三“鼎耳革，其行塞，雉膏不食。方雨亏悔，终吉”，《王注》：“雨者，阴阳交和，不偏亢者也。虽体阳爻，而统属阴卦。若不全任刚亢，务在和通，‘方（将要）雨’则悔亏，终则‘吉’也。”阳爻九三在阴卦《巽》中，故称“虽体阳爻，而统属阴卦”。《小过》六五“密云不雨，自我西郊，公弋取彼在穴”，《正义》曰：“小过者，小者过于大也。六得五位，是小过于大，阴之盛也。阴盛于上，而《艮》止之，九三阳止于下，是阴阳不交，虽复至盛，密云至于西郊，而不能为雨也。施之于人，是柔得过而处尊，未能行其恩施，广其风化也，故曰‘密云不雨，自我西郊’也。”因阴阳不交而“不雨”。

“婚媾”5见，其中《震》上六“震索索，视矍矍，征凶。震不于其躬，于其邻，无咎。婚媾有言”中的“婚媾”强调“相疑”之必然，故闻一多谓“犹今言亲戚”。其余四处“婚媾”，皆有阴阳交合之义。《屯》六二“屯如邅如，乘马班如，匪寇婚媾。女子贞不字，十年乃字”，六二之“女子”欲往九五之阳以为“婚媾”，受初九之“寇”所逼而不进，故“屯如邅如，乘马班如”。《正义》：“诸爻所云阴阳、男女之象，义皆仿于此。”《屯》六四“乘马班如，求婚媾，往吉，无不利”，六四之阴应初九之阳以求“婚媾”，虑六二之碍，故初时“班如”。而六二不从于初九，六四往求，必成“婚媾”，故“往吉，无不利”。《贲》六四“贲如皤如，白马翰如。匪寇，婚媾”，六四之阴应于初九之阳而隔于九三，故有“白马翰如”犹豫徘徊之象。若非九三之“寇”，可得与初为“婚媾”，故云“匪寇，婚媾”。《睽》上九“睽孤。见豕负涂，载鬼一车，先张之弧，后说之弧。匪寇婚媾，往，遇雨则吉”，《程传》：“睽极而反，故与三非复为寇雠，乃婚媾也。”因上九与六三相应而称“婚媾”。

此外，《坤》上六“龙战于野，其血玄黄”，《王注》云：“凡称血者，阴阳相伤者也。”《需》六四“需于血，出自穴”，《王注》云：“凡称血者，阴阳相伤也。”《小畜》六四“有孚，血去，惕出，无咎”，《王注》：“夫言血者，阳犯阴也。”因此，“血”亦有阴阳相遇、相敌之义，如《小畜》六四居九三之上，九三务进而六四乘陵固碍，故有“血”。

3. 爻位与爻性的结合

每一爻既有位也有性，综合爻位与爻性来看，主要存在当位与否以及中正与否的问题。

首先，关于当位与否。

根据阴阳奇偶的原则，初、三、五为奇，是阳位；二、四、上为偶，是阴位。如果阳爻居阳位、阴爻居阴位，称为得位，亦称当位、正位、位正、在位。如《贲》卦䷕，初九、六二、九三、六四皆当位。如阴爻居阳位或阳爻居阴位，为不得位，亦称失位、未当位、位不正，如《贲》卦六五、上九皆不当位。《周易》六十四卦中，六爻全部当位的只有《既济》，全部失位的只有《未济》。

当位表示处位得宜，故多吉。如《履》九五“夬履，贞厉”，《象》曰：“夬履，贞厉，位正当也。”九五处于正位，宜其决断其理、施其贞厉。《否》九五“休否，大人吉。其亡其亡，系于苞桑”，《象》曰：

“大人之吉，位正当也。”处九五之尊位，宜其遏绝小人而得其吉。《临》六四“至临，无咎”，《象》曰：“至临，无咎，位当也。”六四居得其正，故无咎。《贲》六四“贲如皤如，白马翰如。匪寇，婚媾”，《象》曰：“六四当位，疑也。匪寇，婚媾，终无尤也。”六四当位应初，唯碍于六三，故生迟疑。

不当位表示处位未得其宜，故多凶。如《履》六三“眇能视，跛能履，履虎尾，咥人，凶。武人为于大君”，《象》曰：“眇能视，不足以有明也。跛能履，不足以与行也。咥人之凶，位不当也。武人为于大君，志刚也。”“位不当”与“志刚”皆因六三阴爻处阳位之象。《否》六三“包羞”，《象》曰：“包羞，位不当也。”六三失位，所包承之事，唯致羞辱。《豫》六三“盱豫悔，迟有悔”，《象》曰：“盱豫有悔，位不当也。”六三失位，无论睢盱（《集解》引向秀：“盱豫，小人喜悦佞媚之貌也。”）求豫，还是迟停不求于豫，皆有悔。《恒》九四“田无禽”，《象》曰：“久非其位，安得禽也?”处“恒”之时而失位，故曰“久非其位”，而田猎无获。《旅》九四“旅于处，得其资斧，我心不快”，《象》曰：“旅于处，未得位也。得其资斧，心未快也。”九四未得其位，故“心不快”。

其次，关于中正与否。

中正之“中”，主要是指二、五而非三、四。如果阴爻居二位（阴位）、阳爻居五位（阳位），即爻位处中、爻性当位（正），既中且正，即为“中正”。“中”象征持守中道，“正”象征处位得宜，故中正之爻多吉。如《需》九五“需于酒食，贞吉”，《象》曰：“酒食贞吉，以中正也。”《讼》九五“讼元吉”，《象》曰：“讼元吉，以中正也。”《正义》曰：“所以讼得大吉者，以九五处中而得正位，中则不有过差，正则不有邪曲，中正为德，故元吉。”《姤》九五“以杞包瓜，含章，有陨自天”，《象》曰：“九五含章，中正也。有陨自天，志不舍命也。”

中正，亦称正中。《巽》九五“贞吉，悔亡，无不利。无初有终。

先庚三日，后庚三日，吉”，《象》曰：“九五之吉，位正中也。”《豫》六二“介于石，不终日，贞吉”，六三“盱豫悔，迟有悔”，《折中》引胡炳文：“盱豫与介石相反，迟与不终日相反，中正与不中正故也。”六二以中正而“贞吉”，六三以不中正而“有悔”。

中正，亦称中直。《同人》九五“同人先号咷，而后笑，大师克相遇”，《象》曰：“同人之先，以中直也。大师相遇，言相克也。”九五中正刚直，人所不从，故“先号咷”。因大师与三四相伐制胜而得与二相遇，故“后笑”。《困》九五“劓刖，困于赤绂，乃徐有说，利用祭祀”，《象》曰：“劓刖，志未得也。‘乃徐有说’，以中直也。‘利用祭祀’，受福也。”人不附己、己志未得，故曰“劓刖，志未得也”。因九五中直而渐得其志，故“乃徐有说”，并“利用祭祀”而受福。

中正，或单称“中”，如《节》九五“甘节，吉。往有尚”，《象》曰：“甘节之吉，居位中也。”或单称“位”，如《萃》九五“萃有位，无咎，匪孚。元永贞，悔亡”，径称“萃有位”，《正义》曰：“虽有盛位，然德未行，久乃悔亡。今时志意未光大也。”或称“位正当”，如《兑》九五“孚于剥，有厉”，《象》曰：“孚于剥，位正当也。”或称“正位”，如《涣》九五“涣汗其大号。涣，王居无咎”，《象》曰：“王居无咎，正位也。”

另外，也有少数处中而不正之爻，偶亦称中正，但并不常见。如《文言》：“子曰：龙德而正中者也。庸言之信，庸行之谨，闲邪存其诚，善世而不伐，德博而化。《易》曰：‘见龙在田，利见大人。’君德也。”《乾》九二处中而不正，但《文言》称“正中”。《艮》六五“艮其辅，言有序，悔亡”，《象》曰：“艮其辅，以中正也。”《王注》：“能用中正，故言有序也。”但实际上，六五虽处中但位不正。《未济》九二“曳其轮，贞吉”，《象》曰：“九二贞吉，中以行正也。”《正义》曰：“中以行正者，释九二失位而称贞吉者，位虽不正，以其居中，故能行正也。”说明“中”“正”矛盾时，中胜于正。正如《折中》引程子指出："正未必中，中则无不正也。六爻当位者未必皆吉，而二、五之中，则吉者独多。"如《归妹》九二"眇能视，利幽人之贞"，《正义》曰："九二虽失其位，不废居内处中。以言归妹，虽非正配，不失交合之道，犹如眇目之人，视虽不正，不废能视耳，故曰'眇能视'也。"《未济》六五"贞吉，无悔。君子之光，有孚，吉"，《本义》："以六居五，亦非正也。然文明之主，居中应刚，虚心以求下之助，故得'贞'而'吉'且'无悔'。又有光辉之盛，信实而不妄，吉而又吉也。"六五非正位但处中而"贞吉"。

（二）诸爻关系的两个视角

一卦六爻不仅是个体爻的独立存在，也是诸爻整体语境下的关系性存在。

1. 表达相邻关系的乘承比

一卦六爻中每两个相邻的爻都是比邻关系，称为"比"。比，只是客观描述，不构成价值判断。而"乘""承"作为"比"的两种方式，才形成价值判断。"乘"是乘驾在上，"承"是承接于下。根据阳尊阴卑的原则，阳爻乘阴爻、阴爻承阳爻为顺；阴爻乘阳爻、阳爻承阴爻为逆，反映了扬阳抑阴的思想。惠栋《易例》考汉儒所传"易例"凡九十类，其中"扶阳抑阴""阳道不绝、阴道绝义""阳无死义"三类皆与扬阳抑阴有关。乘承比，是从六爻整体的角度着眼，故三爻、四爻之间亦有乘承问题。如《节》卦，《折中》引邱国富："初与二比，初'不出户庭'则'无咎'，二'不出门庭'则'凶'，二反乎初者也。三与四比，四柔得正则为'安节'，三柔不正则为'不节'，三反乎四者也。五与上比，五得中则为节之'甘'，上过中则为节之'苦'，上反乎五者也。"在邱国富看来，理解《节》卦的关键是初与二、三与四、五与上之间的三组相比关系。乘承专究相邻两爻阴阳属性，表征事物在相邻环境下的阴阳关系。

《易经》卦爻辞往往用特定的语汇表达诸爻之间乘承比的关系。如《困》六三“困于石，据于蒺藜；入于其宫，不见其妻，凶”，九四下应初六，六三为之所困，又欲下比九二。所谓“困于石”是困于九四之石，“据于蒺藜”是据于九二之蒺藜。困与据，分别反映了六三与相邻的九四、九二的关系。《大有》九四“匪其彭，无咎”，《正义》曰：“匪，非也。彭，旁也。谓九三在九四之旁，九四若能专心承五，非取其旁，九四言不用三也。如此乃得无咎也。”彭（旁）反映了九四与三的相邻关系。

乘承比是解说爻辞的重要视角。如《贲》六二“贲其须”，《象》曰：“贲其须，与上兴也。”口上为须（口下为胡，两边为髯），“贲其须”是上附于九三，有饰须之象，故云“与上兴”。《贲》九三“贲如濡如，永贞吉”，《象》曰：“永贞之吉，终莫之陵也。”九三与六二相比，得华饰之貌（贲如）、润泽之理（濡如），故《正义》曰：“其美如此，长保贞吉，物莫之陵。”反过来，诸爻之间乘承比的关系，也可视为卦爻辞编纂的重要原则之一。兹以乘、承为例，试作申说。

乘：《屯》六二“屯如邅如，乘马班如，匪寇婚媾。女子贞不字，十年乃字”，《象》曰：“六二之难，乘刚也。十年乃字，反常也。”六二乘陵初九之刚，故有“屯如邅如”之难。《豫》六五“贞疾，恒不死”，《象》曰：“六五贞疾，乘刚也。恒不死，中未亡也。”六五乘九四之刚，故宜得其疾。《噬嗑》六二“噬肤灭鼻，无咎”，《象》曰：“噬肤灭鼻，乘刚也。”六二因处中而“噬肤”，因乘刚而“灭鼻”。《震》六二“震来厉，亿丧贝，跻于九陵，勿逐，七日得”，《象》曰：“震来厉，乘刚也。”《正义》曰：“只为乘于刚阳，所以犯逆受戮也。”

承：《旅》六五“射雉一矢，亡。终以誉命”，《象》曰：“终以誉命，上逮也。”上逮，即承及于上九，故“终以誉命”。《节》六四“安节，亨”，《象》曰：“安节之亨，承上道也。”六四因上承九五而“亨”。《中孚》六四“月几望，马匹亡，无咎”，《象》曰：“马匹亡，绝类上也。”《王注》：“类谓三，俱阴爻，故曰‘类’也。”《正义》曰：“绝三之类，不与二争，而上承于五也。”《涣》六四“涣其群，元吉。涣有丘，匪夷所思”，《本义》：“居阴得正，上承九五，当济涣之任者也。下无应与，为能散其朋党之象。占者如是，则大善而‘吉’。又言能散其小群以成大群，使所散者聚而若丘，则非常人思虑之所及也。”

2. 爻位的对应关系

乘承比，重在揭示各爻与左邻右舍之间的线性关系。而基于别卦分为上下两个经卦的视角，可以立体地分析上下两个经卦诸爻之间的对应关系。

第一，卦分上下。

清苌仕周《易经讲义》指出，“凡卦有二体，即有内外上下。有内外上下，即有上下往来。凡《彖传》言上下往来者皆虚象耳。大概在内卦曰来，在外卦则曰往也。”可见，内外、上下、往来都以卦分上下为据。

从《艮》九三、九四爻辞来看，爻辞作者有明确的卦分上下意识。《艮》九三“艮其限，列其夤，厉薰心”，《王注》：“限，身之中也。三当两象之中，故曰‘艮其限’。夤，当中脊之肉也。止加其身，中体而分，故‘列其夤’而忧危薰心也。”《艮》六四“艮其身，无咎”，《正义》曰：“《艮》卦总其两体以为二身，两体不分，乃谓之全，全乃谓之身。以九三居两体之际，在于身中，未入上体，则是止于下体，不与上交，所以体分夤列。六四已入上体，则非上下不接，故能总止其身，不分全体。”显然，《艮》九三“艮其限”、六四“艮其身”正是基于卦分上下的认知。又如，《屯》六二“屯如邅如，乘马班如。匪寇，婚媾。女子贞不字，十年乃字”，《折中》曰：“此卦下雷上云，雷声盘回，故言‘磐桓’‘邅如’者，下卦也；云物班布，故言‘班如’者，上卦也。”《比》六四“外比之，贞吉”，《正义》曰：“六四上比于五，欲外比也。居得其位，比不失贤，所以贞吉。凡下体为内，上体为外，六四比五，故云外比也。”《集解》引虞翻：“在外体，故称‘外’。得位比贤，故‘贞吉’也。”所谓比贤，是指顺承九五，《小象》所谓“外比于贤，以从上也。”

相应地，对卦爻辞的解说也多以上下两卦为视角。如《颐》“贞吉。观颐，自求口实”，强调颐养之道，守正则吉。《彖》：“养正则吉。”《序卦》：“颐者，养也。”宋赵善誉《易说》云：“《颐》以养正而不妄动为善。下卦《震》体有动而求养之象，故三爻皆凶。上卦《艮》体有静而知止之象，故三爻皆吉。”元解蒙《易精蕴大义》释《颐》六三云：“颐养之道，以安静为无失。二三动体，故‘颠’‘拂’而凶。四五静体，故‘颠’‘拂’亦吉。《震》三爻凶，《艮》三爻吉。可见《恒·彖》云恒有二义，利贞者不易之恒，所以体常；利有攸往者不已之恒，所以尽变。天地圣人所以能恒者，以其能尽变也。”《折中》引吴曰慎曰：“初九、六二、六三，皆自养口体，私而小者也；六四、六五、上九，皆养其德以养人，公而大者也。公而大者吉，得‘颐’之正也；私而小者凶，失‘颐’之贞也。可不‘观颐’而自求其正耶?”上述诸解皆揭示了《颐》爻辞的编纂是以区别上下两卦为依据的。又如，项安世《周易玩辞》释《遁》曰：“下三爻《艮》也，《艮》主于止，故为‘不往’、为‘固志’、为‘系遁’。上三爻《乾》也，《乾》主施行，故为‘好遁’、为‘嘉遁’、为‘肥遁’。”《折中》释《未济》引邱富国云：“内三爻，《坎》险也。初言‘濡尾’之吝，二言‘曳轮’之贞，三有‘征凶，位不当’之戒，皆未济之事也。外三爻，《离》明也，四言‘伐鬼方，有赏’，五言‘君子之光，有孚’，上言‘饮酒，无咎’，则《未济》为《既济》矣。”可见《遁》《未济》爻辞的编纂亦以卦分上下为原则。再如，明人朱谋㙔《周易象通》解《困》卦初爻、三爻云：“《坎》为丛棘，初其株也。六三居泉谷之间，故为石梁。株木、石梁皆因未涸而为桥梁，是急于济渡而遭困也。”《困》下卦为

《坎》为丛棘，在初爻而变文曰株木；上卦为《兑》为泽，六三在《兑》《坎》之间，故称“泉谷”，因泉谷而生石梁，而省文曰石，以此解初六“臀困于株木”、六三“困于石”之辞。朱谋㙔所解，多有牵强，但主要也是从卦分上下的角度立说的。

第二，位与功。

《系辞下》：“二与四同功而异位，其善不同：二多誉，四多惧。”二、四两爻均为偶数，同为阴柔之功，故“同功”。但二爻在下卦之中，四爻在上卦之下，有内卦与外卦之别，故“异位”。而二位处中，故多誉；四位近五位之君，故多惧。如《履》九四“履虎尾，愬愬，终吉”，《王注》：“逼近至尊，以阳承阳，处多惧之地，故曰‘履虎尾，愬愬’也。”与之相对，《履》九二：“履道坦坦，幽人贞吉。”

《系辞下》又曰：“三与五同功而异位：三多凶，五多功，贵贱之等也。其柔危，其刚胜邪?”三爻、五爻皆处阳位，同为阳刚之功，故“同功”。但三爻居下卦之上，五爻居上卦之中，有贵贱之等，故“异位”。《韩康伯注》曰：“三、五阳位，柔非其位，处之则危，居以刚健，胜其任也。夫所贵刚者，闲邪存诚，动而不违其节者也。所贵柔者，含弘居中，顺而不失其贞者也。若刚以犯物，则非刚之道；柔以卑佞，则非柔之义也。”例如，《大有》九三：“公用亨于天子，小人弗克。”五为王位，三与五同功，故有五之威权而得“亨于天子”。与之相对，《大有》六五：“厥孚交如，威如，吉。”

第三，相应。

别卦由上下两个经卦构成。初爻居内卦之下，四爻居外卦之下，两者同位。同样，二爻、五爻分别居内卦和外卦之中，三爻、上爻分别居内卦和外卦之上，也分别构成同位关系。正像《易经》中有明确表示乘承比的文字，卦爻辞中也有明确表示同位关系的语汇。如《鼎》九二“鼎有实，我仇有疾，不我能即，吉”，《王注》：“我仇，谓五也。困于乘刚（六五乘九四）之疾不能就我，则我不溢，得全其吉也。”

仇，指匹敌，表征九二与六五之间的相应关系。《中孚》九二“鹤鸣在阴，其子和之。我有好爵，吾与尔靡之”，《象》曰：“其子和之，中心愿也。”《正义》曰：“中心愿者，诚信之人，愿与同类相应，得诚信而应之。”九二与九五同位而爻性皆阳，喻“诚信之人”“得诚信而应之”，故曰“其子和之，中心愿也”。另外，卦爻辞中的“邻”字，既可表示相邻诸爻之间的关系，如《泰》六四“翩翩，不富以其邻。不戒以孚”，六四之邻，是指六五与上六，六四携二阴之邻翩翩而下；“邻”字也指上下两卦相应爻位的关系，如《小畜》九五“有孚挛如，富以其邻”，九五之邻谓九二，《正义》曰：“五居尊位，不疑于二，来而不距。二既牵挽而来，已又攀挛而迎接，志意合同，不有专固相逼，是有信而相牵挛也。如，语辞，非义类。富以其邻者，五是阳爻，即必富实。心不专固，故能用富以与其邻。”

又如，宋赵善誉《易说》论《乾卦》云：“初九之辞，决戒之切也；九四之辞，疑则与之进也。九三之辞，详犹可勉也；上九之辞，直则不可为也。圣人之言，纤悉委曲，一至于此！亦唯恐其阳刚之或偏而已。”这是以《乾》初九与九四，九三与上九的两组对位爻而立说的。《折中》释《睽》引冯当可曰：“内卦皆睽而有所待，外卦皆反而有所应：初‘丧马勿逐’，至四‘遇元夫’，而初、四合矣；二委曲以求遇，至五‘往何咎’，而二、五合矣；三‘舆曳’‘牛掣’，至上‘遇雨’，而三、上合矣。天下之理，固未有终睽也。”再如，《损》初九“已事遄往，无咎。酌损之”、《损》六四“损其疾，使遄有喜，无咎”，初九斟酌减损以益六四；六四有相思初九之“疾”，今初九自损以遄往，六四以得位速纳，阴阳和合，疾去喜来，故“无咎”。《丰》初九“遇其配主，虽旬无咎，往有尚”，《王注》曰：“旬，均也。虽均无咎，往有尚也。初、四俱阳爻，故曰‘均’也。”九四“遇其夷主，吉”，《正义》曰：“夷，平也。四应在初，而同是阳爻，能相显发，而得其吉，故曰‘遇其夷主，吉’也。”《丰》初九、九四同位而爻性皆阳，故称

“旬”“夷”。显见，卦爻辞的编纂明显具有上下两卦爻位对应的意识。

相应地，同位关系也是解读卦爻辞的重要原则之一。两个同位的爻，如果阴阳不同（一为阳爻一为阴爻），则构成相应的关系，表示对立面之间的和谐、统一，称为“中和”，故多吉象。惠栋《易例》以总结《易经》之“例”为职志，凡有九十类，其中“中和”之例多达九类：中和、《诗》尚中和、《礼》《乐》尚中和、君道尚中和、建国尚中和、《春秋》尚中和、中和（与上重复）、君道中和、中和之本。如《革》六二“巳日乃革之，征吉，无咎”，《象》曰：“巳日革之，行有嘉也。”六二与九五相应，故往应见纳而行有嘉庆。《临》初九“咸临，贞吉”，《象》曰：“咸临贞吉，志行正也。”初九应六四，六四履得正位，故初九往与其相应，是初九之志意行而归正。事实上，《象》言“志”“志行”多与上下相应有关。如《咸》初六“咸其拇”，《象》曰：“咸其拇，志在外也。”《正义》曰：“外谓四也。与四相应，所感在外，处于感初，有志而已，故云‘志在外也’。”《晋》六三“众允，悔亡”，《象》曰：“众允之，志上行也。”志上行，即与上九相应，故能与众同信。《蹇》上六“往蹇来硕，吉。利见大人”，《象》曰：“往蹇来硕，志在内也。利见大人，以从贵也。”志在应内卦之九三，往则失之，来则硕吉，所谓“从贵”，是从九三阳爻之贵。

如果阴阳相同，则阴阳不和，构成不应的关系。如《蛊》六四“裕父之蛊，往见吝”，《象》曰：“裕父之蛊，往未得也。”六四往于初六而不应，故往而“未得”容裕父事。《解》上六“公用射隼于高墉之上，获之，无不利”，《象》曰：“公用射隼，以解悖也。”上六与六三悖逆不应，上六居《震》动之上，能解六三之荒悖，故云“以解悖也”。《井》九二“井谷射鲋，瓮敝漏”，《象》曰：“井谷射鲋，无与也。”九二与九五不应，故曰“无与也”。值得一提的是，《升》九二“孚乃利用禴，无咎”，《正义》曰：“九二与五为应，往升于五，必见信任，故曰孚。”这是将九二与九五视为相应，但类似这种“同类相应”的情况殊为罕见。

（三）六爻整体关系：以主爻说为中心

《系辞》云：“爻也者，效此者也。象也者，像此者也。”爻效法事物变动，象模拟事物形状，六爻是事物变动的差异性统一。清浦龙渊《周易通》以“通”名书，既从“四圣一贯”角度强调八卦、六十四卦、卦爻辞、《易传》之“通”，亦从“六爻之义本一理”角度强调一卦六爻犹人身之脉络孔穴宛转相通。具体一爻不仅是其自身爻位、爻性的存在，也是乘承比、相应等相关两爻之间的关系存在，更是六爻整体语境下的存在。宋赵善誉《易说》于各卦之六爻，往往比类以观之。如其论《节》卦云：“六四一阴柔而应于初，又上承九五之阳，能安于节者，安则无所往而不通，故曰‘亨，承上道也’。九五居尊得位，刚健中正，节之当者也，当则无所往而不可，故曰‘甘节吉，往有尚’。以其在臣，故曰‘安’曰‘亨’，言己能安之则亨也。以其在君，故曰‘甘’曰‘吉’，言施之天下，人皆美之，然后为吉也。”较为合理地解释了《节》卦六四与初九、九五两爻之间的异同与关联。元代曾贯《易学变通》统论一卦六爻之义，其释《乾》云：“《乾》六爻不言吉，无往而非吉也。初九处之以勿用，即初九之吉。上九处之以有悔，即上九之吉。二之见，五之飞，三四之无咎，皆然。盖位或过于中，而圣人处之则无不中。位或失于正，而圣人处之则无不正。所谓刚健中正，纯粹以精者。吉有大于此乎！”总之，每一卦都是相对独立的单元，六爻具有内在的逻辑统一性。再如，《复》上六“迷复，凶，有灾眚。用行师，终有大败，以其国君凶，至于十年不克征”，胡炳文《周易本义通释》曰：“‘迷复’与‘不远复’相反，‘十年不克征’亦‘七日来复’之反。”所谓“不远复”，见于初九爻辞，“七日来复”则见于《复》卦卦辞，揭示了《复》卦卦辞、初九爻辞与上六爻辞之间的关联。

一卦卦爻辞之间的内在逻辑统一性，集中反映在“主爻说”中。主爻，是指一卦六爻中处于主导作用或关键地位的一爻，亦称“卦主”。《京氏易传·姤》曰：“定吉凶，只取一爻之象。”王弼《周易略例·明象》曰：“六爻相错，可举一以明也；刚柔相乘，可立主以定也。”又曰：“凡象者通论一卦之体者也。一卦之体，必由一爻为主，则指明一爻之美，以统一卦之义，《大有》之类是也。”

主爻概有两类。一是成卦之主，是构成一卦之象的关键，如《复》初九为阳爻，其余五爻皆阴，初九即为《复》卦的成卦之主。成卦之主重在其构成卦象的独特地位，而与爻位高低、德性否臧无涉。二是主卦之主，是一卦六爻中爻位中正、德位臧善之爻，如《复》六五即是。又如，《讼》九二“不克讼，归而逋。其邑人三百户，无眚”，《王注》：“善听之主焉，其在二乎？”《讼》九五“讼元吉”，《王注》：“处得尊位，为《讼》之主。”由此可见，九二为《讼》成卦之主，九五为《讼》主卦之主。《正义》曰：“一卦两主者，凡诸卦之内，如此者多矣。五是其卦尊位之主，余爻是其卦为义之主，犹若《复》卦初九是《复》卦之主，‘复’义在于初九也。六五亦居《复》之尊位，为《复》卦尊位之主，如此之例，非一卦也。所以然者，五居尊位，犹若天子总统万机，与万物为主，故诸卦皆五居尊位。诸爻则偏主一事，犹若六卿春官主礼，秋官主刑之类偏主一事，则其余诸爻各主一事也。即六卿总归于天子，诸卦之爻，皆以九五为尊位也。若卦由五位，五又居尊，正为一主也，若比之九五之类是也。今此《讼》卦二既为主，五又为主，皆有断狱之德，其五与二爻，其义同然也，故俱以为主也。”

主爻说，是解释卦爻辞的重要义例之一，明唐鹤徵《周易象义》卷首载《读易法》六则，其三即“一卦必有主爻”。如《豫》九四“由豫，大有得。勿疑，朋盍簪”，《豫》卦九四是唯一阳爻，为《豫》卦之主，且众阴从之以得其豫，故曰“由豫”“勿疑”，众阴群朋合聚而疾来，故“朋盍簪”，而九四则“大有得”。陈梦雷《周易浅述》释《解》卦曰：“六爻之义，主于去小人。六三一阴为小人非据，以致天下之兵者，诸爻皆欲去之：二之‘获狐’，获三也；四之‘解拇’，解三也；上之‘射隼’，射三也；五之‘有孚’，亦退三也。唯初六才柔位卑，不任解难而在解时，‘无咎’而已。”六三阴爻居内卦《坎》险之上，是全卦共解之隐患。以九四“解而拇，朋至斯孚”为例，《王注》：“失位不正而比于三，故三得附之，为其拇也。三为之拇，则失初之应，故解其拇然后朋至而信矣。”而即尔，指九四，拇为六三，朋为初六。

再以《明夷》为例。上六居极，为《明夷》之主，诸爻爻辞多与之相关。《正义》对《明夷》六爻的解释，主要是围绕主爻（上六）而展开的。

初九“明夷于飞，垂其翼。君子于行，三日不食。有攸往，主人有言”，《正义》曰：“初九处于卦始，去上六最远，是最远于难……故曰‘明夷于飞’也。‘垂其翼’者，飞不敢显……尚义而行，故云‘君子于行’。志急于行，饥不遑食，故曰‘三日不食’。‘有攸往，主人有言’者，殊类过甚，以此适人，人必疑怪而有言。”

六二“明夷，夷于左股，用拯马壮，吉”，《正义》曰：“六二以柔居中，用夷其明，不行刚壮之事者也，故曰‘明夷，夷于左股’。庄氏云：‘言左者，取其伤小。’则比夷右未为切也。‘夷于左股’，明避难不壮，不为暗主所疑，犹得处位，不至怀惧而行，然后徐徐用马，以自拯济而获其壮吉也。”所谓暗主，正是指上九。

九三“明夷于南狩，得其大首，不可疾贞”，《正义》曰：“南方，文明之所。狩者，征伐之类。‘大首’谓暗君。‘明夷于南狩，得其大首’者，初藏明而往，托狩而行，至南方而发其明也。九三应于上六，是明夷之臣发明以征暗君，而得其‘大首’……既诛其主，将正其民，民迷日久，不可卒正，宜化之以渐，故曰‘不可疾贞’。”九三暗主，亦指上九。

六四“入于左腹，获明夷之心，于出门庭”，《正义》曰：“凡右为用事也。从其左不从其右，是卑顺不逆也。‘腹’者，事情之地。六四体柔处坤，与上六相近，是能执卑顺‘入于左腹’，获明夷之心意也。‘于出门庭’者，既得其意，虽近不危，随时避难，门庭而已，故曰‘于出门庭’。”

六五“箕子之明夷，利贞”，《正义》曰：“六五最比暗君，似箕子之近殷纣，故曰‘箕子之明夷’也。‘利贞’者，箕子执志不回，暗不能没，明不可息，正不忧危，故曰‘利贞’。”

上六“不明晦，初登于天，后入于地”，《正义》曰：“上六居明夷之极，是至暗之主，故曰‘不明而晦’。本其初也，其意在于光照四国，其后由乎不明，遂入于地，谓见诛灭也。”

三、以两个或以上卦象之间关联性为前提的卦爻辞编纂

元儒曾贯《易学变通》每篇统论一卦六爻之义，又举他卦辞义之相近者参互以求其异同之故。如于《坤》云：“或疑六三王事为六五之事，然《乾》主君道，《坤》主臣道，王事乃九五大人之事，故《坤》卦三五，圣人皆有戒辞者，其所以正人臣之体，为虑深矣。”于《艮》云：“敦临、敦艮皆吉，何也？曰敦者，厚道也。厚于治人则人无不服者，《临》是也。厚于治己而己无不修者，《艮》是也。人之自处容可处于薄乎？”说明卦爻辞的编纂并不满足于一卦自身的内部视域。

（一）非覆即变的相邻两卦之间的关联

“言生于象”，非覆即变的相邻两卦在卦象上的关联，在卦爻辞中亦往往有所反映。宋代丁易东所著《周易象义》一书旨在因象明义，故称“象义”。丁氏列易象之例凡十二类，其“反对之例”指出，《损》六五“或益之十朋之龟，弗克违，元吉”与《益》六二“或益之十朋之龟，弗克违，永贞吉。王用享于帝，吉”同辞；《夬》九四“臀无肤，其行次且。牵羊悔亡，闻言不信”与《姤》九三“臀无肤，其行

次且，厉，无大咎”同辞，乃因《损》《益》、《夬》《姤》卦象“反对”（实即“互覆”）而致。拿《益》六二与《损》六五来说，《正义》曰：“（《益》）六二体柔居中，当位应《巽》，是居益而能用谦冲者也。居益用谦，则物‘自外来’，朋龟献策，弗能违也。同于《损》卦六五之位，故曰‘或益之十朋之龟，弗克违’也。然位不当尊，故永贞乃吉，故曰‘永贞吉’。帝，天也。王用此时，以享祭于帝，明灵降福，故曰‘王用享于帝，吉’也。”《本义》亦曰：“六二当‘益下’之时，虚中处下，故其象占与《损》六五同。然爻、位皆阴，故以‘永贞’为戒。”

宋赵善誉《易说》论《坤》卦云：“《乾》《坤》二卦，唯二五两爻为善，而他爻皆有戒之之辞。”又云：“‘履霜’戒于一阴之生，‘括囊’戒于多惧之位，三犹可以‘含章’而从事，上则至于‘龙战’而道穷。亦《乾卦》爻辞不同之意。”《乾》《坤》卦象“互变”，二卦意义相反而又相成。如《乾》用九“见群龙，无首，吉”，《王注》：“九，天之德也。能用天德，乃见‘群龙’之义焉。夫以刚健而居人之首，则物之所不与也。以柔顺而为不正，则佞邪之道也。故《乾》吉在‘无首’，《坤》利在‘永贞’。”《坤》“元亨，利牝马之贞”，《正义》曰：“此一节是文王于《坤》卦之下陈《坤》德之辞。但《乾》《坤》合体之物，故《乾》后次《坤》，言地之为体，亦能始生万物，各得亨通，故云‘元亨’，与《乾》同也。‘利牝马之贞’者，此与《乾》异。《乾》之所贞，利于万事为贞，此唯云‘利牝马之贞’……‘牝马’，外物自然之象，此亦圣人因‘坤元亨，利牝马之贞’自然之德以垂教也。”清乔大凯《周易观澜》谓“《乾》之《彖辞》不设象，《坤》则曰利牝马之贞。《乾》无分于先后，无择于西南东北，《坤》则不然，为天道、地道，阳全、阴半之分”，亦从《乾》《坤》对比的角度立说。再如，《剥》“不利有攸往”，《正义》曰：“剥者，剥落也。今阴长变刚，刚阳剥落，故称‘剥’也。小人既长，故‘不利有攸往’也。”而

《复》“亨。出入无疾，朋来无咎。反复其道，七日来复，利有攸往”，小人道消，故“利有攸往”。《剥》《复》卦象上的“互覆”，在两者卦辞上是有体现的。又如，《节》初九“不出户庭，无咎”，《王注》：“为节之初，将整离散而立制度者也，故明于通塞，虑于险为，不出户庭，慎密不失，然后事济而无咎也。”《正义》曰：“初九处节之初，将立制度，宜其慎密，不出户庭，若不慎而泄，则民情奸险，应之以伪，故慎密不失，然后事济而无咎，故曰‘不出户庭，无咎’……《序卦》云：‘物不可以终离，故受之以节。’此卦承《涣》之后，初九居节之初，故曰将整离散而立法度也。”在今本六十四卦之序中，《节》承《涣》之后，二卦“互覆”，《节》初九“不出户庭，无咎”之辞正是承《涣》“离散”之义而来。

（二）其他相关诸卦之间的关联

今本卦序除《乾》《坤》、《坎》《离》、《颐》《大过》、《中孚》《小过》只有“互变”关系之外，其余五十六卦两两之间不仅存在“互变”关系，也存在“互覆”关系。如今本卦序根据“互覆”关系，以《夬》《姤》配对、《剥》《复》配对，但《夬》《剥》之间、《复》《姤》之间也存在“互变”关系。拿《夬》《剥》来说，《夬》：“扬于王庭，孚号有厉。告自邑，不利即戎。利有攸往。”《夬》下五阳决上阴（上六），故“扬于王庭”以示明决无隐、“孚号有厉”以示用明信之法而宣其号令，阳长而“利有攸往”。而《剥》则“不利有攸往”，《王注》：“《夬》与《剥》反者也。《剥》以柔变刚，至于刚几尽。《夬》以刚决柔，如剥之消刚。刚陨则君子道消，柔消则小人道陨。君子道消，则刚正之德不可得直道而用，刑罚之威不可得坦然而行。‘扬于王庭’，其道公也。”进一步，《夬》九三“壮于頄，有凶。君子夬夬独行，遇雨若濡，有愠无咎”，《正义》曰：“頄，面权也，谓上六也。言九三处夬之时，独应上六，助于小人，是以凶也。若《剥》之六三

(按：六三："剥之，无咎。")，处阴长之时而应上，是助阳为善。今九三处刚长之时，独助阴为凶也。'君子夬夬'者，君子之人，若于此时，能弃其情累，不受于应，在于决断而无滞，是'夬夬'也。'独行，遇雨若濡，有愠无咎'者，若不能决断，殊于众阳，应于小人，则受濡湿其衣，自为怨恨，无咎责于人，故曰'有愠无咎'也。"可见，《夬》《剥》卦象"互变"，故两者卦爻辞立意相对。

卦爻辞之间的关联，不仅反映在相关两卦之间，有时也体现在一批或一组卦之间。徐总幹《易传灯》一书有《八卦总论》十六篇，以每八卦为一组参互以求。如曰《乾》《夬》《大有》《大壮》四卦的下卦皆为《乾》，上卦分别为四阳卦：《乾》《兑》《离》《震》。《乾》九三曰"君子"，而余卦九三皆有"君子、小人"之辞，以君子在重刚中(下乾为刚，四个上卦皆为阳卦，故称"重刚")，君子则吉，小人则凶，故分别言之也。《乾》处于《巽》《坎》《艮》《坤》四卦之下者为《小畜》《需》《大畜》《泰》，凡九三上遇阴爻皆有畏敬之义。如《需》九三"需于泥，致寇至"、《小畜》九三"舆说辐，夫妻反目"。

十二消息卦卦象之间也存在明显的关联。例如，《临》"元亨利贞。至于八月有凶"，《彖》曰："至于八月有凶，消不久也。"《正义》曰："以其阳道既消，不可常久，故'有凶'也。但《复》卦一阳始复，刚性尚微，又不得其中，故未有'元亨利贞'。《泰》卦三阳之时，三阳在下，而成乾体，乾下坤上，象天降下，地升上，上下通泰，物通则失正，故不具四德。唯此卦二阳浸长，阳浸壮大，特得称《临》，所以四德具也。然阳长之卦，每卦皆应'八月有凶'。但此卦名临，是盛大之义，故于此卦特戒之耳。若以类言之，则阳长之卦，至其终末皆有凶也。"《复》《临》《泰》是三个阳长阴消的消息卦，孔颖达分析三卦卦辞，重点指出：第一，为什么只有《临》有"元亨利贞"；第二，为什么只有《临》有"八月有凶"，以见三卦卦辞与卦象之间的关联。

《谦》初六"谦谦君子，用涉大川，吉"，马其昶《重定周易费氏学》曰："舟楫之利，最是天地大用。凡言涉川，其象皆取诸《乾》《坤》《坎》《巽》四卦，其义则所谓'致远以利天下者'是已，非为涉险之喻。唯不利涉大川，乃取险象尔，皆在《坎》体，所谓'水能载舟，水能覆舟'，坎险故也。"可见《易经》"涉川"之辞，多有卦象关联。如《需》乾下坎上、《同人》离下乾上、《蛊》巽下艮上、《大畜》乾下艮上、《益》震下巽上、《涣》坎下巽上、《中孚》兑下巽上，诸卦卦辞皆有"利涉大川"之语；《讼》坎下乾上，其卦辞有"不利涉大川"；《谦》艮下坤上，初六云"谦谦君子，用涉大川，吉"，《未济》坎下离上，六三云"未济，征凶。利涉大川"，皆符合马其昶的总结。当然，《颐》震下艮上，而六五云"拂经，居贞吉，不可涉大川"、上九"由颐，厉，吉。利涉大川"，则逸出了马氏所总结的例则。

总体而论，卦爻象是卦爻辞的前提，"圣人设卦观象系辞焉"，卦爻辞的撰写是以卦爻象为依据的。达成象辞一致，也是卦爻辞作者的主要努力方向。然而，卦爻象是复杂的。卦爻象既是个体性的，又是结构性的，每一个卦爻象都是若干元素数量及其性质的集合，构成了十分复杂的逻辑关系与意义结构。而卦爻辞作为文字体系，并不能准确、完整地映射或揭示出这些元素的全部数量与性质，由此导致以卦爻象为编撰前提的卦爻辞，往往只是抓住了卦爻象的一两个有限的要素，事实上形成了卦爻辞对卦爻象前提的突破。

四、卦爻象与卦爻辞的符号间距

卦爻象是抽象的符号体系，在深度上涉及六画内部的组合关系及其动态变化从而"尽精微"，在广度上涉及与其他相关卦，乃至整个六十四卦的关系从而"致广大"。而作为文字体系的卦爻辞，只能将"致广大而尽精微"的卦爻象内涵聚焦于受卦名限定的某个特定情境，它与卦爻象之间并非"全等"关系。强行将两者关联，就像将算命抽签与具体所问之事相关联一样。

（一）卦爻辞的立意

卦爻象作为抽象的符号体系，当转换为卦爻辞的文字表达时，既要考虑当下一卦一爻之象的具体性，又要考虑一卦整体乃至六十四卦整体体系的普遍义例。然而，卦爻辞主要围绕本卦卦爻象而展开，鲜及“非覆即变”的相邻两卦，更遑论六十四卦整体体系。并且，即便一卦之象也存在各种复杂关系乃至矛盾关系，例如，六爻爻位由下往上，喻示社会地位增长继高，如初为元士、二为臣、三为诸侯，四为大夫、五为国君、上为宗庙。在三才说中，五上为天位，三四为人位，初二为地位，也反映爻位由下往上的顺序。但从乾坤六子的角度来看，下位为长男或长女、中位为中男或中女、下位为少男或少女，爻位越高，年龄越少。如《小过》六二“过其祖，遇其妣，不及其君。遇其臣，无咎”，《正义》曰：“祖，始也，谓初也。妣者，母之称。六二居内，履中而正，固谓之妣。已过于初，故曰‘过其祖’也。履得中正，故曰‘遇其妣’也。过不至于僭，尽于臣位而已，故曰‘不及其君，遇其臣，无咎’。”这是以初位为祖、以二位为妣，又以二位为臣、五位为君，矛盾十分明显。从加一倍法来看，一卦之象由两个经卦相重而来（即 8^2），两个经卦的取象及其关系，是卦名及卦爻辞的依据。从大衍筮法来看，一卦之象由“四营”“十有八变”而来（2^6），六画整体及其各爻关系，是卦名及卦爻辞的依据。由此形成观察一卦六爻诸多“义例”的不同视角，导致义例与义例之间的矛盾，如“中位说”即有因六爻整体视角与上下经卦视角的不同，从而导致二、五为中与三、四为中之别。

1. 卦爻象的复杂性

清朱轼《周易传义合订·凡例》曰：“遗象言理，自王辅嗣始。然《易》者象也，有象斯有理，理从象生也。孔子《彖》《象》二传，何尝非言象？雷、风、山、泽以及《乾》马、《坤》牛、《震》龙、《巽》

鸡之类，皆象也。即卦之刚柔、上下、应比承乘，亦何莫非象乎？舍是而言理，不知所谓理者安在矣。《易》道之取类大，精粗巨细，无所不有。即纳甲、飞伏等术数之学，不可谓非《易》之一端也。况中爻、互卦、倒《巽》、倒《兑》、厚《离》、厚《坎》之象，皆卦体之显而易明者乎？”黄宗羲《易学象数论》认为，圣人以象示人，有八卦之象、六爻之象、象形之象、爻位之象、反对之象、方位之象、互体之象，“七者备而象穷矣”。而所谓纳甲、动爻、卦变、先天四者皆为伪象，“四者杂而七者晦矣”。故其《易学象数论》专志于“崇七象而斥四象”。

我们认为，卦爻象概有三类之“象”。一是指以《说卦》为代表的八卦取象，如《乾》马、《坤》牛之类。二是指应比承乘、当位等关于一卦内部诸爻结构关系的诸种“义例”。三是指互体、卦变、反易等一卦与另一个/一些其他卦之间关系的各种“义例”。因此，卦爻之象堪称品类繁多、端绪茫如。兹以爻位关系而论，略示一卦六爻内部之象的复杂性。《屯》六三“即鹿无虞，唯入于林中。君子几，不如舍，往吝”，《正义》曰：“即，就也。虞谓虞官……六三欲往从五，如就鹿也。五自应二，今乃不自揆度彼五之情纳已以否，是‘无虞’也。即徒往向五，五所不纳，是徒入于林中。‘君子几，不如舍’者，几，辞也。夫君子之动，自知可否，岂取恨辱哉！见此形势，即不如休舍也。言六三不如舍此求五之心勿往也。‘往吝’者，若往求五，即有悔吝也。”这里，六三首先涉及九五，还要结合六二来分析。《蒙》六四“困蒙，吝”，《正义》曰：“六四在两阴之中，去九二既远，无人发去其童蒙，故曰困于蒙昧而有鄙吝。”六四“困”于六三、六五两阴之中，六三与九二相比，六五与九二相应，故六四“去九二既远”。《夬》九四“臀无肤，其行次且。牵羊悔亡，闻言不信”，《正义》曰：“九四据下三阳，位又不正，下刚而进，必见侵伤，侵伤则居不得安，若‘臀无肤’矣。次且，行不前进也。臀之无肤，居既失安，行亦不进，故曰‘臀无肤，其行次且’也。‘牵羊悔亡，闻言不信’者，羊者，抵狠难移之物，谓五也。居尊当位，为《夬》之主，下不敢侵。若牵于五，则可得悔亡，故曰‘牵羊悔亡’。然四亦是刚阳，各亢所处，虽复闻牵羊之言，不肯信服事于五，故曰‘闻言不信’也。”这是从九四与下三阳及九五之关系的角度论述。《渐》九五“鸿渐于陵，妇三岁不孕，终莫之胜，吉”，《王注》：“进得中位，而隔乎三、四，不得与其应合，故‘妇三岁不孕’也；各履正而居中，三、四不能久塞其涂者也，不过三岁必得所愿矣。”这是从九五与六二相应，但隔乎九三、六四的角度入说。《萃》六三“萃如嗟如，无攸利，往无咎，小吝”，《折中》引俞琰：“‘萃’之时‘利见大人’（卦辞），三与五非应非比，而不得其萃，未免有嗟叹之声，则‘无攸利’……既曰‘无攸利’，又曰‘往无咎’，三与四比，则其往也，舍四可乎？三之从四，四亦巽而受之，故‘无咎’。第无正应，而近比于四，所聚非正，有此‘小疵’耳。”亦即，“萃如嗟如，无攸利”是因三与五非应非比；“往无咎”是因六三承九四；“小吝”是因六三位不正。马其昶《重定周易费氏学》曰：“六爻唯三、上无应，又俱值穷位，一嗟一咨，求萃不得也，故‘无攸利’。然天命不可不顺，四、五为萃之主，合诸侯而发禁命事，三若比四以萃五，虽位不当‘小吝’，然当萃时，不能自外于会同之盟，故三与初皆曰‘往无咎’。”

另外，除了乘承比、得位、当中、应否等关系之外，某爻与卦内诸爻还存在各种更为复杂的关系。如《需》上六“入于穴，有不速之客三人来，敬之，终吉”，上六与九三相应，“不速之客三人”是指不召之客初九、九二、九三“三人”。《泰》初九“拔茅茹，以其汇，征吉”，拔茅而致其根相牵引，“茹”为相牵引之貌。《泰》卦下乾为三阳，《王注》：“三阳同志，俱志在外，初为类首，己举则从，若‘茅茹’也。”《剥》六五“贯鱼，以宫人宠”，《集解》引何妥：“夫《剥》之为卦，下比五阴，骈头相次，似‘贯鱼’也……六五既为众阴之主，能有‘贯鱼’之次第。”《震》九四“震遂泥”，《王注》：“处四阴之中，居恐惧之时，为众阴之主，宜勇其身，以安于众。若其震也，遂困难矣。履夫不正，不能除恐，使物安已，德未光也。”九四处于二、三、五、上四阴之中。《蒙》六四：“困蒙，吝。”六四困于三、五之二阴。

义例本质上是卦爻象的符号结构关系，既包括一卦内部诸爻的关系，也包括相邻或相关两卦、特定卦群（如八宫卦、十二消息卦）关系乃至六十四卦整体关系。即就一卦内部而言，有基于一卦六爻整体视角的主爻说、爻位说、爻性说、当位说、乘承比、三才说等义例，有基于上下经卦视角的相应、同功异位等义例。此外，还有由爻变观念而来的互体、卦变等义例。针对卦爻象的众多复杂关系乃至矛盾性的“义例”，卦爻辞往往只能选择一个或几个有限的角度，形成与卦爻象的局部映射。

2. 卦爻辞对卦爻象义例的突破

卦爻辞的编纂虽以卦爻象为依据，但义例作为具有公设性的规则或条款，并不具有普遍性。如《复》六二“休复，吉”，《象》曰：“休复之吉，以下仁也。”《王注》：“得位处中，最比于初。上无阳爻，以疑其亲。阳为仁行，在初之上而附顺之，下仁之谓也。既处中位，亲仁善邻，复之休也。”《象传》《王注》皆不以六二乘初九而论。《履》九四“履虎尾，愬愬，终吉”，《王注》：“逼近至尊，以阳承阳，处多惧之地，故曰‘履虎尾，愬愬’也。然以阳居阴，以谦为本，虽处危惧，终获其志，故‘终吉’也。”九四失位，又近五而“多惧”，但结果却“终吉”。这不仅与当位说矛盾，也与《系辞下》“二与四同功而异位，其善不同：二多誉，四多惧”说不符。《大壮》九四“贞吉，悔亡。藩决不羸，壮于大舆之輹”，《观》六四“观国之光，利用宾于王”，《家人》六四“富家，大吉”，亦与“四多惧”不合。

《折中》引王申子：“《大过》诸爻，以刚柔适中者为善。初以柔居刚，二以刚居柔而比之，是刚柔适中，相济而有功者也。其阳过也，如杨之枯，如夫之老；其相济而有功也，如枯杨而生稊，如老夫得女妻。言阳虽过矣，九二处之得中，故‘无不利’。”初六、九二虽失位，但两者阴阳相比且二处中位。今按《大过》初六曰：“藉用白茅，无咎。”九二曰：“枯杨生稊，老夫得其女妻，无不利。”又如，《升》九二“孚乃利用禴，无咎”，“孚乃利用禴”亦见《萃》六二。《折中》引张清子：“《萃》六二以中虚为‘孚’，而与九五应；《升》九二以中实为‘孚’，而与六五应。二爻虚实虽殊，其孚则一也。孚则虽‘用禴’而亦‘利’。”上述诸例皆不以当位与否而论。

兹以相应关系为例再作分析。《涣》六三“涣其躬，无悔”，《折中》：“《易》中六三应上九，少有吉义。唯当‘涣’时，则有应于上者，忘身徇上之象也。”依李光地之见，“《易》中六三应上九”基本多与阴阳相应、相和而吉的“当位说”不合，《涣》六三应上九而“无悔”是少有的例外。《中孚》九二“鸣鹤在阴，其子和之。我有好爵，吾与尔靡之”，《本义》：“九二中孚之实，而九五亦以中孚之实应之。”此是以二阳对位为应。《大畜》九三“良马逐，利艰贞。曰闲舆卫，利有攸往”，《象》曰：“利有攸往，上合志也。”《正义》：“至于九三，升于上九，而上九处天衢之亨，途径大通，进无违距。”三与上皆阳、不应，而《象》称“合志”，《正义》称“途径大通，进无违距”。《程传》：“三以刚健之才，而在上者（上九）与合志而进，其进如良马之驰逐，言其速也。”亦以不应而称合志。

《小畜》初九“复自道，何其咎？吉”，《王注》：“处《乾》之始，以升《巽》初，四为已应，不距已者也。以阳升阴，复自其道，顺而无违，何所犯咎，得义之吉。”九二“牵复吉”，《正义》曰：“牵谓牵连，复谓反复，二欲往五，五非止畜之极，不闭固于己，可自牵连反复于上而得吉也。”九三“舆说辐。夫妻反目”，《正义》曰：“九三欲复而进，上九固而止之，不可以行，故车舆说其辐。‘夫妻反目’者，上九体巽，为长女之阴，今九三之阳，被长女闭固，不能自复，夫妻乖戾，故反目相视。”显见，《小畜》初九以应而“吉”，九二以不应而“吉”，九三以不应而“反目”，抵牾殊为明显。《大有》初九“无交害匪咎。艰则无咎”，马其昶《重定周易费氏学》引黄淳耀：“以九居初，是初心未变，无交故无害也。”初九因与九四“无交害”（不应）而“匪咎”。《兑》初九“和兑，吉”，《王注》：“居《兑》之初，应不在一，无所党系，‘和兑’之谓也。说不在谄，履斯而行，未见有疑之者，吉其宜矣。”初九与九四不应，而“应不在一，无所党系”，故得吉。《豫》初六“鸣豫，凶”，《正义》曰：“‘鸣豫’者，处《豫》之初，而独得应于四，逸豫之甚，是声鸣于豫。但逸乐之极，过则淫荒。独得于乐，所以‘凶’也。”初六以“独得应于四”而“凶”。《大过》九三“栋桡，凶”，《正义》曰：“居《大过》之时，处下体之极，以阳居阳，不能救危拯弱，唯自守而已。独应于上，系心在一，所以‘凶’也。心既褊狭，不可以辅救衰难，故《象》云‘不可以有辅也’。”九四“栋隆，吉。有它吝”，《正义》曰：“体居上体，以阳处阴，能拯救其弱，不为下所桡，故得栋隆起而获吉也。‘有它吝’者，以有应在初，心不弘阔。”九三因应于上六而凶，九四因应于初六而吝。《鼎》上九“鼎玉铉，大吉，无不利”，《正义》曰：“应不在一，即靡所不举，故得‘大吉’而‘无不利’。”上九以应不在一而大吉、无不利。

显然，即使绳以同一义例（如当位）也会出现大量的“例外”甚至矛盾对立。正是有鉴于此，明邓梦文《八卦余生》卷首列《总论》五条，其四《论五位》辨诸家以五爻为君之非，凡九处。清程廷祚《大易择言》以本爻求爻义，而力破承乘比应诸旧解，并尽芟阳爻阴位、阴爻阳位之说。如其质疑先儒“扶阳抑阴”之论云：“阴阳之中，皆有过不及，皆有中正和平。德皆有美凶，品皆有邪正，非阳定为君子，阴定为小人，阴阳中皆有君子、小人。阳之美德刚健，其凶德则暴戾。阴之美德柔顺，其凶德则奸佞。阴阳之君子俱当扶，小人俱当抑。阴阳二者，一理一气，调济刚柔、损益、过不及，务期如天地运化均平之时。此四圣人前民之用，赞化之心，而《易》所以作也。”

3. 卦爻辞的义项选择

卦爻象存在若干规则，卦爻辞往往只能择取其中有限的几个规则，形成某种倾向性的叙述。《系辞下》：“凡易之情，近而不相得则凶。”《韩康伯注》曰：“近，况比爻也。易之情，刚柔相摩，变动相适者也。近而不相得，必有乖违之患。或有相违而无患者，得其应也；相顺而皆凶者，乖于时也。存事以考之，则义可见矣。”《正义》曰：“近，谓两爻相近而不相得，以各无外应，则致凶咎；若各有应，虽近不相得，不必皆凶也。”比爻是否相得，可从乘承的角度理解。相应可救不相得之失，而相得与否还要考虑是否“乖于时”。如《涣》九二“涣奔其机，悔亡”，《王注》：“机，承物者也，谓初也。二俱无应，与初相得，而初得散道，离散而奔，得其所安，故‘悔亡’也。”《正义》曰：“初得远难之道，今二散奔归初，故曰‘涣奔其机’也。‘悔亡’者，初得散道而二往归之，得其所安，故悔亡也。”因初六与六四，九二与九五皆不相应，故以二乘初为说。《涣》六三“涣其躬，无悔”，《正义》曰：“六三内不比二，而外应上九，是不固所守，能散其躬，故得无悔。”六三乘九二，（即“内不比二”），但因与上九相应而“无悔”。显见，九二因初六而“悔亡”，无妨其与九五不相应；六三因相应故“无悔”，而无虑其乘九二之刚。可以肯定，卦爻辞的拟定视角是多元的，往往得卦爻象之一端即可入说，兹举实例予以分析。

第一，或以爻位或以爻性而定大小。如《随》六二“系小子，失丈夫”，《正义》曰：“小子，谓初九也。丈夫，谓九五也。初九处卑，故称‘小子’。五居尊位，故称‘丈夫’。六二既是阴柔，不能独立所处，必近系属初九，故云‘系小子’。既属初九，则不得往应于五，故云‘失丈夫’也。”《随》六三“系丈夫，失小子。随有求得，利居贞”，《正义》曰：“六三阴柔，近于九四，是系于‘丈夫’也。初九既被六二之所据，六三不可复往从之，是‘失小子’也。‘随有求得’

者，三从往随于四，四亦更无他应（初九为六二据）。己往随于四，四不能逆己，是三之所随，有求而皆得也。”六二、六三皆以初九为小子，显然是以其居位之“初”而非爻性之“九”（阳）；但六三以九四为丈夫，则专就其爻性“九”（阳）而非其居位之“四”（阴）而论。

第二，以爻位为首要考虑。如《节》初九“不出户庭，无咎”，《王注》：“为节之初，将整离散而立制度者也，故明于通塞，虑于险为，不出户庭，慎密不失，然后事济而无咎也。”九二“不出门庭，凶”，《王注》：“初已造之，至二宜宣其制矣，而故匿之，失时之极，则遂废矣。故不出门庭，则凶也。”初九、九二皆“不出户庭”而或“无咎”或“凶”，端在居位有别。《剥》初六“剥床以足，蔑贞凶”，《正义》曰：“蔑，削也。贞，正也。下道既蔑，则以侵削其贞正，所以凶也。”六二“剥床以辨，蔑贞凶”，《正义》曰：“初六‘蔑贞’，但小削而已，六二‘蔑贞’，是削之甚极，故更云‘蔑贞凶’也。长此阴柔，削其正道，以此为德，则物之所弃。故《象》云‘未有与’也。言无人与助之也……初既称‘蔑’，二又称‘蔑’，‘蔑’上复‘蔑’，此为蔑甚极。”初六、六二皆“蔑贞凶”，但处位不同而其“蔑”有别。

第三，以“时”为关注焦点。宋赵善誉《易说》于各卦名义之相似者多参互以求其义。如其云：“《颐》《井》《鼎》皆有养人之义，岂非养人之利溥，故多取象以示人耶?”又云：“三卦义虽不同，皆以上爻为吉。故《颐》之‘由颐’，井之‘勿幕’，鼎之‘玉铉’，皆在上爻也。”三卦上爻皆吉，实因其“时”。《明夷》“利艰贞”，当明夷之时，君子宜于自艰守正。《折中》引李舜臣：“《易》卦诸爻，《噬嗑》之九四、《大畜》之九三，曰‘利艰贞’，未有一卦全体以‘利艰贞’为义者。此盖睹君子之明伤为可惧，而危辞以戒之。其时可知也。”《明夷》“利艰贞”端在“当明夷之时”。胡炳文《周易本义通释》指出：“凡卦爻取刚柔相应，《丰》则取明动相资。”《折中》引熊良辅：“当丰大之时，以同德相辅为善，不取阴阳之应也。”如《丰》六二

“丰其蔀，日中见斗。往得疑疾，有孚发若，吉”，《正义》曰：“二、五俱阴，二已见斗之暗，不能自发，以自求于五，往则得见疑之疾，故曰‘往得疑疾’也。然居中履正，处暗不邪，是有信者也。有信以自发其志，不困于暗，故获吉也。故曰‘有孚发若，吉’也。”六五“来章有庆誉，吉”，《正义》曰：“六五处丰大之世，以阴柔之质，来适尊阳之位，能自光大，章显其德，而获庆善也。”“取明动相资”“不取阴阳之应”，在六十四卦中唯“丰之时”为然。

第四，以上下经卦为据。如《渐》六四“鸿渐于木。或得其桷，无咎”，《象》曰：“或得其桷，顺以《巽》也。”《正义》曰：“四虽乘三体，《巽》而附下，三虽被乘，上顺而相保，所以六四得其安栖。”六四乘九三，但六四、九五、上九组成的上卦为《巽》，《巽》因顺而得安栖。《履》“履虎尾，不咥人，亨”，《正义》曰：“《履卦》之义，以六三为主。六三以阴柔履践九二之刚，履危者也，犹如履虎尾，为危之甚。‘不咥人，亨’者，以六三在《兑》体，《兑》为和说，而应《乾》刚，虽履其危，而不见害，故得亨通，犹若履虎尾不见咥啮于人。此假物之象以喻人事。”六三乘九二之刚，但六三、九二、初九构成下卦《兑》而有和悦之义，故“不咥人，亨”。

显然，卦爻象是卦爻辞的前提，但卦爻象的义例（即符号结构规则）是多元的，卦爻辞往往只选取其中的一个或几个有限的视点为观察角度。兹以《随》卦为例，再作分析。

《随》初九“官有渝，贞吉。出门交有功”，《王注》：“居随之始，上无其应，无所偏系，动能随时，意无所主者也。随不以欲，以欲随宜者也。故官有渝变，随不失正也。出门无违，何所失哉！”初九以无应而“动能随时”。

六二“系小子，失丈夫”，《正义》曰：“初九处卑，故称‘小子’。五居尊位，故称‘丈夫’。六二既是阴柔，不能独立所处，必近系属初九，故云‘系小子’。既属初九，则不得往应于五，故云‘失丈夫’

也。”六二以乘初九而“系小子”，以不应九五而“失丈夫”。

六三“系丈夫，失小子。随有求得，利居贞”，《正义》曰：“六三阴柔，近于九四，是系于‘丈夫’也。初九既被六二之所据，六三不可复往从之，是‘失小子’也。‘随有求得’者，三从往随于四，四亦更无他应。己往随于四，四不能逆己，是三之所随，有求而皆得也。‘利居贞’者，己非其正，以系于人，不可妄动，唯利在俱处守正，故云‘利居贞’也。”六三系九四之“丈夫”，初九为六二所据，九四不应初九，故为六三所系。

九四“随有获，贞凶。有孚在道，以明，何咎”，《王注》：“处说之初，下据二阴，三求系己，不距则获，故曰‘随有获’也。居于臣地，履非其位，以擅其民，失于臣道，违正者也，故曰‘贞凶’。体刚居说而得民心，能干其事，而成其功者也。虽为常义，志在济物，心有公诚，著信在道以明其功，何咎之有?”因六三随有求得，九四随有获三，并结合九四失正、当位解释原因。

九五“孚于嘉，吉”，《王注》：“履正居中，而处随世，尽‘随时’之宜，得物之诚，故‘嘉吉’也。”《正义》曰：“嘉，善也。履中居正，而处随世，尽随时之义，得物之诚信，故获美善之吉也。”以“履中居正”为视角，不取诸爻关系为说。

上六“拘系之，乃从维之。王用亨于西山”，《正义》曰：“最处上极，是不随从者也。随道已成而特不从，故须拘系之，乃始从也。‘维之王用亨于西山’者，若欲维系此上六，王者必须用兵，通于西山险难之处，乃得拘系也。山谓险阻，《兑》处西方，故谓‘西山’。令有不从，必须维系，此乃王者必须用兵通于险阻之道，非是意在好刑，故曰：‘王用亨于西山’。”只从上极分析，不关它爻。

综上，卦爻象诸多“关系”只有有限的一个或几个胜出，成为卦爻辞的拟写依据。因此，卦爻象虽是卦爻辞的前提，但象辞之间往往不应。

（二）象辞不应

象辞不应的一个重要原因在于卦爻象是抽象的符号体系，而卦爻辞则是具象的文字体系，两套不同的表达系统之间存在不可逾越的距离。

首先，卦爻象的抽象性。《系辞下》："夫《易》彰往而察来，而微显阐幽。开而当名，辨物正言，断辞则备矣。其称名也小，其取类也大。其旨远，其辞文，其言曲而中。其事肆而隐。"《易经》"彰往而察来，而微显阐幽"的功能来自卦爻象，但需要通过"断辞"以明辨之。而卦爻辞是文字系统，卦爻象是符号体系，两者存在明显的距离。为了趋附卦爻象的抽象性，作为文字体系的卦爻辞主要采取了下述表达路径：第一，托象明义、因小喻大，如"见豕负涂""噬腊肉"。第二，文饰其辞而不直言之，若"黄裳元吉"。第三，近言此事而远明彼理，如"龙战于野"。因此，卦爻辞本身也以"象"的形式表达卦爻象之"象"，项安世《周易玩辞》所谓："凡卦辞皆曰象，凡卦画皆曰象。"从卦爻象到卦爻辞，不是线性的因果推导或逻辑判断，而只能运用隐喻、象征的言路。《朱子语类》："《易》难看，不比他书。《易》说一个物，非真是一个物，如说龙非真龙。"卦爻辞在"易者，象也"的象征、比喻意义上言说，以期超越名言，达到更为广泛的指涉，它不能回归卦爻象的完整内涵，而只是在卦名所定之"时"的语境背景下，通过对卦爻象的情景化勾勒形成特定的外延限定，凸显卦爻象的一个或几个有限的义例，而弱化或放弃其他义例。

其次，卦爻象的结构化。一卦六爻是关系存在，但卦爻辞作为文字符号，并不能将卦爻象的各种结构关系完整地反映出来。拿爻象的变化关系来说，《系辞下》："爻也者，效此者也。象也者，像此者也。爻象动乎内，吉凶见乎外，功业见乎变，圣人之情见乎辞。"卦爻象通过"六爻之动"反映动态变化，"变"也是卦爻象的一个重要特征。但卦爻象之"变"并不能通过六条爻辞得到相对准确的反映。例如，《需》

初九、九二、九三分别“需于郊”“需于沙”“需于泥”，尚可辨析其位置变化，但六四“需于血”、九五“需于酒食”、上六“入于穴”，则没有从空间位置的角度立说。又如，《乾》以龙为象，从初到上体现由潜伏而飞天直至过亢的过程。但第三爻“君子终日乾乾”，舍龙而直言君子。《王注》曰：“余爻皆说龙，至于九三独以君子为目，何也？夫《易》者，象也。象之所生，生于义也。有斯义，然后明之以其物。”《集解》引沈驎士曰：“称龙者，假象也。天地之气有升降，君子之道有行藏，龙之为物，能飞能潜，故借龙比君子之德也。”《王注》和《集解》都解释龙与君子皆有阳刚劲健之象，但不能合理解释九三何以打断位置变化的原因。同样，《咸》取人体之象，但九四“贞吉，悔亡。憧憧往来，朋从尔思”是例外。此外，卦爻象的结构化还体现为主爻说、上下经卦的取象与爻位的对应、六爻之间的乘承比应、当位与否、中正与否等等，《易经》中几乎没有一条卦爻辞能够充类至尽地反映卦爻象上的全部结构特点，六爻爻辞的叠加也不能完整地构建出一卦之象的完整含义。

再次，卦爻象的体系性。每一卦都是六十四卦体系中不可或缺的部分，具有整体体系的自洽性。它至少包括：相邻两卦之间“非覆即变”的关系，本卦与之卦的关系，“八宫卦”的内部统一性，“十二消息卦”视域下的变化关系，六十四卦整体关系，等等。卦爻辞必须通过系统化的书写，回应《周易》六十四卦卦象的系统性。然而，每一条卦爻辞都是条目化的，主要围绕该卦本身之象而展开，虽偶尔虑及“非覆即变”的相邻两卦卦象关系，但基本不能跟上六十四卦的整体结构性与体系性的步伐。

卦爻辞是通过选择卦爻象的个别符号结构规则而生成的，它与卦爻象本质上是两个不同概念场的比较，因而不具有逻辑合理性。换言之，卦爻象与卦爻辞两套系统的差异性，是导致象辞不应的直接原因。

例如，《大有》九二“大车以载，有攸往，无咎”，《王注》：“任重而不危。健不违中，为五所任，任重不危，致远不泥，故可以往而无咎也。”《正义》曰：“堪当重任，故有所往无咎者，以居失其位，嫌有凶咎，故云无咎也。”这是选取九二失位与九二为九五所任二象，而分别拟写“大车以载”与“有攸往，无咎”。《旅》六二“旅即次，怀其资，得童仆，贞”，《集解》引《九家易》：“即，就。次，舍。资，财也。以阴居二，即就其舍，故‘旅即次’。承阳有实，故‘怀其资’。初者卑贱，二得履之，故‘得童仆’。处和得位正居，是故曰‘得童仆，贞’矣。”这是以六二当位、承阳、履初之三象而分别得出“旅即次”“怀其资”“得童仆，贞”三个结果。《坎》九二“坎有险，求小得”，《王注》：“履失其位，故曰‘坎’。上无应援，故曰‘有险’。坎而有险，未能出险之中也。处中而与初三相得，故可以‘求小得’也。初三未足以为援，故曰‘小得’也。”这是以九二失位、不应、与初三相得三象分别得出“坎”“有险”“求小得”这三个结果。《兑》九二“孚兑，吉，悔亡”，《正义》：“九二说不失中，有信者也；说而有信，则吉从之，故曰‘孚兑，吉’也。然履失其位，有信而吉，乃得亡悔。”从九二位中、爻阳有实、失位三个角度，分别解释。

在上述诸例中，卦爻辞的表述大致因缘卦爻象而生成，卦爻辞的多重内涵基本对应于卦爻象的多维结构。但类似上述与卦爻象一一对应的情况，在卦爻辞中并非常态。如《师》六三“师或舆尸，凶”，《王注》：“以阴处阳，以柔乘刚，进则无应，退无所守，以此用师，宜获‘舆尸’之凶。”这是以六三失位、乘刚、无应三个象得出“舆尸之凶”一个结果。而《渐》九三“鸿渐于陆。夫征不复，妇孕不育，凶。利御寇”，《折中》引程敬承：“三以过刚之资，当渐进之时，惧其进而犯难也，故有戒辞焉。‘征’‘孕’皆‘凶’，言不可进也；利在御寇，言可止也。”这是以九三阳爻居刚位一象而得出“征”“孕”“凶”与“利御寇”三个结果。同样，《履》六三“眇能视，跛能履。履虎尾，咥人凶。武人为于大君”，《正义》曰：“居履之时，当须谦退。今六三以阴居阳，而又失其位，以此视物，犹如眇目自为能视，不足为明也；以此履践，犹如跛足自为能履，不足与之行也。‘履虎尾，咥人凶’者，以此履虎尾，咥啮于人，所以凶也。‘武人为于大君’者，行此威武加陵于人，欲自‘为于大君’，以六三之微，欲行九五之志，顽愚之甚。”这是以六三失位一象而得出“眇能视”“跛能履”“履虎尾，咥人凶”“武人为于大君”这四个结果。而《泰》九二“包荒，用冯河，不遐遗，朋亡。得尚于中行”，《王注》：“体健居中而用乎‘泰’，能包含荒秽，受纳‘冯河’者也。用心弘大，无所遐弃，故曰‘不遐遗’也。无私无偏，存乎光大，故曰‘朋亡’也。”《正义》：“用‘冯河’者，无舟渡水，冯陵于河，是顽愚之人，此九二能包含容受。”据此，包荒，用冯河，不遐遗，朋亡，皆为一义，表示九二“体健居中而用乎‘泰’”，故“得尚于中行”。再如，《比》九五“显比，王用三驱，失前禽，邑人不诫，吉”，《本义》：“一阳居尊，刚健中正，卦之群阴皆来比己，显其比而无私。”这是从九五中正的角度解释“显比”的原因，再用“王用三驱，失前禽”“邑人不诫”之象解释“显比”的意义，故《本义》又曰：“如天子不合围，开一面之网，来者不拒，去者不追，故为‘用三驱，失前禽’；而‘邑人不诫’之象，盖虽私属，亦喻上意，不相警备以求必得也。”

清张烈《读易日钞》所谓“言有尽，象无穷”。关于“象无穷”，明唐鹤徵《周易象义》卷首载《读易法》六篇作为全书纲领，一曰《易须象与理合，象与爻合》、二曰《上下卦宜分看》、三曰《一卦必有主爻》、四曰《互卦最有关系》、五曰《倒体亦有关系》、六曰《每卦各有大意》。方回《桐江集》所载《周易集义跋》引魏了翁之言曰：“辞变象占，《易》之纲领，而繇彖象爻之辞，画爻位虚之别，互反飞伏之说，乘承比应之例，一有不知，则义理阙焉。”明来知德《周易集注》认为《易经》之“象”，有卦情之象、卦画之象、大象之象、中爻之象、错卦之象、综卦之象、爻变之象、占中之象。如许复杂的卦爻象既存在彼此矛盾，如张烈“一卦必有主爻”是从六爻整体着眼的，这就与“上下卦宜分看”产生了矛盾；每一条卦爻辞作为“有尽”之“言”，也不可能将所有“无穷”之“象”考虑周备。总体上，当卦爻辞把卦爻象的复杂结构置换为语言的表层结构时，只是形成了模型与具象的对应，即通过赋予模型的合情性，部分地映射卦爻象结构的关系，而不是基于合理性推导得出必然的因果结论。从卦爻象到卦爻辞只是或然的结论，不存在无往不御的普遍规律。《正义》解《乾》九二曰：“《易》含万象，为例非一。”解《乾》九三曰：“上下不为例者，夫子意在释经，义便则言。”解《谦》卦曰：“《易》之为体，不可以一为例。”解《噬嗑·彖》曰：“因义理文势，随义而发，不为例也。”《韩康伯注》解《系辞》“是故吉凶者，失得之象也”曰：“原夫《易》之为书，曲明万象，苟在释辞，明其意，达其理，不可以一爻为例，义有变通也。”作为前提的卦爻象并不能对卦爻辞形成严格的逻辑约束，“有尽”之“言”因而也突破了“无穷”之“象”，获得了独立表达和自我主张的机会。

（三）卦爻辞意义的独立表达

首先，卦爻辞的意义表达往往与卦爻象无涉。如《师》初六“师出以律，否臧凶”，《本义》：“律，法也；否臧，谓不善也……在卦之初，为师之始。出师之道，当谨其始；以律则吉，不臧则凶。”朱熹虽然从初爻“在卦之初”的角度立说，但“以律，否臧凶”实际上适用于与“师”相关的一切行动，故《象》曰：“师出以律，失律凶也。”《无妄》“元亨，利贞。其匪正有眚，不利有攸往”，《正义》曰：“‘其匪正有眚，不利有攸往’者，物既无妄，当以正道行之。若其匪依正道，则有眚灾，不利有所往也。”《咸》“亨，利贞，取女吉”，《正义》：“咸，感也。此卦明人伦之始，夫妇之义，必须男女共相感应，方成夫妇。既相感应，乃得亨通。若以邪道相通，则凶害斯及，故利在贞正。既感通以正，即是婚媾之善。”揆以常理，类似《蒙》《需》《讼》《师》《比》等几乎所有的卦，都应依正道，都不能“以邪道相通”，因而皆可缀以“其匪正有眚，不利有攸往”或“利贞”。因此，这两条卦爻辞实际上与其卦爻象无关。再如，《谦》初六“君子谦谦，利涉大川”，“利涉大川”的原因，端在其“谦谦”而非具体卦爻象。

其次，卦爻辞根据语义自设条件。如《同人》九四“乘其墉，弗克攻，吉”，《正义》曰：“‘乘其墉’者，履非其位，与人斗争，与三争二，欲攻于三。既是上体，力能显亢，故乘上高墉，欲攻三也。‘弗克攻，吉’者，三欲求二，其事已非。四又效之，以求其二，违义伤理，众所不与，虽复乘墉，不能攻三也。‘吉’者，既不能攻三，能反自思愆，以从法则，故得吉也。此爻亦假物象也。”据此，“吉”并不以卦爻象为据，而是以“能反自思愆，以从法则”的额外条件设定为据。而既然可以额外补充条件，卦爻辞就可以超越卦爻象的前提性。例如，所有不吉的卦爻辞都有可能在设定额外条件的情况下加上“吉”字。反过来，该条爻辞中的“吉”也可以改为“凶”，即理解为：凶者，既不能攻三，又不能反自思愆以从法则，故得凶也。又如，《萃》九五“萃有位，无咎，匪孚。元永贞，悔亡”，《王注》：“处聚之时，最得盛位，故曰‘萃有位’也。四专而据，己德不行，自守而已，故曰‘无咎，匪孚’。夫修仁守正，久必悔消，故曰‘元永贞，悔亡’。”这里，“修仁守正”是“元永贞，悔亡”的条件，但这个条件并不来自卦爻象。《大过》上六“过涉灭顶，凶，无咎”，《本义》：“处过极之地，才弱不足以济，然于义为‘无咎’矣。盖杀身成仁之事，故其象占如此。”上为过极，六为才弱，故有“灭顶”之“凶”，但在道义上属于“越常分以拯患难”，故“无咎”。但这个道义，并没有卦爻象上的依据。

再次，卦爻辞的内容可作补充。如《解》“利西南。无所往，其来复，吉。有攸往，夙吉”，《王注》：“西南，众也。解难济险，利施于众。遇难不困于东北，故不言不利东北也。”据此，“不言不利东北”，但可言“利东北”。《观》初六“童观，小人无咎，君子吝”，《王注》：“处于观时，而最远朝美，体于阴柔，不能自进，无所鉴见，故曰‘童观’。巽顺而已，无所能为，小人之道也，故曰‘小人无咎’。君子处大观之时而为‘童观’，不亦鄙乎？”六二“窥观，利女贞”，《正义》曰：“既是阴爻，又处在卦内，性又柔弱，唯窥窃而观。如此之事，唯利女之所贞，非丈夫所为之事也。”据此，则“利女贞”后面可补“不利士贞”。反过来，初六也可以省略“君子吝”。《否》初六“拔茅茹，以其汇，贞吉，亨”，《王注》：“居否之初，处顺之始，为类之首者也。顺非健也，何可以征？居否之时，动则入邪，三阴同道，皆不可进。故‘茅茹’以类，贞而不谄，则吉亨。”据此，“吉亨”之后可加“征凶”。《夬》“扬于王庭，孚号有厉。告自邑，不利即戎。利有攸往”，孚号有厉，喻五刚（初至五，五个阳爻）决一柔（上六）。刚决柔不以武力，故“告自邑，不利即戎”，刚决柔以德，故“利有攸往”。而《姤》“女壮，勿用取女”以“女”释一阴（初六）遇五阳（二至上五个阳爻）故“壮”，故“勿用取女”。但如参酌《夬》正反诫勉，《姤》从反面诫以“勿用取女”的同时，也可从正面相勉。

再如，《无妄》上九“无妄，行有眚，无攸利”，《王注》：“处不可妄之极，唯宜静保其身而已，故不可以行也。”“行有眚”，即是“无攸利”。绳以此例，卦爻辞中都可以加上意义相同或相近的重复表达。《无妄》六三“无妄之灾，或系之牛，行人之得，邑人之灾”，是用虚设的“或系之牛，行人之得，邑人之灾”之象，解释“无妄之灾”。绳以此例，卦爻辞中都可以对具体卦爻象予以设喻解说。

最后，选择性放大或缩小“象”的所指，从而突出卦爻辞所聚焦的内涵。如《屯》六二“屯如邅如，乘马班如，匪寇婚媾。女子贞不字，十年乃字”，《正义·象》曰：“此爻因六二之象，以明女子婚媾之事，即其余人事，亦当法此。犹如有人逼近于强，虽远有外应，未敢苟进，被近者所陵，经夕之后，乃得与应相合。是知万事皆象于此，非唯男女而已。”爻辞专就男女入说，但爻象所指实不局限于男女。《豫》“利建侯行师”，《彖》曰：“豫，刚应而志行，顺以动，豫。豫顺以动，故天地如之，而况建侯行师乎？天地以顺动，故日月不过而四时不忒；圣人以顺动，则刑罚清而民服。豫之时义大矣哉。”天地“以顺动”而成四时，圣人“以顺动”而轻刑民服，“豫顺以动”并不限于卦辞所谓“利建侯行师”。《蒙》“亨。匪我求童蒙，童蒙求我。初筮告，再三渎，渎则不告。利贞”，《集解》引干宝：“蒙，为物之稚也；施之于人，则童蒙也。苟得其运，虽蒙必亨，故曰蒙亨。”《蒙》之为稚兼及人、物，而卦辞只“施之于人”。《姤》“女壮，勿用取女”，《彖》曰：“姤，遇也，柔遇刚也。勿用取女，不可与长也。天地相遇，品物咸章也。刚遇中正，天下大行也。姤之时义大矣哉。”《王注》：“凡言义者，不尽于所见，中有意谓者也。”《正义》：“就卦以验名义，只是女遇于男，博寻遇之深旨，乃至道该天地。”显然，上述诸例中的卦爻辞多局限于人事立说，但卦爻象实际所指广涉天地人三才。

即专就人事而言，卦爻辞亦往往只聚焦于某一角度或某个方面。如《艮》“艮其背，不获其身，行其庭，不见其人，无咎”，《彖》曰：“艮，止也。时止则止，时行则行，动静不失其时，其道光明。”卦辞只言止，而《彖》引申为行止、动静。《家人》“利女贞”，《彖》曰：“家人，女正位乎内，男正位乎外。男女正，天地之大义也。家人有严君焉，父母之谓也。父父、子子、兄兄、弟弟、夫夫、妇妇，而家道正。正家，而天下定矣。”俞琰《周易集说》：“《彖辞》举其端，故但言‘利女贞’。《彖传》极其全，故兼言男女之正，而又以父子、兄弟、夫妇推广而备言之。”《折中》引吴曰慎：“家人之道，男以刚严为正，女以柔顺为正。初曰‘闲’，三曰‘厉’，上曰‘威’，男子之道也；二、四《象传》皆曰‘顺’，妇人之道也。五刚而中，非不严也，严而泰也。”显见，《家人》卦广涉天地人伦，而卦爻辞只揭示治家之道，从而也杜绝了从其他角度理解该卦的可能。

另外，卦爻辞也存在放大其意指的现象。如《随》“元亨，利贞，无咎”，《彖》曰：“随，刚来而下柔，动而说，随。大亨贞无咎，而天下随时。随时之义大矣哉。”由《彖》可知，其卦辞是出自该卦《震》处《兑》下（刚来而下柔）之象，震为动、兑为说，动则喜悦，物皆随从。但《彖》专以“随时”为说，反证卦爻辞的外延有更大的拓展。当然，卦爻辞是文字表达，往往比卦爻象更为具体，因而从卦爻象到卦爻辞，其内涵所指总体呈现为缩小之势。

综上，卦爻象的复杂性、多元化乃至矛盾性，导致卦爻辞往往只取卦爻象的一个或数个特征而立说——就像卦名只取卦爻象的有限视角而拟定一样。因此，卦爻辞与卦爻象之间并非“是”的全等关系，而是“似”的比拟关系。卦爻象提供模型或框架，并假定了任何新鲜内容填充其中的可能，而卦爻辞只是以注入具体内容的形式，使空泛性的卦爻象得以落实。两者之间的似是而非的关系，为卦爻辞的意义建构提供了可能。

第五节
卦爻辞的意义建构

《周易略例·明象》曰："夫象者，出意者也。言者，明象者也。尽意莫若象，尽象莫若言。言生于象，故可寻言以观象。象生于意，故可寻象以观意。意以象尽，象以言著。"王弼认为，"意"作为所指，与作为能指的"象""言"是统一的，这是象辞相应的最好注脚。卦爻象是卦爻辞的前提（言生于象），卦爻辞应该反映卦爻象（尽象莫若言），也能够反映卦爻象（象以言著）。主动趋附卦爻象，既是卦爻辞的目标，也是卦爻辞存在的唯一理由。然而，卦爻象是一套周延的符号体系，具有抽象化、结构化、系统化的特点，而卦爻辞作为文字系统则是具体的、碎片化的和静态化的。作为不同的工具系统，两者具有各不相同的结构规律与表达方式，存在明显的张力。"象"的丰富内涵并不能通过卦爻辞之"言"而完全显现（"著"），"尽象莫若言"与"寻言以观象"值得商榷。另一方面，"言"本身又生成了超越"象"的内涵，"言者，明象者也"值得怀疑。简言之，卦爻象固然是前提，但卦爻辞又能动地生成了独立于卦爻象的意义。由此，象辞之间的"应该"相应变成了"事实上"的并不完全相应。

正如《正义》疏释《乾》卦指出："圣人设卦以写万物之象。后人用文字以释万物之所象，故曰象。"如果说"写"强调客观模拟，"释"则强调主观理解从而建构出超越卦爻象本身的意义。朱熹《易象说》曰："易之取象，固必有所自来，而其为说必已具于大卜之官，顾今不可复考，则姑阙之。而直据辞中之象以求象中之意，使足以为训戒而决吉凶。如王氏、程子与吾《本义》之云者，其亦可矣，固不必深求其象之所自来，然亦不可直谓假象而遽欲忘之也。”朱熹强调，作为卦爻辞的前提，卦爻象虽不可“遽忘”；但卦爻象之“意”已经“不可复考”，只能从卦爻辞中反推卦爻象之“意”，卦爻象之“意”已经只是反映在卦爻辞中的“意”。明儒金瑶《六爻原意》旨在“原”周公爻辞之“意”，其《自序》曰：“周公作爻辞，必先得一卦之意，然后因爻而布之。此爻是此意，则以此意属此爻。彼意合彼爻，则以彼爻系彼意。”金瑶既揭示了从“一卦之意”到“因爻而布之”的由象而辞的过程，也揭示了“彼意合彼爻，则以彼爻系彼意”假借卦爻而牵合己意的过程。

如果说，朱熹重在揭示卦爻辞对于卦爻象的反向约束，金瑶则揭示了卦爻辞意义的自我建构，而卦名正是卦爻辞意义建构的第一步。

一、卦名的意义建构

卦爻象是卦名的依据。但正如本章第二节所述，卦名只是有限角度的命名，与卦爻象之间是一种非逻辑化的若即若离的“相似”关系。然而，卦名一旦形成，又限定了一卦所处之“时”的特定背景，决定了卦爻辞的基本取向，卦爻辞只能围绕卦名所喻示的自然界、人类社会中某个典型意义的事理为背景而展开。因此，卦名是突破卦爻象而重构意义的起点，也是导致象辞不应的第一原因。明钱一本《像象管见》以“像象”为名，强调即卦爻以求象，即象以明人事。象者，天道；像其象者，尽人合天之道也。所谓“天道”是指物象或自然规律，所谓“人事”是指与人有关的意义追问。而卦名正是导致由“象”而“像”、因天道以尽人事的关键因素。

首先，卦名确立卦“时”。卦名的出现既便于对一卦的指称，更意味着一卦具有了相对独立的意义，《易传》称之为“时”，“即塑造出六十四种特定背景，从不同角度喻示自然界、人类社会中某些具有典型意义的事理”[1]。每一卦代表一个“卦时”，从而也限定了全卦的具体论域。如《革》因泽火之象而命名为革，再由卦名限定全卦“改制革命”的论域。《谦》由地山之象而来，再因卦名，确立“谦则获益”的全卦主旨。《鼎·彖》曰：“鼎，象也。以木巽火，亨饪也。”所谓“象”，《王注》曰：“法象也。”《正义》曰：“明鼎有亨饪成新之法象也……此明上下二象有亨饪之用，此就用释卦名也。”《鼎》巽下离上，由烹饪调味之象而名之为“鼎”，再由“鼎”名而建构全卦调剂“成新”之旨。

其次，卦“时”以人事为指向。一卦之名主要来自上下两个经卦的取象，反映自然物象的性质或规律。但六十四卦卦名都无一例外地转进为对相关“人事”的意义追问。意义作为选择的可能性，本质上是一种行动，即由“是什么”到“怎么办”的问题。《朱子语类》曰：“《无妄》一卦，虽云祸福之来也无常，然自家所守者，不可不利于正。”指出《无妄》之“时”当以趋“正”为取向。宋赵善誉《易说》论《革卦》云：“内明则见理必尽，外说则无咈于人情。不如是而能革者，未之有也。”《革》离下兑上，处《革》之“时”，当内明而外说（悦）。显见，卦名表面上是一卦之命名，但重在揭示面对该卦之“时”的人事作为。清李塨《周易传注》认为，“圣教罕言性天，《乾》《坤》四德，必归人事。以下《屯》‘建侯’、《蒙》‘初筮’，每卦亦皆以人事立言”。《易经》“以人事立言”的意义指向，正是从卦名起步的。从作为符号体系的卦爻象之“弥纶天地之道”到卦爻辞文字体系的“必归人事”，其转变的第一步正是由卦名迈出的。

卦名含义正面、积极的卦，主要揭示“如何做到”或“如何保持”的基本策略与路径选择。如《同人》意为“和同于人”，全卦主要揭示

---

1 黄寿祺、张善文：《周易译注》，第41页。

如何做到“和同于人”的道理。《豫》意为喜豫、悦乐，全卦阐明“顺性而乐，适可而止”与“与物同乐，广乐天下”[1] 的道理。《大畜》意为所畜至大，全卦强调守正、养贤，是畜聚刚健正气的关键。《恒》卦诸爻均未尽恒久之道，卦辞戒以“利贞”以守正处恒。《兑》卦指泽润万物、万物皆说（悦），《兑》“亨，利贞”，强调《兑》之“时”宜守贞固而预防“谄邪”。《节》“亨，苦节不可贞”，《正义》曰：“《彖》曰：节以制度。《杂卦》云：节，止也。然则节者制度之名。节，止之义，制事有节，其道乃亨，故曰‘节，亨’。节须得中，为节过苦，伤于刻薄，物所不堪，不可复正，故曰‘苦节不可贞’也。”

卦名含义相对负面、消极的卦，重在强调如何拨乱反正、止损颓势。如《坎》为险，全卦喻谨慎避险的道理，故卦辞强调“有孚”“心亨”。《蛊》指蛊害、蛊乱，但重在强调拯弊治乱。《剥》揭示剥极必复、顺势止剥之理。《序卦》：“蹇者，难也。”《蹇》卦阐明济涉蹇难之理。《困》揭示处困致亨的道理，《折中》引吴曰慎：“困非自己致而时势适逢者，则当守其刚中之德，是谓‘困而不失其所亨’也，其道主于‘贞’；若困由己之柔暗而致者，则当变其所为，以免于困也，其道主于‘悔’。学者深察乎此，则处困之道，异宜而各得矣。”《遁》讲适时退遁，以求待时而振。《涣》主要讲散与聚的依存关系，以伸张散而能聚的道理。《睽》意为乖违，但重在揭示转乖违为和顺之理，李中正《泰轩易传》曰：“《彖》曰‘异而同’，所以成济睽之功；《象》言‘同而异’，所以明用睽之理。”

卦名中性者，亦强调努力进取，积极作为。如《蒙》旨在揭示启发蒙稚之理。《临》自上视下，全卦揭示君主“临人”治民的道理。《观》，仰观也，揭示观仰美盛事物可以感化人心的道理。《贲》揭示贲饰适宜、崇尚朴素自然之理。《震》雷声震动，由震惧而致亨通。《艮》

1　黄寿祺、张善文：《周易译注》，第150页。

为山，为止，全卦讲抑止邪欲之理。《大壮》初至四皆阳爻，阳者称大，故曰“大壮”，《程传》：“大壮之道，利于贞正也；大壮而不得其正，强猛之为耳，非君子之道壮盛也。”故《大壮》卦辞为：“利贞。”马振彪《周易学说》引刘沅亦曰：“不用壮而弥壮，此《大壮》之义也。”说明“大壮”之时不可恃强“用壮”，而要谦退持中。《正义》所谓“群阳盛大，小道将灭，大者获正，故曰‘利贞’也”。

显然，无论是正面伸张还是反面规诫，都指向积极的作为。正如《周易玩辞》注《否》九四“有命，无咎，畴离祉”指出：“《泰》虽极治，以命乱而成蛊；《否》虽极乱，以有命而成益。命者，天之所令，君之所造也。道之废兴，岂非天耶？世之治乱，岂非君耶？”另如，《损》卦君子自损其不善；《益》卦君子自益其善。《既济》用已经渡河喻事已然成就，但全卦揭示“守功艰难”之理；《未济》用没有渡河喻事未成就，然全卦阐发未济之时审慎进取以致既济之理。

最后，卦“时”的人事指向是编纂卦爻辞的主要依据。“时”的概念，确立了相对独立的论域，具有主题化或专题性的倾向，卦爻辞正是围绕卦名主题而展开的。

从卦辞来看，卦辞断一卦之“才”，是对卦名内涵的具体化。如《讼》“有孚窒惕，中吉，终凶。利见大人。不利涉大川”，《正义》：“窒，塞也；惕，惧也。凡讼者，物有不和，情相乖争，而致其讼。凡讼之体，不可妄兴，必有信实被物止塞，而能惕惧，中道而止，乃得吉也。”又曰：“‘终凶’者，讼不可长”“‘利见大人’者，物既有讼，须大人决之”“‘不利涉大川’者，以讼不可长，若以讼而往涉危难，必有祸患。”显然，“有孚窒惕”“中吉”“终凶”“利见大人”与“不利涉大川”无不围绕“讼”之卦名而展开。《晋》是对火出地上之象的命名，卦辞“康侯用锡马蕃庶，昼日三接”，将“晋”之所指限定在臣下之晋升的范围，《正义》所谓“此卦明臣之升进，故谓之晋”。《睽》“小事吉”，《正义》曰：“睽者，乖异之名，物情乖异，不可大事。大事谓兴役动众，必须大同之世，方可为之。小事谓饮食衣服，不待众力，虽乖而可，故曰小事吉也。”所谓“小事吉”是指在“睽”之时，诫其只可行“饮食衣服”之小事。《既济》“亨小，利贞，初吉终乱”，《杂卦》：“既济，定也。”止即定。《大象》：“水在火上，既济。君子以思患而豫防之。”因水在火上，所以既济。但水易灭火，故曰“思患而豫防之”。《集解》引荀爽：“六爻既正，必当复乱，故君子象之，思患而豫防之，治不忘乱也。”也是对卦辞“初吉终乱”的发挥。元人王申子《大易辑说》曰：“既济虽非有患之时，患每生于既济之后。君子思此而豫防之，则可以保其‘初吉’而无‘终乱’之忧矣。”卦辞“利贞，初吉终乱”指出在《既济》之“时”宜守贞固而预防“终乱”。显然，《睽》《既济》二卦卦辞皆是缘二者之卦名而拟定的。

进一步，六爻爻辞也与卦名、卦辞相关。卦辞是爻辞的前提，卦辞断一卦之“才”，爻辞反映一卦之“才”的变动情况。而卦名又是卦辞的前提，因此，卦名也是影响爻辞的关键。如《无妄》，《序卦》云“不妄”，即不妄为，而六爻皆是各种不妄为之象。胡炳文《周易本义通释》曰：“善学《易》者在识‘时’。初曰吉，二曰利，时也；三曰灾，五曰疾，上曰眚，非有妄以致之也，亦时也。初与二皆可往，时当动而动；四可贞、五勿药，上行有眚，时当静而静。”《明夷》离下坤上，火在地下，有光明受蔽之象，故卦辞勉以“利艰贞”。胡炳文《周易本义通释》曰：“下三爻以‘明夷’为句首，四、五‘明夷’之辞在句中，上六不曰‘明夷’而曰‘不明晦’。盖唯上六不明而晦，所以五爻之明皆为其所夷也。”《泰》“小往大来，吉，亨”，《泰》坤上乾下，强调处下之天（大）上行、处上之地（小）下行，两者往来、交通而得“吉，亨”，《折中》引刘定之：“六爻之中，相交之义重：初与四相交，泰之始也，故初言‘以其汇’、如茅之连茹，四言‘以其邻’、如鸟之连翩；二与五相交，泰之中也，故五言人君降其尊贵以任夫臣，二言大臣尽其职以答夫君；三与上交，泰之终也，故三言平变而为陂，上言城复而于隍。”显见，上述诸卦的爻辞拟定都是围绕卦名底定的一卦之“才”而展开的。

又如，《旅》“小亨。旅，贞吉”，《王注》：“不足全夫贞吉之道，唯足以为旅之贞吉，故特重曰‘旅，贞吉’也。”《杂卦》“旅，亲寡”。《序卦》“旅而无所容”。《旅》失所寄外，宜守正、柔顺、持中。在此主题下，《旅》九三“旅焚其次，丧其童仆，贞厉”，《折中》引潘梦旂曰：“居刚而用刚，平时犹不可，况旅乎？以此与下，焚次、丧仆，固其宜也。九三以刚居下体之上，则‘焚次’；上九以刚居上体之上，则‘焚巢’。位愈高，刚愈亢，则祸愈深矣。”《折中》引徐几曰：“旅贵柔顺中正，三阳爻皆失之，而最亢者上九也。”《旅》上九“鸟焚其巢，旅人先笑后号咷。丧牛于易，凶”，范仲淹曰：“夫旅人之志，卑则自辱，高则见嫉。能执其中，可谓智矣。是故初‘琐琐’而四‘不快’者，以其处二体之下，卑以自辱者也；三‘焚次’而上‘焚巢’者，以其据二体之上，高而见嫉者也；二‘怀资’五‘誉命’，柔而不失其中者也。”显然，《旅》卦爻辞皆围绕“旅”之卦名而展开。《大过》“栋桡，利有攸往，亨”，《大过》四阳在中，二阴在外，故曰“栋桡”，即屋栋上下两端皆挠弱。大为阳，阳爻有四，为过，故称“大过”。由“大过”之名、“栋桡”之辞而引申出《正义》所云“衰乱之世，始终皆弱”“圣人利有攸往，以拯患难，乃得亨通”，全卦讲阳刚过盛，阴柔不胜其势，须以“大过人”之举奋力救治以臻致阴阳调和，达到“亨通”。正如黄寿祺、张善文指出，卦中六爻分别说明善处“大过”的道理，其义取于：上下两阴须取刚济柔，中间四阳须取柔济刚。如此互济，才能救“大过”之弊[1]。

综上，卦名的出现意味着一卦之“时”的最终确立，卦爻辞只能围绕此“时”而展开，从而失去了表达其他含义的可能。卦名的人事说

1　黄寿祺、张善文：《周易译注》，第240页。

教取向，也成为卦爻辞不可违越的首要选择。从卦爻象到卦名再到卦爻辞，其论域越来越具体，从而奠定了卦爻辞“明人事”的意义建构的基础。如《井》“改邑不改井，无丧无得。往来井井。汔至，亦未繘井，羸其瓶，凶”，《王注》分别以“井以不变为德者”“井用有常德，终日引汲未尝言损，终日泉注未尝言益”与“养用不穷”赋予井之三德：“改邑不改井”“无丧无得”与“往来井井”。《井》九三“井渫不食，为我心恻。可用汲，王明并受其福”，《正义》：“有应于上，是可汲也。井之可汲，犹人可用，若不遇明王，则滞其才用；若遭遇贤主，则申其行能，贤主既嘉其行，又钦其用，故曰‘可用汲，王明并受其福’也。”将卦象命名为“井”，事实上就完成了对卦象理解的倾向性。文中“王明并受其福”则是在卦名为“井”的前提下的进一步引申。

而从卦爻辞二分的角度来看，卦爻辞的意义构建可从象辞、断辞同中有异的建构方式来考察。

二、象辞的意义建构

象辞构建了关于人的主观认识、品德、情感和心理等方面的意义，反映了人的心智能力、品德修养、情感把控与心理健康的重要性，从而也超越了卦爻象的前提性。

（一）事理认知

卦爻辞中有大量对事理判断的主观识见，往往与卦爻象无关。主要包括：

1. 对立面的统一与转化

从卦名来看，《乾》《坤》、《泰》《否》、《损》《益》、《既济》《未济》等等，都是对立的两卦，反映了对立转化的观念。如《坎》《离》互变，相反为义，《坎》卦二、五为阳，是成卦之主，故重以刚中行险，《离》卦二、五为阴，是成卦之主，故突出以柔中附丽。

在卦爻辞中，《明夷》上六的天、地，《大过》九五的枯、华，《蹇》的西南、东北，《既济》九五的东邻、西邻等都反映了自然现象的对立。《小过》六二的君、臣，《师》上六和六五的大君与小人、长子与弟子，《否》六二的小人、大人，《小畜》九三的夫、妻，《蛊》初六、九二的干父之蛊、干母之蛊，《损》上九的损、益，《坤》的先后、得失，都是人伦中的对立现象。《小过》的小事与大事、上与下，《观》六三的进、退，《复》的出、入，《蹇》九二的往、来，《泰》的小往、大来，《蒙》上九的利、不利，《讼》的吉、凶，都是人事活动中的对立现象。

上述认知虽然跟卦象有关，但也反映辞爻辞作者的主观认知。例如，《大过》九二“枯杨生稊，老夫得其女妻，无不利”与九五“枯杨生华，老妇得其士夫，无咎无誉”，前者“无不利”而后者“无咎无誉”，固然可以从卦象上寻找原因，但主要反映了对社会现象的主观认识——即在男性主导的社会中，老夫少妻比老妇少夫更具合法性。

2. 不断变化、发展的观念

每一卦作为一个“时”，阐述一个中心观念，揭示总体境遇，并按照一定的趋势发生、发展。例如，《渐》卦六爻即呈现上升之势。

《渐》女归吉，利贞。

初六：鸿渐于干，小子厉，有言，无咎。

六二：鸿渐于磐，饮食衎衎，吉。

九三：鸿渐于陆，夫征不复，妇孕不育，凶；利御寇。

六四：鸿渐于木，或得其桷，无咎。

九五：鸿渐于陵，妇三岁不孕，终莫之胜，吉。

上九：鸿渐于陆，其羽可用为仪，吉。

3. 关于自然、社会的知识性认知

如《泰》九二“包荒，用冯河”，即挖空匏瓜可用于渡河。《丰》六二“丰其蔀，日中见斗”，是对北斗星的认识。《离》“畜牝牛，吉”，畜养母牛比公牛好。《涣》初六“用拯马壮，吉”，去势之马更加强壮。《姤》九五“以杞包瓜，含章，有陨自天”，《程传》：“夫上下之遇，由相求也。杞，高木而叶大；处高体大而可以包物者，杞也。美实之在下者，瓜也。美而居下者，侧微之贤之象也。九五尊居君位，而下求贤才，以至高而求至下，犹以杞叶而包瓜，能自降屈如此。”虽然《姤》九五转向了对君求贤才的解释，但也反映了对“杞之为物，生于肥地；匏瓜为物，系而不食”的物理认知。

此外，《乾》上九“亢龙有悔”，《坤》初六“履霜，坚冰至”，《师》初六“师出以律”，《泰》九三“无平不陂，无往不复”，《无妄》九五“无妄之疾，勿药有喜”等等，无不反映了作者对物理现象或人事道理的认知。

（二）主体品德

《系辞上》：“是以明于天之道，而察于民之故，是兴神物，以前民用。圣人以此斋戒，以神明其德……极天下之赜者存乎卦，鼓天下之动者存乎辞，化而裁之存乎变，推而行之存乎通，神而明之存乎其人，默而成之，不言而信，存乎德行。”神性的占筮转向圣化的德性，吉凶的结果遂归诸主体人的修为。从象辞中的五处“德”字来看，《讼》六三“食旧德，贞厉，终吉。或从王事，无成”，食旧德，是指食其旧日之禄位。《小畜》上九“既雨既处，尚德载，妇贞厉，月几望，君子征凶”，尚德载，指慕尚道德积载。《恒》九三“不恒其德，或承之羞，贞吝”、六五“恒其德，贞，妇人吉，夫子凶”，强调“恒其德”对妇人的意义。《益》九五“有孚惠心，勿问，元吉。有孚，惠我德”，惠心，惠泽天下之心。惠我德，天下感恩我之德泽。可以肯定，“德”是

象辞意义建构的一个重要方面。韩愈《原道》:“仁与义为定名,道与德为虚位。”《易经》还将相对抽象的“虚位”之“德”,具体化为“谦”“节”“敬”等具体的德目,正如朱伯崑指出:“《易经》卦爻辞中还提出了‘谦’‘节’‘敬’等原始的道德观念,以其作为维护当时社会秩序和公共利益的行为规范。”[1]

第一,强调主观态度的恭敬、卑谦。

恭谦是象辞十分重视的德目。《谦》卦即因谦逊之德而吉祥,如初六“谦谦,君子用涉大川,吉”。事实上,《谦》卦也是六爻非吉则利的唯一一卦,这显然与其“谦”的品德有关。又如,《离》为火,卦辞以“畜牝牛,吉”强调附丽必须柔顺守正。所以,二五皆阴,得“畜牝牛”之象故吉,而三四皆凶。然而,上九因《离》道既成而无咎,初九“履错然,敬之,无咎”,因敬而无咎。《集解》引王弼:“处《离》之始,将进其盛,故宜慎所履,以敬为务,辟其咎也。”这里,主观态度上的“敬之”成为“终吉”与“无咎”的条件。所谓“履错然”也是敬慎之貌。《需》上六“入于穴,有不速之客三人来,敬之,终吉”,“敬”字,表示尊重、不怠慢的态度。《本义》曰:“柔不能御而能顺之,有‘敬之’之象”“敬而待之,则得‘终吉’”。

卦爻辞中有“敦”字3见,即《临》上六“敦临,吉,无咎”、《复》六五“敦复,无悔”、《艮》上九“敦艮,吉”。敦者,厚也,表示敦厚笃诚的态度。敦临是敦厚而临,敦复是守厚以复,敦艮是敦厚以艮止,皆作为动作临、复、艮的方式或态度,故其结果无不吉祥。而《颐》六四“颠颐,吉。虎视眈眈,其欲逐逐,无咎”,《正义》曰:“以上养下,不可亵渎,恒如虎视眈眈,然威而不猛也;‘其欲逐逐’者,既养于下,不可有求,其情之所欲逐逐然,尚于敦实也。”因“其

1 朱伯崑:《周易通释》,第63页。

欲逐逐”的敦实之象而得无咎。反观六二“颠颐，拂经于丘颐，征凶”，六二履正处中，因无敦实的态度亦得“征凶”。

古人以右为尚，右族、右职、无出其右，皆表示等级较高。相应地，“左”表示谦顺，卦爻辞中“左”字3见，皆有谦下之义。《师》六四“师左次，无咎”，《王注》：“得位而无应，无应不可以行，得位则可以处，故左次之，而无咎也。行师之法，欲右背高，故左次之。”《明夷》六二“明夷，夷于左股，用拯马壮，吉”，《正义》曰：“‘夷于左股’，明避难不壮，不为暗主所疑，犹得处位，不至怀惧而行，然后徐徐用马，以自拯济而获其壮吉也。”《明夷》六四“入于左腹，获明夷之心，于出门庭”，《正义》曰：“凡右为用事也。从其左不从其右，是卑顺不逆也。‘腹’者，事情之地。六四体柔处坤，与上六相近，是能执卑顺‘入于左腹’，获明夷之心意也。‘于出门庭’者，既得其意，虽近不危，随时避难，门庭而已，故曰‘于出门庭’。”显见，三条含“左”字的爻辞，皆因谦下之义而或“无咎”、或“吉”、或“获明夷之心”。

第二，强调内心诚挚，取信于人。

孚信，也是象辞表彰的重要德目，《易经》中即有《中孚》卦。而《易经》的全部卦爻辞中，“孚”字共41见，基本都训为诚信，如《坎》“有孚维心，亨”、《随》九五“孚于嘉，吉”、《井》上六“井收勿幕，有孚，元吉”、《革》“巳日乃孚，元亨利贞，悔亡”，皆因“有孚”而得吉利。更有甚者，《益》九五“有孚惠心，勿问，元吉。有孚，惠我德”，因“有孚”，以致“勿问”而“元吉”。

《需》“有孚，光亨。贞吉，利涉大川”，有孚信，光明亨通，正固自守，可得吉。《集解》引何妥：“大川者，大难也。须之待时，本欲涉难，既能以信而待，故可以‘利涉大川’矣。”《损》“有孚，元吉，无咎，可贞，利有攸往。曷之用？二簋可用享”，因“有孚”而致“元吉”“无咎，可贞”“利有攸往”，“曷之用？二簋可用享”是用行礼贵诚而不在于祭品丰盛之象，解释“有孚”之义。与之相关的是，《升》九二“孚乃利用禴，无咎”、《萃》六二“引吉，无咎，孚乃利用禴”、《既济》九五“东邻杀牛，不如西邻之禴祭，实受其福”，都认为“禴祭”之薄亦可献于神灵，祭祀不在祭品的丰盛而在主观态度的虔敬。反过来，《晋》初六“晋如、摧如，贞吉。罔孚，裕，无咎”，人不信服（罔孚），必宜宽裕其德，使功业弘广（裕），然后方得“无咎”。

“孚”如此重要，象辞中又出现了大量描述其程度与状态的词汇。如《大有》六五“厥孚交如威如，吉”、《小畜》九五“有孚挛如，富以其邻”、《中孚》九五“有孚挛如，无咎”，交如威如、挛如，都是对孚信态度的描述。如《中孚》九五，《王注》曰：“‘挛如’者，系其信之辞也。处中诚以相交之时，居尊位以为群物之主，信何可舍？故‘有孚挛如’，乃得‘无咎’也。”

象辞中另有两处“信”字，见于《夬》九四“臀无肤，其行次且。牵羊悔亡，闻言不信”与《困》“亨。贞大人吉，无咎。有言不信”。《朱子语类》解《中孚》引程子曰：“存于中为孚，见于事为信。”信强调“见于事”的行动，故两处“信”字皆与“言”相对，强调“见于事”而非重其言，《系辞下》所谓：“吉人之辞寡，躁人之辞多。”《荀子·解蔽》：“惠子蔽于辞而不知实。”实，信也。故《咸》上六“咸其辅颊舌”，《象》曰：“‘咸其辅、颊、舌’，滕口说也。”《正义》曰：“滕，竞与也。所竞者口，无复心实，故云‘滕口说’也。”明人来知德《来氏易注》曰：“舌动则辅（上牙床）应而颊从之，三者相须用事，皆所用以言者。”明显有贬斥“滕口说”而崇尚“信实”之义。此外，《中孚》“豚鱼，吉。利涉大川，利贞”，因信及豚鱼而“吉”。《晋》六三“众允，悔亡”，获得众人信允，故“悔亡”，虽未直接使用“孚”“信”之语，但皆旨在强调诚信之重要。

第三，节俭、恒、艰等品德。

节俭也是《易经》作者褒奖的德目。《节》卦即表达节俭之美。上引《升》九二、《萃》六二、《既济》九五皆表彰“禴祭”之薄。《坎》六四“樽酒簋贰，用缶，纳约自牖，终无咎”，一樽之酒，二簋之食，用瓦缶之器，皆表俭约。《正义》“纳此俭约之物，从牖而荐之，可羞于王公，可荐于宗庙”而“终无咎”。《贲》上九“白贲，无咎”，以“白”之质素为《贲》卦之终，不劳文饰而得“无咎”。

《易经》中有《恒》卦，六五强调“恒其德”；九三“不恒其德，或承之羞，贞吝”，没有恒心，则承受羞辱。孔子读此卦爻云：“南人有言曰：人而无恒，不可以作巫医。善夫！”除《恒》之外，象辞中另有三处“恒”字。其中，《需》初九“需于郊，利用恒，无咎”、《豫》六五“贞疾，恒，不死”，皆正面强调“恒”的价值；而《益》上九“莫益之，或击之，立心勿恒，凶”，则从反面申说“立心勿恒”的结果是“凶”。

《说文》：“艰，土难治也。”段注：“引申之，凡难理皆曰艰。”《尔雅》：“艰，难也。”艰在《易经》中有“苦其心志”的意思，因而是正面表彰的价值。如《大有》初九“无交害匪咎。艰则无咎”，自艰其志则“无咎”。《大壮》上六“羝羊触藩，不能退，不能遂。无攸利，艰则吉”，虽进退不能，但“艰则无咎”。《正义》曰：“有应于三，疑之不已，故不能退避。然惧于刚长，故不能遂往……持疑犹豫，不能自决，以此处事，未见其利，故曰‘无攸利’也。‘艰则吉’者，虽处刚长，刚不害正。但艰固其志，不舍于三，即得吉，故曰‘艰则吉’也。”卦爻辞中多“艰贞”连言，表示处境艰难而能坚贞不移。如《泰》九三“无平不陂，无往不复。艰贞无咎。勿恤其孚，于食有福”、《噬嗑》九四“噬干胏，得金矢。利艰贞，吉”、《大畜》九三“良马逐，利艰贞，曰闲舆卫，利有攸往”、《大壮》上六“羝羊触藩，不能退，不能遂，无攸利，艰则吉”、《明夷》“利艰贞”，说明在困厄条件下艰固其志，则多得“利”“吉”或“无咎”的结果。

《易经》中另有一些象辞，不直接用表征美好品德的词汇但其内容仍强调品德重要性。如《蛊》上九“不事王侯，高尚其事”，不累于王侯之事，以高洁自持。《咸》九三“咸其股，执其随，往吝”，《王注》：“股之为物，随足者也。进不能制动，退不能静处，所感在股，志在随人者也。志在随人，所执亦以贱矣。用斯以往，吝其宜也。”因为“志在随人”，志意所执甚贱，故“往吝”。《旅》初六“旅琐琐，斯其所取灾”，旅非常居而有“琐琐”猥琐卑微之貌，宜其致侮辱、取灾咎。

（三）主体情感

《中庸》讲“喜、怒、哀、乐”四情。《礼记·礼运》则曰：“喜、怒、哀、惧、爱、恶、欲七者，弗学而能。”主体人的情感往往意味着特定的价值取向，而正确的情感反映正确的价值取向。

第一，忧虑不安。

忧虑是指因害怕出现不利局面或负面效果而产生的担忧心理，因担忧而能引起重视，从而积极振起。如《临》六三“甘临，无攸利；既忧之，无咎”，六三位不当而以佞邪悦媚鉴临于众，故“无攸利”。如能“既忧之”，可得“无咎”。

象辞中常用“恤”字，表忧恤、忧虑。相反，“勿恤”有6见，皆表示勿忧恤、不忧虑。《泰》九三“无平不陂，无往不复。艰贞无咎。勿恤其孚，于食有福”、《晋》六五“悔亡，失得，勿恤。往吉，无不利”、《家人》九五“王假有家，勿恤，吉”、《夬》九二“惕号，莫夜有戎，勿恤”、《萃》初六“有孚不终，乃乱乃萃，若号，一握为笑，勿恤，往无咎”、《升》“元亨。用见大人，勿恤。南征吉”，显见，勿恤的对象主要是“孚”“失得”等，重在强调孚信的意义，以及对世俗意义上的“失得”不必过于究心。

象辞中的“频”字凡2见。频，颦也，即颦蹙，是指忧愁之貌。《复》六三“频复，厉无咎”，《王注》：“蹙而求复，未至于迷，故虽危无咎也。”《巽》九三“频巽，吝”，频巽，忧郁不乐，勉强顺从，宜其得“吝”。

象辞中表示忧愁、不安的用语另有很多。如《中孚》初九“虞吉，有它不燕”，虞犹专，燕，安也。初九应于六四，专一而吉，如有它求则不安。《困》上六“困于葛藟，于臲卼，曰动悔、有悔，征吉”，《正义》：“葛藟，引蔓缠绕之草；臲卼，动摇不安之辞。”动摇不安而有悔，则征吉。《节》六三“不节若，则嗟若，无咎”，嗟若，表示忧伤、不安。张载《横渠易说》曰：“处非其位，失节也，然能居不自安（嗟若），则人将容之，故无咎。”《离》六五“出涕沱若，戚嗟若，吉”，嗟者，忧戚而咨嗟也。《王注》：“忧伤至深，众之所助，故乃‘沱’‘嗟’而获‘吉’。”《萃》上六“赍咨涕洟，无咎”，涕洟，哭泣；赍咨为嗟叹之辞，皆表知危惕惧，故可获“无咎”。《夬》上六“无号，终有凶”，号即号啕，痛哭。处《夬》上六之极，小人在上，君子道长，非号啕而可免众人所共弃，故“终有凶”。

第二，惕惧。

象辞中的“惕”字凡4见，《乾》九三“君子终日乾乾，夕惕若厉，无咎”、《讼》“有孚窒惕，中吉，终凶。利见大人。不利涉大川”、《小畜》六四“有孚，血去，惕出，无咎”、《夬》九二“惕号，莫夜有戎，勿恤”，皆表示惕惧，即小心谨慎。如《夬》九二，《象》曰：“有戎勿恤，得中道也。”《本义》：“九二，当决之时，刚而居柔，又得中道，故能忧惕号呼，以自戒备，而莫夜有戎，亦可无患也。”因九二刚健居中，有决事之力。故虽有人惕惧号呼，谓夜晚将有戎卒害己，但九二“得中道”而不忧惑。这里，九二之象虽为“勿恤”之因，但“勿恤”本身究属主体作为。

此外，象辞中徐徐、愬愬、虩虩、苏苏、索索等联绵词多为因恐惧而戒惧的形象化描述。

《困》九四“来徐徐，困于金车。吝，有终”，《正义》：“‘徐徐’者，疑惧之辞。九四有应于初而碍于九二，故曰‘困于金车’。欲弃之，惜其配偶疑惧，而行不敢疾速，故‘来徐徐’也。有应而不敢往，可耻可恨，故曰‘吝’也。以阳居阴，不失谦道，为物之所与，故曰‘有终’也。”

《震》“亨。震来虩虩，笑言哑哑，震惊百里，不丧匕鬯”，《正义》：“震之来也，莫不恐惧，故曰‘震来虩虩’也。物既恐惧，不敢为非，保安其福，遂至笑语之盛，故曰‘笑言哑哑’也。”虩虩者，恐惧貌，因恐惧致福。《震》六三“震苏苏，震行无眚”，苏苏，畏惧不安貌；震行，震惧而行，故得“无眚”。《震》上六“震索索，视矍矍，征凶。震不于其躬，于其邻，无咎。婚媾有言”，索索、矍矍皆恐惧之貌，在雷震才及近邻而未及己身之时，即心生戒惧，则无咎。故《王注》曰：“若恐非己造，彼动故惧，惧邻而戒，合于备豫，故‘无咎’。”

《履》九四“履虎尾，愬愬，终吉”，愬愬，恐惧貌。九四以近九五之尊有“履虎尾”而“愬愬”之象，但主观上的“愬愬”之恐惧警惕，可致“终吉”。

此外，《否》九五“休否，大人吉。其亡其亡，系于苞桑”，《朱子语类》：“有戒惧危亡之心，则便有苞桑系固之象。盖能戒惧危亡，则如系于苞桑，坚固不拔矣。”因有“其亡其亡”之戒惧，而得“系于苞桑”之坚固。

第三，欢乐。

象辞中有五处“笑”，皆表欢乐，见于《震》“亨。震来虩虩，笑言哑哑，震惊百里，不丧匕鬯”、初九“震来虩虩，后笑言哑哑，吉”、《同人》九五“同人先号啕而后笑，大师克，相遇”、《萃》初六“有孚不终，乃乱乃萃，若号，一握为笑，勿恤，往无咎”、《旅》上九“鸟焚其巢，旅人先笑后号啕。丧牛于易，凶”，后三者，皆与号（啕，即哭号）对比，以突出“笑”的欢愉之义。

象辞中有四处“喜”字，见于《否》上九“倾否，先否后喜”、《无妄》九五“无妄之疾，勿药有喜”、《损》六四“损其疾，使遄有喜，无咎”、《兑》九四“商兑未宁，介疾有喜”，后三个“喜”多与祛除疾病有关。如《兑》九四，《王注》：“商，商量裁制之谓也。介，隔也。三为佞说，将近至尊。故四以刚德，裁而隔之，匡内制外，是以未宁也。处于几近，闲邪介疾，宜其有喜也。”

象辞中另有两处“快”字，见于《艮》六二“艮其腓，不拯其随，其心不快”、《旅》九四“旅于处，得其资斧，我心不快”，两者皆以“心不快”成词，表示心情不快乐。

上述“笑”“喜”“快”，皆表示客观状态或结果的愉悦，而不构成吉凶结果的条件。象辞中另有以欢愉表示吉凶结果之原因的例子，如《离》九三“日昃之离，不鼓缶而歌，则大耋之嗟，凶”，日昃之离，是指九三处下《离》最极，有日将没之象，以“鼓缶而歌”喻指怡然自乐，如不鼓缶而歌，则有垂暮之嗟叹。《渐》六二“鸿渐于磐，饮食衎衎，吉”，《正义》曰：“磐，山石之安者也。衎衎，乐也。”鸿飞得安，饮食欢乐，故“吉”。《豫》六三“盱豫悔，迟有悔”，《正义》曰：“盱，谓睢盱。睢盱者，喜说之貌。若睢盱之求豫，则悔吝也。迟有悔者，居豫之时，若迟停不求于豫，亦有悔也。”因睢盱之求豫而“有悔”。

（四）主观心理

象辞中有大量反映主观心理的用语，最典型的例子是直接使用了“心”字，凡 8 见。除上引《旅》九四、《艮》六二两处与“不快”连用之外，另六处是《坎》“有孚，维心亨，行有尚”、《益》九五“有孚惠心，勿问，元吉。有孚，惠我德”、《益》上九“莫益之，或击之，立心勿恒，凶”、《井》九三“井渫不食，为我心恻。可用汲，王明并受其福”、《艮》九三“艮其限，列其夤，厉，熏心”、《明夷》六四“入于左腹，获明夷之心，于出门庭”。

象辞中有“思”字 2 见，即《咸》九四“贞吉。悔亡。憧憧往来，朋从尔思”与《涣》六四“涣其群，元吉。涣有丘，匪夷所思”。而《困》上六“困于葛藟，于臲卼，曰动悔、有悔，征吉”，《王注》：“处至困之地，用谋之时也。‘曰’者，思谋之辞也。谋之所行，有隙则获，言将何以通至困乎？‘曰动悔’，令生有悔，以征则济矣，故曰‘动悔、有悔，征吉’也。”曰，是思谋之辞，也反映心理，即寻思既动辄悔，则令生其悔。

象辞中另有“疑”字2见，即《豫》九四“由豫，大有得，勿疑。朋盍簪”与《丰》六二“丰其蔀，日中见斗，往得疑疾，有孚发若，吉”，表示内心疑惑。而《震》上六“震索索，视矍矍，征凶。震不于其躬，于其邻，无咎。婚媾有言”中的“有言”，实为相疑之言。《正义》曰：“‘婚媾有言’者，居极惧之地，虽复婚媾相结，亦不能无相疑之言。”此外，《夬》九三“壮于頄，有凶。君子夬夬独行，遇雨若濡，有愠无咎”，《本义》：“九三，当决之时，以刚而过乎中，是欲决小人，而刚壮见于面目也，如是则有凶道矣。”頄，颧骨；壮于頄，指怒形于色，故“有凶”。马振彪《周易学说》引李士鉁：“善除小人者，往往与之周旋，结其欢心，形似之间为同侪所不悦。要其心无他，事亦终无害也。”“有愠无咎”，是指自为怨恨，无咎责于人。又如，《咸》六二“咸其腓，凶。居吉”，《王注》：“腓体动躁者也。感物以躁，凶之道也。由躁故凶，居则吉矣。处不乘刚，故可以居而获吉。”

（五）他者主体的主观认知或判断

这是从第三人称视角对象辞所反映的言行、处境进行主观判断。其中，表示正面判断的用语以“誉”字最为醒目，凡有6见，表佳誉、称誉。《坤》六四“括囊，无咎无誉”、《蛊》六五“干父之蛊，用誉”、《大过》九五“枯杨生华，老妇得其士夫，无咎无誉”、《蹇》初六“往蹇，来誉”、《丰》六五“来章有庆誉，吉”、《旅》六五“射雉一矢，亡。终以誉命”，其中，“无誉”往往与“无咎”相对，正说明“誉”

字主要是他者视角的正面评价。

表负面评价的第三人称用语以“有言”为主。象辞中的“言”字凡 12 见，其中《师》六五“利执言”、《夬》九四“闻言不信”、《革》九三“革言三就”、《震》“笑言哑哑”、《艮》六五“言有序”，皆单称“言”，表示客观描述意义上的言语。另外 6 见皆为“有言”连称。其中，《需》九二“需于沙，小有言，终吉”的“有言”表示用言语中伤之义，《讼》初六“不永所事，小有言，终吉”中的“小有言”是指言语之害小者，从而反衬“终吉”。《明夷》初九“明夷于飞，垂其翼。君子于行，三日不食。有攸往，主人有言”中的“主人有言”，指主人责怪之言。《渐》初六“鸿渐于干，小子厉，有言，无咎”之“有言”指小人之言，不足伤君子，故“无咎”。《震》上六“震索索，视矍矍，征凶。震不于其躬，于其邻，无咎。婚媾有言”中的“有言”是指相疑之言。只有《困》“亨。贞大人吉，无咎。有言不信”中的“有言”并非他者视角。

他者视角与第一人称之“我”的认知、品德、情感、心理一样，表明人（而非神）成为吉凶判断的担当者。

三、断辞的意义建构

诚然，断辞是对卦爻象所示吉凶的“翻译”，象辞是对断辞结果的“解释”。正像象辞的“解释”叠加了主体因素，断辞的“翻译”也突破了卦爻象前提，建构了独立的意义。

（一）吉凶结果的多元化

卜辞中的占辞，是全部龟卜行为的直接目的，吉凶取决于神意，并通过兆象显示，其结果基本都是明确的一元判断，诸如吉、大吉、亡尤、利、不利、受佑、不受佑等等。与一兆一吉凶的卜辞不同，卦爻辞中断辞的吉凶结果往往是多元的。例如，《比》初九“利居贞，利建侯”是两项，《屯》“利贞，勿用有攸往，利建侯”是三项，《复》“亨。出入无疾，朋来无咎。反复其道，七日来复。利有攸往”是四项，《巽》九五“贞吉。悔亡。无不利。无初有终，先庚三日，后庚三日。吉”是五项。以《巽》九五为例，《王注》曰：“以阳居阳，损于谦巽。然秉乎中正以宣其令，物莫之违，故‘贞吉，悔亡，无不利’也……化不以渐，卒以刚直用加于物，故初皆不悦也。终于中正，邪道以消，故有终也。”九五以阳居阳，违于谦逊，本应有悔，故“初皆不悦”。但九五既中且正，故“贞吉，悔亡，无不利”，而“有终”。“先庚三日，后庚三日，吉”则是对“无初有终”的进一步发挥。

（二）吉凶结果的条件化

诚然，甲骨卜辞中占断的结果取决于兆象而与所问之事无关，更与主体人的作为无关。表面上，卜辞中对贞、选贞的存在，意味着主观条件（如不同的贞人）或客观条件（如时间）的改变，会导致不同的吉凶结果，但条件的每一次改变都必须重新灼龟取兆，实际上仍把兆象视为影响吉凶的唯一因素。换言之，改变条件需要重新灼龟从而导致兆象改变，兆象改变才是导致吉凶结果之不同的核心要素。而在《易经》中，一次卜筮而得的同一条卦爻辞，其吉凶结果往往反映出时间、地点、事件、人物等条件对吉凶结果的制约。朱伯崑指出，断占之辞可分为五类，其一为概括性断占，如“勿用”“无咎”“有悔”“吉”。其二为就事断占，如《大畜》“不家食，吉”、《蒙》上九“不利为寇，利御寇”、《节》初九“不出户庭，无咎”、《讼》九五“讼元吉”。其三为就人断占，如《师》“贞丈人吉”、《履》“幽人贞吉”、《否》六二“小人吉，大人否”、《恒》九五“贞，妇人吉，夫子凶”。其四为方位断占，如《坤》“西南得朋，东北丧朋”、《蹇》“利西南，不利东北”、《解》“利西南”，受地点条件的限制。其五为时间断占，如《蛊》“利涉大川，先甲三日，后甲三日”、《屯》六二“女子贞不字，十年乃字”、《巽》九五“先庚三日，后庚三日，吉”[1]。其中，第一类是得出直接性的结论。后四种类型并不是对事件、人物、地点或时间本身的断占，而是以象辞的面貌充当断辞吉凶的判断条件，即从事件、人物、地点、时间的角度揭示吉凶结果或分析吉凶的原因。例如，《离》“利贞，亨。畜牝牛，吉”，《王注》：“柔处于内而履正中，牝之善也。外强而内顺，牛之善也。离之为体，以柔顺为主者也。故不可畜刚猛之物，而‘吉’于‘畜牝牛’也。”这不是贞问“畜牝牛”本身的吉凶，而是以“畜牝牛”为兴喻，揭示畜“柔顺之物”（而非“刚猛之物”）得“吉”的道理。

首先，主体人的态度或行为方式构成吉凶结果的条件。

条件化的一个重要特点是“如果”主体人的态度或行为方式改变，会导致不同的吉凶结果。如《蒙》上九“击蒙，不利为寇，利御寇”，若蒙师居高而治（击）蒙，可以严厉（御寇），不可以刚暴（为寇）。《程传》：“治人之蒙，乃‘御寇’也。肆为刚暴，乃‘为寇’也。”《需》初九“需于郊，利用恒，无咎”，《正义》：“难在于《坎》，初九去难既远，故待时在于郊。郊者是境上之地，亦去水远也。‘利用恒，无咎’者，恒，常也。远难待时以避其害，故宜利保守其常，所以无咎。”这里，“需于郊”是指初九距上《坎》（难也）最远之象。主体人“如果”能够“利用恒”，则可得“无咎”之结果。九二“需于沙，小有言，终吉”，《正义》：“沙，则近于险矣。言语之伤，亦灾害之小者。渐进，近《坎》，故有此象。刚中能需，故得终吉。”九二需沙近险、小有言语之伤，但以刚中能需（等待），而得“终吉”。《家人》九三“家人嗃嗃，悔厉吉。妇子嘻嘻，终吝”，《集解》引王弼：“以阳居阳，刚严者也……家虽‘嗃嗃’（愁怨之声），‘悔厉’犹得‘吉’也。‘妇

1　朱伯崑：《周易通释》，第71页。

子嘻嘻’，失家节也。”主体人“如果”能够“悔厉”，则可得吉。

其次，吉、亨、贞等断语本身构成吉凶结果的条件。

《乾》卦“元、亨、利、贞”，《彖》《文言》称之为四德。《正义》曰：“‘元、亨、利、贞’者，是乾之四德也。《子夏传》云：‘元，始也。亨，通也。利，和也。贞，正也。’言此卦之德，有纯阳之性，自然能以阳气始生万物而得元始亨通，能使物性和谐，各有其利，又能使物坚固贞正得终。此卦自然令物有此四种使得其所，故谓之四德：言圣人亦当法此卦而行善道，以长万物，物得生存而为‘元’也。又当以嘉美之事，会合万物，令使开通而为‘亨’也。又当以义协和万物，使物各得其理而为‘利’也。又当以贞固干事，使物各得其正而为‘贞’也。是以圣人法乾而行此四德，故曰‘元、亨、利、贞’。其委曲条例，备在《文言》。”但卦爻辞中的吉、亨、贞等断语本身，往往又构成了吉凶判断的条件。如《萃》九四“大吉，无咎”，《周易玩辞》：“无尊位而得众心，故必‘大吉’而后可以‘无咎’。”大吉，是因九四下据三阴之坤，坤者众也。然九阳居四之阴位，位不正而本有咎，因大吉然后无咎。项安世认为，此例同“《益》之初九，在下位而任‘厚事’，亦必‘元吉’而后可以‘无咎’也”。今按，《益》初九曰：“利用为大作，元吉，无咎。”又如，《恒》“亨，无咎，利贞。利有攸往”，亨者，通也。《王注》：“恒而亨，以济三事也。恒之为道，亨乃‘无咎’也。恒通无咎，乃利正也。各得所恒，修其常道，终则有始，往而无违，故‘利有攸往’也。”这里，亨成为“无咎”“利贞”“利有攸往”的条件。《随》“元亨，利贞，无咎”，《正义》曰：“元亨者，于相随之世，必大得亨通。若其不大亨通，则无以相随，逆于时也。利贞者，相随之体，须利在得正。随而不正，则邪僻之道，必须利贞也。无咎者，有此四德乃无咎。以苟相从，涉于朋党，故必须四德乃无咎也。凡卦有四德者，或其卦当时之义，即有四德，如《乾》《坤》《屯》《临》《无妄》，此五卦之时，即能四德备具。其《随》卦以恶相随，则不可也。

有此四德乃无咎，无此四德则有咎也，与前五卦其义稍别。其《革》卦‘巳日乃孚’有四德，若不‘巳日乃孚’，则无四德，与《乾》《坤》《屯》《临》《无妄》《随》其义又别。若当卦之时，其卦虽美，未有四德。若行此美，方得在后始致四德者，于卦则不言其德也。若《谦》《泰》及《复》之等，德义既美，行之不已，久必致此四德。但当初之时，其德未具，故卦不显四德也。其诸卦之三德已下，其义大略亦然也。”这里，孔颖达集中论述了“元亨利贞”四德作为条件的诸多复杂情况。“元亨利贞”既是断辞，又作为“四德”反映吉凶结果的道德化，再作为道德条件反过来影响后续的吉凶结果。

兹以“贞”为例再予分析。《说文》：“贞，卜问也。从卜，贝以为贽。会意。京房说，鼎省声。”鼎体立正，故训为正；鼎体坚固，故训为固，贞遂有“正固”之义。在《易经》中，《坤》“利牝马之贞”之“贞”或释为贞问，其他所见“贞”字则多训为正固。《师·彖》：“贞，正也。”在人事，则如《文言》：“贞者，事之干也。”“贞固足以干事。”黄寿祺、张善文指出，贞“与不吉之辞连用时，如‘贞凶’‘贞厉’‘贞吝’”，并非“虽正而不免于凶（厉、吝）”，而应“当作‘守正防凶’‘守正防危’‘守正防吝’解”，体现的是张载《正蒙》“《易》为君子谋”的思想[1]。具体而言，如果该爻得位，爻辞中的“贞”多训为“继续保持正固”，如《需》九五“需于酒食，贞吉”，马振彪《周易学说》引王逢：“酒食，德泽之谓也。九五之君，当天中正，以泽乎民。”持守正固可得吉。《谦》六二“鸣谦，贞吉”，鸣谦指声名远闻，贞守此六二得位居中之道而得吉。若不得位，则训为“努力趋正自守”，如《咸》九四“贞吉，悔亡。憧憧往来，朋从尔思”，《正义》：“凡物始感而不以之于正，则至于害，故必‘贞’然后乃‘吉’，‘吉’然后乃得‘亡’其‘悔’也。”虞翻易学有“之正”说，旨在强

---

1 黄寿祺、张善文：《周易译注》，第46页。

调“失正”之爻皆当令其“变正”，在义理上似与此义相通[1]。如《否》初六“拔茅茹，以其汇，贞吉，亨”，《王注》：“居否之时，动则入邪，三阴同道，皆不可进。故‘茅茹’以类，贞而不谄，则吉亨。”总之，“贞”往往正反为义，或强调持守正固，如《颐》“颐：贞吉。观颐，自求口实”，《正义》曰：“‘颐，贞吉’者，于颐养之世，养此贞正，则得吉也。”“养此贞正”成为“得吉”的条件；或强调趋正以自守，如《无妄》“元亨，利贞。其匪正有眚，不利有攸往”，不妄为之时，则大亨、利于守正。如果不正，则有灾眚、不利于前往。

再次，人物身份构成吉凶结果的条件。

在中国古代，社会、政治、经济因素虽然是划分人物身份地位的主要依据，但身份地位的不同，最终要转向品德的高低，君子（大人）与小人之辩是其典型代表。就此而言，与其说人物身份成为吉凶结果的条件，毋宁说身份背后的道德预设构成了吉凶结果的条件。如《困》“亨。贞大人吉，无咎。有言不信”，“大人”成为“吉”的条件。《谦》九三“劳谦，君子有终，吉”，劳倦且谦逊，唯君子为能，故得“终，吉”，爻辞“君子有终，吉”是强调“劳倦且谦逊”的君子品德“有终，吉”。《师》“贞，丈人吉，无咎”，《王注》：“丈人，严庄之称也。为师之正，丈人乃吉也。兴役动众无功，罪也，故吉乃无咎也。”显见，“丈人吉”的本质是因其“严庄”的品质而“吉”。《屯》九五“屯其膏，小贞吉，大贞凶”，以九五之尊而施其膏泽恩惠，允宜恢弘博施。《正义》曰：“出纳之吝谓之有司，是小正为吉。若大人不能恢弘博施，是大正为凶。”可见，《屯》九五为吉为凶，端在大人、有司身份差异及其背后是否具有恢弘博施之德而致。

《恒》六五“恒其德，贞，妇人吉，夫子凶”，六五居中处尊，而专应九二，有妇人从唱之象，故“妇人吉”，而“夫子凶”。妇人、夫

1 黄寿祺、张善文：《周易译注》，第41—42页。

子之吉凶因其专主与从唱的角色预设而定。《师》六五“田有禽，利执言，无咎。长子帅师，弟子舆尸，贞凶”、上六“大君有命，开国承家，小人勿用”分别揭示因长子与弟子、大君与小人身份品德预设的不同而导致大相径庭的吉凶结果。《易经》中有大量君子（大人）、小人对贞的卦爻辞，皆表示身份背后品德承载条件对吉凶结果的影响。如《否》六二“包承，小人吉，大人否，亨”，《否》为否闭之卦，三阴上长，六二为中，故“小人吉”，《正义》：“若大人用此‘包承’之德，能否闭小人之‘吉’，其道乃亨。”《剥》上九“硕果不食，君子得舆，小人剥庐”，《集解》引侯果：“处《剥》之上，有刚直之德，群小人不能伤害也，故果至硕大不被剥食矣。君子居此，万姓赖安，若得乘其车舆也。小人处之，则庶方无控，被剥其庐舍。”《遁》九四“好遁，君子吉，小人否”，九四处外卦之《乾》，《乾》为天，有君子超然“好遁”之象，故“吉”。九四又应于初六，有所系恋而未能“好遁”，故“小人否”。

（三）吉凶结果的人本化

如果说，《易经》中的吉凶等直接来自卜辞的断辞用语具有客观性，悔吝等不见于卜辞的断辞用语则具有明显的人本色彩，本质上意味着悔吝的结果并不诉诸神意，而是根据自我修为“种瓜得瓜、种豆得豆”的结果。这些人本化的术语主要包括：

第一，眚。

《说文》：“眚，目病生翳也。”由眼疾引申为眚灾，但“眚”主要指因主观过失而造成的灾害，故《广韵》曰：“眚，过也。”《易经》中的“眚”凡6见，《复》上六“迷复，凶，有灾眚。用行师，终有大败，以其国君凶，至于十年不克征”，《释文》引郑玄：“异自内生曰‘眚’，自外曰‘祥’，害物曰‘灾’。”《程传》：“灾，天灾，自外来；眚，己过，由自作。既迷不复善，在己则动皆过失，灾祸亦自外而至，盖所招也。”《复》上六之“凶”因“既迷不复善”的“己过”而致，故《程传》又曰：“迷道不复，无施而可。用以行师，则终有大败。以之为国，则君之凶也。”《小过》上六“弗遇过之，飞鸟离之，凶，是谓灾眚”，《折中》：“《复》之上六曰‘迷复，凶，有灾眚’，此曰‘飞鸟离之，凶，是谓灾眚’，辞意不同。‘凶’由己作，‘灾眚’外至。迷复则因‘凶’而致‘灾眚’者也。此则‘凶’即其‘灾眚’也。盖时当过极，不能自守，而徇俗以至于此。与初六当时未过，而自飞以致‘凶’者稍别。”另外，《讼》九二“不克讼，归而逋。其邑人三百户，无眚”、《无妄》“元亨，利贞。其匪正有眚，不利有攸往”、《无妄》上九“无妄行，有眚，无攸利”、《震》六三“震苏苏，震行无眚”，这些“眚”字，无不强调吉凶结果“由自作”的主观性本质。

第二，悔吝。

《说文》“悔，恨也”“吝，恨惜也”，吝亦作悋或恡，悔、吝皆从心，与“心”有关，意为“恨”，是指未做到或未做好而心生怨恚的不安心理状态。《三国志·魏书·王昶传》：“患人知进而不知退，知欲而不知足，故有困辱之累，悔吝之咎。”《周易集解》解《乾》上九引王肃曰：“知进忘退，故悔也。”而扬雄《方言》曰：“凡贪而不施或谓之恡。恡，恨也。”浑言之，则悔、吝皆进退失据；析言之，则悔因进多于退而起，吝因退多于进遂生。《系辞》“悔吝者，忧虞之象也”，《正义》曰：“《经》称悔吝者，是得失微小，初时忧念虞度之形象也。以忧虞不已，未是大凶，终致悔吝。悔者，其事已过，意有追悔之也。吝者，当事之时，可轻鄙耻，故云吝也。”悔起于事后，吝生于当下。悔、吝又都是小凶，即凶之“几”，故《系辞上》曰：“言乎其小疵也”“忧悔吝者存乎介”，介是指纤介。《系辞下》曰：“悔吝者，忧虞之象也……震无咎者存乎悔。”忧虞，即忧虑。震是指震惧，如不“忧虞”“戒惧”，即发展为凶或不得大吉。焦循《易通释》：“凡既悔吝均为无咎。”因此，悔吝强调人的主动作为，即主观“忧虞”“戒惧”，可以变“有咎”为“无咎”，从而也超越了卜辞“听天由命”的宿命论。刘师培则曰：“悔吝可以由凶而入吉。未悔吝则凶，是曰厉。既悔吝则吉，是曰无咎。”[1]

《正义》疏《乾》上九曰：“纯阳虽极，未至大凶，但有悔吝而已。《系辞》云：‘悔吝者，言乎其小疵也。’故郑引尧之末年，四凶在朝，是以有悔未大凶也。凡悔之为文，既是小疵，不单称悔也。必以余字配之。其悔若在，则言‘有悔’，谓当有此悔，则此经是也。其悔若无，则言‘悔亡’，言其悔已亡也，若《恒卦》九二‘悔亡’是也。其悔虽亡，或是更取他文结之，若《复卦》初九‘不远复无祇悔’之类是也。但圣人至极，终始无亏，故《文言》云：‘知进退存亡而不失其正者，其唯圣人乎？’是知大圣之人，本无此悔。但九五天位，有大圣而居者，亦有非大圣而居者，不能不有骄亢，故圣人设法以戒之也。”如《兑》九二“孚兑，吉，悔亡”，《正义》曰：“九二说不失中，有信者也。说而有信，则吉从之，故曰‘孚兑，吉’也。然履失其位，有信而吉，乃得亡悔，故曰‘孚兑，吉，悔亡’也。”同样，《艮》六五“艮其辅，言有序，悔亡”，由“客观”卦象而导致“有悔”，又因主观上的“有信而吉”“言有序”而终致“悔亡”。清汪宪《易说存悔》认为，学《易》期于寡过，欲过之寡，唯在知悔。悔存而凶吝渐消，可日趋于吉。故以“存悔”颜其斋、名其书。

第三，无咎。

《尔雅·释诂》：“咎，病也。”《说文》：“咎，灾也。从人各。各者，相违也。”《书·洪范》：“其作汝用咎。”疏曰：“‘咎’是过之别名。”无咎，就是没有过失。《系辞》：“无咎者，善补过者也。”无咎是对凶和悔、吝三种情况的补过。王弼《周易略例》：“凡言无咎者，本

1 刘师培：《经学教科书》（第二册），第13页。

皆有咎者也，防得其道，故得无咎也。‘吉无咎’者，本亦有咎，因吉故得免也。‘无咎吉’者，先免于咎，而后吉从之也。或亦处得其时，吉不待功，不犯于咎，则获吉也。或有罪自己招，无所怨咎，亦曰无咎。故《节》六三曰：‘不节若，则嗟若，无咎。’《象》曰：‘不节之嗟，又谁咎也。’此之谓矣。”亦即，“无咎”之辞，根据“客观”的卦象皆有“咎”，但通过主观的“补过”可以化为无咎。例如，《大过》初六“藉用白茅，无咎”，《集解》引侯果：“以柔处下，履非其正，咎也。苟能絜诚肃恭不怠，虽置羞于地，可以荐奉，况藉用白茅，重慎之至，何咎之有矣？”

无咎与悔吝都强调主体人的积极修为，从而改变吉凶结果的命定性。无咎是起于有咎而中经主体人“补过”的主动作为获得的最终结果，基本上都包含“如果怎样”则“无咎”的条件判断。如《坎》九五“坎不盈，祇既平，无咎”，《正义》曰：“为《坎》之主而无应辅可以自佐，险难未能盈坎，犹险难未尽也。故云坎不盈也。祇既平无咎者，祇，辞也，谓险难既得盈满而平，乃得无咎。若坎未盈平，仍有咎也。”这里，“祇既平”成为“无咎”的条件。《离》上九“王用出征，有嘉折首，获匪其丑，无咎”，《正义》曰：“王用出征者，处《离》之极，《离》道既成，物皆亲附，当除去其非类，以去民害，故王用出征也。‘有嘉折首，获匪其丑’者，以出征罪人，事必克获，故有嘉美之功，折断罪人之首，获得匪其丑类，乃得‘无咎’也。若不出征除害，居在终极之地，则有咎也。”“有嘉折首，获匪其丑”是“无咎”的条件。《益》初九“利用为大作，元吉，无咎”，《正义》曰：“大作，谓兴作大事也。初九处《益》之初，居动之始，有兴作大事之端，又体刚能干，应《巽》不违，有堪建大功之德，故曰利用为大作也。然有其才而无其位，得其时而无其处，虽有殊功，人不与也。时人不与，则咎过生焉。故必元吉，乃得无咎。”因“元吉”而得“无咎”。

宋耿南仲《周易新讲义·自序》曰：“易之道有要，在无咎而已。

要在无咎者何，善补过之谓也。”又曰：“拂乎人情，是为小过，拂乎天道，是为大过。”清王心敬《丰川易说》承之，曰：“学《易》可以无大过，是孔子明《易》之切于人身，即是可以知四圣人系《易》之本旨，并可以识学《易》之要领。”耿、王所论，盖推衍孔子“无大过”之旨，而归宗于通过主体人“补过”的主动作为而趋吉避凶。

第四，厉。

焦循《易通释》：“凡未悔吝者，均为厉。”《广雅·释诂一》：“厉，危也。”但“厉”主要是指主观态度上的威严而不随便，《论语·述而》“子温而厉”、《论语·阳货》“色厉而内荏”、扬雄《解嘲》“矫翼厉翮”、韩愈《答尉迟生书》“行峻而言厉”等都强调主观态度上的严厉。

《易经》中的“厉”字凡26见，多跟主体人的修为有关。如《震》六五“震往来，厉，意无丧，有事”中的“厉”，是指以危惧待之。《折中》引熊良辅：“震往亦厉，来亦厉，皆以危惧待之，故能‘无丧，有事’，盖不失其所有也。此卦辞所谓‘不丧匕鬯’，能主器以君天下者与！”《折中》：“《春秋》凡祭祀皆曰‘有事’。”匕鬯为盛酒器，代指祭祀。《既济》上六“濡其首，厉”，王申子《大易缉说》：“不言凶，而言厉者，欲人知危惧而速改，则济犹可保也。”

因此，“厉”也作为主观条件，直接影响结果的吉凶，如《乾》九三“君子终日乾乾，夕惕若厉，无咎”，在进德修业的前提下，虽临危而无咎害。《讼》六三“食旧德，贞厉，终吉。或从王事无成”、《蛊》初六“干父之蛊，有子，考无咎，厉终吉”、《噬嗑》六五“噬乾肉，得黄金，贞厉无咎”、《复》六三“频复，厉无咎”、《颐》上九“由颐，厉吉，利涉大川”等等，其中的“厉”都作为主体条件导致相对正面的结果。如《颐》上九“厉吉”，《正义》曰：“为众阴之主，不可渎也，故厉乃吉。”又如，《大壮》九三“小人用壮，君子用罔，贞厉。羝羊触藩，羸其角”，贞厉，如果用壮则不贞、有厉。《正义》曰：“罔，罗罔也。羝羊，羖羊也。藩，藩篱也。羸，拘累缠绕也。九三处

《乾》之上，是‘健之极’也。又‘以阳居阳’，是健而不谦也。健而不谦，必用其壮也。小人当此，不知恐惧，即用以为壮盛，故曰‘小人用壮’。君子当此即虑危难，用之以为罗罔于己，故曰‘君子用罔’。以壮为正，其正必危，故云‘贞厉’也。以此为正，状似‘羝羊触藩’也。必拘羸其角矣。”

此外，《易经》中“福”字4见，“祉”字2见，分别见于《泰》九三“无平不陂，无往不复。艰贞无咎。勿恤其孚，于食有福”、《晋》六二“晋如，愁如，贞吉。受兹介福，于其王母”、《井》九三“井渫不食，为我心恻。可用汲，王明并受其福”、《既济》九五“东邻杀牛，不如西邻之禴祭，实受其福”、《泰》六五“帝乙归妹，以祉（获得福泽）元吉”、《否》九四“有命，无咎，畴离祉”。虽然福（祉）的本义是指祈求神祖保佑，但也已经具有了人事的色彩。

（四）吉凶结果的诫勉意义

上述吉凶结果的多元化、条件化和人本化，本质上都强调主体人的态度或行为方式是影响吉凶结果的重要因素。由此，吉凶结果对主体人遂具有了诫勉意义，即“如果”这般作为则吉、“如果”那般行事则凶。

诫为劝警、告诫，戒为防备或戒除不良嗜好，两者都有劝勉应该如何、不应该如何之义。象辞中“诫”字1见，《比》九五“显比。王用三驱，失前禽。邑人不诫，吉”，《正义》指出，“显比”之道在于“与己相应者则亲之，与己不相应者则疏之”，故以“王用三驱，失前禽”为喻。“虽不能广普亲比于自己相亲之处，不妄加讨罚，所以己邑之人，不须防诫而有吉也”。“戒”字3见，《泰》六四“翩翩，不富以其邻。不戒以孚”，六四阴爻，故不富，其与六五、上六之邻“翩翩”而来，不诫告而皆有下应三阳之诚信。《比》九五“不诫”与《泰》六四“不戒”似无劝警、告诫之义，实际上是要从反面突出“显比”和“不富，以其邻”的重要性，因而仍不失诫勉之义。《小过》九四“无咎。弗过遇之，往厉必戒，勿用永贞”，《重定周易费氏学》曰：“四应初六，合‘宜下’之道，故‘无咎’。然以失位之刚在上，虽应下而情亢，故又有‘往厉’之戒，‘勿用’‘永贞’皆戒辞。”同样，《既济》六四“繻有衣袽，终日戒”之“终日戒”，与《小过》九四之“必戒”一样，皆强调防备、革除不端。

除了明确使用“戒”或“诫”字之外，卦爻辞中的断辞一般皆有诫勉之义。如《萃》初六“有孚不终，乃乱乃萃，若号，一握为笑，勿恤，往无咎”，初六应于九四，但中隔六二、六三，故“有孚不终，乃乱乃萃”。《折中》引王宗传：“初之于四，相信之志，疑乱而不一也。然居萃之时，上下相求。若号焉，四必说而应之，则一握之顷，变号咷为笑乐矣，谓得其所萃也。故戒之曰‘勿恤’，又勉之曰‘往无咎’。”总体上，勉是正面鼓励，诫是反向规避，都是要为人们指明正确的行动方向。

首先，“应该如此”的正面鼓励。《明夷》“利艰贞”，《明夷》离下坤上，有日入地中的晦暗之象，《正义》曰：“宜艰难坚固，守其贞正之德。”显见，“利艰贞”不是客观描述而是勉其主观上“应该利艰贞”。《大壮》初九“壮于趾，征凶，有孚”，明人来知德《来氏易注》：“初九阳刚处下，当壮之时，壮于进者也，故有‘壮趾’之象。以是而往，凶之道也。然阳刚居正，本有其德，故教占者唯自信其德，以其穷困，不可有所往，往则凶矣。”有孚，是诫其应该有。《艮》初六“艮其趾，无咎。利永贞”，《周易本义通释》：“初六阴柔，惧其始之不能终也，故戒以‘利永贞’，欲常久而贞固也。”《未济》九四“贞吉，悔亡，震用伐鬼方，三年有赏于大国”，《本义》：“以九居四，不正而有悔也。能勉而贞，则悔亡矣。”

其次，“不应该这般”的反向规避。《乾》初九“潜龙勿用”与《坎》六三“来之坎坎，险且枕，入于坎窞，勿用”中的“勿用”，都是不可施展才用之戒语。《大过》九四“栋隆，吉。有它，吝”，《本义》：“以阳居阴，过而不过，故其象‘隆’而占‘吉’。”又曰：“下应初六，以柔济之，则过于柔矣，故又戒以‘有它’则‘吝’。”《归妹》“征凶，无攸利”，《正义》：“征凶，无攸利者，归妹之戒也。”参考《彖》“归妹，天地之大义也”可知，《归妹》不是对少女出嫁本身的否定，而是要戒之以“正”、守之以“顺”。《家人》初九“闲有家，悔亡”，《王注》：“凡教在初而法在始，家渎而后严之，志变而后治之，则‘悔’矣。处《家人》之初，为‘家人’之始，故宜必以‘闲有家’，然后‘悔亡’也。”《家人》初九不分析卦象而直接提出主观性的“应该”防止邪恶以作为改变吉凶结果的条件。

无论是正面鼓励还是反向规避，都是教占者行止断以天理以守道、艰险济以人事以尽道，两者具有高度统一性。如《屯》“元、亨、利、贞。勿用有攸往，利建侯”，《王注》：“往，益屯也。”故勿用有攸往。《王注》又曰：“得主则定。”故“利建侯”。这里，是否“有攸往”或“建侯”都不是贞问的对象，而是占得此卦的应然选择。《彖》曰：“屯，刚柔始交而难生。”《屯》为屯难之卦，所以“勿往”。又为“始交”初创，故宜“利建侯”。同样，《屯》初九“磐桓，利居贞，利建侯”，处初九“磐桓”不进之际，《正义》曰：“宜利居处贞正，亦宜建立诸侯。”《姤》初六“系于金柅，贞吉。有攸往，见凶。羸豕孚蹢躅”，《王注》：“金者，坚刚之物。柅者，制动之主，谓九四也。初六处遇之始，以一柔而承五刚……故必系于正应，乃得‘贞吉’也。若不牵于一，而有攸往行，则唯凶是见矣。”初六专志系于九四，则“吉”。否则似“羸豕之孚务蹢躅”而“见凶”。《泰》上六“城复于隍，勿用师，自邑告命。贞吝”，隍为城下之池，城由陪土为池而成。上六处《泰》之极，有泰极否来之象，故以“城复于隍”之象以喻臣不扶君，其道倾危，然后诫以“应该”“勿用师”，唯于自己之邑施告其命，可得“贞吝”。

吉凶判断转化为劝诫和教训，与《易经》卦爻辞总体上的人本取向相鼓桴。例如，“‘当位’之爻，象征事物的发展遵循‘正道’、符合规律；‘不当位’之爻，象征背逆‘正道’、违反规律……爻辞常有警醒‘当位’者守正防凶之例，以及诫勉‘不当位’者趋正求吉之例。虞翻《易》学创立‘之正’说，令诸卦不正之爻皆变正，盖因爻辞每含此类寓意而发”[1]。就此而言，《易经》卦爻辞本质上是要形成个体律令的自我担当，从而将“命由天定”改造为“命由己作”。

（五）“命”的改变及其主体担当

“圣人设卦观象，系辞焉而明吉凶”，“明吉凶”是作为卜筮之书的《易经》的本旨。其吉凶结果源自卦爻象，正如卜辞的吉凶结果源自龟兆。但卜辞中的占辞由客观的龟兆显示一元论的吉凶结果，吉则从之，凶则避之，借此以“定犹豫，决疑似”，成为行事从违的指南，因而属于命定论的范畴。《易经》中的断辞是一个由人的主观行为、思想认识或心理活动参与其中的领域，孚信用谦可以得吉，恣肆不诚可以得凶。卦爻象的吉凶结果，也是一个可能且必须通过主观努力而有待突破的前提。遇吉，宜贞固持守；遇凶，可通过努力而逢凶化吉。无论是断辞吉凶的产生原因，还是应对吉凶结果的具体方法，皆诉诸主观，本质上是对宿命论的颠覆。《系辞》曰：“吉凶悔吝者，生乎动者也。”又曰：“爻也者，效天下之动者也。是故吉凶生而悔吝著也。”吉凶悔吝因“动”而生，动而得宜则吉，反之则凶。而“动”表面上是卦爻之变动，但更指人的主观行事之动。故《系辞下》又曰：“是故爱恶相攻而吉凶生，远近相取而悔吝生，情伪相感而利害生。凡易之情，近而不相得则凶，或害之，悔且吝。”

《系辞上》：“‘不出户庭，无咎’。子曰：‘乱之所生也，则言语以

1 黄寿祺、张善文：《周易译注》，第43页。

为阶。'"主观的言语是生乱之阶。《履》上九"视履考祥，其旋元吉"，《王注》："祸福之祥，生乎所履，处《履》之极，履道成矣，故可'视履'而'考祥'也。"祸福由主体之"履"决定，"命运"掌握在主体人自身。《益》九五"有孚惠心，勿问，元吉。有孚，惠我德"，主观孚信，则"勿问，元吉"。《革》九五"大人虎变，未占有孚"，九五居中处尊，以大人之德创制立法，不劳占决，信德自著。而《大有》上九"自天祐之，吉无不利"，看似反映了天命观，但主要揭示"神道设教"的示戒意义。故《系辞上》引孔子曰："祐者，助也。天之所助者，顺也；人之所助者，信也。履信思乎顺，又以尚贤也。是以'自天祐之，吉无不利'也。"强调主观上的"履信思乎顺，又以尚贤也"，才是"天祐"的原因。《韩康伯注》曰："处'大有'之上而不累于位，志尚乎贤者也。"即"不累于位，志尚乎贤"的主动作为导致天祐、吉利的结果。这就消解了天命的权威性而转向了人事作为的解释。反过来，《节》六三"不节若，则嗟若，无咎"，《王注》："若，辞也。以阴处阳，以柔乘刚，违节之道，以至哀嗟。自己所致，无所怨咎，故曰'无咎'也。"自致之祸，无所怨咎。

因此，主体人的积极作为能够"改命"，"我命由我不由天"，甲骨卜辞"命"的前定性转进为卦爻辞中"命"的可变性。由此，"趋吉避凶之心化为迁善改过之心"[1]。《讼》九四"不克讼，复既命渝。安贞吉"，《正义》曰："九四讼既不胜，若能反就本理，变前与初争讼之命，能自渝变休息，不与初讼。"《革》九四"悔亡。有孚改命，吉"，《王注》曰："有孚则见信矣。见信以改命，则物安而无违。"这里，"反就本理"与"见信"的主观努力都可以"改命"。象辞中有三处"渝"字，都强调主观努力可以"改变"命运的前定性。《讼》九四"不克讼，复既命渝。安贞吉"，说见上。《豫》上六"冥豫成，有渝，

1　刘师培：《经学教科书》（第二册），第20页。

无咎”，上六处《豫》卦之极，成“冥豫”（极豫尽乐）之象。必有渝变，然后可以“无咎”。《随》初九“官有渝，贞吉。出门交有功”，《正义》：“‘官有谕’者，官谓执掌之职。人心执掌，与‘官’同称，故人心所主，谓之‘官渝变’也。”官有渝，即思想观念随时迁善，可以“贞吉。出门交有功”。

四、小结

“言生于象”，卦爻辞以卦爻象为依据，卦爻象也是卦爻辞的合法性源泉。“卦爻辞中吉凶之断，系本之于卦爻象，而卦爻象的背后是精深的哲学思想，以卦爻辞之有限文字，上揭易道之要，下应人事之繁”[1]，由此，卦爻辞难免不堪其任，未能揭示卦爻象的全部内涵。但卦爻辞聚焦于卦名所定之“时”，将卦爻象的结构关系转向语义关系，从而重新定义了“翻译”吉凶结果与“解释”吉凶结果的原则，形成了超越卦爻象的独立视域。

在卦爻辞中，“道”字4见，已经有终极概念的意义。《小畜》初九“复自道，何其咎，吉”，回复自身的阳刚之道，何咎之有？《履》九二“履道坦坦，幽人贞吉”，幽人以坦坦为践履之道，故可得吉。《随》九四“随有获，贞凶。有孚在道，以明，何咎”，《王注》：“体刚居说而得民心，能干其事，而成其功者也。虽为常义，志在济物，心有公诚，著信在道以明其功，何咎之有？”以有孚为道，而得无咎。《复》“亨。出入无疾，朋来无咎。反复其道，七日来复，利有攸往”，《复》一阳在下，阳气复生而得亨通。出则刚长，入则阳反，故“出入无疾”。众阳反复，朋聚而来，故“无咎”。《正义》曰：“欲速反之与复而得其道，不可过远。唯七日则来复，乃合于道也。”故“反复其道，

1 高怀民：《先秦易学史》，第82页。

七日来复”。因此，其“道”是阳气上升、小人道消之“道”，故“利有攸往”。另外，《颐》六二“颠颐，拂经；于丘颐，征凶”，颠，倒也；拂，违也；经，义也。六二无应于六五而反求于初，是颠倒颐养，违背常理（拂经）。《颐》六五“拂经，居贞吉，不可涉大川”，六五以阴居阳五之尊，故“拂经”。以“经”表示常理，也表明卦爻辞已经建构出独立的论域。

这个独立的领域，主要以“身心政治”为取向。《马王堆帛书·要》曰：“幽赞而达乎数，明数而达乎德。”实际上，由幽赞明数而成卦，卦象提供了解释宇宙万物的框架，它本身并不“达乎德”，而只是为卦爻辞“达乎德”提供了逻辑可能。《要》所引孔子之言“吾求其德而已，吾与史巫同途而殊归者也”，主要是针对卦爻辞而言的。本来，卦爻象是底定吉凶结果的唯一依据，这跟甲骨卜辞以兆象为判断吉凶的唯一依据是一致的。但卦爻辞中的象辞不是记录具体贞问之事，而是突破卦爻象的客观前提性，揭示自然界和人类社会中的各种规律、强调主体人的积极作为与美德善行，从而将卦爻象的吉凶结果由“神明”意志的体现，转进为卦爻辞对真、善、美的追求。“神意”不仅是可以把握与认识的，也是可以通过主体人的积极作为而改变的。相应地，断辞也改变了龟卜“吉”“凶”“受佑”“不受佑”的非吉则凶的二分法，演化出吉凶结果的诸多复杂情况，尤其增加了诸如悔、吝、无咎等表达自我反省意义的词汇。由此，龟卜的视兆定吉凶，到了《易经》必须参考卦爻辞以“明吉凶”“辩吉凶”。而断辞与象辞都突出了“吉凶由人”的认识，尽人事可改天命，天命不再是恪遵的前提，而是可以超越的对象。人事具有卜筮性，卜筮性的“鬼谋”高悬从而启发忧患意识，居安亦须思危；卜筮具有人文性，基于理性分析的“人谋”，启迪主体人的德智参与从而积极作为，暌违困顿亦可转向光明。《左传》《国语》中出现了大量遇吉而凶、遇凶而吉的筮例，皆表明卦爻象的吉凶结果，作为神明意志的体现，不仅可以认识，也可以改变。这和《中庸》“诚者天之道，诚之者人之道”的明天道而尽人事的理念彼此促进，从而也重构了天人关系。《朱子语类》认为，《易经》“就占筮上发明诲人的道理”（卷六十六），其所提倡的“强勉、谦虚、有恒、和悦、节俭、不乱动妄行”等等德行，“用占筮的权威而以教训的语气道出，竭力使它们成为古代社会生活的原则。由此可见，卦爻辞表现出的理性认识内容大多有关修己、待人、处事等问题，属于社会实践理性”[1]。

另一方面，卦爻辞以文字符号为形式，具有更为直观的表达效果。作为前提的卦爻象只能“由辞而得”，由此导致“言理遗象”。当卦爻辞将“身心政治”的内涵增添到卦爻象的意义列表之中，抽象的卦爻象符号内涵反而幽隐不彰甚至被刻意忽略，即清人林迪光为潘思榘《周易浅释》所作《跋》指出：“爻无所不包，旧说一概讲入身心政治上去，遗却许多道理。”朱熹评价程氏《易传》亦曰：“今未晓得圣人作易之本意，便先要说道理，纵饶说得好，只是与《易》元不相干。”（《朱子语类》卷六十六）而易学研究的一个重要取向之一，就是摆脱“辞”的羁绊，回到“象”乃至“象”背后的“数”本身。

1 朱伯崑：《周易通释》，第13—14页。

第四章

《周易》的意义建构与易学简史的勾勒

《易经》文本经历了一个从数到象（卦爻象）到辞（卦爻辞）的生成过程，象由数起、辞因象生，数、象、辞之间的逻辑先在性呈递减之势。从数到象到辞，是从抽象规律推导出个别结论，也是以“应然”为原则建构“新意”从而逐步脱离各自前提性的过程。象源于数，但象生成了新的意义，辞之于象亦然。但另一方面，数由象显，象借辞明。历代易学研究即大致经历了由辞观象、因象见数的逆推过程。辞因象生，但象必须落实为辞，成为卦爻辞意义上的存在，辞作为结论异化为前提，成为推知卦爻象的前定陈述，它不是由论据必然地得出结论，而是由结论推导论据。象之于数亦然。这样，如何突破辞对于象、象对于数的羁绊，“找回”象被辞“玷污”的内涵以及数被象“玷污”的内涵，又成为易学研究的另一个取向。

第一节
《周易》的组成要素及其意义建构

《系辞上》："《易》有圣人之道四焉：以言者尚其辞，以动者尚其变，以制器者尚其象，以卜筮者尚其占。"这是从《易》之为用的角度，揭示《易经》包含辞、变、象、占四个组成要素。清倪涛《周易蛾术》又名《周易四尚》，于每卦中分"尚辞""尚变""尚象""尚占"四类，分别采录旧说而更加发明，即本《系辞》"圣人四道"而为说。但一般认为，"象、数、义、理"或"象、数、理、占"才是《周易》的组成要素[1]。这里，关于《易经》"要素"的认知包括三个不同的逻辑层次。一是作为能指的工具系统，包含数、象、辞；二是作为所指的意义系统，即义、理，可概称为"意"；三是作为应用系统的"以言者""以动者""以制器者"和"以卜筮者"，是数、象、辞及其背后的"意"在社会生活、人生实践中的具体运用。因此，《易经》中最基本的组成要素就是数、象、辞、意，前三者是表达工具，而"意"则是表达内容，正如朱伯崑指出："在《易经》中含有许多特定的观念——象、数、辞、义。这些观念只是隐藏在卦爻象和卦爻辞中，还没有形成范畴，但有助于我们认清和把握《易经》的整体思想脉络。"[2] 朱熹《朱子语类》"须识理、象、数、辞，四者未尝相离"（卷六十七），也将《易经》分析为理（即"意"）、象、数、辞四个要素。

1　张其成主编：《易学大辞典》，第 5、6 页。
2　朱伯崑：《周易通释》，第 74 页。

但《易经》文本由卦象、卦名、卦辞、爻题和爻辞构成。其中，爻题是对爻象的分析与指称，属于“象”的范畴，卦名、卦辞和爻辞则是文字意义上的“辞”。而无论是符号之“象”，还是文字之“辞”，都是表“意”的工具系统。所以，王弼《周易略例·明象》专就“意”“象”“言”三者之间的关系立说。当然，“象”起源于“数”，《易经》不言“数”但离不开“数”。由此构成数、象、辞与“意”的二分话语体系。没有独立存在的“意”，“意”只能通过数、象、辞而表达，《易经》是所指之“意”与能指之“数”“象”“辞”的内容与形式的统一。

数、象、辞从起源上讲，是逻辑递生关系，由数而象、因象而辞，前者是后者的有效约束。但从存在论的角度看，三者是不同的表意工具，各有规则，后者总是不断修改前者并增益前者所不具备的内容。由此导致数、象、辞所表达的“意”，既相同又相异。

一、卜筮是《周易》最初之“意”

《史记·龟策列传》曰：“蛮夷氐羌虽无君臣之序，亦有决疑之卜。或以金石，或以草木，国不同俗。”又曰：“自古圣王将建国受命，兴动事业，何尝不宝卜筮以助善！唐虞以上，不可记已。自三代之兴，各据祯祥。涂山之兆从而夏启世，飞燕之卜顺故殷兴，百谷之筮吉故周王。王者决定诸疑，参以卜筮，断以蓍龟，不易之道也。”司马迁的描述与考古发现的结论大体一致，“占卜并非始于商代，因为许多新石器时代晚期的遗址里都发现有卜骨，只是未刻文字罢了”[1]。但不同时代、地域与政权的具体占卜材料与占卜方法不尽相同，《史记·太史公自序》亦曰：“三王不同龟，四夷各异卜。”而龟卜与蓍占是其中最重要

1 陈炜湛：《甲骨文简论》，第 34 页。

的两种。

《荀子·王制》:“钻龟陈卦。”《韩非子·饰邪》:“凿龟数策。”钻龟成兆之卜,类似于运数成卦之筮。卜与筮是两种重要的决疑方法。卜用龟灼兆,视兆以决疑;筮用蓍运数以成卦,视卦以决疑。《论衡·卜筮》亦云:“俗信卜筮,谓卜者问天,筮者问地,蓍神龟灵,兆数报应,故舍人议而就卜筮,违可否而信吉凶。”西汉晚期的《七略》将图书分为六略(六大类),“数术略”居其一。数术略又分天文、历谱、五行、蓍龟、杂占、形法六种(六小类),其中的“蓍龟”,即蓍占与龟卜。但唐人颜师古注“数术”曰:“占卜之书。”说明蓍占与龟卜作为“数术”的两种方法,已经升格为“数术”的代称。《诗·卫风·氓》:“尔卜尔筮。”《左传·僖公四年》:“卜之,不吉;筮之,吉。”《尚书·洪范》:“择建立卜筮人,乃命卜筮。”又曰:“女则有大疑,谋及卜筮。”这些材料也将卜与筮对举,突出它们在整个“数术”体系中的重要地位。《史记》的《秦始皇本纪》和《李斯列传》“所不去者,医药、卜筮、种树之书”,也以卜和筮作为命相之书的泛称。而《汉志·杂占》曰:“杂占者,纪百事之象,候善恶之征……以考吉凶,盖参卜筮。”杂占乃“参卜筮”而来。作为两种主要算命方法,“龟卜决疑和揲蓍求卦毕竟分属两个文化系统,它们之间可能有相互融合的现象或时间上早出与晚出的分别,却无继承关系”[1]。

首先,原料不同。《礼记·曲礼上》曰:“龟为卜,策为筮。”龟甲灼兆而成卜,但卜用材料也包括兽骨,并不限于龟甲。距今6 100—4 600年的山东大汶口遗址中出现了人工制作的龟甲,距今3 800—3 500年的河南偃师二里头夏代遗址中则出现了龟甲和猪牛羊的肩胛骨。罗振玉指出:“凡卜祀者用龟,卜它事皆以骨。田猎则用胫骨,其用肩胛骨者,则疆理征伐之事为多。故殷墟所出,兽骨什九,龟甲什一而已。”[2]

1 朱伯崑:《周易通释》,第19页。
2 罗振玉:《殷墟书契考释》,北京:中华书局,2006年版,第314页。

再就占筮所用之“策”来说，可以是一般竹木棍，但主要是指蓍草。《说文·筮》：“易卦用蓍也。”蓍从草耆声，是一种多年生的草本植物，俗称蚰蜒草、锯齿草。《说文·蓍》曰：“蒿属，生千岁三百茎，《易》以为数。”《论衡·卜筮》亦曰：“夫蓍之为言耆也，龟之为言旧也，明狐疑之事，当问耆旧也。”以龟为卜，以蓍为筮，都取其年长历久“能尽知”之义。

其次，筮短龟长。“殷墟甲骨上刻筮数的材料仅见六片十一条……卜和筮不存在相互因袭关系，有时可以把它们各自占卜的结果互相参照……这些记有筮数的骨料均是卜用的甲骨，有的还兼记卜辞，反映了卜与筮的结合。”[1] 但周人普遍相信“筮短龟长”，《左传·僖公四年》：“筮短龟长，不如从长。”《注》云：“物生而后有象，象而后有滋，滋而后有数。龟象筮数，故象长数短。”《疏》云：“象者，物初生之形。数者，物滋息之状。凡物皆先有形象，乃有滋息，是数从象生也。”所谓“筮短龟长”首先是就时间上的先后而言，即龟卜以兆象为据，蓍筮以数字为据，而象先于数。但“筮短龟长”也隐含着龟卜在灵验性上优长于蓍筮的价值判定。

最后，“短筮”取代“长龟”。周人虽崇尚龟卜（长）但更多地运用占筮（短）。卜是将龟骨、兽骨钻孔、灼烤，根据形成的自然裂纹（兆象）推测所问之事的吉凶，故曰“龟，象也”。“卜”字的本义即是甲骨灼裂后形成的裂纹形状，灼裂甲骨这个操作行为或过程也可以称为卜。殷墟出土的甲骨文，就是龟卜的孑遗。灼龟所得的兆象是自然形成的裂纹，排除了人为因素，是反映“上帝”意志的“鬼谋”，符合最早的命相学本质。郑玄注《周礼》“三易之法”曰：“揲蓍变易之数，可占者也。”即根据蓍草数目（所谓“筮，数也”）的变化而生成一卦，再由该卦之象推测吉凶。《周礼·筮人》：“筮人掌三易以辨九筮之法。”

---

1 王宇信、杨升南：《甲骨学一百年》，第218、219页。

但“三易”只有《周易》存留，而“九筮之法”只有《易传》记载的大衍筮法存留。从中可见，《易经》承绪了龟卜的命相学本质，是一部典型的卜筮之书。《左传》《国语》记载了二十二个《易经》占筮实例；孔子、荀子强调“不占”，反证“占”才是《周易》的本质，即清李光地《周易通论》所云：“《易》之卜筮灼然无疑。”然而，《周易》赖以为占的一卦之“象”，来自由“人谋”设计的一整套运数法则。蓍占取代龟卜，不仅是原料上用植物性的蓍草取代动物性的甲骨，也是数理规则对自然兆纹的取代，本质上反映了吉凶变化之理的规律性与可知性。

因此，“卜与筮虽同为神道思想下的产物，但卜立足于神道思想之纯诚，而筮中则神权与人智参半，这是历史由神道演进到人道的自然趋势”[1]。王宇信亦指出：“早先的甲骨占卜是摆在客观事物主体和人的主观认识客体之间，人的直接观察对象不是客观事物本身，而是甲骨兆象变化，人只是凭其主观臆想对知觉表象进行感性猜测，还谈不上具有合乎逻辑的判断和抽象的思维；然而筮占内蕴数学逻辑推演，尽管仍束缚于传统鬼神崇拜的宗教意识，但其中毕竟蕴育着原始哲学思想上辩证法的运动与变的认识因素。”[2]

二、数、象、辞的工具性能指及其意义转向

《乾》初九“潜龙勿用”，孔颖达《正义》曰：“用蓍以求数，得数以定爻，累爻而成卦，因卦以生辞，则蓍为爻卦之本，爻卦为蓍之末。”蓍是数、象（爻、卦）、辞的前提，但数、象、辞作为不同的符号系统和能指工具具有不同的特点与性质，通过数、象、辞的工具转换，以“吉凶悔吝”的“神意”为最初内容的占筮，其所指之意也不断转换。

1　高怀民：《先秦易学史》，第 74 页。
2　王宇信、杨升南：《甲骨学一百年》，第 219 页。

（一）从蓍到数

《左传·僖公十五年》："龟，象也；筮，数也。"蓍草是出于运数成卦的需要而选用的计数工具。"当代研究表明所有易卦，不论是经文易卦、卦例还是实占易卦都来源于成卦法所得的筮数及作《易》者对于筮数的安排……《周易》阴阳爻画来源于数字一（七）、八两个数字"，"筮数的产生及其出现频率，其实只与成卦法有关"[1]。因此，卦虽然以"象"（卦爻符号）的面貌出现，但其前提和基础是"数"。"《周易》以一定数目的蓍草占筮，又以数和数的变化决定画卦，因而很重视数"[2]，"数"后来也成为命运的代称，实际上继承了"蓍"的神圣性。

但"数"自具理则。其中，"用蓍以求数"的大衍筮法以生成2^6为目的论导向"定爻""成卦"，其所涉数理主要包括：第一，实际使用的数字以1—10十个正整数为对象，它们的总和为55，舍6不用而得49，舍1不用而得48；第二，揲四、归奇，运用"同余式"原理把多余之数淘汰而得6、7、8、9"四象数"；第三，将"四象数"根据奇偶原则合并为"一（七）、八两个数字"并进一步抽象为"两仪"爻象；第四，累六爻而成一卦。而加一倍法以"两仪"为底数，通过三次"加倍"形成八卦（2^3），再由八卦加倍而成六十四卦（8^2）。在8^2中，底数8来自二项式的3次展开，即从2^0（太极）一次展开为2^1（两仪）、二次展开为2^2（四象）、三次展开为2^3（八卦）。因此，"二项式"就是大衍筮法2^6中的底数2，也就是"两仪"爻象。8^2中的指数2强调八项式的二次展开，即由八卦（8）两两重叠生成$8^2=64$的六十四卦体系。

（二）从数到象

依数运蓍成卦，数是象的前提，象是数的显现。《系辞上》："极数

---

1 丁四新：《数字卦研究的阶段、贡献及其终结》，《周易研究》2018年第5期。
2 朱伯崑：《周易通释》，第150页。

知来之谓占。"从穷极蓍策之数到占问来事吉凶，中间还有一个卦爻象环节。所以，《系辞上》曰："蓍之德圆而神，卦之德方以知，六爻之义易以贡……神以知来，知以藏往。"又曰："参伍以变，错综其数。通其变，遂成天下之文；极其数，遂定天下之象。非天下之至变，其孰能与于此?""数"必须转化为"象"才能据以问卜，实现占筮目标。而卦爻象具有符号性与体系性的特点，象征不同的事物及其结构关系。

1. 个体的别卦卦象

别卦是8^2或2^6六十四卦体系中的个别性存在，具有唯一性和排他性，与其他六十三卦存在明确的区别。卦象上的个别性，也是各卦之名、之义乃至卦爻辞不同于其他六十三卦的逻辑前提。而每一卦都具有卦象观念、物象象征与卦象义例，超越了"数"的内涵。

第一，卦象观念。

《系辞》"太极生两仪，两仪生四象，四象生八卦""八卦重为六十四卦"，《说卦》"兼三才而两之，故易六画而成卦"，意味着每一个别卦都包括太极、阴阳、四象以及三才等观念，因而具有重叠性。如《需》上六"入于穴，有不速之客三人来，敬之，终吉"，《正义》曰："且《需》之一卦，须待难通，其于六爻，皆假他物之象以明人事，待通而亨，须待之义。且凡人万事，或有去难远近，须出须处，法此六爻，即万事尽矣，不可皆以人事曲细比之。《易》之诸爻之例，并皆放此。"孔颖达强调"《易》之诸爻之例，并皆放此"正揭示了六十四卦具有重叠性，一卦一天地，具有共通的象征内涵。其中，源自2^0的太极概念使得每一卦都具有"太极"意义上的本体论依托，成为描述世界多样性统一的范畴。由2^1构成的两种符号⚊与⚋构成了卦象的基础，表征阴阳对立统一规律，并成为描述世界对立统一关系的范畴。朱熹《朱子语类》卷六十五曰："易只是一阴一阳。"《朱子语类·读易纲领》又曰："天地之间，无往而非阴阳，一动一静，一语一默，皆是阴阳之理。"阴阳作为天地万物流行变易的本质，就体现在"一阴一阳"的每一卦之中。《说卦》“兼三才而两之”则强调每一个别卦都包括三才观，涵盖天地人三才之理与阴阳变化之道。

第二，物象象征。

每一个别卦都由上下两个经卦构成，而八个经卦“象也者，像此者”，都是物象象征上的存在。其中，《说卦》第三章“天地定位，山泽通气，雷风相薄，水火不相射”底定的《乾》为天、《坤》为地、《震》为雷、《巽》为风、《艮》为山、《兑》为泽、《坎》为水、《离》为火的八种初象，以及第七章“乾，健也。坤，顺也。震，动也。巽，入也。坎，陷也。离，丽也。艮，止也。兑，说也”底定的卦义，是八卦最基本的象征。《说卦》“观变于阴阳而立卦”，《韩康伯注》曰：“卦，象也。蓍，数也。卦则雷风相薄，山泽通气，拟象阴阳变化之体。蓍则错综天地参两之数，蓍极数以定象，卦备象以尽数。”八卦重在取象，实际上是将“数”转换成了“象”，但取象的内容为“数”所不备。

第三，卦象义例。

别卦作为一个独立的单元，存在若干基于结构分析而来的“义例”。诸如，别卦分上下两个经卦，两卦存在相关爻的同位、对应、中位等关系。大衍筮法“十有八变而成卦”的数学隐含是 2^6，但别卦则超越了数学上的 2^6，包含了爻位、爻性、主爻、乘承比等诸爻关系，每卦六爻又由初而上，表征事物发展、变化，具有王弼《周易略例·明卦适变通爻》所谓“爻者，适时之变者也”的内涵。因此，每一卦中的爻象与卦象都是部分与全体的关系，形成了包含具体所指的“尽精微”的符号话语，具有极深研几的深刻性。《系辞上》：“夫《易》，圣人之所以极深而研几也。唯深也，故能通天下之志；唯几也，故能成天下之务。”又曰：“极天下之赜者存乎卦。”观卦可以穷极天下之赜，察爻可以穷极天下之变。

2. 卦与卦之间的关系

由 8^2 或 2^6 构成的六十四卦是完整的符号体系，每一卦都不是独立的存在，而是各种语境关系存在。

首先，作为卦爻象基础的“两类”符号⚊与⚋，来自六七八九“四象数”，八为少阴、七为少阳，皆不变。六为老阴，必须变为阳；九为老阳，必须变为阴。因此，阴阳皆分为变与不变两种情形。不变，强调阴阳的相对恒定。变，反映阴阳的程度及其运动性质。六八为阴，这是不变，但两者不同，这是不变中的变。七九亦然。爻是成卦的基础，而爻是变化的，爻变又生成了卦象可变的观念。筮得一卦为本卦，通过九六爻变而成“之卦”，然后合参本卦、之卦以占断吉凶。同样基于爻变，还产生了变卦的观念，其极致是“一卦可变为六十四卦，即一爻变者六卦，二爻变者十五卦，三爻变者二十卦，四爻变者十五卦，五爻变者六卦，六爻皆变者一卦，合六爻皆不变之本卦，共六十四卦。西汉焦延寿《易林》，即以此变占排列，唯焦氏采《周易》次序从《乾》卦始，分别与六十四卦配合之方式”[1]。

其次，根据卦象的结构特点可以排列出各种组合类型，如“二二相耦，非覆即变”的成对两卦、四正卦、四隅卦、八宫卦、十二消息卦、二十四方位卦等。并且，每一卦都是六十四卦整体背景下的存在，必须从六十四卦“语言”系统的高度，认知具体一卦之“言语”。据《周礼》，龟占也有类型划分，但玉兆、瓦兆、原兆三大类别及其细分，并不能构建出周延的体系。每一次灼龟所得也只能获得唯一性的兆纹，即使两个兆纹之间具有高度的相似性，它们之间仍然存在差异。而卦爻象有且仅有 2^6 或 8^2 六十四个符号，是一个完满的逻辑结构，能够法象皆尽，范围天地人事。《系辞上》：“《易》与天地准，故能弥纶天地之道……与天地相似，故不违。知周乎万物，而道济天下，故不过……范围天地之化而不过，曲成万物而不遗。”又曰：“夫《易》，开物成务，冒天下之道。”《系辞下》亦曰：“其道甚大，百物不废。”六十四卦体

1　高怀民:《先秦易学史》，第 105 页。

系涵盖了自然万物和人类社会的各个方面，具有超越单个别卦的整体意义。如今本卦序从《乾》《坤》到《既济》《未济》的结构化及其“相次之义”，“共同贯串会通而成作者对自然、社会、人生在运动变化中发展规律的基本认识，并反映着颇为丰富的哲学意义”[1]。

总之，卦爻象将“数”转换为太极、阴阳等一系列观念，并在物象的意义上，既仰观俯察、近取远取以归纳自然物象，又“通神明之德”回应卜筮问题，还要“类万物之情”回应关于世界的一般认知。而卦象义例在微观上“尽精微”，可以分析到具体一爻的位置、性质；六十四卦则在宏观上“致广大”，建构出周延的逻辑体系。王弼《周易略例·论爻》：“爻者何也？言乎其变者也。变者何也？情伪之所为也。夫情伪之动，非数之所求也。”作为从蓍到占的中介，卦爻象并不是忠实地反映蓍策之数，而是基于“象”的自身特点，将“圆而神”的蓍数转进为“方以知”的表达，构建出“非数之所求”的新“秩序”与新思想，“卦爻象效法自然的特质使得它的系统变化法则与天地的变化法则一致”[2]，旨在“明吉凶”的“神意”也上升到了“易道”的高度。

（三）从象到辞

《系辞上》曰：“辩吉凶者存乎辞……是故卦有小大，辞有险易。辞也者，各指其所之……系辞焉以断其吉凶。”卦爻象是卦爻辞的基础，但卦爻象的吉凶之意必须通过卦爻辞呈现。卦爻象作为符号体系具有抽象性、结构化和体系性的特点，而卦爻辞作为文字表达，是具体的、碎片化的和非体系性的，卦爻辞并不是“忠实地”理性转译卦爻象，而是用比喻的方式“合情性”地揭示卦爻象的可能意蕴。因此，卦爻辞不能全面揭示卦爻象的完整内涵，而只是通过对卦爻象内涵的刻意突出和方向性强调，将其落实到人伦层面，生成具体而确切的意指。

1 黄寿祺、张善文：《周易译注》，第 19 页。
2 朱伯崑：《周易通释》，第 157 页。

第一，将兼及天人的象数体系落实到社会人伦领域。

“圣人设卦观象，系辞焉而明吉凶”。卦爻辞大量充斥着吉凶悔吝的断占之辞，直接回应卜筮之本旨。但《易经》中的“利建侯”“利用刑人”“开国承家”等，表明卦爻辞的“所之”主要是将卦爻象所建构的“天地法则”转向社会政治人伦领域。而基于“身心政治”的前定性，卦爻辞在以具象文字解释抽象的卦爻象时，也突出了卦爻象中有助于发挥“身心政治”的诸如阴阳、中正、相应等结构与内涵，从而完成了卦爻象的认知转向。如“一阴一阳”作为卦爻象的结构基础，在卦爻辞中发展出夫妇、君臣和谐的思想，以及守谦戒亢的认知，“阴阳所以示人民立身之表率也”[1]，从而将卦爻象的抽象之“理”具体化，限定了卦爻象的抽象意义及其可能义蕴。抽象逻辑和自然规律不再具有自足性，主体人介入了卦爻法则的制定之中。如《需》乾下坎上，其卦象有无穷的所指，但《需》卦辞曰：“有孚，光亨。贞吉，利涉大川。”即将卦象上的抽象所指限定在“需待”的人事范畴，并强调唯有敬慎待时，方得卦辞所言“亨”“吉”“利涉大川”之结果，人事的生活经验和道德要求，成为卦爻辞的重要内容。

第二，将象数体系转进为主体认知与理解。

龟占旨在贞问当下具体之事的吉凶。卜辞就是当下事件的真实记录，它不能回应他事之吉凶——贞问另一事，需要重新灼龟成兆——尽管，该过程非常烦琐。而《易经》六十四卦是一个周延的符号体系，每一次占筮，只能获得六十四卦中的一卦，因而具有重复性，能够应对不同事件的重复贞问。《系辞下》所谓“彰往而察来”，即根据往事类推来事。如筮得《乾》初九“潜龙勿用”，为彰往；据以推断占问之事，为察来。“潜龙勿用”既反映卜筮性，也作为符号暗示与“潜龙勿用”相关的一切人事作为。而当下贞问之事又是具体的，可以是战争、疾

1　刘师培：《经学教科书》（第二册），第8页。

病、仕途、祭祀、天气等现实中的任何问题，卦爻辞的“彰往”必须结合当下语境以“察来”，这就需要超越《墨经》“异类不比”的类推原则，形成不同的主体之“我”与《易经》的关系。卦爻辞中的“人”，大致包括君王、侯、大人（丈人）、武人、幽人、职官、妇女、小人、大夫、小子，不仅意味着卦爻辞已经下落民间而非龟占仅为王室所独有，更意味着集体性之“人”向当下、具体的个体之“人”的转向。因此，卦爻辞具有强烈的主体在场感和参与性，本质上是一个现实之人究竟如何思想和作为的实践问题。主体人的认知能力、道德境界、情感把握、心理取向都成为影响吉凶的因素，“吉凶由天”遂转变为“吉凶由人”。正是在这一意义上，清儒江永《河洛精蕴》指出：“占法有随卜人之解说而应，不必依其本义也。词凶而卜人善为隐之，如得《离》之九四，但曰‘突如其来’，‘如’谓目前即有吉事，果以吉应也。《易》固有此理，吉凶应以机……凡卜筮有应者，亦即撞戏之理也。吉凶虚象，岂不在人之解说哉？”

因此，由象而辞的符号转换，既从“天”的高度探究“人”的应然存在方式，又从“人”的角度分析“天”的实然本质。而“人”主要以儒家伦理为内容，这一先入为主的观念，又反过来限定了“天”的本质。

三、数、象、辞的意义丢失

在发生学上，一定之数得出一定之象，一定之象生发一定之辞。卦爻象隐含“数”的规律及其背后的观念，卦爻辞包含卦爻象的规律及其背后的观念，古人所谓“象辞相应”“四圣同揆”或“四圣一贯”，即强调数、象、辞作为能指，具有一致的所指之“意”。朱熹《周易本义·序》：“六十四卦、三百八十四爻，皆所以顺性命之理，尽变化之道也。散之在理，则有万殊；统之在道，则无二致。”但数、象、辞是不同的能指系统，从数到象到辞的工具转换，不仅意味着“所之”内容的转向，也意味着象之于数、辞之于象，都只是表达了其可表达的部分，而舍弃了其不可表达的内容。《庄子·秋水》：“可以言论者，物之粗也；可以意致者，物之精也；言之所不能论、意之所不能察致者，不期粗精焉。”王夫之亦曰：“书，谓文字；言，口所言。言有抑扬轻重之节，在声与气之间，而文字不能别之。言可以著其当然，而不能曲尽其所以然；能传其所知，而不能传其所觉。”[1] 王夫之对书（文字）与言（语言）的分析，有助于启发对数、象、辞异同的认知。数、象、辞的符号转换，也存在“不能别之”“不能曲尽其所以然”“不能传其所觉”的问题。因而，从卦爻辞不能反向推导出作为前提的卦爻象的全部内涵，从卦爻象亦不能反向推导出作为前提的“数”之全部内涵。

（一）象之于数

数学属于形式科学。牛与笔不同，但两头牛与两支笔在量度上具有等值性，表明“数”主要是指事物在量度上的抽象关系。数本身具有理则性，从类型上可以分为整数、小数、分数，有理数、无理数，正数、负数，奇数、偶数，合数和质数等；从数值关系上可以进行大小比较和排序；数可以进行运算，加减、乘除和乘方开方是最简单的三级运算；以正整数为定义域的函数可以排列出有规律的数列等等。正如清儒刘元龙《先天易贯》指出：“数至博而不可纪。”卦爻象以数为前提，但无论是2^6还是8^2，都是基于目的论导向的一整套程序化设计，因而只选择了有限的数理规律，主要体现为：

一是阴阳之数，分别用九和六表示，但九与六又来自六七八九“四象数”以奇偶为原则的简并。当九和六符号化为⚊与⚋，又超越了“数”的奇偶，具有了阴阳对立统一的内涵。

1 王夫之：《周易内传》（卷五下），《船山全书》（第一册），长沙：岳麓书社，1996年版，第566页。

二是爻位之数，一卦六爻从下到上分别为初爻、二爻、三爻、四爻、五爻、上爻，但爻位主要转向事物发展过程、社会人伦等级方面的表达。

三是“大衍之数”与加一倍法中因数而生的观念，主要包括太极、两仪、三才、四象以及天地之数等。这些“数”正像其“太极”“阴阳”等称谓一样，主要是观念化的而不是数值意义上的。

总之，卦爻象将“数”转换成了观念表达，并现实地改变了“数”的结构与义项。卦爻象只是选择性地以1—10十个正整数为质料，只涉及加减、乘除、乘方开方三级运算等等，表明卦爻象只体现了有限的“数”及其数学观念，而忽略或隐匿了“数”的其他意义。例如，刘师培《经学教科书》第二册第二十三课论易学与数学之关系，其曰：“爻之分阴阳，犹代数之分正数、负数也。”又曰：《易经》“有言乘除各法者：如《说卦》言‘参天两地而倚数’。凡数学以一乘一、以一除一皆不可变，故必起于参两。参两者，乘除各法之所生也。”[1] 显然，刘师培关于“数之分正负”“有言乘除各法者”的论述都很勉强，反证卦爻符号主要以“象”的形式存在，没有也不可能揭示“数”的所有义蕴。同样，中国古代所出现的各种卦序都是观念化的序列结构，而不是基于抽象数值的大小比较，如孟喜卦气说和邵雍先天六十四卦卦序都是以气候物象中“阴阳二气”的现实情况为依据的排列结果，表明卦爻象符号并不能反映数值上的向量（矢量）递增或递减关系。

（二）辞之于象

卦爻象作为符号，其意义是多元的，文字性的卦爻辞不能穷尽卦爻象所指。

首先，卦名确立卦爻辞的论述语境，即通过典型命题的方式将卦爻

1 刘师培:《经学教科书》（第二册），第36—37页。

象符号的抽象内涵具体化，以提供一个得到充分限制的类比场域，凸显卦象符号多歧性意义中的某个/些内涵，使卦爻象成为卦爻辞意义上的具体存在。

其次，卦爻象背后的“数”的概念已经消失殆尽。即便是源自数字奇偶的两种爻象，也已经刚柔化、阴阳化，成为观念重于数学的符号。同样，六爻也从事物生长、发展的观念上展开，爻位（如二、五）主要从“中位”等角度理解。

再次，卦爻象从具体象征（如“乾为马”），到性质象征（如“乾健也”），再到结构象征，呈现出卦爻象自身的结构规律。但卦爻辞主要以具体一卦为中心，不仅没有充分考虑六十四卦的总体结构规则，一卦内部六爻的诸种关系亦未充分顾及。

综上，因数而象、由象而辞的生成论是一个从抽象到具体的演绎过程。从数到象到辞，一方面意味着卦爻辞忽略或隐匿了卦爻象的部分内涵，卦爻象忽略或隐匿了“数”的部分内涵，从辞到象、从象到数的反推必然导致象、数意义的丢失。另一方面也意味着象相对于数、辞相对于象具有各自的“所之”，建构出作为象之前提的数、作为辞之前提的象所不具备的内容，从而建构出基于自身符号特点的意义。

四、数、象、辞的意义建构

与一般文献主要诉诸文字表达不同，《易经》通过卦爻象和卦爻辞共同表达思想认知，它是图像与文字的统一。而作为图像的卦爻象又包括“数”的内涵。

《系辞下》：“昔者圣人之作《易》也，幽赞于神明而生蓍。”神明之蓍通过运数而“设卦观象”，将数转换为象；再“系辞焉而明吉凶”（《系辞上》），通过卦爻辞而将蓍之“神”揭示出来。从“人更三圣”或“四圣”的角度看，从数到象到辞是一个不断编码与解码的过程。数是对神蓍之“意”的编码，即将“神意”的吉凶悔吝通过数表达出来。象是对数的解码，即将数落实为象，通过卦爻象揭示数的内涵；而象数又作为编码，成为辞的解码对象，即通过卦爻辞揭示象数的内涵。由此形成多重编码与解码交织，在语义互动中互换角色从而形成《易经》文本。然而，数、象、辞是由不同的能指符号形成的不同概念场，数、象、辞之间的转换是类比关系而不是严格的逻辑推导，三者之间并不一一对应。

第一，解码以澄清始源编码的复杂性和歧义性为职志，但不能完全映射各自始源编码的完整结构与内涵。例如，数作为始源，只有少量的份额被象所共享，如“数”的纯粹自然数值的大小比较在卦爻象上就没有得到反映。因此，由象反向推导数，只能获得数的有限结构与内涵。由辞反推象，亦只能得到象的有限结构与内涵。

第二，解码作为一种结论，也是一种导向，并根据自身的符号特点而改变始源符号的表意取向，修改、省略、忽视始源编码的一些特征，又激活、突出、放大另一些特征。例如，卦爻辞以“身心政治”为取向，实际上限定了“范围天地”的卦爻象的意义所指。同样，象来源于数，但卦爻象只突出了大衍筮法与加一倍法中所涉的数理。

第三，解码不断增添始源编码所不包括的“新意”。例如，八卦取象并不为作为卦爻象始源的“数”所具备。两仪爻画所表征的阴阳对立统一观，也超出了“数”之奇偶的范畴。

《朱子语类》指出：“《易》所以难读者，盖《易》本是卜筮之书，今却要就卜筮中推出讲学之道，故成两节工夫。”（卷六十六）《易经》的内容包括作为“初意”的卜筮与由此引申而来的“讲学之道”两大部分。“卜筮”是数、象、辞的共享命题，但三者作为不同的工具系统又都参与了讲学之道的“推出”。三者“推出”的具体内容不尽相同，但以卜筮为起点的重构“新意义”则是一致的取向，数、象、辞都作为“有意味的形式”不断突破各自的前提必然性从而生成“新意”，具有从“是什么”的卜筮到“应该是什么”的“讲学之道”的明确指向。

第二节
《易》学史的本质及其意义建构

数、象、辞递相生成，决定了三者之“意”密切相关。但数、象、辞又是各具特点的不同表达系统。随着三者符号系统的转换，象突破了数的前提必然性，生发出“新意”并遮蔽了数的部分内涵，辞之于象亦然。由此，符号自身参与了意义的建构，并形成了对“意”的三重编码，“意”被不断修正与重构，导致辞、象、数三者之“意”渐行渐远。整个易学史主要围绕数、象、辞的“表意”关系而展开，并形成了双向可逆的过程。一方面，遵循《易经》文本的生成路径，从发生论上分析数之于象、象之于辞的前提性，努力揭示卦爻辞的卦爻象依据、卦爻象的数理依据。另一方面，从存在论上强调辞之于象、象之于数的前提性突破，致力于对那些被辞遮蔽的象、被象遮蔽的数理内容的找回。

一、易学史的展开

在《易经》文本的生成序列中，“数”具有逻辑先在性。但“数”隐身于卦爻象而幽隐不彰，《易经》虽用数但不见“数”。同样，卦爻象以明确的符号性形式存在，但“无思无为”，不具言告功能。而卦爻辞虽然处于数、象、辞发生序列的殿末，但作为文字工具的卦爻辞比象数更能表达确切的信息。现实中，人们更习惯于借助于文字立言明理或载事纪实。因此，数、象、辞的可识别度是递增的，《易经》之“意”

首先并主要反映在卦爻辞上，对卦爻象及其背后“数”的认知必须得到卦爻辞的确认，卦爻辞作为象数的结果，遂异化为前提，并形成了对象数的反向约束。《四库总目》经部易类序曰：

> 《左传》所记诸占，盖犹太卜之遗法。汉儒言象数，去古未远也。一变而为京、焦，入于禨祥，再变而为陈、邵，务穷造化，《易》遂不切于民用。王弼尽黜象数，说以老庄。一变而胡瑗、程子，始阐明儒理，再变而李光、杨万里，又参证史事，《易》遂日启其论端。此两派六宗，已互相攻驳。

四库馆臣将18世纪之前的易学史概括为两派六宗，象数派包括占卜宗、禨祥宗、造化宗；义理派包括老庄宗、儒理宗、史事宗。两派六宗的本质是对数、象、辞三个能指要素“表意”关系的不同理解。在易学史上，王弼是义理学的奠基人，也是整个易学史上处于转捩地位的关键人物。《朱子语类》也指出：“《易》本卜筮之书，后人以为止于卜筮。至王弼用老庄解，后人便只以为理，而不以为卜筮，亦非。”（卷六十六）兹以王弼为视角，切入对易学史的考察。王弼《周易略例·明象》曰：

> 夫象者，出意者也。言者，明象者也。尽意莫若象，尽象莫若言。言生于象，故可寻言以观象。象生于意，故可寻象以观意。意以象尽，象以言著。
>
> 故言者所以明象，得象而忘言。象者所以存意，得意而忘象。犹蹄者所以在兔，得兔而忘蹄；筌者所以在鱼，得鱼而忘筌也。然则，言者，象之蹄也；象者，意之筌也。是故存言者，非得象者也；存象者，非得意者也。象生于意而存象焉，则所存者乃非其象也。言生于象而存言焉，则所存者乃非其言也。然则，忘象者，乃

得意者也；忘言者，乃得象者也。得意在忘象，得象在忘言。故立象以尽意，而象可忘也。重画以尽情，而画可忘也。

立象所以表出其意。作其言者，显明其象。若乾能变化，龙是变物，欲明乾象，假龙以明乾。欲明龙者，假言以象龙。龙则象之意也。象以表意，言以尽象。“若言”能生龙，“寻言”可以观龙。乾能明意，寻乾以观其意。意之尽也，象以尽之；象之著也，言以著之。既得龙象，其言可忘；既得乾意，其龙可舍。蹄以喻言，兔以喻象，存蹄得兔，“得兔”“忘蹄”。求鱼在筌，“得鱼”弃筌。蹄以喻言，筌以比象。未得象者“存言”，言则非象；未得意者“存象”，象则非意。所存者在意也。所存者在象也。“忘象”“得意”，“忘言”“得象”。弃执而后得之。“尽意”可遗象，“尽情”可遗画。若尽和同之意，忘其天火之象，得同志之心，拔茅之画尽可弃也。

是故触类可为其象，合义可为其征。义苟在健，何必马乎？类苟在顺，何必牛乎？爻苟合顺，何必坤乃为牛？义苟应健，何必乾乃为马？而或者定马于乾，案文责卦，有马无乾，则伪说滋漫，难可纪矣。互体不足，遂及卦变，变又不足，推致五行。一失其原，巧愈弥甚。纵复或值，而义无所取。盖存象忘意之由也。忘象以求其意，义斯见矣。

（一）王弼对意、象、辞关系的重新界定

《易经》卦爻象与卦爻辞往往不相对应。如《说卦》第八章“乾为马，坤为牛”，但《乾》屡称“龙”而不称“马”，《坤》卦卦辞“利牝马之贞”中有“马”却没有“牛”。《明夷》卦中无《乾》，而六二“明夷，夷于左股，用拯马壮，吉”中有“马”。《遁》卦中无《坤》，但六二“执之用黄牛之革，莫之胜说”中有“牛”。为了解决象辞不应

的问题，马融、郑玄、荀爽、虞翻等汉代象数学家主要从重新理解卦爻象入手，创发卦变、爻变、爻辰诸说，以使其与卦爻辞相应。卦爻辞中遇到“马”一定要在卦象上找出《乾》卦，遇到“牛”一定要在卦象上找出《坤》卦，于是“互体不足，遂及卦变，变又不足，推致五行”，如此“案文责卦”以致“伪说滋漫”。这里的互体、卦变、五行，都是通过重建卦爻象规则，以使象辞相应。但重建卦爻象规则的弊端也十分明显，正如尚秉和指出，“夫一卦可变为六十四卦，于象所不知，语所不解者，若尽以卦变当之，尚何求而不得”[1]。

王弼亦以象辞相应为归宿，但主要从重新理解卦爻辞入手。他首先区别了八卦卦义与一般取象。所谓卦义也称卦德，即孔颖达所谓“八卦名训”，具体是指《说卦》第七章：“乾，健也。坤，顺也。震，动也。巽，入也。坎，陷也。离，丽也。艮，止也。兑，说也。”卦义用“也”字作性质判断，具有普遍意义。而一般取象用“为”字作关联判断，表达个别意义，如《说卦》第八章“乾为马，坤为牛”、第九章“乾为首，坤为腹”、第十一章“乾为天，为圜”“坤为地，为母”等等。“触类可为其象，合义可为其征”，“其象”是触逢事类而形成的一般取象，反映外延特征。“合义”之“义”即卦义，是事物的内涵特征。如“乾，健也”是“合义”之卦义，它是“乾为马”“乾为首”“乾为天”等“触类”的一般取象的共同特征，应该用一卦的卦义统摄该类义项下的所有个别物象，即乾之为马、为首、为天等等都是表达“乾健”的，这是“合义可为其征（征验）”。如果执定马、首、天之“象”，必然遗失其“健”之意，就像空守筌蹄而失鱼兔一样。“象生于意”，即先有“健”“顺”之意，然后才有《乾》《坤》之卦象，并反映到“马”“牛”等个别取象的卦爻辞中。清程廷祚《大易择言》但以《说卦》健、顺、动、入、陷、丽、止、说八义阐明爻象，正是承王弼

1　尚秉和著、常秉义点校：《易说评议》，第20页。

而来。

王弼认为，虽然“意”是“象”的前提，但“尽意莫若象”“意以象尽”，“象”是“尽意”的有效工具，能够忠实反映“意”之所指。同样，象是“言”的基础，但“尽象莫若言”“象以言著”，“言”是“观象”的有效工具，能够忠实反映“象”的内涵。显然，王弼“扫象”的对象是东汉易学，其主旨有二：一是超越“马牛”之类的具体取象而上升到“健顺”之“意”的高度。二是从“健顺”之“意”的抽象高度，追求象辞相应，而弃置互体、卦变、五行等“义例”。

（二）王弼的主要不足

第一，《易经》的核心要素是数、象、辞、意，王弼认为“象生于意”，以“意”为《易经》的前提，而该“意”专就卦义（内涵特征）立论，实际上没有认识到“象由数起”，数才是象的前提，卦爻象所“出”之“意”应该是数理，而不是取象视角上的卦义。

第二，王弼以卦义上的“健顺”为象之所从出的“意”，但“健顺”之卦义，是从“天地雷山风泽水火”的“初象”而来，“初象”虽然比卦义更具体，但比卦义更根本。在《说卦》中，卦义主要是由初象而来，《象传》尤其《大象传》也主要以八卦初象揭示一卦大意。

第三，王弼认为，“象”存在的唯一理由是“表出其意”，象作为表意工具，不能自出主张建构独立的意义。同样，“言者，明象者也”，卦爻辞是为“明象”服务的，“明象”也是卦爻辞存在的唯一理由，卦爻辞不能建构或生成独立的意义。然而，卦爻象是一套抽象的符号系统，既不能完全反映“数”的内涵，其自身所携带的意义也不能完全反映在文字性的卦爻辞中。因此，“尽意莫若象”是不成立的，“意”不能“以象尽”。同样，“尽象莫若言”也是不成立的，“象”并不能

“以言著”。由“言生于象”不能推导出“故可寻言以观象”，由“象生于意”也不能推导出“故可寻象以观意”。

第四，象之于数、辞之于象都叠加了自身的“新意”，在“合义”的一卦之“意”是一卦全部本质的前提下，“得意忘象”是有道理的，象作为“意之筌”也是可以摒弃的。但象作为“出意”的工具，与“意”之内涵存在能指与所指的距离，作为工具的“象”建构了“新意”，“忘象求义”必致舍弃“象”自身建构的新意。“数”与卦爻象的关系亦然。

第五，互体、卦变、五行作为卦象的义例，与一卦“卦义”及一般取象不在同一个逻辑层次。王弼基于象辞相应的考虑而重构一卦“卦义”与一般取象的关系，并以此为基础质疑互体等义例，否认了卦爻辞之于卦爻象、卦爻象之于数的相对独立性。

第六，王弼用抽象的卦义统摄具体取象，其“得象忘言”是“忘”具体取象；“得意忘象”是“忘”不能满足其玄学义理要求的义例。经过这两层之“忘”，卦爻辞“应心”而不待“形见”，不再接受卦爻象规则的检验。由此，可以将主观前见纳入《易经》之中，这是易学走向虚玄之路的根本原因。具体到王弼自己，他把以“归根曰静”为思想、以“筌蹄观”为路径的老庄学说纳入《易经》，正与其两层之“忘”相鼓桴，而这也是他饱受批判的主要原因。

二、象数派

象数派主要是对“象”及其背后“数”的研究，从《总目》所分“三宗”来看，占卜宗通过重新界定“象”以使之与“辞”相应。造化宗专志研究“象”，不以回应“辞”为目标，并强调对“象”的理解必须回归其“数”的源头。禨祥宗介于两者之间，实为从占卜宗到造化宗的过渡。

（一）占卜宗

作为最早产生的易学宗派，占卜宗主要从“象”出发，通过取象的增益与义例的创发，以曲求“象辞相应”。

如上所述，王弼直接批评的象数学包括两层内容：一是增益八卦的具体取象，如虞翻所取之象多达三百多种，其中《乾》卦取象有六十多种，《坤》卦取象有八十三种。二是创发互体、卦变、五行乃至半象说、两象易等“义例”。这些“义例”主要确立一卦变为他卦的方法论原则，以回应卦爻辞的具体取象。如通过卦变、互体等义例，在《遁》六二、《坤》中“找出”《乾》卦，以回应两者卦爻辞中出现的“马”。又如，郑玄“爻辰说”将六十四卦的六爻配以地支、十二时辰、十二音律、十二次星象，其说本于《易纬·乾凿度》，载于《周礼·大师》注。清惠栋《易汉学》据郑玄《周礼·太师》注作有《十二月爻辰图》，据郑玄《月令》注作有《爻辰所值二十八宿图》。《周礼注疏》引郑玄曰：“黄钟在子，一阳爻生，为初九，林钟在未，二阴爻生，得为初六者，以阴故，退位在未，故曰乾贞于十一月子，坤贞于六月未也。”即以《乾》《坤》十二爻辰为依据，其他各卦的爻辰，逢九从《乾》爻所值，逢六从《坤》爻所值，如《坎》上六在巳、《泰》六五在卯、《中孚》六四在丑。爻辰说的本质也是为了合理解释象辞关系，如释《泰》卦六五“归妹，以祉元吉”云：“五爻辰在卯，春为阳中，万物以生。生育者，嫁娶之贵。仲春之月，嫁娶男女之礼，福禄大吉。”

占卜宗主要通过增益取象与取象规则，揭示卦爻象结构中的各种可能函数，从而搜索和拓展卦爻象的所指，实际上是通过重新解读“象”单向度地要求其与“辞”相应。其本质是通过改变从卦爻象到卦爻辞的演算规则，回应卦爻辞的确切内涵：卦爻辞结论的可靠性只能由卦爻象前提提供，一个卦爻辞陈述具有认知意义当且仅当它是通过有认知意义的卦爻象前提合理推导而来。

（二）禨祥宗

禨祥宗以西汉孟喜、京房、焦延寿为代表，重视对“象”本身的规律性研究，而不以解释“辞”为主要目标。

《易纬稽览图》称卦气起《中孚》，以《坎》《离》《震》《兑》为四正卦，其余六十卦主六日七分。又以自《复》至《坤》十二卦为消息，其余五十二卦主公卿大夫，候风雨寒温以为徵应，盖即孟喜卦气说所从出。今见卦气说主要保存在唐僧一行的《卦议》中，《卦议》见著于《新唐书》卷二十七上，其引孟喜曰：“自冬至初，《中孚》用事，一月之策，九六、七八，是为三十。而卦以地六，候以天五，五六相乘，消息一变，十有二变而岁复初。《坎》《震》《离》《兑》，二十四气，次主一爻，其初则二至、二分也。《坎》以阴包阳，故自北正，微阳动于下，升而未达，极于二月，凝涸之气消，《坎》运终焉。春分出于《震》，始据万物之元，为主于内，则群阴化而从之，极于南正，而丰大之变穷，《震》功究焉。《离》以阳包阴，故自南正，微阴生于地下，积而未章，至于八月，文明之质衰，《离》运终焉。仲秋阴形于《兑》，始循万物之末，为主于内，群阳降而承之，极于北正，而天泽之施穷，《兑》功究焉。故阳七之静始于《坎》，阳九之动始于《震》，阴八之静始于《离》，阴六之动始于《兑》。故四象之变，皆兼六爻，而中节之应备矣。”一行还依据孟喜之说制有一幅卦气图，见《旧唐书》卷二十八上。卦气图具体解说《周易》六十四卦与四时、十二月、二十四节气、七十二物候、一年三百六十五日相配的方法，分析一年节气的变化，推算历纪、占卜阴阳。具体而言，以《坎》《离》《震》《兑》为四正卦，主配一年四季，《坎》主冬、《离》主夏、《震》主春、《兑》主秋；用十二辟卦主配一年十二月，《复》主十一月、《临》主十二月，依次至《坤》主十月；以《中孚》卦配冬至初候，为一年节气的开始；用四正卦之外的其余六十卦主配一年的日数，每五卦配一月，每卦主管六日七分。

我们知道，卦爻象是卦爻辞的前提，但两者之间只是部分同构的关系。“象”是一个外延无限的象征系统，能够提供超越卦爻辞的一系列命题列表，而卦爻辞只保留了卦爻象的一个或有限的几个元素映射，而弃置了卦爻象的其他意义。只有突破卦爻辞对卦爻象的反向约束，分析卦爻象符号系统本身的结构规律和原则隐含，才能揭示卦爻象的全部意义。正是在这一认知前提下，孟喜吸收了《礼记·月令》《吕氏春秋·十二纪》《淮南子·天文训》《史记·天官书》（邓平历法）、刘歆《三统历》（《汉书·天文志》）以及五行家土德说的成果，根据阴阳二气寒暖推移解释卦爻象的变化，并据卦爻象的变化推测一年四季气候的变化，从而判断人事的吉凶。因此，卦气说本质上是以阴阳二气的消长为原则，揭示在卦爻辞上没有得到反映的卦爻象符号象征及其结构关系。

京房纳甲说用八卦与天干、五行、五方相配以占灾异；世应说则将六十四卦依八宫分组，分别称一世至五世、游魂、归魂，定出世爻、应爻，皆类同卦气说，悬置卦爻辞而直接从符号本身揭示了卦爻象的可能义蕴。

（三）造化宗

早期占卜宗以“象”为研究重心，主要从一卦六爻的内部关系上揭示互体、爻变等义例，“数”基本弃置不讲，对义例的分析也主要以合理解释卦爻辞为旨归。但六十四卦是一个关联体系，一卦六爻并不是独立存在。禨祥宗重视四正卦、八宫卦、十二消息卦乃至六十四卦的整体关联，突破了占卜宗主要局限于一卦六爻内部的视域。并且，重视对卦爻象的独立研究，而不再以合理解释卦爻辞为旨归。造化宗以图书派为代表，沿着禨祥宗的思路，强调“数”是“象”的前提，重视从数理的角度完善卦爻符号、解释卦爻象，完全走上了脱离卦爻辞的道路。

图书派自北宋初年出现之后，影响甚大，明人著作几乎没有不谈图书的。宋代集象数易学之大成的解经之作朱震《汉上易传》认为图书学派的创始人为陈抟，陈抟传种放，嗣后图书派衍为三支：一是传先天图于邵雍，二是传河图洛书于刘牧，三是传太极图于周敦颐。

1. 先天图

“先天图”相传为陈抟所创。邵雍之子邵伯温《易学辨惑》建构了陈抟、穆修、李之才、邵雍的数学授受谱系，并由邵雍集其大成。邵雍之数阐天道，主要包括先天八卦图与先天六十四卦图两大类。

第一，先天八卦与先天八卦方位。

邵雍以《说卦》第三章“天地定位，山泽通气，雷风相薄，水火不相射”为八卦两两匹配对待的依据，并结合《系辞》“易有太极，是生两仪，两仪生四象，四象生八卦”，解释先天八卦的具体生成。即八卦本于太极，太极分阴阳，阳在阴先，形成⚊与⚋两仪。两仪加一倍形成⚌（老阳）、⚍（少阴）、⚎（少阳）、⚏（老阴）四象，即在⚊的基础上先加阳爻得⚌（老阳），再加阴爻得⚍（少阴），在阴爻⚋的基础上先加阳爻得⚎（少阳），再加阴爻得⚏（老阴）。然后，在四象的基础上加一倍，即⚌加阳爻得《乾》☰，加阴爻得《兑》☱等等，形成《乾》一、《兑》二、《离》三、《震》四、《巽》五、《坎》六、《艮》七、《坤》八。邵雍加一倍法的基本特点是阳在阴先，由下往上（亦即由右往左）进位。由此形成的《乾》☰、《兑》☱、《离》☲、《震》☳、《巽》☴、《坎》☵、《艮》☶、《坤》☷，邵雍称之为“先天八卦次序图”或“伏羲先天八卦次序图”。“先天”意为“本来”就有，“先天”“伏羲”之名旨在自重其所来。值得指出的是，先天八卦卦数已见于《焦氏易林》，“《焦氏易林》遇《兑》即言二，遇《震》即言四，凡此八数，无不用之”[1]，说明先天八卦不出自邵雍。

1 尚秉和著、常秉义点校：《易说评议》，第39页。

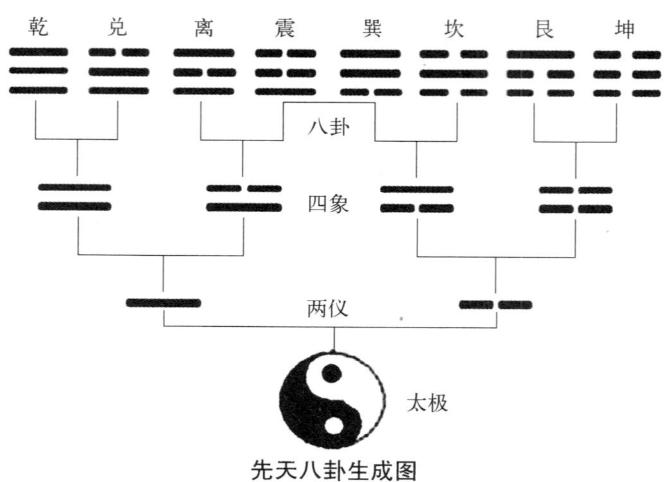

先天八卦生成图

如果用二进制 0/1 代入阴阳爻，两仪⚊与⚋分别是 1、0，其十进制数值也为 1、0。四象⚌、⚍、⚎、⚏分别为 11、01、10、00，其十进制数值分别为 3、1、2、0。八卦☰、☱、☲、☳、☴、☵、☶、☷，分别为 111、011、101、001、110、010、100、000，其十进制数值分别是 7、3、5、1、6、2、4、0。

将先天八卦次序分为两组，《乾》《兑》《离》《震》左围，《巽》《坎》《艮》《坤》右围，就形成了“先天八卦方位图”。它是以《乾》《坤》《坎》《离》为四正卦，以《乾》配南方，以《坤》配北方，《离》为东方，《坎》为西方。先天八卦紧扣每卦的实际阴阳爻变解释一年四季的气候变化，如《震》一阳初生，为春天；《离》二阳一阴，阳气增长；《兑》亦二阳一阴，但二阳爻相近，故力量更强；《乾》纯阳无阴，天气热极，为夏天，《震》《离》《兑》《乾》的爻象变化反映了从春到夏的气候变化过程。同样，《坤》《艮》《坎》《巽》则反映了从冬到秋的气候变化过程。

第二，后天八卦与后天八卦方位。

邵雍把基于《说卦》第五章“帝出乎震，齐乎巽，相见乎离，致役乎坤，说言乎兑，战乎乾，劳乎坎，成言乎艮。万物出乎震，震，东方也……”而生成的以《坎》《离》《震》《兑》为四正卦的结构称为“后天八卦”或“文王八卦”，以与“先天”“伏羲”八卦相对。

后天八卦与四季和四方相配，《震》为东方、正春，《巽》为东南，《离》为正南、正夏，《坤》为西南，《兑》为正西、正秋，《乾》为西北，《坎》为正北、正冬，《艮》为东北。这种配合方式与八卦之名有一定的关联性，如《震》为动为雷，春雷振动，百物复苏，故为东方；《离》为火为热，日在南方，夏天炎热，故为南方；等等。汉代卦气说即在此“四正卦”基础上，用八卦方位体现一年四季阴阳二气消长的过程。

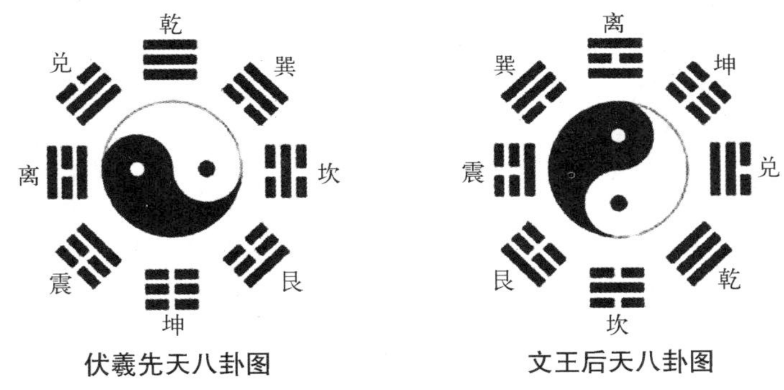

伏羲先天八卦图　　文王后天八卦图

比较而言，先天八卦重视每卦的实际阴阳爻变，而后天八卦重视从八卦名义上匹配四季和四方，因而先天八卦比后天八卦更合乎逻辑，影响也更大。

第三，先天六十四卦及其圆图与方图。

先天说的本质，是以 2（阴阳两爻）为底数的二项式的 n 次展开，n 分别等于 0（$2^0=1$）为太极、等于 1（$2^1=2$）为两仪、等于 2（$2^2=4$）为四象、等于 3（$2^3=8$）为八卦。依此加倍，n 等于 6（$2^6=64$）为六十四卦。具体加倍的原则有二：一是阳在阴先；二是由下往上（亦即由右往左）进位。由此生成《乾》（63）、《夬》（31）、《大有》（47）、《大壮》（15）、《小畜》（55）、《需》（23）……《晋》（40）、《豫》

（8）、《观》（48）、《比》（16）、《剥》（32）、《坤》（0）的六十四卦次序，括号中的数字为相应的十进制数值，这个顺序亦被认为是伏羲重卦所得六十四卦的实际顺序。因此，先天六十四卦亦被称为伏羲六十四卦。

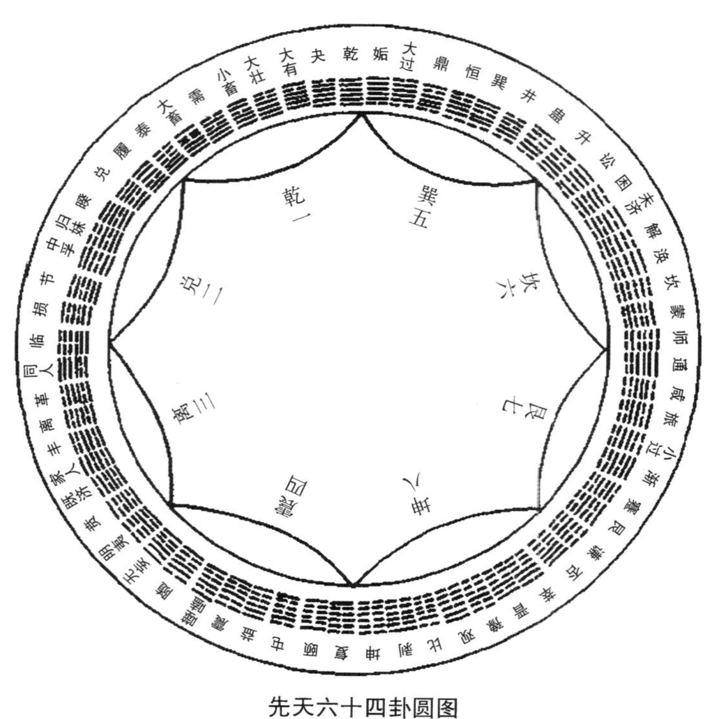

先天六十四卦圆图

先天六十四卦圆图的方位顺序与先天八卦方位一样，也是“《乾》《坤》定上下之位，《离》《坎》列左右之门”，以《乾》《坤》《坎》《离》为四正卦。朱熹《本义》注云：“此图圆布者，《乾》尽午中，《坤》尽子中，《离》尽卯中，《坎》尽酉中。阳生于子中，极于午中；阴生于午中，极于子中。其阳在南，其阴在北。”图中《乾》为南方（正上），左半圆由《复》至《乾》三十二卦为阳，阳爻由少到多，为阳升阴消过程；《坤》为北方（正下），右半圆由《姤》至《坤》三十二卦为阴，阴爻由少到多，为阴升阳消过程。“刚交柔而为《复》，柔交刚而为《姤》”，其他六十二卦皆由《复》《姤》或阳息或阴息而来，故《复》《姤》又称为“小父母”。如此阴阳消长的过程反映一年节气变化，即冬至子时阳气始于《复》卦，而不同于汉代卦气说的始于《中孚》；十二消息卦间隔距离不等，也不代表十二月。邵雍《观物外篇》曰：“冬至之子中，阴之极；春分之卯中，阳之中；夏至之午中，阳之极；秋分之酉中，阴之中。凡三百六十，中分之则一百八十。此二至二分相去之数也。”先天六十四卦圆图配以十二支可反映月周期变化，《坤》至《震》为初三日，月之始生，为朔；《兑》为初八，月上弦；《乾》为十五，月望之时；《巽》为十八，月之始亏；《艮》为二十三，月下弦；《坤》为三日，晦时。先天六十四卦圆图也反映一天的昼夜。故《观物外篇》又曰：“阳爻，昼数也；阴爻，夜数也。天地相衔，阴阳相交，故昼夜相杂，刚柔相错。春夏阳多也，故昼数多，夜数少；秋冬阴多也，故昼数少，夜数多。”

方图将大圆图以八卦为单位分为八段。如从《乾》到《泰》，下卦皆为《乾》，上卦则是以《乾》☰、《兑》☱、《离》☲、《震》☳、《巽》☴、《坎》☵、《艮》☶、《坤》☷为序加倍；从《履》到《临》为第二段，下卦皆为《兑》，上卦再以《乾》☰、《兑》☱、《离》☲、《震》☳、《巽》☴、《坎》☵、《艮》☶、《坤》☷为序加倍。方图与圆图的结合反映天圆地方观念，从而把阴阳消息的自然史与古今治乱的社会史纳入一个框架模型之中，成为整个宇宙的缩影。其中，《剥》《复》《姤》《夬》的转化，《复》《乾》《姤》《坤》的消长，反映了物极则反、阴阳盛衰、循环推移的宇宙变化规律，表明社会人事治生于乱，乱生于治；阳气用事，世道则治，阴气用事，世道则乱的过程。邵雍还计算出宇宙不断生灭的周期年表，认为地球的周期是十二万九千六百年，其他星辰的变化也各有周期。

需要强调的是，邵雍图式是以阴阳二气的流行对待为哲学基础，没有进位观念，因而并不是纯粹数学量度上的加一倍。其图式虽然暗合二进制的结构，但不能说邵雍发明了二进制。以先天六十四卦图来说，第一，阴阳流转。左半圈从《复》到《乾》阳气渐长；右半圈从《姤》到《坤》阴气渐盛。阳升则阴消，阴长则阳消，如此循环往复，表达宇宙就是一个阴阳消长的无穷循环的过程。如《坤》卦全阴，象征阴气最重的阴历十二月冬至，其左为《复》，表示一阳复生，对应于十一月；从《复》至《夬》阳气逐渐上升，至《乾》六爻皆阳而到夏至。由《乾》而《姤》，一阴复生，阳气渐消、阴气渐长，最后回归于《坤》。第二，阴阳对待。六十四卦中每一卦都与沿对角线相对的另一卦在卦象上呈现为“互变”关系。如《乾》《夬》《大有》《大壮》《小畜》《需》，分别与对位的《坤》《剥》《比》《观》《豫》《晋》成“互变”关系。而整个左半圈以阳爻为主、整个右半圈以阴爻为主，形成总体上的阴阳相对特点。“圆图”本身就反映了这种既流转又对待的关系，八卦小圆图亦共享同一逻辑结构。两者都用卦爻符号揭示阴阳二气既流转又对待的消长态势，表示中原地区的农业生态与气候特点。

2. 太极图

《系辞》“易有太极，是生两仪”提出了“太极”概念但没有出现“太极图”。实际上，整个《易传》也是以阴阳（而不是太极）为《易经》最基本的范畴。

王弼以“无”解释太极，张载认为太极是元气，程朱理学以“理”解释太极，陆九渊、杨简则用“心”解释太极，这些差异性解释有一个共同的认知：都从宇宙生成论的高度揭示太极比阴阳更为根本。如《正义》曰：“太极谓天地未分之前，元气混而为一，即是太初、太一也……混元既分，即有天地……金木水火，禀天地而有，故云‘两仪生四象’，土则分王四季，又地中之别，故唯云四象也。‘四象生八卦’者，若谓震木、离火、兑金、坎水，各主一时，又巽同震木，乾同兑金，加以坤、艮之土为八卦也。”孔颖达实际上是以“无”为太极，反映宇宙生成论模式。

南宋时出现了“太极图”（俗称阴阳鱼太极图）。太极图与邵雍先天八卦相结合，则形成了“太极八卦图”。

太极图　　太极八卦图

如果说，《易传》中的“太极”概念反映的是宇宙生成论，太极图与太极八卦图则反映了宇宙本体论（存有论），强调天地万物是太极本体自身的展开和显现，其内涵包括：首先，太极是阴阳的统一体。白鱼代表阳，黑鱼代表阴，阴阳互补，共同组成象征统一、和谐的圆图。其次，阴中有阳，阳中有阴，故白鱼中有黑眼珠，黑鱼中有白眼珠。再次，太极是阴阳消长的运动状态，所以两者以 S 形曲线为分界，模拟阴阳互为消长的动态过程。将太极图与先天八卦方位相配，既表明它的来源跟卦气说的阴阳消长理论有关，又表明卦气说的阴阳消长理论并不局限于天时气候，而是作为宇宙本体，表征一切事物的阴阳消长。

3．河图、洛书

《系辞上》“河出图，洛出书，圣人则之”，虽出现河图、洛书之名，但其内容已不可确考。宋代易学家绘制河图、洛书两种图式，并附会河图、洛书解释《易经》天地之数和大衍之数，形成了“图书学”。后人亦将宋代以来其他通过图式解说《周易》的学术（如邵雍“先天图”）称为图书学。朱熹接受了图书学派以河图洛书为八卦起源的认识，故其《周易本义》卷首开篇即首列二图。

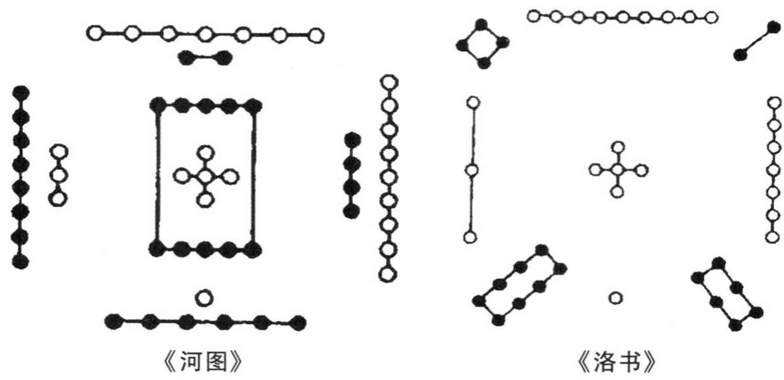

《河图》　　《洛书》

河洛二图皆用小白圈表示阳，用小黑点表示阴，二图与上述先天图、太极图一样皆体现阴阳消长观念。但不同的是，河洛还引入了五行学说，并着重从“数”的角度予以解释。二图中的黑白圈数量即表示具体数字。其中，河图以二与七为南方（正上），配火；四与九为西方（右边），配金；三与八为东方（左边），配木；一与六为北方（正下），配水；五与十为中央（居中），配土。这个图式反映了卦气说一年四季气候变化的内涵，但主要体现五行相生的关系，如将该图左旋，北方水生东方木，东方木生南方火，南方火生中央土，中央土生西方金，西方金生北方水。并且，天数一、三、五、七、九，合二十五；地数二、四、六、八、十，合三十，天地之数共五十五，与大衍筮法吻合。每一方（五行之一）也是天地之数相成，如北方天一生水、地六成之；南方地二生火，天七成之。

洛书只用1—9九个数而不用10。由右至左，以二、九、四居上，七、五、三居中，六、一、八居下。这个排列方法源自先秦的九宫图，传说古代天子宫殿有九间，按一年气候的变化轮流居住以示天人合一。从数学上看，三条纵线上的三个数字（2、7、6；9、5、1；4、3、8）、三条横线上的三个数字（2、9、4；7、5、3；6、1、8）以及两个对角上的三个数字（2、5、8或4、5、6）相加都是15。另外，洛书中数字与方位的搭配还反映了五行相克的思想，《本义》卷首曰：“其运行，则水克火、火克金、金克木、木克土，右旋一周，而土复克水也。”即从下边数字 1（水）右旋，依次分别克 7（火）、克 9（金）、克 3（木），再克中央 5（土）。

余敦康说：“《河图》《洛书》代表天地自然之《易》，这是象数的本原，作《易》的根据，称之为画前之《易》，在九图中最为重要。”[1]河图、洛书本旨是为了解释八卦的起源，但二图将奇偶之数和阴阳五行相结合，从“数”的角度解说阴阳五行及其与四时五方的时空对应关系。而时空又是运动着的物质的存在形式，由此，万物运动变化获得了奇偶之数和阴阳五行意义上的理解与说明，包括人在内的天地万物皆被纳入河图洛书所建构的阴阳五行体系之中，天地人成为阴阳五行视域下的关系存在。

综上，图书派通过对卦爻象的形式化推演，“找回”被卦爻辞遮蔽的“象”及其背后“数”的内涵，堪称典型的“扫辞”派。元陈应润《爻变义蕴》是较早全面反思图书派的著述，清人黄宗羲《易学象数论》、黄宗炎《图书辨惑》、毛奇龄《图书原舛编》承之，尤其胡渭《易图明辨》专为辨定图书而作。胡氏穷溯本末，对造化宗所涉诸图一一辨明其来历。其中，卷一辨《河图》《洛书》，卷二辨五行九宫，卷三辨《周易参同契》、先天图、太极图，卷四辨龙图易数、《易数钩隐图》，卷五辨《启蒙》图书，卷六、卷七辨先天古《易》，卷八辨后天之学，卷九辨卦变，卷十辨象数流弊。胡氏重点指出，图书派虽言之有故，执之成理，但就起源论，是推阐《易》理而衍为诸图，诸图准《易》而生，而非《易》反因图作。由于图书派从卦爻象推演诸图，故诸图以卦爻研求多有所合。基于卦爻象而衍生的诸图，也有助于揭示被卦爻辞遮蔽的卦爻符号的可能意蕴，但不能反过来说，诸图是作《易》之根柢。然而，造化宗务神其说，动称“先天”“伏羲”，以高远其所

1 余敦康：《汉宋易学解读》，北京：中华书局，2017 年版，第 471 页。

从来；又欲以图书明《易》，实际上颠倒了《易》与图的源流关系。就归宿论，造化宗置卦爻辞“吉凶悔吝”于不顾，流为修炼、术数二家而未守《易》学本旨，诚如《总目》易类按语指出：“夫圣人垂训，实教人用《易》，非教人作《易》。今不谈其所以用，而但谈其所以作，是《易》之一经非千万世遵为法戒之书，而一二人密传玄妙之书矣。经者，常也，曾是而可为常道乎？”

三、义理派

义理派基于卦爻辞的文字符号可识别性，十分重视卦爻辞的地位，强调对卦爻象及其背后数理的揭示，必须得到卦爻辞的确认。《四库总目》从所涉内容的角度将义理派划分为老庄、儒理、史事三宗，但从象辞关系的角度来看，义理派可分强调“象辞”关联与强调卦爻辞的独立地位两大类别。

（一）强调“象辞”关联

强调“象辞”关联，以“说以老庄”的王弼和“阐明儒理”的程朱为代表。王弼与占卜宗都以追求“象辞相应”为目标，但王弼以重构卦爻辞为路径，而占卜宗则以重构卦爻象为手段，堪称同归而殊途。虽然“言生于象”“象生于意”，但王弼的“意”主要落实在“言”上，卦爻辞是《易经》的重心，只有那些符合“言”的取象及其义例，才是有价值的。在取象上，王弼严格区分卦义与一般取象的分殊，“乾，健也。坤，顺也”的卦义是从概念的内涵上强调一卦之象的核心与本质，斯为象的常量固定值。“乾为马，坤为牛”之类的一般取象只是概念的外延，因而是能够也必须“忘”的表达卦义的工具，其实质是从卦义的角度重构卦爻辞。在义例上，王弼反对互体、卦变、五行诸说，强调卦爻象的任何结构规律都必须得到卦爻辞的确认。由此，象数命题转换为卦爻辞命题，理解象数只是理解卦爻辞的手段。但从《王注》来看，王弼受东汉古文经学的影响，也提出了一爻为主说、爻变说、适时说等义例，其解《复》卦“七日来复”甚至用到了孟喜六日七分说，说明卦爻象中的那些能够积极回应卦爻辞的义例得到了承认，而那些无助于证明卦爻辞合理性的义例则受到了质疑。显见，王弼的“扫象”只是扫一般取象及其部分义例，又合理运用了另一部分符合其“归本于无”思想的义例。

用儒家义理解释《易经》的儒理宗，至少可以推源于北宋胡瑗，司马光《温公易说》、张载《横渠易说》、苏轼《东坡易传》（一名《毗陵易传》）承之，尤以程颐《程氏易传》为著。今人戴君仁《谈易·伊川易传》“顺性命，阐儒理，切人事，明治乱”的总结较为准确地概括了《程氏易传》的内涵。程颐以“天者，理也”为基本命题，发挥《易传》穷理尽性思想，认为六十四卦中的每一卦都是“一本万殊”中的“一”与“万”的统一。就“一”而言，“天者，理也”蕴于六十四卦；就“万”而言，每一卦又呈现为“天者，理也”的六十四种境遇，程颐对六十四卦的解释具有明显的重复性，几乎无往而非“天理”。正是基于“理”的本体论前见，程颐以“言”为中心，在对卦爻辞的重构中揭示儒家道德形上学。《程氏易传·序》虽然主张意、象、言“体用一源，显微无间”，言可得意、象能明理，三者密不可分。“象”作为“出意”的工具不可“忘”，而基于对“象”的肯定，程颐重视卦变说、当位说、相应说，并提出“随时变易以从道”的随时取义说，目的是将卦象与卦义融合起来。但总体上，正如程氏自称“余所明者辞”，而其所明之“辞”又以专演圣功王道的“所之”为取向。

朱熹在《程氏易传》基础上完成的《周易本义》，是义理派的代表性著作，也是南宋以后封建王朝的科举用书。朱熹认为，“《易》本卜筮之书”“易则是个空底物事”（《朱子语类》卷六十六），可以代入一切。但孔门儒学将这个“代数式”代入了道德训诫的内容。因此，至少在起源上，《易经》并非程颐所谓言理之书，而是卜筮之书。为此，朱熹十分重视象数乃至河图、洛书等内容，如解《大壮》九三“羝羊触藩”，即用互《兑》之义，从而揭示了儒家道德训诫之义理背后的象数学基础。相应地，合参程朱，成为儒理宗的主要取向。如元梁寅《周易参义》以程子《易传》主理、朱子《本义》主象，两者稍有异同，梁氏因融会参酌，合以为一，故名“参义”。清光绪刊本《周易传义音训》末附祝凤喈咸丰六年《跋》亦曰：“欲观宋儒易学大全，莫如将程传、本义合刻。”

（二）强调卦爻辞的独立地位

“参证史事”的史事宗是强调卦爻辞独立地位的典型宗派。《易经》卦爻辞已涉帝乙、高宗之事，《易传》有文王、箕子之辞，斯为引史入易的史事宗之所本。马王堆帛书《缪和》也有用历史传说或历史故事印证卦爻辞的内容。郑玄《易注》论《乾》之用九引及舜与禹、稷、契、皋陶在朝之事，论《随》之初九则取舜宾于四门之义。宋代张根《吴园易解》、李光《读易详说》、杨万里《诚斋易传》、李杞《用易详解》是史事宗的早期代表，明代沈瑞钟《广易筌》、洪化昭《周易独坐谈》、林允昌《易史象解》、贺登选《易辰》，清代叶矫然《易史参录》、钱偲《周易纬史》、乔莱《乔氏易俟》皆引史证易。

史事宗往往于每卦每爻皆各证以史事，如贺登选《易辰》杂引史事以配三百八十四爻取象之义，每一卦为一解。又如，李杞《用易详解》解《乾》初九称“舜在侧微”，解《乾》九二称“四岳荐舜”。引史解易旨在参酌古今之治乱得失以推求人事，揭示“圣人”立象垂戒之旨。如乔莱《乔氏易俟》解《履卦》六三为成卦之主，而引王莽、董卓、安禄山、史思明解“咥人之凶”；谓三百八十四爻唯《离》九四最凶，而引燕王刘旦、李建成、李元吉、高煦为证；谓《小畜》九三为小人笼络君子，而引温体仁、文震孟之事为说。因此，史事宗承绪了儒理宗切近人事的思路，杨万里《诚斋易传》引史传以证卦爻辞，实即归本于程颐《易传》。事实上，作为儒理宗代表的《程传》引古史释《经》者有六十余条，朱子《本义》引史事释《经》者有四十余条。但与儒理宗不同，史事宗专就卦爻辞立说而基本不涉卦爻象。从史事宗相关著作的名称来看，清申尔宣《易象援古》、清钱偲《周易纬史》乃至杨万里《诚斋易传》（初名《易外传》），皆暗示了作者是意识到引史证易并非解易之正轨的——史事宗弃置卦爻象及其背后的数理于不顾，而只缘饰文字性的卦爻辞而为说。

南宋沈作喆《寓简》、王宗传《童溪易传》、杨简《慈湖易传》、苏濬《冥冥篇》等借佛氏之理言心性之学，可称之为“心学宗”。明隆庆、万历以后，言理者以心学窜入《易》学，皆持禅偈以诂《易》。与史事宗一样，心学宗亦专就卦爻辞发挥先入之见而基本不涉卦爻象及其背后的数理。

四、易学研究中的意义建构

《易经》因数而象、由象而辞的文本生成过程，本质上就是意义被不断建构的过程。易学研究一方面因辞观象、由象溯数，揭示辞背后象、象背后数的“所以然”之理；另一方面摆脱辞对于象、象对于数的羁绊，挖掘象、数本身的独立意义。因此，无论是《易经》文本的生成还是易学研究的历程，都没有将数、象、辞视为客观的给定之物与当然前提，而是结合主体人的自我理解，揭示其可能的义蕴。

（一）义理派的意义建构

就易学研究而言，大致在北宋图书派出现之前，卦爻辞的价值几乎得到了普遍的重视与肯定。其中，义理派重在分析从卦爻象发展为卦爻辞的逻辑必然性，单纯象数的符号推导必须落实到卦爻辞的具体文字所指之上。

老庄宗、儒理宗强调卦爻辞才是《易经》的关键，对象与数的分析必须围绕卦爻辞而展开，合之则用、不合则舍，只有那些有助于解释卦爻辞的象数才得到保留。而史事宗、心学宗将卦爻辞高悬于卦爻象之上，直接缘卦爻辞入说而不受卦爻象的束缚，因而削弱了卦爻辞“所以然”的理据说明，并从卦爻辞本身建构相对独立的意义，换来了“当然”的意义发挥。历史上，老庄宗崇老学而落入道家，儒理宗重义理而归诸儒理，心学宗玄虚而索诸性天，基本都只就卦爻辞立说，只有那些能够揭示共享模式的卦爻象义例才会得到重视，否则就以“蹄筌”的名义弃而不讲。由于象数约束力的松弛，义理派以卦爻辞为中心的“新意”建构基本都带有主观先见的意味，正如朱熹评价《程氏易传》云：“以天下许多道理散入六十四卦中，若作《易》看，即无意味。唯将来作事看，即句句字字有用处。”“作事看”是程颐主观发挥的儒家“天理”，它虽缘《易》以为说，但已经与《易经》无涉，故“作《易》看，即无意味”。就此而言，义理派最大的流弊在于似高深而实幻窅，义理派之所谓“义理”并非“易理”。

（二）象数派的意义建构

卦爻辞只传达了卦爻象之“知”，即事物实然存在的“当然”；而不能传达卦爻象之“觉”，即事物本质的“所以然”。卦爻象之于“数”亦然。因此，卦爻辞不能穷尽卦爻象之意、卦爻象不能穷尽“数”之意。因辞推象、以象求数，实际上形成了前提与结论之间的主仆颠倒：卦爻象成为卦爻辞意义上的存在，“数”成为卦爻象意义上的存在。这样，象不能言的“数”、辞不能言的“象”的内涵就被忽略了。这就需要通过对“辞”、对“象”进行层层廓清的正本清源工作，揭示象的本义与数的本义。象数派，尤其造化宗正是在这一思路下展开易学研究的。

象数派聚焦于象数而不以“辞”为对象。占卜宗虽然曲求“象辞相应”，但主要通过重构一卦内部之“象”以与“辞”相应，追问卦爻辞的象数基础，对卦爻辞的任何理解都必须找到卦爻象上的理据性说明。这就限制了卦爻辞的任意发挥，也将注意力集中到了卦爻象结构规律之上。禨祥宗超越占卜宗所执着的互体、卦变等一卦内部的义例，分析四正卦、八宫卦、十二消息卦乃至六十四卦的结构关系，强调卦爻象具有“后续的”卦爻辞所不能包含的内容，因而合理解释卦爻辞并不是其重点。造化宗继有精进，基于阴阳两种爻象，从阴阳二气运行、消长的角度分析八卦、六十四卦体系的各种排列关系，并强调“象”背后的数学基础。其基本思路是：虽然辞由象出，但不能从“辞”逆推“象”的内涵。虽然象因数生，但不能从“象”逆推“数”的内涵，必须回到“象”与“数”本身才能揭示其各自的义蕴。

首先，符号体系的推演。

摆脱了卦爻辞羁绊的象数研究本质上是关于卦爻象的符号学推演，不是为了解释卦爻辞，而是要揭示卦爻象本身的结构规律。而卦爻象的结构规律是复杂、多元的，可以有不同的观察视角，形成对卦爻象的不同认知。如《说卦》“天地定位”的先天八卦、“帝出乎震”的后天八卦、《乾坤》六子排列的八卦三者次序不同，但就符号本身的推演而言，三者各有所当，皆可言之成理。又如，今本六十四卦卦序以“非覆即变”为两两配对成组的原则，但两两配对还存在上下两经卦互换而形成的配对关系，如《屯》（震下坎上）与《蒙》（坎下艮上）互覆，但《屯》与《解》（坎下震上）、《蒙》与《蹇》（艮下坎上）形成上下经卦互换的关系，清陈诜《易经述》称之为“上下反对”。再就六十四卦次序而言，帛书《易经》卦序、京房卦序、元包卦序都是以八卦“相重相因”（$64=8^2$）为原则而生成，但因重的方式不同而卦序各异。而清王琬《周易集注》改邵子之右阳左阴为左阳右阴，以合于《易传》“逆数”之论。清刘鸣珂《易图疏义》据《系辞》“河出图，洛出书，圣人则之”认为，“圣人”兼指羲文，非专云伏羲。“则之”之义，既取邵子加一倍法，则如朱子之说可自六十四而加之，以至无穷，故可以生成$2^7=128$、$2^8=256$、$2^9=512$等卦爻象体系。又如，宋儒林至《易裨传》二卷，其《外篇》论反对、相生、世应、互体、纳甲、卦变、动爻、卦气八事，都是关于卦爻象符号的讨论。其《自序》曰：“谓其（该八事）非《易》之道则不可，谓《易》尽在于是则非。”诚如林氏所论，卦爻象作为独立的符号体系，具有多重结构规律，象数派也主要是通过对卦爻象符号结构规律的分析而成家立派，各种规律可以得其一端而为说，但不能认为易道尽在此一端。

其次，符号体系的表达功能。

符号视角的推演，导致卦爻象成为一套独立于卦爻辞的结构体系，具有了朱熹所谓“易则是个空底物事”（《朱子语类》卷六十六）的“代数学”色彩，卦爻符号成为逻辑化、体系化的集合，包含一系列的子概念与子命题，可以与四时方位、气候、五行、干支匹配，形成诸多概念网络或关系结构。例如，后天八卦把五行看作五种气，以八卦配五行，《乾》《兑》为金，《坤》《艮》为土，《震》《巽》为木，《坎》为水，《离》为火。一卦六爻又配五行，如《乾》属金，其初爻配水，上爻配金，等等。五行有生克关系，水生木，木生火，火生土，土生金，金生水，是相生关系；木胜土，土胜水，水胜火，火胜金，金胜木，是相克（也叫相胜）关系。相生一般为吉，相克一般为凶。其本质是把两套符号体系相匹配，具有共同句法模式的符号排列在一起，在五行中存在的命题，通过情景映射到八卦结构中。八卦中的个体不仅获得了五行个体的类比对象（如《乾》《兑》为金），也获得了五行的结构与情景（如由水克火而《坎》克《离》），从而使八卦复制了五行的整体模型与结构。

由此导致的卦爻象体系愈益繁富，可以用于不同领域或概念场的认知和计算。如明钱彭曾《易参》推衍图书之说，旁及历法、推步、奇门、九宫、干支、纳音，乃至五岳地形、《禹贡》水道、堪舆、律吕、井田、兵法、道家、佛家、选择、六壬。这也导致象数派除了包括《四库总目》所总结的占卜宗、禨祥宗、造化宗，还包括医药宗、丹道宗、星相宗、堪舆宗等等。另外，张衡、刘徽、沈括、张介宾、徐光启、方以智等人的“科学”研究，在一定程度上也都受益于象数学。

五、意义指空及其能指之“意”的可能拓展

《易经》之“意”实际上有数、象、辞三个来源。数、象、辞三者以从抽象到具体的路径递相生成，存在决定与被决定的关系。然而，数无迹故寓于象、象无定故准以辞，卦爻辞是最具识别度的能指工具，并以“吉凶悔吝、进退存亡”的人事为指向，将启端于卜筮的《易经》底定为垂训示戒的文本。而由于对数、象、辞关系的不同认知，导致义理派与象数派的意义建构都存在指空的情况。

（一）义理派与象数派的意义指空

义理派认可卦爻辞的价值，那些无助于回应卦爻辞的取象及其义例基本弃置不讲。而由于在数、象、辞的生成序列中，数与辞相隔最远，故义理派基本不言数。所谓“象辞相应”，主要是单一向度地要求卦爻象的义蕴必须得到卦爻辞的确认。而为了突出卦爻辞的主导地位，义理派多以“四圣一贯”“四圣同揆”相号召，本质上是强调卦爻辞在数、象、辞序列中虽处殿末，但具有充分的存在合理性。另外，与象数派多研索卦爻不同，义理派多发挥《十翼》。然而，义理派主要是对卦爻辞本身的引申与发挥，它因不受象数的约束，而走向了围绕卦爻辞自说自话的道路。如果说，象数作为抽象的体系重在“言天”从而建构宇宙原则，卦爻辞则将具体的文字落实为“言人”。本来，“《易》之为书，推天道以明人事者也”，人事必须有基于卦爻象的“天道”依托。但老庄宗、心学宗、史事宗乃至儒理宗都因为没有象数的加持，而导致卦爻

辞的“言人”流于理气、心性乃至释氏之空谈。

象数派认为，作为卦爻辞前提的卦爻象具有符号化的结构规律，并不能完整地映射到文字性的卦爻辞中，“先在”的卦爻象可以作为独立的研究对象，从而丰富了卦爻符号本身的内涵。其中，占卜宗专志一卦内部结构的研讨，通过重建卦爻的取象与义例，合理解释卦爻辞，实际上是单一向度地要求卦爻象必须与卦爻辞相应。禨祥宗扩大到对六十四卦体系的分析，合理解释卦爻辞的动机趋于下降。而造化宗则变本加厉，专就象数本身展开推演，完全弃置卦爻辞于不顾。正像重视卦爻辞的义理派基本不言“数”，言数的图书派亦基本不涉“辞”，就像邵伯温《易学辨惑》评价刘牧易学所云“不烦文字解说，止有一图，以寓其阴阳消长之数，与卦象之生变”。相应地，象数派否认“四圣一贯”“四圣同揆”，本质上是否认作为殿末的卦爻辞的存在合理性从而消解卦爻辞对象数体系的反向约束。

然而，“《易》本卜筮之书”，“圣人设卦观象，系辞焉而明吉凶”，“数”需要转换为卦爻象以反映“吉凶悔吝所由生”；卦爻象需要转换为卦爻辞以体现“进退存亡所由决”，这是“圣人因卜筮以示教”的核心。数不可显，象不可穷，“言天”的象数必须落实为“言人”的卦爻辞才能底定正确的意义指向。就此而言，象数派致力于完善“言天”的符号系统，以建构抽象的符号体系，其最大的流弊是空谈玄妙，涉于虚无。清任陈晋《易象大意存解·凡例》曰：“后之言象数者流入艺术之科，其术至精，而其理亦更奥涩。然偏于一隅，似反涉形下之器。”象数派之精奥在于对卦爻象符号体系及其结构规律的揭示；其“流入艺术之科”在于丧失了切近人事的卦爻辞规训，可以旁涉无穷的内涵。正如四库馆臣为清人萧云从《易存》所作提要指出：“夫奇偶阴阳为万事万物之根本，故《易》道广大，推之无所不通。律吕为《易》中之一理，非因律吕作《易》，亦非因《易》作律吕也。历算亦《易》中之一理，非因历算作《易》，亦非因《易》作历算也。即以医术而论，荣卫者阴阳也，七窍者奇偶也，心肾者《坎》《离》之宅也，其消长则《姤》《复》之机，其升降则《既济》《未济》之象也。至于五运六气、司天在泉，无一不与《易》理通。亦将曰因医有《易》，因《易》有医乎哉!”又如卓尔康《易学残本》提要，“其大旨附会《河》《洛》，推演奇偶，纷纭轇轕，展卷如历家之数表。所谓圣人因象示教之本旨，渺不知其所在。以此为作《易》之奥，则老算博士人人皆妙契先天矣”。历史上，占卜宗的卦象推演主要是为了解释卦爻辞，所论互体、卦变之说亦见于《左传》，故被视为易学正途。而孟喜、焦赣、京房流为灾变之说，陈抟、邵雍歧入道家，用清王心敬《丰川易说》的话说，两者皆“舍大道而入旁蹊”，故皆被视为“《易》外别传”。

综上，义理派的意义指空在于因缘卦爻辞而立说，其结论未能获得“言天”的象数学依据。象数派的意义指空在于因缘象数而推演，其结论未能以“言人”的卦爻辞为导向。义理与象数两派的意义指空，本质上反映了卦爻辞与象数的分离。而斟酌于卦爻辞与象数之间，也是古代易学研究的主流观点。朱子《易学启蒙·序》曰：“近世学者，类喜谈《易》。其专于爻义者，既支离散漫而无所根据。其涉于象数者，又皆牵合附会而或以为出于圣人心思智虑之所为也。若是者，余窃病焉。因与同志颇辑旧闻，为书四篇，以示初学，使毋疑于其说。”反映清代官方学术的康熙《御纂周易折中》提要亦曰：“故数者《易》之本，主数太过，使魏伯阳、陈抟之说窜而相杂，而《易》入于道家。理者《易》之蕴，主理太过，使王宗传、杨简之说溢而旁出，而《易》入于释氏……是编冠以《图说》，殿以《启蒙》，未尝不用数，而不以盛谈《河》《洛》致晦玩占观象之原。冠以程《传》，次以《本义》，未尝不主理，而不以屏斥谶纬并废互体、变爻之用。”

（二）能指之“意”的可能拓展

依蓍运数、因数立象、据象系辞，是《易经》“能指”工具的生成序列，也是内涵不断具体化的过程。但数有自身的理则，象是结构化的符号体系，辞以“身心政治”为内容，三者密切相关但指向不同，说明《易经》文本的生成是一个不断突破前提必然性而建构新意的过程。据辞而论象、据象而论数的溯因推理，用具象限制抽象，导致内涵的外溢：辞不能涵盖象的全部结构与内涵，象不能涵盖数的全部结构与内涵，数、象、辞之间本质上并不构成全等关系。诚然，象数与卦爻辞的脱离，是义理、象数两派意义指空的共同本质。但也正是这种脱离，实现了两者意义建构的最大化。设想卦爻辞必须具有卦爻象上的理据性说明，王弼“说以老庄”，胡瑗、程子“阐明儒理”或李光、杨万里“参证史事”则必有窒碍；如果对象数的任何推演都必须得到卦爻辞的确认，则“入于禨祥”的京、焦，“务穷造化”的陈、邵，其说必然扞格不通。

事实上，近现代以来的易学研究，也遵循了象数与卦爻辞相分离的模式，从而实现了意义建构的最大化。

首先，从史料的角度研究《易经》，主要以卦爻辞为据而基本弃置象数。例如，刘师培《经学教科书》第二册第二十五课“论易学与史学之关系”，第二十六课“论易学与政治学之关系”，第二十七课“论易学与社会学之关系”，第二十八课“论易学与伦理学之关系”，第二十九课至三十一课“论易学与哲学之关系”，第三十二课至三十三课“论易学与礼典之关系”，主要是专就卦爻辞的引申与发挥。如第二十五课“论易学与史学之关系”，刘师培认为：“《周易》一书有裨考史，其用有四”，“一曰周代之政多记于《易经》，故《易经》可以考周代之制度”“二曰古代之事多存于《易经》，故《易经》可以补古史之缺遗”“三曰古代之礼俗多见于《易经》，故《易经》可以考宗法社会之状态”“四曰社会进化之秩序、事物发明之次第多见于《易经》，故《易经》可以考古代社会之变迁”[1]，无不专就卦爻辞立说。顾颉刚、闻一多、

1 刘师培：《经学教科书》（第二册），第39—41页。

郭沫若、屈万里、夏含夷等人也利用卦爻辞揭示了许多史实。如闻一多"《周易义证类纂》钩稽的中国上古社会史史料'百数十事'，即一百多条。我们现在统计，《周易义证类纂》88条，《周易杂记》30条，两书凡118条。这就是关于《周易》时代118条社会史史料"。其中，《周易义证类纂》把社会史史料分为4大类21小类，如有关经济事类包括：1. 器用，2. 服饰，3. 车驾，4. 田猎，5. 牧畜，6. 农业（雨量附），7. 行旅。有关社会事类包括：1. 婚姻，2. 家庭，3. 宗族，4. 封建，5. 聘问，6. 争讼，7. 刑法，8. 征伐（方国附），9. 迁邑。有关心灵事类包括：1. 妖祥，2. 占候，3. 祭祀，4. 乐舞，5. 道德观念。另有不便于归入以上三类的余录[1]。

其次，从自然科学的角度研究《易经》，主要以象数为据，基本弃置卦爻辞不讲，该思路若《四库总目》易类按语所云："不附《经》文，于《易》杳不相关。"如邵雍以先阳后阴、逆向进位为原则，建构了八卦、六十四卦的递增模式，由此形成的八卦、六十四卦体系，具有自身的形式结构与命题集合，能够反映世界万物的阴阳变化乃至量度关系。中国航天工业部总工程师张协和为山东大学中国周易研究中心题词说："近代学者由于易理之启示获得诺贝尔奖金者已有四人：德国汉森堡，其论文为《测不准原理》；丹麦之玻尔教授，其论文为《相生相克原理》，并在庆祝酒会上以太极八卦纪念章赠人；中国杨振宁、李政道，其论文为《不对等定律》，并自述其是受到了《易经》的启示。今后由此书而得奖者，当犹有其人，愿《周易》学者多为现代科技服务。"然而，"将易学直接运用于科学研究，迄今尚无成功之例"[2]。饶是如此，象数符号仍有启迪价值。例如，虽然不能说邵雍先天六十四卦"发明"了二进制，但却"启迪"了德国学者莱布尼茨发明了二进制。正如《四库总目·易类序》指出："易道广大，无所不包，旁及天文、地理、

---

1 周晓瑜：《闻一多的〈周易〉社会史史料学研究》，《周易研究》2006年第1期。
2 廖名春：《〈周易〉经传十五讲》，第16页。

乐律、兵法、韵学、算术，以逮方外之炉火，皆可援《易》以为说，而好异者又援以入《易》，故《易》说愈繁。”《易经》象数符号具有结构性和体系性的特点，因而“易道广大，无所不包”，既可以作为认知坐标而成为解释世界的框架；又可以“援以入《易》”，赋予《易经》以新的主题和内涵。这是一种典型的象数思维而与文字性的卦爻辞无涉，即“假借《易传》中的筮数和卦爻象，进行形象思维，取象比类，触类旁通，从而形成和发展为理性思维的一种思维方式”[1]。

另外，从《易经》相关范畴入手进行概念化的推演，也拓展了《易经》的意指。例如，刘师培认为：“简易，即儒家反约行简、道家抱一之说所从出。”[2] 而太极、阴阳则是《易经》中最本质的范畴，一元论、矛盾观等皆由此引申、发挥而来。就此而言，易学研究的本质是客体对象（数、象、辞）与“我们”之间的关系问题，不同的易学命题反映了主体人的认识路径所通往的不同模型选择。

1 朱伯崑:《周易通释》，第 164 页。
2 刘师培:《经学教科书》（第二册），第 11 页。